KB071605

영유아
의사소통장애

Communication Disorders
in Infants and Toddlers

발달, 평가, 중재 ——— 이윤경 저

학지사

머리말

　대학에서 영유아 의사소통장애라는 과목을 2003년부터 강의하였으니 어느새 17년째이다. 교재도 없이 그 긴 시간을 강의해 오면서 수강하는 학생들에게 항상 미안한 마음이었다. 때로는 여러 교재를 묶어 임시 교재도 만들어 보고, 강의 노트를 묶어 교재로 제공하기도 했으나 아마 많은 학생이 미흡한 강의자료로 인해 학습에 어려움이 있었을 것이다.

　이 책은 출생에서 3세까지의 의사소통발달과 이 시기에 경험할 수 있는 의사소통장애의 발달, 평가, 중재를 주요 내용으로 다루었다. 책의 제목을 정할 때 '영아기'로 할 것인지, 혹은 '영유아기'로 할 것인지 망설임이 있었다. 「영유아보육법」이나 「장애인 등에 대한 특수교육법」과 같은 법에서는 0～3세까지를 '영아기'로 명명한다. 그러나 학문 분야에 따라서는 0～1세까지는 영아기(infant), 1～3세 전까지를 걸음마기(toddler)로 구분하고, 이 두 시기를 포괄하여 영유아기라고 칭하기도 한다. 무엇보다 언어병리학 또는 언어치료학 분야에서는 '영유아기 의사소통장애'라는 과목명을 사용하는 경우가 많아 책의 제목을 『영유아 의사소통장애』로 명명하였다. 이 책의 목적이 단지 생활연령이 이 시기에 해당하는 영유아들만이 아니라, 생활연령은 이보다 더 높으나 의사소통발달 수준이 이 시기에 해당하는 아동도 모두 포함하므로 영유아라는 제목이 더 적합할 수도 있을 것이다.

　이 책은 크게 제1부 영유아 의사소통장애 이해와 발달적 기초, 제2부 영유아 의사소통장애 평가 및 중재로 구성하였다. 제1부는 총 7개의 장으로 구성하였는데, 제1장부터 제3장까지는 의사소통장애의 개념과 영유아기 의사소통 발달과 장애를 이해하는 데 요구되는 발달의 기초 개념들 그리고 의사소통장애를 유발할 수 있는 장애 위험요인과 예방에 대한 내용을 다루었다. 영유아기 의사소통장애의 정의는 언어병리학 분야에서 정의하는 개념과 「장애인 등에 대한 특수교육법」과 같은 관련법이나 인접 분야에서의 장애 정의를 포함하여 학문적으로는 물론 실제적으로도 의미 있는 개념 정의가 되도록 고려하였다. 제4장부터 제7장까지는 의사소통발달과 더불어 신체·운동, 인지, 사회·정서 등 각 영역별 발달을 별도의 장으로 소개하였다. 의사소통발달에 어려움을 갖는 영유아에게 적절한 도움을 제공하기 위해서는 의사소통은 물론 다른 영역의 발달에 대한 이해와 이러한 발달이 언어 및 의사소통 발달에 어떠한 영향을 갖는지를 이해하는 것이 필수적이라 생각하였다. 각 영역별 발달의 기초적 정보를 제공하되 영유아 언어 및 의사소통 발달과의 관계를 제시하려 노력하였다.

제2부는 총 6개의 장으로 구성하였다. 제8장부터 제10장까지는 의사소통 평가에 대한 내용을 그리고 제11장부터 제13장까지는 의사소통 중재와 관련된 내용을 포함하였다. 의사소통 평가에서는 먼저 제8장에서 평가의 개념을 토대로 평가를 위해 갖추어야 할 지식과 기술, 평가 과정과 협력적 팀 접근을 소개하였으며, 제9장에서 평가 방법으로서 표준화된 검사를 활용한 평가와 관찰을 통한 평가 방법 그리고 대안적 평가 방법으로서 놀이기반 평가나 일과기반 평가, 참 평가, 역동적 평가 등을 소개하였다. 그리고 마지막으로 제10장에서 영유아기 의사소통 평가에 포함해야 하는 영역들과 각 영역별 평가 실제를 소개하였다. 의사소통 중재 부분에서는 먼저 제11장에서 조기중재 원칙과 서비스전달모형, 의사소통 중재 계획 및 협력적 접근을 통한 중재 등 기본적인 내용을 개관하였으며, 제12장에서는 직접적 중재 접근법, 반응적 중재 접근법, 혼합 중재 접근법 그리고 가족참여 및 부모개입을 통한 의사소통 중재법을 중심으로 중재 접근 방법을 소개하였다. 마지막으로, 제13장에서는 의사소통발달 단계를 기반으로 하는 영유아 의사소통 중재에서 다루어야 할 중재 내용과 각 단계별로 중재 목표 및 방법을 소개하였다.

0세부터 3세까지 생애 초기 3년은 인생에서 그 어떤 시기보다 중요하다. 생애 전반에 걸쳐 가장 급격한 변화를 보여 주는 성장률 곡선은 이 시기의 중요성을 보여 준다. 의사소통 영역도 예외가 아니어서 이 시기에 영유아들은 언어적 상징체계를 포함한 의사소통의 기본 규칙을 이해하고 사용하는 등 주요 발달적 변화를 갖게 된다. 따라서 의사소통발달에 어려움을 갖는 영유아를 조기 발견하여 적절한 도움을 제공하는 것은 영유아의 발달을 촉진하고 나아가 발달 문제를 예방하는 최고의 중재가 될 것이다. 이 같은 배경하에 미국언어청각협회(ASHA)에서는 이미 2008년에 조기중재에서 언어치료사의 역할을 정리하는 위원회를 구성하고, 이를 통해 조기중재에서 언어치료사가 담당해야 하는 역할과 책임 그리고 필요한 지식과 기술들에 대한 지침을 제공한 바 있다. 반면, 우리나라의 경우는 이 시기의 중요성과 전문성에 대한 관심이 상대적으로 미약하다는 점에서 아쉬움이 있다.

책을 쓰면서 중요하게 고려했던 점은 영유아기 의사소통 중재가 영유아들을 자신이 생활해야 하는 환경으로부터 풀아웃하지 않고 언어치료사가 직접 가정이나 어린이집, 유치원 등과 같은 환경으로 풀인하여 서비스를 제공할 수 있도록 하는 데 조금이나마 기여할 수 있었으면 하는 것이었다. 그리고 언어치료사가 여러 분야의 발달전문가들과 함께 협력적으로 서비스를 제공할 수 있는 데 도움이 되기를 기대하였다. 이를 위해서는 이에 대한 제도적 장치도 마련되어야 하겠지만 언어치료사 역시 의사소통 영역만이 아닌 다른 영역의 발달, 관련법이나 서비스, 전문가 간의 협력적 접근 등에 대한 이해와 준비를 갖추어야 한다고 생각한다. 비록 오래 전이지만 심리학 학부나 특수교육학 석사과정에서 수강했던 유아발달심리나 유아특수교육학 등의 과목이 이러한 생각을 발전시키는 데 큰 도움이 되었다. 이 지면을 통해 가르침을 주셨던 선생님들께 감사의 마음을 드린다. 생각만큼 책의 내용에 충분히 반영하지는 못하였지만 앞으로 내용을 더 심화시킬 기회가 오리라 기대한다.

꽤 오래전부터 책을 준비해 왔음에도 불구하고 막상 출판을 목적으로 묶어 내려니 부족함이 많았으며, 마무리하는 데에도 많은 시간이 걸렸다. 책의 내용을 이렇게 구성해도 되는지, 각 장에 담는 내용은 적절한지, 원고를 쓰는 동안에 수도 없이 수정을 해 왔음에도 마지막 교정을 하는 순간까지도 생각했던 내용을 충분히 담지 못했음에 아쉬움이 남는다. 부족하나마 영유아기 의사소통장애를 공부하는 학생들과 강의하는 교수님들 그리고 언어치료 분야의 현장전문가들께 도움이 되기를 바라며, 유아특수교육이나 유아교육, 보육학, 발달심리 등 영유아 교육 및 발달과 관련된 분야의 전문가에게도 쓰임이 있었으면 하는 바람이다. 책의 내용과 관련하여 부족한 점에 대해서는 독자들의 아낌없는 충고와 조언을 부탁드린다.

마지막으로, 이 책의 교정에 도움을 준 이효주 박사와 최지은 박사, 참고문헌 정리에 도움을 준 대학원생 최진주, 양은진에게도 감사를 전한다. 또한 책이 출판될 수 있도록 도움을 주신 학지사 김진환 사장님과 이규환 과장님 그리고 편집담당자인 정은혜 과장님께도 감사의 말씀을 드린다.

그간 몇 권의 책을 출간하였으나 온전히 혼자서 집필한 것은 이 책이 첫 번째다. 이 자리를 통해 내 삶의 근원이신 부모님, 늘 곁에서 힘을 주는 남편 그리고 가까이에서 많은 관찰의 기회를 제공해 준, 이제는 훌쩍 커 버린 다섯 명의 조카에게 감사와 사랑을 전한다.

2019년 6월
저자 이윤경

차례

제5장 신체·운동발달과 의사소통 / 135

 제6장 인지발달과 의사소통 / 161

제2부 영유아 의사소통장애 평가 및 중재

제13장 **의사소통 수준별 중재 실제 / 385**

제1부

영유아 의사소통장애 이해와 발달적 기초

제1장

영유아 의사소통장애

　일반적으로 발달심리학에서는 출생 후부터 생후 1세까지는 '영아기(infant)'로, 생후 1년부터 2세를 전후한 시기를 '걸음마기(toddler)' 혹은 '아장이기'라는 말로 지칭한다. 그리고 걸음마기 이후부터 학교에 입학하기 전까지는 유아기(preschooler)라고 한다. 반면, 영유아 보육이나 교육 분야에서는 0세부터 3세 미만의 시기를 '영아기'로 통칭한다. 영유아기라고 할 때에는 영아기와 걸음마기만을 포함하기도 하며, 영아기부터 유아기까지를 포함하는 개념으로 사용되기도 한다. 이 책에서는 출생 후부터 3세 정도까지의 의사소통 발달에 주안점을 두므로 법적 정의에 따라 '영아'라는 표현을 사용하는 것을 고려하였으나 생활연령은 유아기로 접어들었지만 의사소통 발달은 여전히 영아기 수준에 머물러 있는 아동들까지 고려하므로 '영유아'라는 표현을 사용하기로 하였다.

　이 책에서는 또한 '언어장애'라는 말 대신에 '의사소통장애'라는 말을 사용하고자 한다. 영유아기의 상당 기간은 비언어적 수단을 주된 의사소통수단으로 사용하는 언어이전기(preverbal period)에 해당한다. 영유아들은 언어를 습득하기 이전인 언어이전기부터 여러 의사소통 규칙을 습득해 가며, 이러한 언어이전기의 의사소통 발달은 이후의 언어를 통한 의사소통 발달과 밀접하게 연관된다. 이 책에서는 비언어적 의사소통발달을 중요하게 고려하므로 '언어'보다는 '의사소통'이라는 포괄적인 관점으로 발달, 평가, 중재 과정을 살펴보고자 한다.

1. 언어치료와 영유아 의사소통장애

　영유아 의사소통장애는 말 그대로 의사소통에 어려움을 갖는 영유아로 정의할 수 있다. 그러나 이 책에서는 언어와 의사소통 발달 문제로 특별한 도움이 필요한 영유아로 정의하고자 한다. 관심이나 도움이 필요한 영유아를 '의사소통장애'라고 구분하여 명명하려는 것보다 언어치료와 같은 특별한 도움이 필요한 영유아를 확인하기 위한 목적이기 때문이다.

　여기에는 우선 의사소통장애나 언어발달지체로 진단된 영유아가 포함될 것이다.

그러나 의사소통장애나 언어발달지체로 진된되지는 않았지만 추후 장애나 발달지체 위험이 높은 장애위험 영유아나 다른 발달상의 문제없이 언어발달이 또래에 비해 뒤처져 있는 말 늦은 영유아가 포함될 수 있다. 다음은 각각에 대해 자세히 살펴보도록 하겠다.

1) 의사소통장애와 언어발달지체

우리나라 법 중에서 장애와 관련된 법은 보건복지부의 「장애인복지법」과 교육부의 「장애인 등에 대한 특수교육법」을 들 수 있다. 두 법은 모두 장애 분류체계와 각 장애에 대한 법적 정의를 제공하고 있다. 이 중 「장애인복지법」의 기준은 전생애에 걸쳐 발생할 수 있는 장애를 포괄하며 신체장애와 정신장애 두 가지로 구분한다. 신체장애에는 지체장애, 뇌병변장애, 시각장애, 청각장애, 언어장애, 신장장애, 심장장애, 호흡기장애, 간장애, 안면장애, 장루/요루장애, 뇌전증장애의 열두 가지와, 정신장애에는 지적장애, 자폐성장애, 정신장애의 세 가지 유형을 포함하여 총 열다섯 가지 장애로 분류된다.

반면, 「장애인 등에 대한 특수교육법」은 특수교육이 필요한 대상으로 시각장애, 청각장애, 정신지체, 지체장애, 정서 및 행동장애, 자폐성장애, 의사소통장애, 학습장애, 건강장애 그리고 발달지체의 총 열 가지 유형의 장애를 포함하며, 이 중 영유아 의사소통장애는 의사소통장애와 발달지체 두 가지가 관련된다.

장애의 정의와 분류는 각각의 목적에 따라 적용하여야 하겠으나, 이 책에서는 영유아기의 발달 및 교육적 중요성을 고려하여 「장애인 등에 대한 특수교육법」의 정의를 중심으로 살펴보도록 하겠다.

(1) 의사소통장애

「장애인 등에 대한 특수교육법 시행령」에서는 의사소통장애를 다음과 같이 정의하고 있다. 첫째, 언어의 수용 및 표현 능력이 인지 능력에 비하여 현저하게 부족한 사람, 둘째, 조음 능력이 현저히 부족하여 의사소통이 어려운 사람, 셋째, 말 유창성이 현저히 부족하여 의사소통이 어려운 사람, 넷째, 기능적 음성장애가 있어 의사소통이 어려운 사람. 이 중 어느 하나에 해당하여 특별한 교육적 조치가 필요한 사람인 경우에 의사소통장애로 볼 수 있다. 법에 정의된 의사소통장애는 다른 발달장애를 동반하지 않고 특정하게 언어발달만 지연되어 있거나, 혹은 다른 기질적 장애 없이 조음이나 유창성, 음성과 같이 말 산출 측면에 어려움이 있는 아동들을 포함한다.

의사소통장애의 정의를 영유아기에 적용하는 데에는 다음과 같은 측면이 고려되어야 한다. 첫째, '언어의 수용 및 표현 능력이 인지 능력에 비하여 현저하게 부족한 경우'와 관련하여 영유아들의 언어적 상징에 대한 이해는 1세를 전후하여 이루어지며, 본격적인 언어발달은 낱말조합 시기는 되어야 시작된다. 따라서 이 기준으로 의사소통장애를 진단하려면 어느 정도 언어습득이 이루어진 이후까지 기다려 주어야 한다. 둘째, 이 시기는 개인차가 큰 시기이므로 다른 영역의 발달에 문제 없이 언어발달만 느린 영유아의 경우에는 뒤늦게라도 또래 수준에 도달하는 경우가 많기 때문에 '장애'로 명명하는 것은 적절하지 못하다. 따라서 영유아 의사소통장애 분야에서는 다른 영역의 발달에 문제없이 언어발달만 느린 영유아를 '언어발달장애' 혹은 '의사소통장애'로 구분하지 않고 언어발달지체나 '말 늦은 영유아(late talking toddler 또는 late talker)'라는 완곡한 표현을 사용한다. 말 늦은 영유아에 대해서는 다음에 소개하도록 하겠다. 마지막으로, 기질적 장애를 동반하지 않은 조음, 유창성, 음성장애 등도 아직 이 시기에는 말 산출 능력이 발달하는 과정에 있고, 발달의 개인차도 크기 때문에 또래에 비해 발달이 느리다고 하여 장애로 진단하는 것은 적절하지 않을 수 있다.

(2) 발달지체

「장애인 등에 대한 특수교육법」에서의 발달지체 집단 역시 영유아기의 의사소통장애와 관련하여 고려할 수 있다. 발달지체란 '신체, 인지, 의사소통, 사회·정서, 적응행동 중 하나 이상의 발달이 또래에 비하여 현저하게 지체되어 특별한 교육적 조치가 필요한 영유아 및 9세 미만의 아동'으로 정의한다. 다섯 가지 발달 영역 모두에서 지체되는 것이 아니라 이 중 하나 이상의 영역에서만 지체되는 경우도 발달지체로 정의되므로 언어 혹은 의사소통발달에서만 유의하게 지체되는 '언어발달지체' '의사소통발달지체'도 이 안에 포함될 수 있다.

이소현(2003)은 영유아들을 특정 범주의 장애로 명명하는 것보다 발달지체 개념을 사용하는 것이 장애 표찰로 인한 낙인 효과를 감소시키면서 영유아에게 필요한 서비스를 포괄적으로 제공할 수 있게 하는 장점이 있다고 하였다. 영유아 시기는 다른 발달 시기에 비하여 발달의 폭도 크고, 개인차가 그 어느 때보다도 크기 때문에 이 시기에 문제를 갖는 아동을 확인하기란 쉽지 않다. 또래에 비해 좀 느린 속도로 발달하다가도 어느 순간에 빠른 발달 속도를 보여 또래 수준을 금방 따라 잡는 영유아들도 있고, 초기의 느린 발달이 이후까지 지속되기도 한다. 특정 시기에 유의하게 발달이 느려서 장애로 진단하였으나 이후 갑자기 발달 속도가 빨라져서 전형적 발달을 회복하는 영유아들에게는 성급한 진단으로 인해 긍정오류(false positive)를 범할 수 있고, 긍정오류를 줄이고자 판단을 보류하는 경우에는 조기개입을 할 수 있는 중요한 시간을 놓치는 결과를 초래할 수 있다. 어떤 영유아가 뒤늦게 전형적인 발달을 회복할 것인지 혹은 지속적으로 발달에 지연을 보일 것인지를 진단하는 것은 쉽지 않다. 영유아기와 같이 어린 시기에는 의사소통장애라는 명칭보다는 발달지체라는 완곡한 개념의 표현을 사용하는 것이 치료 및 교육과 같은 개입 시기를 놓치지 않으면서 표찰로 인한 부정적 영향을 감소시킬 수 있다. 또한 의사소통발달 문제는 지적장애나 자폐스펙트럼장애와 같이 다른 발달장애와 동반하여 나타날 수 있는데, 발달지체라는 명칭을 사용하는 경우에는 이러한 문제를 변별하지 않고 포괄적으로 적용할 수도 있다.

---

box 1-1

「장애인 등에 대한 특수교육법」의 의사소통장애와 발달지체의 정의

의사소통장애
다음 각 목의 어느 하나에 해당하여 특별한 교육적 조치가 필요한 사람
가. 언어의 수용 및 표현 능력이 인지능력에 비하여 현저하게 부족한 사람
나. 조음능력이 현저히 부족하여 의사소통이 어려운 사람
다. 말 유창성이 현저히 부족하여 의사소통이 어려운 사람
라. 기능적 음성장애가 있어 의사소통이 어려운 사람

발달지체
신체, 인지, 의사소통, 사회 · 정서, 적응행동 중 하나 이상의 발달이 또래에 비하여 현저하게 지체되어 특별한 교육적 조치가 필요한 영유아 및 9세 미만의 아동

2) 장애위험 영유아

영유아 시기의 의사소통장애를 정의할 때 함께 고려해야 할 대상이 '장애위험(at-risk)' 영유아이다. 장애위험 영유아란 현재 발달에 지체 또는 장애를 갖고 있지는 않으나 추후 장애나 발달지체를 가질 위험이 높은 영유아를 말한다. 현재는 의사소통장애 또는 발달지체로 판별되지는 않았으나 추후 의사소통발달장애 또는 발달지체가 될 수 있는 위험이 또래 일반 영유아들에 비해 큰 상태에 있는 영유아를 의사소통 장애위험 영유아라 할 수 있다.

2004년에 개정된 미국의 「장애인교육법(IDEA)」에서는 장애 영유아와 더불어 발달지체 위험 영유아나 발달지체 가능성이 있는 영유아도 특수교육 및 치료 서비스가 필요한 영유아에 포함하였다. 우리나라에서도 2007년에 제정된 「장애인 등에 대한 특수교육법」에 특수교육 대상을 0~3세의 장애 영유아까지 확장하였으며, 발달상 지체를 보이는 영유아는 물론 형성된 장애 요인을 지닌 것으로 진단된 영유아, 발달지체 위험요인을 지닌 영유아 등을 특별한 교육이나 치료가 필요한 대상에 포함하였다.

장애위험을 특수교육 대상으로 포함한 이유로는 영유아 시기가 발달에서 갖는 중요성과 예방적 차원에서의 조기개입을 들 수 있다. 영유아 시기는 인간의 전생애 발달 과정 중에서도 발달이 가장 급속하게 이루어지는 시기일 뿐 아니라 이후 발달의 근간을 이룬다. 때문에 장애 유무를 막론하고 영유아 시기의 조기개입은 그 중요성이 강조된다. 조기개입에서는 문제가 확인된 이후는 물론 문제가 발생하기 전에 미리 개입하는 '예방'적 접근을 강조한다. 따라서 발달지체나 장애가 이미 확인된 영유아는 물론이고, 발달에 장애나 지체를 가진 영유아도 문제가 확연하게 드러나기 전에 가능한 한 조기개입을 통해 이 시기의 발달을 돕는 것은 치료 및 교육의 중요한 목적이 된다. 이러한 맥락에서 장애로 판별되지는 않았으나 장애위험이 큰 영유아에게도 적절한 특수교육적 지원을 제공하고자 장애위험의 개념이 도입된 것이다.

장애위험은 보통 형성된 위험과 생물학적 위험, 환경적 위험의 세 가지로 구분한다. 형성된 위험(established risk)은 유전학적으로나 의학적으로 이미 형성된 조건에 의해서 장애나 발달지체를 초래할 가능성을 지니고 태어난 상태이다. 형성된 위험요인에는 염색체 이상이나 선천적인 신진대사장애, 선천적 기형, 감각장애, 외상 등이 포함되며, 형성된 위험요인을 가지고 태어난 영유아들은 대부분 이후에 장애로 진단된다. **생물학적 위험**(biological risk)은 발달에 영향을 미칠 수 있는 생물학적 위험요인을 가진 상태이다. 예를 들어, 조산이나 저체중, 출생 시 무산소증, 출생 후 감염 등은 생물학적 위험요인에 속한다. **환경적 위험**(environmental risk)은 사회환경적으로 발달에 위험을 초래할 수 있는 열악한 환경에 있는 경우를 말한다. 빈곤한 환경, 아동 학대, 부적절한 양육 환경, 가정 해체, 약물 남용 환경 등은 환경적 위험요인에 해당한다. 형성된 위험 상태에 있는 영유아에 비해 생물학적 위험이나 환경적 위험에 있는 영유아들은 상대적으로 장애를 가질 확률이 낮으나 일반 영유아에 비해서는 발달에 문제를 가질 가능성이 크다고 할 수 있다. 따라서 형성된 위험 요인을 가지고 있는 영유아는 물론 환경적, 생물학적 위험요인을 지닌 영유아는 장애진단은 보류하더라도 영유아 조기중재 서비스 대상으로 포함시켜야 한다. 각각의 위험요인에 대한 내용은 제3장에서 더 자세히 살펴볼 것이다.

3) 말 늦은 영유아

말 늦은 영유아는 언어발달이나 아동 언어장애 분야에서 주로 정의되는 개념이다. 말 늦은 영유아는 의사소통 외의 다른 발달 영역에서 유의한 문제를 보이지 않을 뿐 아니라 발달에 영향을 미칠 수 있는 뚜렷한 문제를 나타내지 않고 표현언어 발달에서 현저한 지체를 나타내는 영유아를 말한다.

말 늦은 영유아에 대해 관심을 가진 연구자들은 말 늦은 영유아를 다른 영역의 발달에 문제없이 언어표현에서 지체를 보이는 영유아로 정의하는 점에서는 일치하나, 어느 정도를 언어표현 능력이 지체되었다고 볼 것인지 그리고 말 늦은 영유아로 결정하는 시기를 어떻게 할지에 대해서는 이견을 갖는다. 보통 영유아기 의사소통 검사인 맥아더−베이츠 의사소통 발달검사(MacArthur Bates Communicative Development Inventory: M-B CDI)나 영유아 언어발달검사(Language Developmental Scale: LDS; Rescorla, 1989)로 측정한 표현어휘 능력에 근거하여 판별하는데, Thal 등(1997)이나 Ellis-Weismer(2007)는 2세에서 2세 6개월 사이에 M-B CDI의 표현어휘 수가 또래 규준보다 10 백분위수 아래에 위치하는 영유아를 말 늦은 영유아로 진단하였으며, Rescorla(1991)는 LDS를 이용하여 2세의 표현어휘수가 50개 미만인 경우를 말 늦은 영유아로 진단하였다. 또한 Rice 등(2008)은 2세에서 2세 6개월 사이에 LDS에서 표현어휘수가 70개 미만이거나 발달검사에서 두 낱말조합을 보이지 않는 경우를 기준으로 하기도 하였다. 이처럼 연구자들에 따라 다양한 기준이 적용되었으나 대체로 말 늦은 영유아는 2세에서 2세 6개월 사이에 표현어휘수가 50개 또는 70개 미만이거나 혹은 표준화된 검사에서 또래 규준보다 10 백분위수 아래에 해당하는 영유아로 정의할 수 있다.

말 늦은 영유아 중 일부는 유아기, 학령기까지 언어 문제가 지속되어 단순언어장애나 읽기장애와 같이 특정언어학습장애로 발달되기도 하지만(Ellis-Weismer, 2007; Paul, Murray, Clancy, & Andrews, 1997; Rescorla, 2009; Rice, Taylor, & Zubrick, 2008) 상당수는 또래보다 초기 언어발달은 늦으나 3세를 전후하여 또래 수준의 언어발달을 따라잡는, 소위 늦게 발달하는 아동(late bloomer) 또는 회복된 말 늦은 영유아(Recovered Late Talker: RLT)에 해당한다. 말 늦은 영유아를 종단적으로 추적한 Paul(1993)은 그들이 추적한 말 늦은 영유아가 3세에는 40%, 4세에는 50%가 정상 범위의 언어발달을 보인다고 보고하였다. 그러나 단지 언어발달이 정상 범위에 포함되었을 뿐 여전히 또래와 비교해서는 언어 능력이 부족한 편이며, 학령기 이후에는 읽기 능력에도 영향을 미치는 것으로 보고하였다. Rescorla(2002, 2005, 2009)는 2세경에 말 늦은 영유아를 9세, 13세, 17세까지 종단적으로 추적하였는데, 대체로 말 늦은 영유아로 진단되었던 영유아들이 학령기에 들어가서는 사회경제적 수준(SES)을 통제한 일반 아동들에 비해서 언어와 읽기 모두에서 낮은 성취를 보였으며, 이들의 언어나 읽기 능력을 2세 때 측정한 어휘 능력을 통해 유의미하게 설명할 수 있었다고 보고하였다.

언어발달지체는 그 자체만으로도 의사소통에 부정적 영향을 미치지만, 인지나 사회성 발달, 나아가서는 학령기에 이르러 학업 성취 등 다른 발달 영역에도 큰 영향을 미친다. 따라서 가급적 조기중재를 통하여 이들의 언어 문제가 이후 다른 발달에까지 부정적 영향을 미치지 않도록 하는 것이 중요하다.

2. 영유아 조기중재와 언어치료사

1) 조기중재의 중요성

장애 혹은 장애위험 영유아에 대한 조기중재의 중요성은 여러 문헌에서 강조되어 왔다. 조기중재는 장애 영유아의 발달을 촉진함으로써 추후 장애로 인한 문제를 최소화하며, 장애 영유아의 가족에게는 장애 영유아의 발달 문제를 이해하고 이에 적절하게 대처함과 동시에 가족의 기능을 강화할 수 있도록 도와준다. 또한 장애위험 영유아들에게는 장애의 발생을 감소시킬 뿐 아니라 장애 발생 시 장애가 심화되는 것을 미연에 예방함으로써 추후 이들에 대한 사회국가적인 책임을 경감시키는 효과를 갖는다.

조기중재의 중요성에 대해 이해하는 것은 언어나 의사소통 발달지체 영유아에 대한 조기개입과 가족에게 조기중재의 중요성을 설명하는 근거가 된다. 관련 선행 연구들에서는 중재가 조기에 이루어질수록 중재 효과가 커지며, 언어발달에 대한 예후가 긍정적이라는 점을 강조하였다(Moeller, 2000; Rossetti, 2001). 언어는 인지나 사회성 발달은 물론 학업의 근간이 되므로 조기 언어 중재는 아동들의 또래관계와 정서 및 행동 발달에 긍정적인 영향을 주게 되며, 후일의 학업 성취에도 결정적인 역할을 한다. 부모나 양육자들에게는 영유아의 언어 및 의사소통 발달을 돕는 바른 방법을 알려 주어 발달 초기부터 언어발달에 지지적인 가정 환경을 만들어 줄 수 있다(Rossetti, 2001; McCathren, Warren, & Yoder, 1996). 따라서 의사소통장애나 장애위험 영유아를 조기진단하고 이들에게 적절한 조기중재를 제공한다면 의사소통발달 문제를 사전에 예방하거나 발달을 최대한 촉진시키는 효과를 가져올 수 있다.

의사소통의 측면을 고려하였을 때 조기중재의 중요성은 다음과 같이 정리할 수 있다. 첫째, 의사소통은 인간의 삶에 필수불가결한 영역이다. 의사소통은 인간의 삶에서 필수불가결한 요소이며 인간을 다른 존재와 구분하는 고유한 기능이라 할 수 있다. 따라서 조기 의사소통 중재는 영유아가 자기 삶의 요구를 스스로 해결하도록 도울 뿐 아니라 나아가 독립성을 갖춘 한 사람의 인격체로 성장할 수 있게 한다.

둘째, 언어 및 의사소통 발달은 사회적, 인지적, 학업적 발달에 영향을 준다. 언어나 의사소통은 영유아들이 자신의 요구를 전달하는 수단이 될 뿐 아니라 다른 사람과 관계를 형성하고, 세상을 배워 나가는 유용한 도구가 된다. Rescorla(2002, 2005, 2009)는 영유아 시기의 느린 언어발달이 이후 아동기, 청소년기, 성인기까지 장기적으로 영향을 미친다는 것을 보고하였다. 의사소통발달은 영유아의 사회적 발달이나 인지발달은 물론 이후 학업 성취에도 영향을 미치므로 의사소통발달에 어려움을 갖는 영유아에게는 관련 영역의 원활한 발달을 위해서도 조기중재가 필수적이라 할 수 있다.

셋째, 영유아기는 언어습득의 결정적 시기이다. 결정적 시기(critical period)란 발달이 가장 용이하게 이루어지는 발달의 최적의 시기를 의미한다. 결정적 시기는 각 발달 과업에 따라 달라진다. 일반적으로 언어 및 의사소통발달의 결정적 시기는 출생 후부터 5, 6세 정도까지로 알려져 있으며, 이는 언어습득과 관련된 뇌 발달과도 밀접히 관계된다. 따라서 이 시기에 제공되는 언어 및 의사소통 중재는 다른 시기에 제공되는 것보다 효과가 크며, 더 나아가 언어 및 의사소통과 관련된 뇌 발달을 촉진하는 효과도 갖는다.

넷째, 영유아기는 뇌 발달이 급격한 시기이다. 뇌 발달은 태내에서부터 진행되어 생후 5년 정도면 크기나 부피가 성인의 90%에 도달한다. 결정적 시기는 언어발달과 마찬가지로 생후 5년 정도이고, 이 시기의 뇌 발달은 언어발달을 촉진하며, 언어발달 역시 뇌 발달을 촉진한다. 영유아기는 뇌의 가소성도 큰 시기이다. 가소성(plasticity)이란 물리학에서 제시된 개념으로, 외부의 힘에 의해 물체의 성격을 바꾼 후에 외부의 힘을 제거해도 원래의 상태로 돌아가지 않는 속성을 말한다. 인간의 두뇌는 일생을 거쳐 외부 자극에 의해 뇌의 중추신경계를 변화시켜 재구조화하는 뇌 가소성의 속성을 지니고 있다. 이는 뇌가 환경적 자극에 의해 일정정도 변화할 수 있음을 시사한다. 이러한 뇌 가소성이 가장 큰 시기가 바로 영유아 시기이다.

다섯째, 예방은 최고의 중재이다. 문제가 발생하기 이전에 미연에 예방하는 것은 문제가 발생한 이후에 그 문제를 해결하는 것보다 훨씬 효과적이다. 조기중재는 '이를수록 좋다'. 영유아 조기중재의 대상을 '장애위험' 영유아에게까지 확대하여 적용하는 것은 중재의 예방적 중요성을 보여 주는 것이다. 문제가 확인될 때까지 기다리지 말고 위험의 요인이 있을 경우 미리 개입하는 것이 좋다. 중재가 적절한 시기에 이루어지지 않으면 위험 요소는 발달지체로 이어질 수 있다.

2. 영유아 조기중재와 언어치료사

여섯째, 가족 지원을 위해 필요하다. 영유아 시기는 영유아의 발달 문제에 대해 가족이 처음으로 인식하고 확인하는 시기이므로 다른 시기에 비해 두려움이 크고 도움이 절실히 필요하다. 따라서 가족으로 하여금 어떻게 문제에 대처해야 할지에 대한 지원이 요구된다. 또한 가족이 영유아에게 적절한 도움을 주기 위해서는 가족의 사회심리적인 적응도 중요하므로 가족을 중재 제공의 조력자로서뿐만 아니라 행동 변화를 위한 중재의 대상으로 인식하여야 한다.

일곱째, 사회국가적으로 경제적인 측면에서 효과적이다. 발달장애 영유아에 대한 조기중재는 장애의 발생을 감소시키고 장애가 심화되는 것을 미연에 예방함으로써 추후 이들에 대한 사회국가적인 책임을 경감시키는 효과를 갖는다. 장애 발생 또는 심화를 사전에 예방함으로써 추후 제공되어야 할 수도 있는 특수교육이나 사회복지 비용을 절감시키며 나아가서는 성인이 된 후에 독립된 개인으로 사회 또는 국가의 생산성에 기여할 수도 있다. 미국에서 보고된 자료에 의하면, 조기교육에 1달러를 투자하는 것이 이후 교육이나 복지 등에 소요되는 비용의 7배 정도를 절약하는 효과가 있었다(Florida Starting Points, 1997). 이처럼 조기중재는 사회국가적 측면에서도 효과가 크며, 미래를 위한 투자라고 할 수 있다.

box 1-2

영유아 조기중재의 중요성

- 의사소통은 인간의 삶에 필수불가결한 영역이다.
- 언어 및 의사소통은 사회적, 인지적, 학업적 발달에 영향을 준다.
- 영유아기는 언어습득의 결정적 시기이다.
- 영유아기는 뇌 발달이 급격한 시기이다.
- 예방은 최고의 중재이다.
- 가족 지원을 위해 필요하다.
- 사회국가적으로 경제적인 측면에서 효과적이다.

2) 조기중재와 언어치료사의 역할

의사소통장애 영유아에게 언어치료를 제공하는 언어치료사는 조기중재 전문가로서 전문성을 갖추어야 한다. 미국언어청각협회(America Speech, Language, and Hearing Association: ASHA, 2008)에서 제시한 0~3세 영유아 의사소통 중재 지침에는 조기중재 전문가로서 언어치료사가 담당해야 하는 역할을 예방, 언어 및 의사소통 장애 선별과 진단 및 사정평가, 언어 및 의사소통 중재 계획 및 실시, 가족과 조기중재 팀 구성원의 자문, 협력적 서비스 제공, 전환 계획, 권리 옹호, 조기중재 분야의 지식 발전을 위한 기여의 여덟 가지로 제시하였다. 다음에서 각각에 대해 살펴보도록 하겠다.

(1) 예방

최상의 중재는 예방이라는 말이 있다. 언어 및 의사소통 장애 분야에서도 이는 예외가 아니다. 세계보건기구(WHO)에서는 예방을 1차, 2차, 3차로 구분한다. 1차예방은 문제가 발생하기 전에 미리 개입하여 문제 발생을 사전에 예방하는 것을 말하며, 2차예방은 문제를 조기에 발견하여 장애 발생을 줄이는 것을 말한다. 3차예방은 문제가 발생한 후에 문제가 심화되지 않도록 개입하는 것을 말한다. 언어치료사는 주로 장애가 확인된 영유아에게 언어치료를 통해 장애 영향을 최소화함으로써 주로 3차예방에 기여하나, 환경적으로나 생물학적으로 위험 조건에 있는 영유아에게 조기개입하여 장애가 발생하지 않도록 함으로써 2차예방에 참여할 수 있으며, 부모교육 등을 통해 장애 발생 자체를 예방하는 1차예방에도 참여할 수 있다. 예방과 관련된 내용은 제3장에서 자세히 살펴보도록 하겠다.

(2) 언어 및 의사소통 장애 선별, 진단평가, 사정평가

언어 및 의사소통 장애를 선별(screening), 평가(evaluation), 사정(assessment)하는 것은 의사소통 중재와 더불어 언어치료사의 주된 역할 중 하나이다. 선별, 평가, 사정은 모두 영유아의 의사소통발달을 평가한다는 점에서는 공통되지만 그 목적에 차이가 있다. 즉, 선별은 의사소통발달에 위험이 있는 영유아를 확인해서 자세한 검사로 의뢰하기 위한 목적을 가지며, 평가는 의사소통장애를 가진 영유아를 판별하고 진단하기 위한 목적을 갖는다. 그리고 사정은 중재를 계획하고 중재를 통한 변화를 측정하기 위한 목적을 갖는다. 선별, 평가, 사정은 언어치료가 필요한 영유아의 확인에서부터 중재가 진행되는 전체 과정에서 계속되어야 하므로 언어치료사의 역할 중 중재와 더불어 가장 많은 부분을 차지한다. 평가와 관련된 내용은 제8장, 제9장, 제10장에서 자세히 다루도록 하겠다.

(3) 언어 및 의사소통 중재 계획 및 실시

의사소통장애 위험이 있거나 혹은 장애로 판별이 된 영유아에게는 적절한 중재가 제공되어야 한다. 언어치료사는 의사소통 능력 증진을 위한 중재를 계획하고 실시할 수 있어야 한다. 「장애인 등에 대한 특수교육법」에서는 0~3세 영유아를 위해서는 개별화가족지원계획(Individualized Family Service Plan: IFSP)을 작성하고, 그 이상의 아동들에게는 개별화교육프로그램(Individualized Education Program: IEP)을 작성하도록 권고하고 있다. 따라서 교육적 세팅에서 일하는 언어치료사는 영유아를 위한 개별화가족지원계획 또는 개별화교육프로그램을 계획하는 데 참여할 준비를 갖추어야 한다. 또한 교육적 장면이 아닌 의료, 또는 장애인 복지 분야에서 일하는 경우에는 개별화치료계획(Individualized Therapy Program: ITP)을 수립할 수 있어야 한다. 중재 계획에는 중재를 통해 성취하여야 할 목표와 접근법, 중재 환경 등에 대한 계획을 포함해야 한다. 의사소통 중재 계획 및 실시와 관련된 내용은 제11장, 제12장, 제13장에서 자세히 다루도록 하겠다.

(4) 가족과 조기중재 팀 구성원의 자문

조기중재는 영유아의 발달을 지원하고 자연스러운 환경으로의 참여를 촉진하여야 한다. 언어치료사는 가족이나 관련 전문가에게 자연스러운 환경 내에서 영유아의 의사소통 능력을 향상시킬 수 있는 방법들에 대해 자문을 제공하고, 이를 통해서 자연스러운 환경 내에서 영유아의 의사소통발달을 촉진할 수 있다. 뿐만 아니라 가족이나 다른 전문가들의 요구에 따라 필요한 자문을 제공할 수 있어야 한다. 이를 위해 언어치료사는 영유아의 의사소통발달을 촉진하는 방법이나 의사소통이 다른 영역의 발달에 미치는 영향 등 의사소통발달과 관련된 지식을 갖추어야 하며, 이를 가족에게 적절히 안내할 수 있도록 효과적인 의사소통이나 자문 기술 등도 갖추어야 할 것이다.

(5) 협력적 서비스 제공

조기중재는 가족 참여와 전문가 간의 협력적 팀 접근을 기반으로 제공되어야 한다. 언어치료사는 가족이 포함된 조기중재 팀의 일원으로서 가족 또는 다른 발달전문가들과 협력하고, 필요한 경우 자문이나 교육 또는 훈련의 역할을 담당한다. 이를 위해 언어치료사는 조기중재에 참여하는 여러 전문가의 역할과 전문가 간의 협력적 팀 접근 모형에 대한 이해를 바탕으로 협력적 접근을 기반으로 한 조기중재에 참여할 수 있어야 한다.

(6) 전환 계획

전환(transition)이란 하나의 구조화된 프로그램에서 다른 프로그램으로 이동하는 것을 의미한다. 0~3세 시기는 교육적 측면으로 볼 때 장애 영아 프로그램에서 유아특수교육 프로그램으로 전환되는 시기이다. 새로운 프로그램으로 전환하는 것은 영유아는 물론 가족에게도 어려운 일이기 때문에 미리 전환을 위한 계획을 수립하고 준비를 갖추는 것이 필요하다. 언어치료사도 영유아가 새로운 프로그램으로 순조롭게 전환할 수 있도록 의사소통 중재를 계획할 때 미리 고려하는 것이 필요하다.

(7) 권리 옹호

의사소통장애 영유아나 가족들에게 직접적으로 중재를 제공하는 것 외에도 영유아나 그 가족의 권리를 보장하거나 옹호하는 일도 조기중재 팀 일원으로서 언어치료사가 담당해야 하는 주요 역할이다. 언어치료사는 장애 영유아에 대한 사회적 인식을 개선하거나 가족의 요구를 대변하는 활동에 참여할 수 있다. 또한 조기중재 서비스와 관련된 정책을 개발하거나 조기중재 서비스를 계획하고 평가하는 위원회에 참여하는 등의 활동을 통해서도 의사소통장애 영유아나 가족을 위해 일할 수 있다.

(8) 조기중재 분야의 지식 발전에 기여

근거기반의 실제는 의사소통장애학 분야에서 매우 강조된다. 근거기반의 중재를 제공하기 위해서는 연구 논문을 이해할 수 있어야 하며, 새로운 지식을 현재의 임상

실제에 효과적으로 통합할 수 있어야 한다. 이를 위해서 언어치료사는 연구방법론에 대한 지식을 갖추어야 한다. 언어치료사는 가족이나 다른 전문가, 혹은 정책 입안자들이나 행정가들에게 근거기반의 실제에 대한 정보를 공유함으로써 조기중재 발전에 기여할 수 있으며, 나아가서는 전문적 연구자의 연구를 지원하거나 공동연구자로 연구를 수행함으로써 지식 발전에 기여할 수 있다.

box 1-3

조기중재에서 언어치료사의 역할

- 예방
- 언어 및 의사소통장애 선별과 진단 및 사정 평가
- 언어 및 의사소통 중재 계획 및 실시
- 가족과 조기중재 팀 구성원의 자문
- 협력적 서비스 제공
- 전환 계획
- 권리 옹호
- 조기중재 분야의 지식 발전에 기여

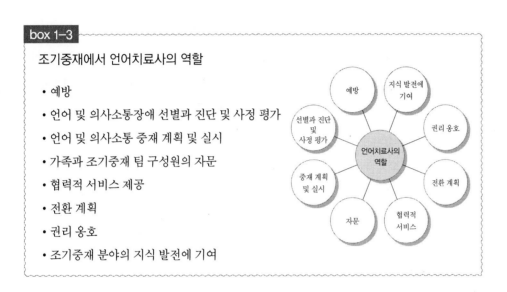

3) 조기중재 관련 지식

앞에서 조기중재 전문가로서 언어치료사가 담당해야 하는 여덟 가지 역할을 살펴보았다. 이 여덟 가지 역할을 잘 수행하기 위해서 언어치료사는 그와 관련된 전문지식을 갖추어야 한다. 미국언어청각협회(2008)에서는 조기중재 전문가로서 언어치료사가 갖추어야 할 지식을 다음과 같이 열두 가지로 제시하였다.

첫째, 출생 후부터 3세까지 각 발달 영역별 전형적 발달을 이해한다. 인간의 발달은 각 발달 영역이 독립적으로 이루어지는 것이 아니라 서로 연관되고 통합되면서 진행된다. 그중에서도 0~3세까지의 시기는 모든 영역별 발달이 서로 밀접하게 연관되어 진행된다(이윤경, 2011). 따라서 언어치료사는 의사소통 발달만이 아니라 인지나 신체 · 운동, 사회 · 정서와 같은 주요 발달 영역에서의 변화를 이해하고, 이것이 의사소통발달과 어떠한 관계를 갖는지 이해해야 한다. 그런 의미에서 0~3세 영유아를 중재하는 언어치료사는 '발달전문가'가 되어야 한다.

둘째, 영유아기 발달장애를 정의하고 그 특성을 이해한다. 영유아기 의사소통발달장애는 순수하게 언어나 의사소통에서만 문제를 갖는 경우만이 아니라 다른 발달장애를 동반하는 경우가 많다. 영유아들이 동반하는 발달장애에 따라 동일한 형태의 의사소통 문제도 접근이 달라질 수 있다. 따라서 언어치료사는 영유아기의 발달지연이나 발달장애에 대한 지식을 가져야 한다.

셋째, 의사소통장애가 가족이나 아동에게 미치는 영향을 이해한다. 0~3세는 아직 어린 시기이기 때문에 영유아에게 직접적으로 중재를 제공하는 것이 쉽지 않을 수 있다. 또한 다른 시기에 비하여 가족이 미치는 영향이 큰 시기이므로 다른 어떤 시기보다 가족의 참여를 강조한다. 따라서 이 시기에는 가족중심의 개별화가족지원계획을 수립하도록 한다.

넷째, 의사소통, 청각, 말, 언어, 초기 문해, 삼킴 및 섭식 발달이 전반적인 발달에 미치는 영향과 관계를 이해한다. 의사소통발달은 다른 발달 영역의 발달뿐만 아니라 의사소통 영역 내의 여러 기능과 서로 영향을 주고받으며 발달한다. 언어치료사는 다른 영역의 발달이 영유아의 언어 및 의사소통 발달에 미치는 영향에 대해서도 잘 이해해야 하며, 반대로 언어 및 의사소통 발달이 다른 영역의 발달에 미치는 영향에 대해서도 잘 알고 있어야 한다.

다섯째, 영유아기의 의사소통발달에 대해 이해한다. 언어치료사의 주된 역할은 영유아기 의사소통발달장애를 선별 및 진단하고, 이들의 의사소통발달을 촉진하는 것이다. 이를 위해서는 영유아기 의사소통발달에 대해 정확하고 실제적인 지식을 지녀야 한다.

여섯째, 의사소통, 청각, 언어, 초기 문해, 말 그리고 삼킴과 섭식 발달에 영향을 미칠 수 있는 형성된 위험요인과 생물학적, 환경적 위험요인을 이해한다. 언어치료사는 영유아기 의사소통발달에 영향을 미칠 수 있는 여러 요인을 이해해야 한다. 이는 조기중재가 제공되는 영유아를 가급적 일찍 확인하는 것은 물론 개별 영유아에게 적합한 중재를 제공하고, 중재를 통한 변화를 예측하기 위해서 필수적인 지식이 된다.

일곱째, 다양한 발달장애의 특성과 각 장애가 의사소통, 청각, 말, 언어, 초기 문해 그리고 삼킴 및 섭식 발달에 미칠 수 있는 영향을 이해한다. 대부분의 발달장애 영유아는 의사소통이나 말, 언어, 섭식 등에서 문제를 동반하며, 이들의 의사소통 문제는 그들이 가지고 있는 다른 발달장애와 밀접하게 관련된다. 발달장애에 동반하여 의사소통장애를 갖는 영유아에게 효과적인 중재를 제공하기 위해서는 각 발달장애의 특성을 정확히 이해해야 할 뿐 아니라 각각의 발달장애가 의사소통이나 삼킴, 섭식 등에 미치는 영향에 대한 지식을 갖추어야 한다.

여덟째, 의사소통발달을 촉진하는 데 필요한 중재 이론 및 방법을 이해한다. 언어치료사는 의사소통장애를 판별하고, 가족을 지원하며, 의사소통장애가 발생하지 않도록 예방에 참여하는 등 여러 역할을 담당한다. 이 중에서도 가장 중요한 역할은 영유아에게 직접적인 중재를 제공하는 것이다. 따라서 언어치료사는 영유아들의 의사소통을 촉진하기 위한 여러 치료 및 교수 방법에 대한 지식을 지녀야 할 뿐만 아니라 이를 실행할 수 있도록 충분히 훈련되어야 한다.

아홉째, 가족 간의 상호작용 및 기능과 관련된 이론 및 모델을 이해한다. 영유아기의 의사소통 중재는 가족 참여를 기반으로 하여야 한다. 언어치료사가 가족 중심의 언어 중재를 제공하기 위해서는 가족의 기능을 이해하고, 가족중심의 의사소통 중재 모형에 대한 충분한 이해를 갖추어야 한다.

열째, 영유아나 가족, 서비스 제공자들에게 의사소통과 사회적 상호작용에 대한 문화적 영향을 포함하여 신념, 가치, 우선순위가 갖는 역할을 이해한다. 영유아 의사소통 중재는 궁극적으로 영유아가 자신이 속한 환경 내에서 잘 적응하도록 하는 데 목적이 있다. 영유아의 적응을 위해서는 영유아가 속한 사회적 환경과 문화를 이해하고, 가족의 가치나 믿음을 고려해야 한다.

열한째, 장애나 장애위험 영유아들에게 서비스를 제공하기 위한 절차나 관련법을 이해한다. 언어치료사는 서비스 제공과 관련된 법이나 사회적 서비스에 대해 잘 알고 있어야 한다. 이러한 정보는 언어치료가 필요한 영유아를 확인하고 그들에게 필요한 서비스를 제공하는 데 도움이 된다.

열두째, 판별이나 진단을 위한 근거기반의 실제와 전략 요소를 이해한다. 의사소통장애 판별과 진단은 반드시 근거기반의 실제에 기초하여야 한다. 근거기반의 실제를 이해하기 위해서는 연구 방법에 대한 이해와 지식을 바탕으로 선행 연구들을 검토하고, 효과가 검증된 절차를 찾아낼 수 있는 준비를 갖추어야 한다.

box 1-4

0~3세 영유아 의사소통발달장애 전문가로서 언어치료사가 갖추어야 할 지식

- 출생 후부터 3세까지 각 발달 영역별 전형적 발달과 각 발달 영역이 서로 영향을 주고 받으며 통합적으로 이루어진다는 사실을 이해한다.
- 영유아기 발달장애를 정의하고 그 특성을 이해한다.
- 의사소통장애가 가족이나 영유아에게 미치는 영향을 이해한다.
- 의사소통, 청각, 말, 언어, 초기 문해, 삼킴 및 섭식 발달이 전반적인 발달에 미치는 영향과 관계를 이해한다.
- 영유아기의 의사소통발달에 대해 이해한다.
- 의사소통, 청각, 언어, 초기 문해, 말 그리고 삼킴과 섭식 발달에 영향을 미칠 수 있는 형성된 위험요인과 생물학적, 환경적 위험요인을 이해한다.
- 다양한 발달장애의 특성과 각 장애가 의사소통, 청각, 말, 언어, 초기 문해 그리고 삼킴 및 섭식 발달에 미칠 수 있는 영향을 이해한다.
- 의사소통발달을 촉진하는 데 필요한 중재 이론 및 방법을 이해한다.
- 가족 간의 상호작용 및 기능과 관련된 이론 및 모델을 이해한다.
- 영유아나 가족, 서비스 제공자들에게 의사소통과 사회적 상호작용에 대한 문화적 영향을 포함하여 신념, 가치, 우선순위가 갖는 역할을 이해한다.
- 장애나 장애위험 영유아들에게 서비스를 제공하기 위한 절차나 관련법을 이해한다.
- 판별이나 진단을 위한 근거기반의 실제와 전략 요소를 이해한다.

출처: ASHA (2008).

3. 영유아 의사소통장애와 법적 지원

영유아 의사소통장애와 관련된 법이나 사회적 서비스에 대해 잘 알고 있으면 영유아나 가족들에게 필요한 지원을 제공하는 데 도움이 된다. 언어치료사가 의사소통장애 영유아들을 위해 서비스를 제공할 때 알아두어야 할 몇 가지 법 체계가 있으나, 그중 영유아 시기와 가장 밀접한 것은 「장애인 등에 대한 특수교육법」과 「장애아동 복지지원법」일 것이다. 이외에도 「영유아보육법」이나 「장애인복지법」 「모자보건법」 등도 일부 조항이 관련될 수 있다. 다음에서는 법이 제정된 순서에 따라 언어

치료사에게 중요한 내용을 중심으로 각각의 법에 대해 살펴보도록 하겠다.

1)「영유아보육법」

「영유아보육법(嬰幼兒保育法)」은 영유아의 심신을 보호하고 건전하게 교육하여 건강한 사회 구성원으로 육성함과 아울러 보호자의 경제적, 사회적 활동이 원활하게 이루어지도록 함으로써 영유아 및 가정의 복지 증진에 이바지함을 목적으로 제정되었다. 이 법은 총 9장, 제56조와 부칙으로 이루어져 있다. 이 중에서 의사소통장애 또는 장애위험 영유아에게 해당할 수 있는 법 조항은 다음과 같다.

(1) 장애 영유아 및 취약 환경에 있는 영유아에 대한 보육 우선 실시 및 무상보육 실시

「영유아보육법」에는 국가나 지방자치단체, 사회복지법인, 그 외 비영리법인이 설치한 어린이집의 경우 취약한 조건에 있는 영유아에게 우선적으로 보육을 실시할 것을 규정하고 있다. 국민기초생활 수급자 및 차상위 계층의 자녀, 한부모 가족의 자녀, 장애인 자녀, 다문화 가족의 자녀, 그 외 취약 환경의 자녀를 취약 환경에 있는 영유아로 정의하였다.

또한 이 법에서는 장애아 및 다문화 가족의 자녀에게 보육 우선 실시는 물론 지방자치단체가 무상보육을 제공하여야 함을 명시하고 있다. 국가와 지방자치단체는 무상보육을 받으려는 영유아와 장애아 및 다문화 가족의 자녀를 보육하기 위하여 필요한 어린이집을 설치·운영하여야 한다는 것도 명시하고 있다. 언어치료사는 필요한 경우 장애 영유아나 취약 환경에 있는 영유아 보호자에게 법적 지원을 받을 수 있도록 이러한 사실을 안내한다.

(2) 장애아 전담 어린이집 운영 및 관련 전문가 고용

장애아 전담 어린이집과 관련한 법 조항은「영유아보육법」과「장애아동 복지지원법」의 두 법에서 상호적으로 제정하고 있다. '장애아 전담 어린이집'이란 상시 12명 이상의 장애아(단, 미취학 장애아 9명 이상 포함)를 보육하는 시설 중에서 시장, 군수, 구청장이 장애아 전담 어린이집으로 지정한 시설로서 시도 지사를 거쳐 보건복지

부장관이 인건비 지원을 승인한 시설을 말한다. 「영유아보육법」에는 장애아 전문 어린이집의 인건비, 초과 보육에 드는 비용 등 운영 경비 또는 지방육아종합지원센터의 설치·운영, 보육교직원의 복지 증진, 취약보육의 실시 등 보육사업에 드는 비용의 전부 또는 일부를 보조하도록 명시하고 있다. 장애아 전담 어린이집에서는 장애아 3명당 1명의 보육교사를 두도록 하고 있으며, 교사 2인 중 1명은 특수교사나 치료사를 배치해야 한다.

2) 「장애인 등에 대한 특수교육법」

「장애인 등에 대한 특수교육법」은 국가 및 지방자치단체가 장애인 및 특별한 교육적 요구가 있는 사람에게 통합된 교육환경을 제공하고 생애주기에 따라 장애 유형과 장애 정도의 특성을 고려한 교육을 실시하여 이들이 자아실현과 사회통합을 하는 데 기여함을 목적으로 제정된 법이다. 「장애인 등에 대한 특수교육법」에는 0~3세 영아(「장애인 등에 대한 특수교육법」에서는 0~3세를 '장애 영아'라고 명명하였으므로 이 부분에서는 영유아 대신 영아로 서술한다)에게 조기중재가 제공될 수 있도록 하는 법 조항을 포함하였다. 그중 대표적인 내용은 다음과 같다.

(1) 장애 영아 의무교육

2007년에 제정된 「장애인 등에 대한 특수교육법」에서는 만 3세 미만의 장애 영아 교육을 무상으로 제공하도록 하여 0세부터 장애 영아에 대한 교육이 제공될 수 있도록 법제화하였다. 이 법에서는 유치원·초등학교·중학교 및 고등학교 과정의 교육은 의무교육으로 하고, 만 3세 미만의 장애 영아 교육은 무상으로 하며, 의무교육 및 무상교육에 드는 비용은 대통령령으로 정하는 바에 따라 국가 또는 지방자치단체가 부담하도록 하고 있다.

(2) 장애의 조기발견

조기중재가 필요한 장애 영아를 조기에 발견할 수 있도록 하는 내용도 법 조항에 포함되어 있다. 제14조에 의하면, 교육장 또는 교육감은 영아의 장애 및 장애 가능성을 조기에 발견하기 위하여 지역주민과 관련 기관을 대상으로 홍보를 실시하고,

해당 지역 내 보건소와 병원 또는 의원에서 선별검사를 무상으로 실시하여야 한다고 명시하였다. 또한 교육장 또는 교육감은 지역 내 기관이나 보호자로부터 진단·평가를 의뢰받은 경우 즉시 특수교육지원센터에 회부하여 진단·평가를 실시하고, 그 진단·평가의 결과를 해당 영아 및 학생의 보호자에게 통보하도록 명시하였다.

「장애인 등에 대한 특수교육법 시행령」 제9조에서는 교육장 또는 교육감은 매년 1회 이상 장애선별검사에 대한 홍보를 하여야 하며, 장애의 조기발견을 위하여 관할 구역의 어린이집·유치원 및 학교의 영아를 대상으로 수시로 선별검사를 하도록 명시하였다. 장애 영아 선별검사는 지방자치단체의 지원을 받아 어린이집이나 유치원에서 실시할 수도 있으며, 「국민건강보험법」에 근거하여 이루어지고 있는 영유아 발달검사를 활용하는 것도 가능하게 하였다. 선별검사 결과, 장애가 의심되는 영아 등을 발견한 경우에는 병원 또는 의원에서 영아 등에 대한 장애 진단을 받도록 보호자에게 안내하고 상담을 하여야 하며, 선별검사를 받은 영아 등의 보호자가 특수교육 대상자로 선정받기를 요청할 경우 영아 등의 보호자에게 건강검진 결과통보서 또는 진단서를 제출하도록 하여 영아가 특수교육 대상자에 해당하는지 여부를 판단하기 위한 진단·평가를 받게 하였다.

(3) 장애 영아의 교육 및 관련 서비스 지원

만 3세 미만의 장애 영아의 보호자는 조기교육이 필요한 경우 교육장에게 교육을 요구할 수 있으며, 교육장은 특수교육지원센터의 진단·평가 결과를 기초로 만 3세 미만의 장애 영아를 특수학교의 유치원 과정, 영아 학급 또는 특수교육지원센터에 배치할 수 있도록 하였다. 또한 배치된 장애 영아가 의료기관, 복지시설 또는 가정 등에 있을 경우에는 특수교육 교원이나 언어치료사와 같이 특수교육 관련 서비스 담당 인력 등으로 하여금 순회교육을 제공하도록 하였다. 이와 관련하여 「장애인 등에 대한 특수교육법 시행령」 제24조에는 교육감 또는 특수학교의 장은 특수교육지원센터 또는 특수학교에 치료실을 설치·운영할 수 있으며, 장애인복지시설 등과 연계하여 치료지원을 할 수 있도록 명시하였다.

〈표 1-1〉에는 「장애인 등에 대한 특수교육법」에서 장애 영아와 관련된 요소와 해당 내용을 포함하는 법 조항, 시행령, 시행규칙을 요약하여 제공하였다.

〈표 1-1〉 장애 영아 무상교육과 「장애인 등에 대한 특수교육법」

장애 영아 교육 관련 요소	1. 「장애인 등에 대한 특수교육법」	2. 「장애인 등에 대한 특수교육법 시행령」	3. 「장애인 등에 대한 특수교육법 시행규칙」
장애 영아 무상교육 명시	제3조(의무교육 등)		
장애 영아의 교육지원 내용	제18조 (장애 영아의 교육지원)	제13조 (장애 영아의 교육지원)	
교육 대상자	제15조(특수교육 대상자의 선정) 제16조(특수교육 대상자의 선정 절차 및 교육지원 내용의 결정)		
대상자 발견 및 진단 과정: 조기발견 과정	제14조 (장애의 조기발견 등)	제9조 (장애의 조기발견 등)	제2조 (장애의 조기발견 등)
특수교육 대상자의 권리와 의무 안내	제9조(특수교육 대상자의 권리와 의무의 안내)		
교육과정의 운영 등	제20조 (교육과정의 운영 등)		
관련 서비스	제28조 (특수교육 관련 서비스)	제24조(치료 지원)	
기타	제11조(특수교육지원센터의 설치·운영) 제16조(특수교육 대상자의 선정 절차 및 교육지원 내용의 결정) 제26조(방과 후 과정을 운영하는 유치원 과정의 교육기관)	제7조(특수교육지원센터의 설치·운영) 제15조(어린이집의 교육 요건) 제20조(순회교육의 운영 등) 제23조(가족지원)	

출처: 박현옥(2009).

다음은 언어치료사가 알아두면 좋을 「장애인 등에 대한 특수교육법」과 관련된 여러 정보를 제시하였다. box 1-5는 특수교육 대상자를 선정하고 배치하는 절차로, 장애 영아가 특수교육을 받도록 하기 위해 거쳐야 하는 과정을 보여 준다. box 1-6은 장애 영아 교실 운영 방침을, box 1-7은 장애 영아를 포함한 특수교육 대상자에게 치료지원 서비스를 제공하기 위한 내용을 담고 있다.

box 1-5

특수교육 대상자 선정 및 배치 절차

1. 보호자 및 각급 학교의 장(보호자 동의)
   • 장애가 있거나 장애가 있다고 의심되는 영·유아 및 학생 발견 시 진단·평가 의뢰
2. 교육감 또는 교육장
   • 특수교육지원센터에 진단·평가 의뢰
3. 특수교육지원센터
   • 진단·평가가 회부된 후 30일 이내에 진단·평가 시행 신청 여부 및 필요한 교육지
     원 내용에 대한 최종 의견을 작성하여 교육장 또는 교육감에게 보고
   • 과정에서 보호자의 의견 진술 기회를 충분히 보장
4. 교육장 또는 교육감
   • 특수교육지원센터로부터 최종 의견을 통지받은 때부터 2주일 이내에 특수교육 대상
     자로의 선정 여부 및 교육지원 내용을 결정하여 보호자에게 통보
   • 특수교육운영위원회에서 대상 선정 및 학교 지정·배치에 대해 심사
   • 지역교육청 특수교육운영위원회: 유치원생, 초등·중학생
   • 시 특수교육운영위원회: 고등학생
   • 특수교육 대상자의 선정 결과 및 학교 지정·배치를 신청인에게 서면으로 통지
5. 학생 또는 보호자
   • 배치된 학교에 취학

box 1-6

장애 영아 교실 운영 방침

• 대상: 만 3세 미만의 특수교육 대상자 중 센터로 배치된 영아
• 지원
  −특수교육지원: 특수교육지원센터 내에 있는 영유아 교실에서 개별화교육에 따른 특
    수교육지원
  −치료지원: 굿센(goodsen)카드 발급 (치료기관은 교육지원청의 승인기관에 한함)
  −가족지원: 장애 영아 조기교육을 위한 부모상담
  −수업 형태: 센터 방문교육, 통신교육, 체험교육, 1대1 수업 및 그룹 형태의 수업

---

box 1-7

특수교육 대상자 치료지원 서비스

- 목적: 특수교육 대상자의 교육력 제고를 위한 특수교육 관련 서비스 제공 확대
- 지원 대상
  - 유치원생, 초등·중등·고등학교 과정에 재학하는 특수교육 대상자 중 치료지원이 필요한 학생 및 <u>만 3세 미만의 장애 영아</u>
  * 제외 대상
    1. 보건복지부 발달재활서비스에서 제공하는 동일 영역의 치료지원 수혜자
    2. 교육기관이 아닌 어린이집 재원 중인 원아
    3. 취학 연기·유예자
- 치료 영역
  - 물리치료, 작업치료(「장애인 등에 대한 특수교육법」 제28조제2항)
  - 언어치료, 청능치료, 미술치료, 음악치료, 행동치료, 놀이치료, 심리운동치료, 감각통합치료

---

3) 「장애아동 복지지원법」

「장애아동 복지지원법」은 국가와 지방자치단체가 장애 아동의 특별한 복지적 욕구에 적합한 지원을 통합적으로 제공함으로써 장애 아동이 안정된 가정생활 속에서 건강하게 성장하고 사회에 활발하게 참여할 수 있도록 하며, 장애 아동 가족의 부담을 줄이는 데 이바지함을 목적으로 제정되었다. 「장애인복지법」에 따라 등록된 18세 미만의 장애 아동은 「장애아동 복지지원법」에 따른 복지지원을 받게 되며, 보건복지부장관이 별도로 인정한 6세 미만의 장애 아동도 지원 대상에 포함된다.

(1) 장애 아동의 발달에 필요한 지원 등 다양한 인적·물적 자원

국가와 지방자치단체가 장애 아동의 특별한 복지적 욕구에 따라 의료비지원, 보육지원, 가족지원 및 장애 아동의 발달에 필요한 지원 등 다양한 인적·물적 자원을 제공하는 것을 말한다. 국가와 지방자치단체는 의료비나 보조기구·보육·가족·돌봄지원이나 발달재활 서비스, 일시적 휴식지원 서비스를 지원할 수 있으며 지역

사회전환 서비스와 문화예술 등을 지원한다. 이같은 복지지원에 필요한 비용은 개별 복지지원의 목적에 따라 장애 아동과 그 가족에게 현금·현물로 지급되며, 현물일 경우 복지지원 이용권으로 지급할 수 있다. 복지지원 이용권은 복지지원의 수량 또는 그에 상응하는 금액이 기재된 증표를 말한다.

복지지원의 제공 방법이나 관리 등에 필요한 사항은 보건복지부령으로 정해진다. 장애인복지시설이나 아동복지시설, 건강가정지원센터, 발달재활서비스를 제공하도록 지정된 기관·단체, 장애 영유아를 위한 어린이집, 가족지원 업무수행 기관 등은 복지지원을 할 수 있으며, 이러한 복지지원 제공기관은 장애 유형에 적합한 프로그램을 계획·실시해야 한다.

(2) 장애아 전문 어린이집 지원

이와 관련된 내용은 「영유아보육법」의 '(2) 장애아 전담 어린이집 운영 및 관련 전문가 고용' 부분에서 서술한 내용을 참조하기 바란다.

(3) 연구, 홍보, 프로그램 개발

'중앙장애아동지원센터'에서는 장애 아동의 복지지원에 관한 조사·연구, 지역장애아동지원센터에 대한 평가 및 운영 지원, 장애 아동의 복지지원 정책에 관한 정보 및 자료 제공, 장애 아동의 장애 유형별 지원 프로그램의 개발 등의 업무를 수행하며, '지역장애아동지원센터'는 장애 아동의 조기발견을 위한 홍보, 장애 아동의 복지지원사업에 관한 정보 및 자료 제공, 장애 아동과 그 가족에 대한 복지지원 제공기관과의 연계, 장애 아동의 사례관리, 장애 아동 및 그 가족을 지원하는 가족상담 및 교육 실시 등의 업무를 수행한다. 또한 '지역장애아동지원센터'는 어린이집이나 장애인복지시설, 아동복지시설, 유치원, 학교, 의료기관 등과 연계하여 협력체계를 구축하도록 권고한다. 시·군·구청장은 복지지원 대상자의 선정 여부 및 복지지원 내용의 결정을 통지한 다음에 장애 아동과 그 가족에게 복지지원 제공기관을 연계해야 하는데, 이를 지역장애아동지원센터에 위탁할 수 있다.

4)「건강검진기본법」의 영유아 건강검진

「건강검진기본법」은 국가건강검진에 관한 국민의 권리·의무와 국가 및 지방자 치단체의 책임을 정하고 국가건강검진의 계획과 시행에 관한 기본적인 사항을 규 정하는 법이다. 이 법은 국가건강검진을 통하여 모든 국민이 건강 위험요인과 질병 을 조기에 발견하여 치료를 받음으로써 인간다운 생활을 보장받고, 건강한 삶을 영 위하는 것을 기본이념으로 국민의 보건 및 복지의 증진에 이바지함을 목적으로 제 정되었다. 2008년부터 시행되기 시작한 영유아 건강검진은 「모자보건법」과 「영유 아보육법」에 따라 「건강검진기본법」의 일환으로 이루어지고 있다. 영유아 건강검진 은 생후 4개월부터 71개월까지의 영유아를 대상으로 이루어지는데, 2008년부터는 신체 및 건강 검진은 물론 9개월부터 총 8회의 영유아 발달선별검사를 의무화하고 있다. 검진 시기와 내용은 〈표 1-2〉와 〈표 1-3〉에 제시되어 있다.

〈표 1-2〉 영유아 건강검진 항목과 검진 방법

검진 항목	검진 방법
문진 및 진찰	문진표, 진찰, 청각 및 시각문진, 시력검사
신체계측	키, 몸무게(체질량지수), 머리둘레
건강교육	영양, 수면, 안전, 구강, 대소변가리기, 정서 및 사회성, 개인위생, 취학준비 등 교육
발달 평가	한국형 영유아발달선별검사(K-DST)도구에 의한 검사 및 상담

출처: 국민건강보험공단 '건강iN' 홈페이지(http://hi.nhis.or.kr).

〈표 1-3〉 영유아 건강검진 시기 및 내용

검진 시기			내용
4개월	건강검진	생후 4~6개월	문진 및 진찰, 신체계측, 건강교육
9개월	건강검진	생후 9~12개월	문진 및 진찰, 신체계측, 발달선별검사 및 상담, 건강교육
18개월	건강검진	생후 18~24개월	문진 및 진찰, 신체계측, 발달선별검사 및 상담, 건강교육
	구강검진	생후 18~29개월	구강문진 및 진찰, 구강보건교육
30개월	건강검진	생후 30~36개월	문진 및 진찰, 신체계측, 발달선별검사 및 상담, 건강교육
42개월	건강검진	생후 42~48개월	문진 및 진찰, 신체계측, 발달선별검사 및 상담, 건강교육
	구강검진	생후 42~53개월	구강문진 및 진찰, 구강보건교육
54개월	건강검진	생후 54~60개월	문진 및 진찰, 신체계측, 발달선별검사 및 상담, 건강교육
	구강검진	생후 54~65개월	구강문진 및 진찰, 구강보건교육
66개월	건강검진	생후 66~71개월	문진 및 진찰, 신체계측, 발달선별검사 및 상담, 건강교육

출처: 국민건강보험공단 '건강iN' 홈페이지(http://hi.nhis.or.kr).

이 장을 공부한 후……

● 법적 정의를 토대로 의사소통장애와 발달지체를 정의하고, 특히 영유아기 의사소통장애를 발달지체 정의를 토대로 이해한다.

● 장애위험의 개념을 이해하고, 장애위험을 서비스 대상으로 포함하는 이유를 이해한다.

● 말 늦은 영유아를 정의하고, 영유아 시기의 언어발달지체가 이후까지 미치는 영향을 확인한다.

● 영유아 조기중재의 중요성과 영유아 의사소통장애 전문가로서 언어치료사가 담당해야 할 역할을 이해한다.

● 조기중재 전문가로서 언어치료사가 갖추어야 할 지식과 이러한 지식이 필요한 이유를 이해한다.

● 의사소통장애 또는 의사소통장애위험 영유아를 지원할 수 있는 법적 지원체계와 이러한 법적 체계를 학습해야 하는 이유를 이해한다.

$$\text{제2장}$$

영유아 발달과 언어치료사

인간의 발달에 대한 이해는 영유아기 의사소통장애를 이해하는 데 도움이 된다. 특히 영유아기의 언어 및 의사소통 발달은 인지나 신체·운동, 사회·정서 등 다른 영역의 발달과 밀접하게 관련되므로 영유아기 의사소통장애를 정확하게 진단하고 발달을 촉진해 주기 위해서는 발달에 대한 이해가 선행되어야 한다. 이 장에서는 먼저 언어치료사들이 발달 지식을 가져야 하는 이유에 대해 고찰하고, 발달을 이해하는 데 필요한 개념들, 인간의 발달단계, 발달 영역과 발달 모형 등에 대해 차례로 살펴보도록 하겠다.

1. 언어치료사와 발달

1) 발달전문가로서 언어치료사

제1장에서는 미국언어청각협회가 제공한 조기중재 전문가로서 언어치료사가 갖추어야 하는 열두 가지 지식을 소개하였다. 그중 첫 번째가 '언어치료사는 출생 후부터 3세까지 각 발달 영역별 전형적 발달을 이해한다'는 것이었다.

언어치료사의 주된 역할은 언어 및 의사소통 평가를 실시하고, 평가를 통해 언어발달장애 혹은 언어발달지체로 판별된 영유아에게 언어치료를 제공하는 것이다. 그럼에도 불구하고 출생 후부터 3세까지 각 발달 영역별 전형적 발달에 대한 이해를 첫 번째로 제시한 것은 언어치료사가 영유아 조기중재 전문가로서의 역할을 담당하기 위해서는 의사소통발달에 대한 이해에 앞서 각 발달 영역별 전형적 발달을 이해하고, 언어 및 의사소통 발달이 전반적 발달에 미치는 영향과 관계를 이해하는 것이 선행되어야 함을 강조하는 것이라 할 수 있다.

이윤경(2011)은 인간의 발달은 각각의 영역이 독립되어 이루어지는 것이 아니라 서로 영향을 주고받으며 밀접한 관련을 가지고 이루어지며, 발달 영역 간의 관련성은 나이가 어릴수록 더 크게 나타난다고 강조하였다. 따라서 영유아들의 의사소통 발달을 정확히 평가하고 적절한 도움을 제공하기 위해서는 영유아의 전반적인 발달과 각 발달 영역 간의 상호교류적 특성에 대해 잘 이해하여야 할 것이다. 이러한 관점에서 영유아에게 언어치료를 제공하는 언어치료사는 언어치료사 이전에 발달 전문가가 되어야 한다. 언어치료사가 발달을 학습해야 하는 이유를 다음과 같이 정리할 수 있다.

첫째, 영유아 이해를 목적으로 한다. 언어치료 대상을 확인하고 적절한 중재를 제공하기 위해서는 서비스 대상자에 대해 이해하는 것이 우선되어야 한다. 대상자 이해를 위해서는 발달의 전반적인 영역에서 영유아의 발달적 변화를 이해하는 것이 필요하다.

둘째, 발달에 대한 지식은 언어치료가 필요한 영유아의 선별, 사정, 평가 시 준거자료로 활용할 수 있다. 영유아가 자기 나이나 혹은 전반적 발달수준에 적합하게 발달하고 있는지를 확인하기 위한 방법으로 흔히 발달자료가 활용된다. 발달자료에 근거하여 영유아 발달 문제를 선별하고 진단하기 위해서 언어치료사는 충분한 발달 지식을 갖추어야 한다.

셋째, 의사소통발달에 문제를 갖는 영유아들은 다른 영역의 발달에서도 문제를 동반하는 경우가 많으며, 발달 문제를 동반하지 않는 경우에도 의사소통발달 문제로 인해 다른 발달도 영향을 받는 경우가 흔하다. 영유아가 갖는 의사소통 문제가 다른 발달장애와 동반하였는지, 혹은 다른 발달 영역에 영향을 미치고 있는지를 확인하기 위해서 발달 전반에 대한 지식이 요구된다.

넷째, 발달에 문제가 있는 것으로 확인된 영유아를 위해 치료나 교육과 같은 중재를 계획할 때에도 발달에 대한 지식이 필요하다. 무엇을 중재 목표로 할 것인지를 결정할 때 많은 중재자는 발달적 순서에 기초하여 결정하곤 한다. 뿐만 아니라 중재 방법이나 전략을 결정하거나 영유아 발달에 적합한 교수 자료를 결정할 때에도 발달 지식이 요구된다.

다섯째, 부모나 가족에게 정확하고 시기에 맞는 정보를 제공하고 적절한 상담을 제공하기 위해서도 발달 지식은 필요하다. 부모 또는 가족이 가장 궁금해 하는 것은 자녀의 현재 그리고 앞으로의 발달 과정과 관련된 것이다. 상담을 통해 부모가 궁금해하는 것에 대한 적절한 해답을 제공하기 위해서도 발달에 대한 지식이 요구된다.

2) 발달의 정의

(1) 발달의 개념

발달이란 난자와 정자가 수정되는 순간부터 사망할 때까지 인간에게 이루어지는 연속적이고 체계적인 변화를 말한다. 발달적 관점에서는 난자와 정자가 수정되는 순간부터 발달이 시작되며, 생명이 다하여 삶이 끝날 때까지 인간의 발달은 계속된다.

인간에게 이루어지는 발달적 변화는 '연속적'이고 '체계적'으로 이루어진다. 연속적이라 함은 인간의 발달이 이전에 이루어진 발달을 기반으로 쉼 없이 지속적으로 발달이 진행된다는 것이며, 체계적이라 함은 연속적 발달이 일정한 발달 법칙에 따라 진행된다는 것이다. 발달의 연속성과 불연속성에 대해서는 여전히 쟁점으로 남아 있기는 하나, 각 과정이 일련의 과정을 통해 이루어진다는 점에서는 큰 이견이 없다고 할 수 있다. 발달이 갖는 연속성과 체계성은 우리로 하여금 이전의 발달 과정을 통해서 현재의 발달을 이해할 수 있게 하며, 앞으로 이루어지는 과정을 예측할 수 있게 한다.

(2) 발달의 원리

인간 행동의 발달을 설명하는 원리들은 이론적이기는 하나 발달을 이해하는 데 도움이 된다. 다음은 여러 발달 문헌에서 반복적으로 제시되는 발달 원리이다.

첫째, 인간의 발달은 예측 가능한 순서로 이루어진다. 발달은 속도나 과정에 개인차가 존재하기는 하나, 대부분의 경우에는 일정한 과정을 통해 진행된다. 때문에 발달은 예측 가능하다고 할 수 있다.

둘째, 인간은 발달 과정에 능동적으로 참여한다. 이는 발달이 단지 수동적으로 진행되는 것이 아니라 인간의 적극적 노력에 의해 달라질 수 있음을 의미한다. 발달의 예측 가능성은 인간의 발달이 어느 정도는 선험론적으로 결정되어 있는 과정을 따른다는 것을 의미하나, 인간이 단지 그 과정을 따라가기만 하는 수동적 존재가 아니라 적극적 참여를 통해 발달에 영향을 미치는 능동적 존재임을 강조한다.

셋째, 인간의 발달은 특정 시기의 개인의 상태와 그 개인이 속해 있는 환경과 상호작용을 하며 이루어진다. 인간의 발달은 개인의 타고난 속성에 따라 달라지나, 이와 더불어 환경적 요인도 함께 영향을 미친다. 환경적 영향은 각 개인의 상태에 따라 다르게 나타날 수 있다. 따라서 개인의 상태를 고려하여 환경을 조절해 주는 것은 발달을 촉진하는 데 중요하다.

넷째, 발달은 대체로 단순한 것에서 복잡한 것으로 진행되며 항상 발전하고 습득하는 것만이 아니라 감소하거나 소실되는 형태로 진행되기도 한다. 영유아들은 대체로 쉽고 단순한 행동을 먼저 습득하고 이를 기반으로 더 복잡한 기술이나 행동이 발달된다. 따라서 어떠한 행동이 다른 행동발달에 기초가 되는지를 이해하는 것은 영유아 발달 촉진에 중요하다. 그러나 항상 새로운 기술이나 행동을 습득하거나 발전시키는 것이 아니라 특정 시기에 습득했던 행동이나 기술이 감소하거나 혹은 소실될 수 있음도 기억해야 한다.

마지막으로, 모든 영역의 발달은 다른 영역들과 상호연관되어 나타난다. 앞에서도 여러 번 강조하였듯이, 발달은 각각의 영역별로 독립적으로 이루어지는 것이 아니라 영역 간에 상호 밀접하게 영향을 주고받으며 상호교류적으로 이루어진다. 따라서 특정 영역의 발달을 이해하기 위해서는 해당 영역의 발달만이 아니라 각 영역별 발달 간에 상호교류적으로 주고받는 영향에 대해 잘 이해하는 것이 필요하다.

3) 전형적 발달과 비전형적 발달

우리는 흔히 발달을 얘기할 때 '정상적' 또는 '비정상적' 발달이라는 표현을 사용하곤 한다. 그리고 흔히 다수의 집단에 속하는가의 여부에 따라 '정상'과 '비정상'을 구분한다. 발달의 순서나 시기는 발달에 대한 관점이나 문화적 차이, 혹은 개인차에 의해 달라질 수 있으므로 단지 대다수가 보이는 순서를 따른다고 해서 '정상'이라고 하고, 거기에서 벗어난다고 해서 '비정상'으로 이해하는 것은 바람직하지 않다. 이러한 관점에서 '정상'이라는 표현 대신에 대다수에 의해 관찰된다는 의미에서 '전형적'이라는 용어를 그리고 다수에 의해 관찰되는 행동에서 벗어난다는 의미에서 '비정상'이라는 용어 대신 '비전형적'이라는 용어 사용이 권장된다. 다시 말해, **전형적 발달**(typical development)이란 대다수에게서 관찰되는 발달 양상으로 이미 알려져 있는 시기와 순서대로 발달이 이루어져서 특별한 도움이 필요 없는 상태를 말하며, **비전형적 발달**(atypical development)은 발달이 알려져 있는 순서나 시기에 이루어지지 않는 경우로 정의할 수 있다.

앞에서 대다수가 따르는 전형적 발달 과정에서 벗어나는 경우를 비전형적 발달이라고 정의하였다. 전형적 발달 과정에서 벗어나는 경우는 비슷한 과정을 따라 발달이 진행되기는 하나, 발달 속도가 전형적 속도에서 벗어난 경우와 발달의 궤도 자체가 전형적 발달에서 벗어난 경우가 포함된다. 전자를 '지체(delay)', 후자를 '이탈(deviant)'로 표현할 수 있다. 이 역시 발달과 발달장애를 이해하는 데 고려해야 할 개념이라 할 수 있다.

어떠한 경우를 전형적 발달로 볼 것이며, 어떠한 경우를 전형적 발달을 따르지 않는 비전형적 발달로 볼 것인가를 결정하는 것은 언어치료사를 비롯한 여러 발달전문가의 주요 과제이다. 여러 가지 기준이 적용될 수 있겠으나 그중 한 가지는 표준정규분포에서의 평균과 표준편차의 개념을 통해 정의하는 것이다. 보통 표준정규분포이론에 근거할 때, 평균을 중심으로 ±1 표준편차 이내에는 전체의 68.3%가 분포되며, ±2 표준편차 이내에는 95.5%, ±3 표준편차 이내에는 99.7%가 분포된다.

정규분포에 기초하여 어느 수준을 전형적 발달 혹은 비전형적 발달로 볼 것인가는 제도나 정책 또는 학문 분야에 따라 달라진다. 발달장애와 관련된 분야에서 비전형적 발달은 −2 표준편차 이하나 +2 표준편차 이상으로 보는 경우가 일반적이다. −2 표준편차 이하는 발달이 지연되고, +2 표준편차 이상은 발달이 우수한 상태로 벗어나 있어서 특별한 도움이 필요한 비전형적 발달 상태로 볼 수 있다. 정규분포에 기초할 때 −2 표준편차 이하나 +2 표준편차 이상에는 정규분포 전체 100에서 ±2 표준편차 이내에 해당하는 95.5%를 뺀 4.5%가 해당한다. 4.5%가 각각 −2 표준편차 이하나 +2 표준편차 이상으로 나누어져 −2 표준편차 이하에는 전체의 약 2.25%, +2 표준편차 이상에는 약 2.25%가 분포하게 된다. −1~−2 표준편차 사이에 있는 영유아는 비전형적 발달은 아니나 발달의 위험이 있을 수 있는 경우로, 마찬가지로 특별한 관심이 필요한 대상으로 고려된다.

평균과 표준편차만이 아니라 백분위수를 이용하는 것도 한 방법이다. 백분위수는 비교 집단에서의 상대적 순위를 나타내는 통계치 중 하나인데, 보통 10 백분위수이하에 해당하는 경우를 발달지체로 보고, 25 백분위수 이하에 해당하는 경우에는 발달지체 위험군으로 파악한다. 최근에는 35 백분위수까지를 발달지체 위험군의 기준으로 보기도 한다. 백분위수를 기준으로 하는 경우 평균에서 −2 표준편차 이하를 발달지체로 보고, −1에서 −2 표준편차 사이를 발달지체 위험군으로 보는 경

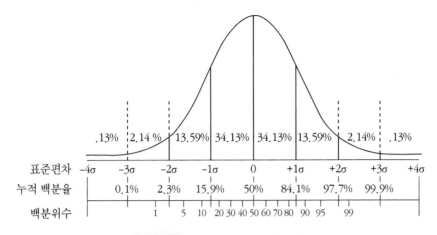

그림 2-1 정규분포에 근거한 표준점수

우보다 더 많은 수를 발달지체 혹은 발달지체 위험군으로 포함한다. 이처럼 통계학적 방법에 기초하여 전형적 발달과 비전형적 발달을 결정하기 위해서는 표준화된 절차를 통해 개발된 검사 도구가 있어야 하며, 이 검사 도구를 기반으로 마련된 연령 기반의 규준(norm)이 있어야 한다.

통계학적 준거만이 아니라 특정 시기에 이루어져야 하는 발달 내용들을 제시해 주는 발달연령(developmental age), 혹은 등가연령(equivalent age)을 기초로 하여 비전형적 발달을 결정하기도 한다. 발달연령은 표준화된 검사나 발달 체크리스트 또는 각종 발달지표를 통해 확인한다. 보통 자기 연령보다 1년 이상 지체되는 경우에는 발달이 지체된 것으로 파악한다. 그러나 발달연령 혹은 등가연령으로 비전형적 발달을 결정하는 것에는 쟁점이 있는데 이에 대해서는 제8장에서 다루도록 하겠다.

2. 아동기 발달단계

수정되는 순간부터 사망에 이르기까지 인간의 발달은 연속적인 과정이기는 하지만 주요 발달적 변화에 기초하여 여러 단계로 구분하여 이해한다. 일반적으로 출생 이전 시기인 태내기부터 시작하여 신생아기, 영아기, 유아기, 아동기를 거치게 되며, 다시 청소년기, 청년기, 장년기, 노년기로 이어진다. 발달단계는 발달론자에 따라 더 포괄적으로 구분되기도 하고, 반대로 더 세분화된 단계로 나뉘기도 한다. 다

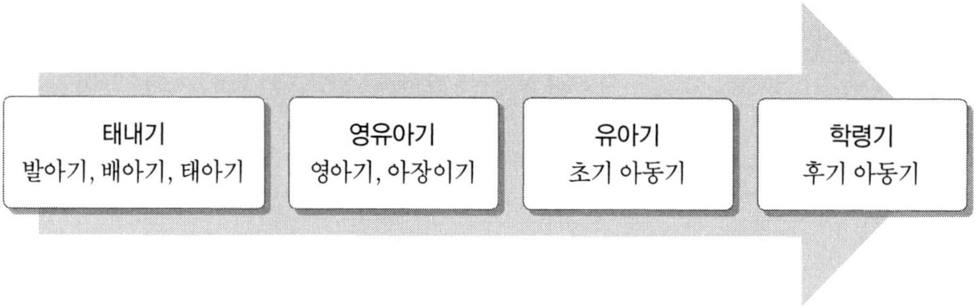

태내기	영유아기	유아기	학령기
발아기, 배아기, 태아기	영아기, 아장이기	초기 아동기	후기 아동기

그림 2-2 태내기에서 아동기까지 아동의 발달단계

음은 발달의 과정 속에서 영유아기를 이해하기 위하여 태내기에서 아동기의 과정
을 단계별로 살펴보도록 하겠다.

1) 태내기

수정된 순간부터 출산에 이르기까지의 약 38주의 기간을 말한다. 태내기는 발아
기(period of the zygote), 배아기(period of embryo) 그리고 태아기(period of the fetus)
의 세 단계로 구분된다. 수정은 인간 개체를 형성하는 첫 번째 과정으로 정자와 난
자가 만나 결합하는 것을 말한다. 보통 여성의 난자는 남성의 정자와는 다르게 약
1개월에 배란되는데, 이때 정자와 만나야 수정이 가능해진다. 보통 배란은 월경주
기가 시작된 후 약 14일을 전후해서 발생하며, 방출된 난자는 약 2일간 생존한다.

수정된 새로운 세포인 수정체는 세포분열에 의해서 그 자체가 계속 복제되어 특
별한 기능을 지닌 8,000억 개 이상의 세포로 분화된다. 수정을 통해 하나의 생명체
가 발달한다는 점에서 수정은 매우 중요한 의미를 갖는다.

(1) 발아기

발아기는 수정 후부터 약 2주까지의 기간으로, 이 시기에 세포분열을 거친 수정
란이 자궁벽에 착상하게 된다. 수정란은 수정 후 약 30시간이 지나면서 2개의 세포
로 분열하기 시작하며, 수정된 지 3~4일이 지나면서 세포분열을 시작하여 자궁벽
에 착상한다. 수정란이 자궁벽에 완전히 착상하기까지 10~14일 정도 소요된다.

세포분열을 시작한 수정란은 배반포를 형성하는데, 배반포의 안쪽은 배아가 되

고, 바깥쪽은 양막으로 분화된다. 양막은 양수로 차 있어서 내부를 일정한 온도로 유지하며 산모의 움직임으로 인한 충격을 완화한다. 장막이라 불리는 또 다른 보호막의 일부는 태반을 형성하는데, 태반은 탯줄을 통해 모체에서 산소와 영양분이 담긴 혈액을 태아에게로 운반하거나 태아의 분비물이 담긴 혈액을 탯줄의 동맥을 통해 바깥으로 배출한다.

(2) 배아기

배아기는 주요 신체기관과 신경계가 모두 형성되는 시기로 3주에서 8주에 해당한다. 자궁에 착상된 수정란은 배아기 동안 외배엽, 중배엽, 내배엽의 세 개 층으로 분리된다. 외배엽은 감각세포와 신경계로, 중배엽은 근육, 골격, 순환기관, 배설기관으로, 내배엽은 소화기관, 호흡기관 등으로 발달한다. 배아기가 끝나갈 즈음에는 눈, 코, 입술 등의 얼굴 모양과 함께 사람의 모습을 대체로 갖추게 된다. 보통 6주에 접어들면 눈과 귀, 코, 턱, 목 등이 형성되고, 팔과 다리, 손가락, 발가락이 생겨나기 시작하며, 내부 장기들은 창자와 심장, 간, 비장으로 분화한다. 배아기에는 신체의 여러 기관이 형성되기 때문에 다른 시기에 비해 산모의 질병이나 영양 결핍, 약물과 같은 환경적 요인에 의한 영향이 가장 큰 시기이다.

(3) 태아기

태아기는 임신 9주에서 9개월까지의 기간으로, 태내기 중 가장 긴 기간을 차지하며 가장 큰 폭으로 성장하는 시기이다. 이 시기에 태아는 세상에 나가기 위한 여러 준비를 갖추게 된다.

배아기에서 태아기로 넘어오면서 태아는 대부분의 기본적인 구조를 갖추게 된다. 좌우 구개돌기는 7, 8주에 결합되기 시작하며, 9주에는 여러 장기가 형성되고 근육이나 신경계와 연결되기 시작한다. 12주 정도에는 외부 생식기를 갖추게 되며, 5개월경에는 신체의 움직임도 많아져 산모가 아기의 움직임인 태동을 감지하기 시작한다. 신경세포들도 계속 증가하여 6개월경에는 촉각이나 빛에 반응하며, 7개월에는 소리에 반응하기 시작한다. 7개월경에는 신경계도 많이 성숙하여 생존에 필요한 호흡 조절 등이 가능해진다. 7개월 이후 3개월 동안은 중추신경계 중 대뇌피질의 발달이 두드러지며, 신체적으로도 큰 폭의 성장을 보이게 된다.

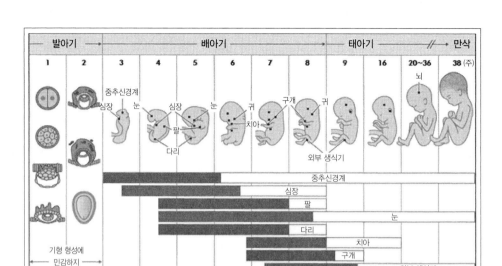

그림 2-3 태내기 발달

2) 신생아기와 영유아기

출생 직후에서 생후 4주까지의 시기를 **신생아기**(newborn period)로 구분한다. 신생아기는 시간적으로는 매우 짧은 시기이지만 아기가 출생 후 독립된 인격체로서 삶을 시작하는 중요한 시기라 할 수 있다. 하지만 수의적 행동이 아닌 반사적 행동이 대부분인 시기로, 이 시기의 아기들은 양육자의 도움에 전적으로 의존해서 생존한다. 의사소통발달의 측면에서도 아직 의도적인 의사소통행동이 관찰되지 않는 시기이다. 이 시기를 벗어나면서 수의적이고 의도적인 행동을 보이기 시작하며 점차 수의적인 행동들을 증가시켜 간다.

신생아기를 벗어나면서 생후 1년 정도까지를 **영아기**라고 한다. 영아기의 영어 표현은 infant이다. infant는 라틴어에서 유래하였는데, '말하다'라는 동사 fant에 부정형 접두사 in-이 결합되어 만들어진 낱말로 '말하지 못하는'의 의미를 갖는다. '말하는 행동'을 기준으로 발달 시기의 이름을 붙일 정도로 영아 발달에서 언어발달은 매우 중요한 의미를 갖는다.

1세부터 2세까지는 아장이기 혹은 걸음마기라고 한다. 이는 영어 표현 toddler에서 유래됐는데, toddler는 '걸음마를 배우는 아이'를 의미한다. 보통 첫돌 즈음해서 아기들은 걸음마를 시작하기 때문에 이러한 이름을 갖게 되었다. 이 시기 동안 아기는 걸음마는 물론 대소변 가리기 등과 같은 주요 발달상의 변화를 보인다. 의사소통발달 측면에서는 의사소통 의도를 언어적 수단을 통해 표현하기 시작하며 언어적 상징에 대한 이해를 토대로 언어적 규칙을 습득하게 된다. 이 시기에 독립적인 행동이 시작되긴 하지만 여전히 양육자의 돌봄에 의존하는 시기라 할 수 있다.

제1장에서 서술하였듯이, 발달심리학과 같은 학문 분야에 따라서는 생후 1년 정도까지를 영아기, 1세부터 2세까지는 아장이기 혹은 걸음마기라고 구분하여 명명하나, 「영유아보육법」이나 「장애인 등에 대한 특수교육법」 등에서 영아기와 걸음마기를 통칭하여 '영아기'라고 명명하였으며, 이에 따라 관련 학문 분야에서도 점차 0~3세 미만의 시기를 영아기로 통칭하는 경향이다. 그러나 이 책의 서두에서도 서술하였듯이, 이 책은 생활연령이 0~3세 사이에 해당하는 영아는 물론 언어 및 의사소통 발달은 영아기 수준에 머물러 있으나 생활연령은 그보다 더 많은 유아들까지도 포괄하므로 '영유아'라는 표현을 사용한다.

3) 영유아기 이후

영유아기가 끝나는 3세경부터 초등학교 입학 전인 6세까지를 유아기라고 한다. 유아기는 모든 면에서 발달이 두드러지는 시기이다. 급속한 신체적 성장을 기반으로 운동발달이 이루어지며, 대뇌 성장과 인지발달도 두드러진다. 무엇보다 언어발달이 두드러져 모국어의 규칙체계를 대부분 습득하게 된다. 이외에도 양육자와의 관계에서 벗어나 또래관계가 발달하기 시작하며, 사회적 역할을 습득하기 시작하고, 정서 분화가 지속될 뿐 아니라 정서를 통제하는 능력도 더욱 발달하게 된다.

아동기는 유아기가 끝난 이후부터 약 12세 정도까지의 시기를 말하며, 학교 교육을 시작하기 때문에 학령기(school-aged)라고 명명되기도 한다. 아동기에는 신체발달을 기반으로 체력이 증진되며, 운동기능도 발달하여 정확성과 속도 등의 측면에서 큰 향상을 보인다. 또한 본격적인 학교생활이 시작되어 지적 발달은 물론 교우관계를 기반으로 사회성 발달이 이루어진다. 언어적 측면에서는 모국어의 규칙체계

〈표 2-1〉 아동기 발달단계와 단계별 주요 발달 특성

발달단계		연령	주요 발달 특성	주요 의사소통 변화
신생아기 (newborn)		출생~4주	• 주로 반사적 행동에 의해 생존 • 양육자의 보호와 양육에 의존	• 반사적 행동기
영유 아기	영아기 (infant)	2개월~ 1세	• 양육자에게 의존해야 하는 시기 • 전생애 중 가장 큰 폭의 신체발달을 보임	• 의도적 의사소통행동 발달 • 옹알이 산출 • 언어 출현
	걸음마기 (toddler)	1~2, 3세	• 걷기, 말하기, 대소변 가리기 등이 가능해짐 • 독립적인 행동이 시작되기는 하나 여전히 양육자의 보호와 양육에 의존	• 비언어적 의사소통과 언어적 의사소통이 공존 • 의사소통수단이 언어로 전환됨
유아기 (preschooler)		3~5, 6세	• 유치원 교육 시기 • 신체·운동 기능의 발달, 인지발달, 사회·정서발달이 활발하게 진행됨	• 모국어의 규칙체계를 습득 • 언어학습(learning for language)
아동기 (school-aged child)		7~12세	• 초등학교 교육 시기 • 학교 교육을 중심으로 지적, 사회적, 언어적 발달이 이루어짐	• 모국어의 규칙체계 완성 • 학습을 위한 언어(language for learning)

습득이 거의 완성되며, 학습 및 사회적 수단으로서 언어 활용이 중요해진다. 아동기라는 표현은 학령기 아동 시기에 국한하여 사용하기도 하지만, 영아기부터 학령기 아동기까지를 모두 포괄하여 사용하기도 한다. 〈표 2-1〉에는 아동기 발달단계와 단계별 주요 발달 특성을 요약하여 제시하였다.

3. 발달 영역

1) 신체·운동 영역

신체발달은 키나 몸무게를 중심으로 하여 신체가 외형적으로 성장하고 질적으로 성숙해 가는 것을 말한다. 신체발달은 유전적 요인과 환경적 요인의 영향을 받으며

움직임과 자세, 균형 등과 같은 운동발달을 위한 기초를 제공한다.

운동발달은 움직임의 발달을 의미한다. 보통 신체적 발달 혹은 성숙을 기반으로 한다. 운동발달은 대근육 운동발달(gross-motor development)과 소근육 운동발달(fine-motor development)을 포함하는데, 대근육 운동발달은 주로 팔과 다리와 같이 큰 근육을 사용하여 움직이는 것으로, 기기, 서기, 걷기와 같이 자세와 움직임의 변화를 포함한다. 반면, 소근육 운동발달은 작은 근육을 사용하는 운동발달을 말하며, 주로 손가락을 사용한 행동을 포함한다.

영유아기의 신체 · 운동발달은 환경 탐색을 위한 기초를 제공하여 인지발달을 촉진하며, 언어발달이나 사회 · 정서발달에도 영향을 미치게 된다. 운동발달이 다른 영역의 발달에 미치는 영향은 나이가 어릴수록 크게 나타난다.

영유아기의 신체 · 운동발달은 그 어느 때보다도 급격하고 빠르게 이루어진다. 신체 · 운동발달과 관련된 내용은 제5장에서 더 자세히 다루도록 하겠다.

2) 인지 영역

인지(cognition)란 정보를 획득하고, 기억 또는 보유하며, 활용하는 것과 관련된 능력이다. 아동기의 인지발달은 주로 Piaget 이론에 의해 설명되는데, 그중에서도 영유아기의 인지발달은 Piaget의 감각운동기 발달을 통해 설명된다.

지능 검사의 상당 부분이 언어적 지능을 측정하는 것을 통해 알 수 있듯이, 인지발달과 언어발달은 매우 밀접한 관계를 갖는다. 이러한 사실은 인지발달에 주문제를 갖는 지적장애아들이 대부분 언어 문제를 동반하며, 언어발달이 느린 영유아들의 경우 인지발달에도 영향을 받는 것을 통해서도 확인할 수 있다. 영유아기의 인지발달은 제6장에서 더 자세히 다룰 것이다.

3) 의사소통 영역

의사소통은 개인과 개인 또는 개인과 집단, 집단과 집단 간에 이루어지는 소통 행위를 말한다. 의사소통을 위해서는 언어적 상징체계는 물론 몸짓이나 표정과 같은 비언어적 상징을 이용한다.

전통적으로 아동 발달 분야에서는 의사소통발달이 아닌 언어발달이라는 표현을 주로 사용해 왔다. 그러나 최근에는 언어적 규칙체계를 습득하는 것보다 다른 사람들과 소통하는 것이 더 중요하며, 의사소통수단의 하나로서 언어를 바라보는 관점이 강조됨에 따라 점차 언어발달 대신에 의사소통발달이라는 말을 사용하는 추세로 변화하고 있다. 이러한 경향은 의사소통발달이 언어를 습득하기 이전부터 시작되고 이러한 언어이전기의 의사소통발달이 이후의 언어발달과 밀접하게 관련된다는 연구들이 보고되면서 더욱 강조되고 있다. 의사소통발달에 대한 자세한 내용은 제4장에서 다룰 것이다.

4) 사회 · 정서 영역

사회적 능력은 영유아가 다른 사람과 관계를 맺고 사회적 상황이나 규칙에 따라 적절하게 행동하는 능력을 말하며, 구체적으로 다른 사람과의 상호작용을 시작하고 반응하는 기술, 타인과 자신을 인식하는 능력, 또래관계를 형성하고 협력하는 능력, 타인의 감정을 이해하고 공감하는 능력, 사회적 상황에 대해 인식하고 사회적 규칙에 맞게 행동하는 능력 등을 포함한다.

정서(emotion)란 분노, 즐거움, 슬픔 등과 같이 사람들이 느끼는 감정을 말한다. 정서발달은 인간의 감정 상태가 형성되는 과정을 말하며, 주로 기쁨, 슬픔, 분노, 공포, 환희 등의 정서가 분화되는 과정이 포함된다. 정서 역시 영유아기부터 발달되기 시작하는데, 출생 초기의 미분화된 상태가 점차 정교하고 분화된 형태로 발달하게 된다. 정서는 그 자체만으로 사람의 상태를 표현하나 다른 행동에도 영향을 미침으로써 사회적 발달에 밀접한 영향을 준다. 영유아기의 사회 · 정서발달은 제7장에서 더 자세히 다룰 것이다.

5) 적응행동 영역

적응행동(adaptive behave)이란 환경에 효율적으로 대처할 수 있는 능력으로, 각 개인의 연령수준에서 독립적으로 행동하는 데 요구되는 행동을 말한다. 적응행동은 연령이나 발달수준에 따라 달라지는데, 영유아기와 아동 초기에는 감각 · 운동 기술, 의사소통 기술, 자조기술, 사회적 기술이 적용행동의 주요 영역이 되며, 아동기와 청년 초기에는 기본적인 학문을 일상생활에 적용하는 기술, 적절한 추리력과 판단력을 적용하여 환경에 대처하는 기술, 사회적 기술 등이, 청년 후기와 성인기에는 직업생활과 사회적 책임의 수행 등과 관련된 기술 등이 주요 적용행동 영역으로 고려된다(이철수, 2009).

영유아기의 주요 적용행동 기술인 **자조기술**(self-help skills)은 영유아기에 중요한 적용행동 중 하나로, 독립적인 일상생활을 하는 데 필요한 기본적인 기술이다. 식사하기, 대소변 처리하기, 옷 입고 벗기, 씻기, 몸 단장하기 등의 기술을 포함한다. 이러한 기술들은 단순한 개별적인 활동이 아니라 신체·운동, 인지, 의사소통, 사회·정서적 발달 등 여러 기능의 통합을 요하는 기술들을 포함한다.

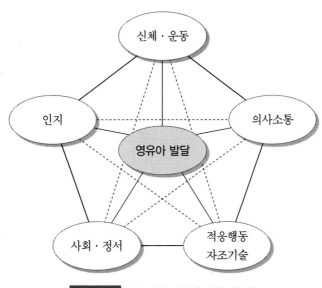

그림 2-4 영유아 발달 영역 간의 상호성

이 장을 공부한 후……

● 발달 개념과 언어치료사가 발달을 학습해야 하는 이유를 이해한다.

● 전형적 발달과 비전형적 발달의 개념을 이해한다.

● 발달지표와 정상성 범위의 개념을 이해한다.

● 영유아기를 태내기 발달에서부터 이후의 발달 과정의 연속성 안에서 이해한다.

● 영유아 발달의 주요 영역과 각 영역에서 다루는 세부 내용을 이해한다.

제3장

영유아 발달 위험요인

장애 영유아 조기중재에서는 '예방이 최선의 중재'임이 강조된다. 즉, 문제가 발생하기 전에 문제가 발생하지 않도록 예방하는 것이 무엇보다 중요하다는 것이다. 미국언어청각협회(2008)의 0~3세 영유아 언어치료를 위한 지침에서도 예방은 영유아 전문 언어치료사의 주요 역할이며, 이를 위하여 언어치료사는 영유아기의 의사소통, 청각, 언어, 초기 문해, 말, 그리고 삼킴과 섭식 발달에 영향을 미칠 수 있는 형성된 위험요인, 생물학적 위험요인 그리고 환경적 위험요인과 예방에 대한 지식을 갖추어야 한다고 명시하였다.

이 장에서는 언어치료사가 발달 위험요인에 대해 학습해야 하는 이유를 생각해 보고, 영유아기의 발달에 영향을 미칠 수 있는 위험요인들을 형성된 위험요인, 생물학적 위험요인, 환경적 위험요인으로 구분하여 자세히 살펴보고자 한다. 그리고 세계보건기구(WHO)에서 제시한 예방 모형에 근거하여 발달 위험을 예방하기 위한 언어치료사의 역할에 대해서 설명하도록 하겠다.

1. 발달 위험요인의 이해

1) 발달 위험요인

발달장애 혹은 발달지체를 유발할 수 있는 위험요인은 형성된 위험요인, 생물학적 위험요인 그리고 환경적 위험요인의 세 가지로 구분된다. **형성된 위험**(established risk)은 태어날 때부터 유전적으로나 의학적으로 이미 형성된 조건을 지니고 태어나며, 이로 인해 장애나 발달지체를 초래할 가능성을 지닌 경우를 말한다. 형성된 위험요인에는 염색체 이상이나 유전장애, 선천적 기형, 감각장애, 외상 등이 포함되는데, 이러한 형성된 위험요인을 가지고 태어난 영유아들은 추후 장애로 진단되는 경우가 대부분이다.

생물학적 위험(biological risk)은 형성된 위험요인 외에 발달에 영향을 미칠 수 있는 생물학적 위험요인을 가진 상태이다. 예를 들어, 당뇨병이나 풍진 등과 같은 산모의 특정 질병이나 감염, 조산이나 저체중, 출생 시 무산소증, 출생 후 감염 등은 생물학적 위험요인에 속한다. **환경적 위험**(environmental risk)은 발달에 위험을 초래할 수 있는 사회·환경적으로 열악한 환경에 있는 경우를 말한다. 빈곤한 환경, 아동 학대, 부적절한 양육 환경, 가정 해체, 약물 남용 환경 등은 환경적 위험요인에 해당한다. 생물학적 및 환경적 위험요인은 형성된 위험요인에 있는 영유아에 비해 발달장애를 초래할 확률이 낮으나, 일반 영유아에 비해서는 발달에 부정적인 영향을 줄 가능성이 크기 때문에 관심을 가져야 한다.

2) 발달 위험요인과 언어치료사

발달 위험요인을 이해하는 것은 언어치료사를 포함한 조기중재자에게 다음과 같은 의미를 갖는다.

첫째, 영유아 발달이나 발달장애를 이해하는 데 도움이 된다. 특히 장애 영유아의 경우 어떤 이유로 장애가 발생했는지를 이해하는 데 도움을 주며 이를 바탕으로 해당 장애를 더 잘 이해할 수 있도록 한다.

둘째, 영유아가 갖는 문제를 확인하고 진단하는 데 도움을 준다. 대부분 발달장애의 원인은 명확하게 밝혀져 있지는 않지만 현재까지 밝혀져 있는 발달에 영향을 미칠 수 있는 위험요인에 대한 지식은 장애를 확인하고 판별하는 데 도움이 될 수 있다.

셋째, 영유아 발달을 예측하는 데 도움이 된다. 각각의 발달 위험요인이 발달에 어느 정도 영향을 미치는지 알 수 있기 때문에 영유아의 추후 발달을 예측하는 데 도움이 된다.

넷째, 적합한 중재 방법을 찾는 데 도움이 된다. 원인을 안다고 반드시 원인 자체를 해결할 수 있는 것은 아니겠지만 문제를 유발하거나 심화시키는 요인을 완화시키는 방법을 찾는 데 도움이 될 수 있다.

다섯째, 발달장애가 발생하지 않도록 예방하는 데 도움이 된다. 발달에 부정적 영향을 미칠 수 있는 원인을 알고 문제가 발생하지 않도록 예방하거나 문제가 발생한 이후에도 조기개입을 한다면 추후 장애로 인한 문제를 최소화하는 데 도움이 될 것이다.

〈표 3-1〉 영유아 발달 위험요인을 학습해야 하는 이유

- 영유아가 보이는 문제를 이해하는 데 도움이 된다.
- 발달장애를 갖는 영유아의 문제를 조기에 확인하고 진단하는 데 참고할 수 있다.
- 영유아의 발달을 예측하는 데 도움이 된다.
- 장애를 유발하는 원인을 파악하여 문제가 발생하지 않도록 사전에 예방할 수 있다.
- 발달장애 영유아에게 적합한 중재 방법을 결정하는 데 도움이 될 수 있다.
- 가족상담에 도움이 된다.

마지막으로, 가족상담 시 도움이 된다. 영유아가 '왜' 발달장애를 갖게 되었는지는 부모나 가족이 갖는 가장 일반적인 의문 중 하나이다. 영유아의 발달 문제를 유발하는 원인을 설명해 준다면 부모나 가족이 영유아의 문제를 이해하고 수용하는데 도움이 될 것이다.

2. 발달 위험요인과 발달모형

앞에서 언어치료사가 발달 위험요인을 학습해야 하는 이유를 설명하였으나 현재까지 대부분의 장애 원인은 명확히 밝혀져 있지 않으며, 원인이 분명한 경우에도 그 영향은 다양하다. 따라서 장애 원인을 이해할 때에는 신중한 태도를 가져야 한다.

발달 위험요인이 발달에 미치는 영향은 선형모형, 상호작용모형, 상호교류적모형을 통해 설명될 수 있다. 이 모형들은 언어치료사가 장애 원인에 대한 철학을 갖고, 장애 원인을 어떻게 이해할 것인지 결정할 때 도움이 된다.

1) 선형모형

선형모형(linear model)은 하나의 원인이 발달장애나 문제를 직접적으로 유발한다고 보는 관점이다. 즉, 원인과 결과를 일대일의 직접적 관계로 이해하는 것이다. 예를 들어, [그림 3-1]에 제시한 바와 같이 영유아의 언어발달 문제가 양육자의 적절한 언어자극이 부족했기 때문이라고 일방향적인 인과관계로 설명하는 것이다. 선

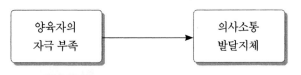

그림 3-1 발달 위험요인과 발달 간의 선형모형

형모형은 주로 의학 분야에서 적용하므로 의학적 모델로 불리기도 하는데, 원인에 따라 중재와 치료가 결정되기 때문에 원인 파악을 매우 강조한다. 선형모형은 초창기에는 원인에 대한 탐색을 촉진한다는 점에서 인기를 끌었으나, 발달장애는 하나의 명확한 요인으로 발생하지 않는 경우가 대부분이므로 이 모형에 기초하여 장애를 이해할 때에는 잘못된 중재로 이어질 수 있다는 비판을 받고 있다.

2) 상호작용모형

상호작용모형(interactional model)은 장애 원인을 하나의 요인이 다른 요인에 일방향적으로 영향을 미치는 선형모형과는 다르게 각 요인이 영유아가 가진 내적 요인과 환경적 요인 간의 상호작용의 결과로 이해한다. 서로 영향을 주고받는 양방향적 관점으로 이해할 뿐만 아니라 앞에서 제시한 예를 통해 설명하면, 영유아의 의사소통발달지체는 양육자의 언어자극 부족으로 인한 것이나, 반대로 의사소통발달지체로 인해 영유아가 양육자의 언어자극에 적절히 반응하지 않아 양육자의 언어자극이 점차 감소하는 것이라고 두 행동 간의 관계를 양방향적으로 해석하는 것이다. [그림 3-2]는 상호작용모형을 도식적으로 보여 준다.

상호작용모형은 영유아가 갖는 내적 요인과 환경적 요인을 모두 중요하게 고려하기 때문에 영유아의 문제를 더 포괄적으로 이해할 수 있다. 그러나 영유아의 내적 요인이나 환경적 요인 간의 상호작용은 시간의 경과에 따라 그 영향의 정도가 달라질 수 있음에도 불구하고 특정 시점을 기준으로 그 관계를 파악하기 때문에 각 요인이 발달 시기에 따라 역동적으로 주고받는 영향을 고려하지 못한다는 점은 제한점이라 할 수 있다.

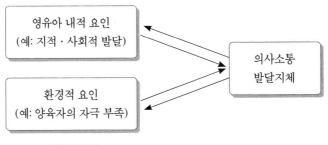

그림 3-2 발달 위험요인과 발달 간의 상호작용모형

3) 상호교류적모형

상호교류적모형(tansactional model)은 영유아가 가진 내적 요인과 환경적 요인 간의 상호작용 효과는 물론 각각의 요인이 시간 경과에 따라 어떻게 달라지는지에 대한 변화 가능성까지 고려한다. [그림 3-3]은 상호교류적 관점에서 발달 요인들이 발달에 미치는 영향을 도식적으로 보여 준다. 영유아는 특정 시점에 머물러 있지 않고 지속적으로 변화한다. 따라서 어떤 특정 시점만을 고려하지 않고 시간 변화에 따라 영유아가 가진 내적 요인과 환경적 요인이 미치는 영향을 파악하고자 하는 상호교류적모형은 영유아 발달이나 발달장애를 더욱 포괄적이고 심도 깊게 이해할 수 있게 하며, 중재에 주는 의미가 크다. 그러나 한편으로는 각각의 요인이 어떻게 상호작용하는지 파악하는 것을 더욱 어렵고 복잡하게 하므로 발달에 미치는 영향을 단정적으로 설명하기 어렵게 한다.

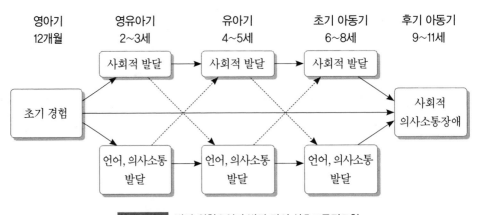

그림 3-3 발달 위험요인과 발달 간의 상호교류적모형

이상에서 언어치료사 또는 조기중재자들이 발달 위험요인을 학습해야 하는 이유와 각 요인과 발달 간의 관계를 설명하는 이론적 모형을 살펴보았다. 다음에는 발달 위험요인을 형성된 위험요인, 환경적 위험요인, 생물학적 위험요인으로 구분해서 자세히 살펴보도록 하겠다.

3. 형성된 위험요인

앞에서 설명하였듯이 형성된 위험요인은 유전적으로나 의학적으로 이미 형성된 조건에 의해서 장애나 발달지체를 초래할 가능성을 지니고 태어난 경우로, 형성된 위험요인을 갖고 있는 영유아는 대부분 나중에 장애로 진단되며 의사소통장애를 동반할 가능성이 상당히 높다. 형성된 위험요인에는 〈표 3-2〉에 제시된 바와 같이 일반적으로 염색체 이상이나 유전적 장애, 신경학적 장애, 선천성 기형, 감각장애, 비전형적 발달장애, 태내 약물 또는 중금속 노출, 감염성 또는 만성적 질병 등이 포함된다.

〈표 3-2〉 형성된 위험요인

염색체 이상/유전적 장애 　다운증후군, 윌리엄스증후군 등 　클라인펠터증후군, 터너증후군 등 　페닐케톤뇨증(PKU), 타이-삭스병, 레슈 나이 　　한증후군 등 　유약 X 증후군	비전형적 발달장애 　자폐스펙트럼장애
신경학적 장애 　뇌성마비, 진행성근위축증, 　뇌출혈로 인한 뇌손상, 발작장애 등	태내 약물 또는 중금속 노출 　태아알코올증후군(FAS) 　중금속 또는 약물 중독
선천성 기형 　구개열, 이분척추	감염성 또는 만성적 질병 　풍진, 매독, 헤르페스 바이러스 감염증, 　후천성 면역결핍증, 뇌염, 뇌수막염 등 　기타 소아 질병
감각장애 　시각장애, 청각장애	

1) 염색체 이상과 유전적 장애

염색체 이상과 유전으로 인한 장애를 이해하기 위해서는 유전자 및 유전에 대한 이해가 필요하다. 따라서 먼저 유전자와 유전에 대해 간단히 살펴본 후 염색체 이상과 유전으로 인한 장애를 소개하도록 하겠다.

(1) 염색체와 유전

세포는 생물체를 구성하는 기본 단위 조직으로, [그림 3-4]에서 볼 수 있듯이 세포 안에는 세포를 구성하는 핵심 구조인 핵이 있으며, 핵 속에 염색체가 있고, 염색체 안에 유전자들이 들어 있다. 염색체는 DNA(Deoxyribo-Nucleic Acid)로 이루어진 긴 실타래 같은 구조를 갖추고 있는데, 이 DNA의 특정 위치에 생물의 형질을 결정하는 유전 정보인 유전자(gene)가 존재한다. DNA는 매우 길어서 염색체 하나에 수천 개의 유전자가 존재한다. 사람의 경우 46개의 염색체에 대략 3~4만 개의 유전자가 있는 것으로 알려져 있다.

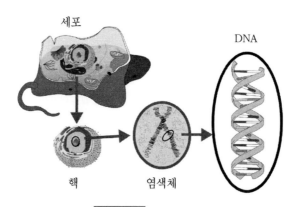

그림 3-4 세포의 구성

사람의 세포는 체세포와 생식세포로 구성된다. 체세포는 신체를 형성하며, 생식세포는 난자와 정자를 만든다. 체세포는 [그림 3-5]에서처럼 46개의 염색체가 23개의 쌍을 이루고 있는데, 이 중 22쌍인 44개의 염색체는 쌍을 이루는 염색체의 모양이 같은 상동염색체로 사람의 형질을 결정하는 상염색체이다. 반면, 마지막 23번째 쌍은 성별에 따라 모양이 다른 성염색체로 여성은 XX, 남성은 XY이다.

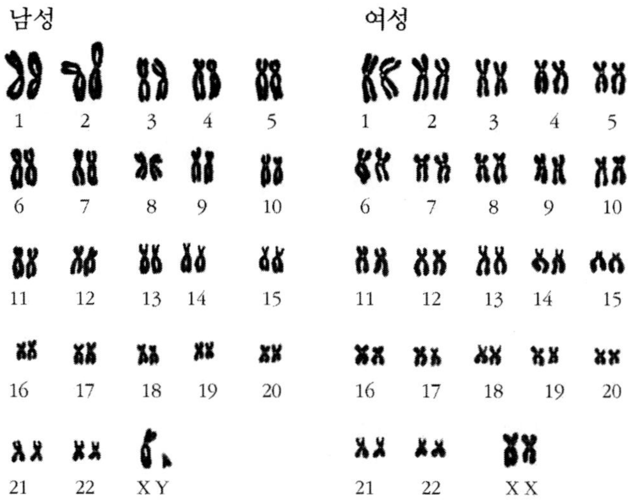

그림 3-5 남성과 여성의 체세포

사람의 성장과 발달은 세포분열에 의해 진행된다. 체세포는 하나의 모세포가 두 개의 딸세포로 나뉘는 반면, 생식세포는 하나의 모세포가 네 개의 딸세포로 나뉜다. 체세포 분열에서는 딸세포가 모세포의 유전 정보를 그대로 전달받으나, 생식세포 분열에서는 유전자 교환이 이루어져 새로운 조합의 딸세포를 만들어 낸다.

세포분열을 통해 부모의 유전자가 자녀에게 전달되는 과정을 유전이라 한다. 자녀는 부모로부터 각각의 유전자를 전달받아 하나의 쌍을 이루게 되는데, 쌍을 이룬 유전자 중 하나만이 겉으로 표현된다. 이때 겉으로 드러난 형질을 우성, 드러나지 않은 형질을 열성이라고 한다. 우열의 법칙과 분리의 법칙으로 알려진 멘델의 법칙은 부모로부터 자녀로 유전자가 전달되는 과정을 보여 준다.

(2) 염색체 이상과 유전으로 인한 위험요인

염색체 이상 또는 유전적 장애는 부모로부터 장애를 유발하는 유전자를 전달받거나 혹은 태내 수정 이후에 돌연변이로 인해 염색체에 이상을 갖게 되는 경우를 말한다. 〈표 3-3〉에서와 같이 상염색체 이상으로 발생하는 다운증후군과 윌리엄스증후군, 엥겔만증후군, 프래더윌리증후군, 묘성증후군 등과 성염색체 이상으로 나타나는 클라인펠터증후군, 터너증후군 등이 있다. 또한 유전자 이상으로 발생하는 페닐케톤뇨증이나 타이-삭스병 등과 그 외 염색체 이상으로 인한 유약 X 증후군이 있다.

〈표 3-3〉 염색체와 유전자 이상으로 발생하는 장애 요인

구분		유형
상염색체 이상		다운증후군 (21), 윌리엄스증후군 (7), 엥겔만증후군, 프래더윌리증후군 (15), 묘성증후군 (5), 신경섬유종증(17, 22), 결절성경화증(9, 16)
성염색체 이상		클라인펠터증후군(XXY), 터너증후군 (XO)
유전자 이상	우성 유전자 이상	헌팅턴병
	열성 유전자 이상	페닐케톤뇨증(PKU), 타이-삭스병, 갈락토스혈증
기타 염색체 이상		유약 X 증후군

*주. 상염색체 이상에서 ( )안의 수는 염색체 번호를 의미함.

① 상염색체 이상

부모로부터 유전자를 전달받는 과정에서 상염색체에 이상이 발생하여 문제가 발생하는 경우이다. 다운증후군이나 윌리엄스증후군, 프래더윌리증후군, 엥겔만증후군, 묘성증후군 등이 포함된다.

- 다운증후군(Down syndrome): 다운증후군은 삼체성 21(trisomy 21)이 원인으로 설명된다. 즉, 21번 염색체가 3개인 경우를 말한다. 다운증후군은 신생아 600~800명당 1명 정도로 높은 발생률을 갖는데, 지적장애가 주된 증상으로 나타나며 선천성 심장기형이나 난청, 시력 저하 등을 동반하고, 작은 키나 특이한 얼굴 모양 등의 특징적인 외모를 갖는다. 지적장애가 주요 증상으로 나타나며 대부분 언어발달장애를 동반한다. 구강구조상의 문제로 조음이나 음성장애를 동반하거나 유창성장애를 보이기도 한다.
- 윌리엄스증후군(Williams syndrome): 윌리엄스증후군은 7번 염색체의 긴 부분에 미세 결실을 원인으로 발생하며, 인구 2만 명당 1명꼴로 발생한다. 지능지수가 20~60 정도의 중도에서 중등도 수준의 지적장애를 갖는다. 언어발달도 전반적으로 지연되나 동작성 지능에 비해 언어성 지능이 상대적으로 높다고 보고되기도 한다.
- 프래더윌리증후군(Prader-Willi syndrome): 프래더윌리증후군은 15번 염색체에 아버지로부터 특정 유전자를 물려받지 못한 경우에 나타나는 증후군이다. 신

생아 초기에는 근긴장 저하, 느린 체중 증가, 발달지연이 주요 증상으로 나타나며, 아동기 이후에는 약 75%의 아동에게 비만과 함께 지적장애, 근긴장 저하 등이 지속적으로 나타난다. 언어발달도 지연되며, 특히 영유아기에 근긴장 저하로 인해 발성과 조음에 어려움을 보인다. 출생아 1만 명 내지 1만 5,000명당 1명꼴로 발생한다.

- **엥겔만증후군(Angelman syndrome):** 엥겔만증후군은 15번 염색체에 어머니로부터 특정 유전자를 물려받지 못한 경우에 발생한다. 운동기능상의 문제로 인해 걸음걸이가 이상하며, 뇌간의 문제로 인하여 발작적으로 웃는 경우가 있다. 그 외 근긴장 저하, 발작, 심한 지적장애, 발달지연 등을 보이며, 언어발달도 지연된다.

- **묘성증후군(Cri-du chat syndrome):** 묘성증후군은 5번 염색체 짧은 부분의 일부가 결실되어 발생하며, 고양이 같은 울음소리를 내어 묘성증후군이라 명명된다. 신생아 2~5만 명당 1명꼴로 발생하는데, 출생 후 1년 내에 90%가 사망하며, 생존하는 경우 지적장애와 발달지연, 소두증, 근육 약화 등의 문제를 갖게 된다. 외형적으로 양 눈 사이가 넓고, 귀가 낮게 위치하고, 턱이 좁고, 둥근 얼굴의 특징을 갖는다.

- **신경섬유종증(neurofibromatosis):** 신경섬유종증은 인체의 신경계에 영향을 주는 질환으로, 17번 또는 22번 유전자 결함에 의해 발생한다. 생후 1세 이전에 발견되는 경우가 대부분이며, 피부병변으로 커피색 반점이나 종양을 동반한다. 뇌신경의 장애, 즉 안면 신경마비나 전도성 청각장애를 유발할 수 있으며 이로 인해 언어장애를 동반할 수 있다.

- **결절성 경화증(Tuberous sclerosis):** 결절성 경화증은 뇌가 석회화되거나 경화되어 유발된 신경계 장애로, 지적장애, 발작, 혈관섬유종(피지선종) 등을 특징으로 한다. 9번과 16번 염색체를 통해 유전되기도 한다. 대부분 증상이 출생 전이나 출생 시부터 나타나며, 약 7,000~1만 명당 1명꼴로 출현하는 것으로 보고되고 있다.

② 성염색체 이상

부모로부터 유전자를 전달받는 과정에서 성염색체에 이상이 발생하여 문제가 발생하는 경우이다. 클라인펠터증후군, 터너증후군이 포함된다.

- **클라인펠터증후군(Kleinfelter syndrome)**: 클라인펠터증후군은 부모의 생식세포가 감수분열을 할 때 성염색체가 분리되지 않아 발생하는 것으로 알려져 있으며, 여성 성염색체를 하나 더 갖게 되어 XXY 형태가 되고 염색체 수는 46개가 아닌 47개가 된다. 드물게는 XXXY형, XXXXY형, XXYY형 등이 나타나기도 한다. 생식샘 기능, 신체발달에서의 이상과 더불어 지적장애나 학습장애를 동반할 수 있다.
- **터너증후군(Turner syndrome)**: 터너증후군은 XO와 같이 여성 성염색체 중 하나 또는 일부분이 소실되거나 염색체 모양에 이상이 있는 경우이다. 사춘기에 여성으로서의 2차 성징이 나타나지 않거나 전반적인 신체 성장이 더딜 수 있으며, 가벼운 학습장애를 동반하거나 중이염 또는 신경성 난청 등을 동반할 수 있다.

③ 유전자 이상

부모로부터 취약한 유전자를 전달받아서 문제가 유발되는 경우로, 페닐케톤뇨증이나 타이-삭스병 등이 포함된다.

- **페닐케톤뇨증(Phenylketonuria: PKU)**: 페닐케톤뇨증은 아미노산의 하나인 페닐알라닌을 대사하지 못하는 유전병으로, 상염색체 열성으로 유전된다. 체내에 페닐알라닌과 그 대사 산물이 축적되어 나타나며, 지적장애와 더불어 피부나 모발의 색소 결핍 등의 증상을 보인다. 페닐케톤뇨증이 있는 신생아는 진단 후 페닐알라닌 섭취를 줄이는 것만으로도 정상 생활이 가능하나, 조기에 발견하지 못하면 영구적인 지적장애가 초래된다.
- **타이-삭스병(Tay-Sachs' disease)**: 타이-삭스병은 체내 조직의 지방질 또는 지방 증가로 인한 장애로, 상염색체 열성형질로 유전되는 것으로 알려져 있다. 생후 3~6개월 정도부터 운동발달이 저하되고 발작적 행동이 관찰되며, 시간 경과에 따라 전반적인 퇴행을 보이고, 2세를 전후하여 증상이 악화된다.
- **갈락토스혈증(Galactosemia)**: 갈락토스혈증은 탄수화물 대사장애로 인해 우유에 들어 있는 갈락토스를 포도당으로 대사시키지 못하여 발생하며, 상염색체의 열성으로 유전된다. 이 증후군도 지적장애를 동반하며, 간과 신장의 기능장애,

백내장 등과 같은 신체적 문제를 동반한다. 페닐케톤뇨증 등과 마찬가지로 낙
농식품을 제한하는 것과 같은 식이요법이 증상을 예방하는 데 효과가 있는 것
으로 알려져 있다.

④ 기타 염색체 이상
이외에도 염색체의 기형이나 손상으로 인한 경우로 인해 문제가 유발될 수 있다.
대표적으로 유약 X 증후군이 이에 해당한다.

- **유약 X 증후군**(Fragile X syndrome): 유약 X 증후군(또는 약체X증후군)은 X 염색체
긴 쪽의 끝부분이 손실되어 나타난다. 과잉행동이나 강박증, 주의집중 문제나
불안정한 행동 특성을 가지며, 지적장애나 발달장애를 유발한다. 유약 X 증후
군에서 자폐스펙트럼장애 출현율이 상대적으로 높은 비율을 보이고 있어 두
장애 간의 관계를 밝히기 위한 연구도 진행되고 있다. 남자 신생아 1,000명당
0.5~0.9명꼴로 발생하며, 여자 보인자율이 2배 정도 높다.

2) 신경학적 장애

(1) 중추신경계와 말초신경계
신경계는 뇌와 척수를 포함하는 **중추신경계**(central nervous system)와 뇌신경 및 척
수신경, 신경절들로 구성된 **말초신경계**(peripheral nervous system)로 분류된다. 중추
신경계는 신체의 여러 감각기관에서 받아들인 정보들을 말초신경계를 통해 전달받
고, 이를 모아 통합하고 조정하는 중앙처리장치와 같은 역할을 한다. 말초신경은 신
체의 표면과 골격근, 각종 내부 장기로부터 수집된 감각을 중추신경으로 전달하고,
중추신경의 운동자극을 다시 말초신경으로 전달한다. 말초신경계는 감각을 전달하
는 신경과 운동 신호를 전달하는 신경으로 구성되는데, 31쌍의 척수신경과 12쌍의
뇌신경, 그리고 교감신경과 부교감신경으로 이루어진 자율신경으로 구성되어 있
다. 교감신경은 위험에 대처하는 반응과 관련되며, 부교감신경은 이와는 반대로 휴
식과 긴장을 풀게 하는 역할을 한다.

(2) 신경학적 위험요인

중추신경계나 말초신경계의 손상으로 인해 갖게 되는 장애로는 뇌성마비, 진행성 근위축증, 신경섬유종증, 뇌전증(발작장애) 등이 포함된다. 중추신경계는 언어는 물론 말 산출에 영향을 미친다. 따라서 신경학적 위험요인을 갖고 있는 영유아의 경우 언어장애나 말 산출 장애를 동반하는 경우가 많다.

- 뇌성마비(cerebral palsy): 출생 전이나 출생 시 또는 출생 후 아직 뇌가 미성숙한 시기에 뇌 병변에 의해 발생하는 운동기능장애이다. 발달장애 중 비교적 높은 발생률을 보이는 장애로 다양한 원인과 병변을 포함한다. 운동 협응 능력과 자세 및 동작의 이상과 지연 같은 운동장애를 주요 증상으로 하며, 말·언어장애와 삼킴장애, 학습장애, 경련, 감각장애 등을 동반한다.
- 진행성 근위축증(progressive muscular dystrophy): 근육이 점진적으로 변형되고 위축되는 질병으로, 척수 안에 있는 운동 신경 섬유의 진행성 변성으로 인해 발생한다. 약 1/3이 3~13세 사이에 발생한다. 남자에게서 약 4~5배 정도 높은 발생률을 보인다.
- 뇌전증(발작장애, epilepsy): 뇌의 정상 전기 활동의 급격한 변화로 뇌세포에서 통제되지 않은 전기 신호가 발생되어 일시적으로 의식을 잃거나 경련 또는 발작 증상으로 인하여 신체나 행동을 조절하지 못하는 상태를 말한다. 발작의 형태에 따라 전신발작과 부분발작으로 나뉘며, 전신발작은 다시 대발작(grand mal), 소발작(petit mal)으로 구분하기도 한다. 어느 연령에서나 발생할 수 있으나 영유아기에 발생하는 경우 뇌 기능에 영향을 주어 전반적 발달에 영향을 미칠 수 있다.

3) 선천성 기형

선천성 기형(congenital malformation)이란 임신 중 모체의 질병, 유전적 또는 환경적 요인 등에 의하여 태어나면서부터 신체에 구조적으로 이상이 있는 상태를 말한다. 여러 형태가 있으나 발달에 영향을 미치는 기형으로는 대표적으로 구개열이나 이분척추가 포함된다. 이 중 구개열은 말 산출은 물론 섭식과 직접적으로 연관되어 언어치료의 주요 대상으로 고려된다.

- **구개열**(cleft palate): 구개 안면 부위에 발생하는 선천성 태아 안면 기형 중 하나이다. 임신 초기의 태아는 누구나 다 입술과 입천장이 갈라져 있으며 임신 주기가 진행됨에 따라 서서히 봉합되는 과정을 거치는데, 이 과정 중에 여러 요인에 의해 구개가 봉합되지 못하는 경우에 발생한다. 구개열은 유전적 요인과 환경적 요인이 서로 관련되어 나타난다고 알려져 있으며, 임신 중의 풍진이나 매독, 내분비 질환이나 감염증 등의 산모 질환, 약물 복용, 영양 불균형, 흡연 등과 같은 환경적 요인도 영향을 미칠 수 있다. 구개열은 섭식이나 발음, 청력 등과 의사소통 문제를 가질 수 있다.
- **이분척추**(spina bifida): 신경 발생 중 신경판이 관의 형태로 형성되는 과정에서 신경판의 양 끝이 가운데에서 정상적으로 붙지 못하여 발생한다. 하지근육의 발달장애, 요추나 천추 신경 영역의 근위축과 마비, 감각장애, 측만증, 배뇨·배변장애를 주요 증상으로 나타낸다. 뇌척수액 누수, 뇌막염과 같은 합병증을 동반하기도 한다.

4) 감각장애

감각이란 감각기관을 통해 외부 자극을 수용하는 것을 말하며, 감각기관의 손상으로 인하여 외부 자극을 수용하는 데 어려움을 갖는 상태를 감각장애라 한다. 여러 감각기관 중에서도 시각과 청각은 사람이 외부 자극을 수용하는 데 중요한 역할을 한다. 따라서 시각과 청각 장애를 갖는 경우 발달에 큰 영향을 주며, 특히 청각장애의 경우에는 언어발달에 직접적으로 영향을 미친다.

- **시각장애**: 생리학 또는 신경학적인 원인으로 시각에 이상이 있는 상태를 말한다. 원인에 따라 눈과 말초신경의 손상으로 인한 중심 시력장애와 시신경 교차에서부터 뇌 영역까지의 신경이 손상되어 발생되는 중추성 시각장애로 나눌 수 있다. 교정시력이 20/200 이하이거나 시야각이 20° 이하인 사람을 법적 맹이라 하며, 교정시력이 20/200～20/70인 경우에는 저시력이라 한다. 「장애인 등에 대한 특수교육법」에서는 법적 맹에 해당하지 않더라도 시각 손상이 심각하여 교정을 해도 교육적 또는 사회적 활동에 불리한 사람을 교육적 시각장애로 정

의한다. 인간은 외부 정보의 약 70% 정도를 시각을 통해 수용한다고 한다. 따라서 영유아기에 시각장애를 갖는 경우에는 언어 및 의사소통 발달에 영향을 줄 수 있다.

• **청각장애**: 청각기관의 손상으로 인해 듣는 것에 어려움이 있는 경우를 말한다. 청각장애 기준은 법에 따라 다른데, 「장애인복지법 시행령」에 따르면 두 귀의 청력손실이 각각 60dB 이상인 자, 또는 한쪽 귀의 청력손실이 80dB 이상, 다른 쪽 귀의 청력손실이 40dB 이상인 자, 또는 두 귀에 들리는 보통 말소리의 명료도가 50% 이하인 자로 정의된다. 교육적인 측면에서는 일반적으로 청각장애를 농과 난청으로 구분하는데, 청각장애의 정도가 70dB 이상일 때에는 농, 35~69dB일 때에는 난청으로 구분한다. 청력손실의 정도는 언어습득과 밀접한 관계를 가지며, 특히 언어를 습득하기 이전부터 청각에 장애를 갖는 선천적 청각장애는 언어치료가 매우 중요하다.

5) 비전형적 발달장애

비전형적 발달장애란 포괄적인 관점에서는 발달이 전형적 과정으로 이루어지지 않는 경우이나, 특히 발달 양상이 전형적 궤도에서 벗어나 있으며 선천적 요인으로 인해 발생한다고 알려져 있는 자폐스펙트럼장애가 여기에 포함될 수 있다.

• **자폐스펙트럼장애**(Autism Spectrum Disorder: ASD): 생애 초기부터 사회적 의사소통과 사회적 상호작용에 지속적인 손상을 보이며, 반복적이고 상동적인 행동과 제한된 관심사를 주된 특징으로 하는 신경발달장애를 말한다. 아직까지 그 원인이 명확하게 밝혀져 있지는 않으나 선천적인 신경학적 발달 이상 때문인 것으로 받아들이고 있으며, 이로 인해 형성된 위험요인으로 고려된다. 자폐스펙트럼장애는 고기능 자폐스펙트럼장애를 제외한 약 70~80%가 지적장애와 의사소통장애를 동반하며, 지적장애나 언어발달에 문제가 없는 고기능 자폐스펙트럼장애의 경우에도 대부분 사회적 의사소통에서의 어려움을 보고한다.

6) 태내 약물 또는 중금속 노출

태아는 모체에 전적으로 의존되어 있기 때문에 태내 환경은 태아 발달에 매우 중요한 영향을 미치며, 이러한 영향은 출생 후 발달에까지도 지속적으로 영향을 끼친다. 특히 산모가 약물이나 중금속에 과다 노출되거나 중독된 상태인 경우에는 신체적 기형이나 심각한 성장 제한, 시각장애, 뇌 손상 및 사망을 유발함으로써 배아나 태아 발달에 해를 끼칠 수 있다.

태내 약물 노출과 관련된 대표적 요인은 **태아알코올증후군**(Fatal Alcohol Syndrome: FAS)이다. 수태기 또는 임신 중에 모체가 상당한 양의 알코올을 섭취한 결과로 신생아에게 나타나는 다양한 선천적 기형 증상으로, 태아알코올증후군 영유아는 출생 전후 모두 성장이 느리고 지적장애가 동반되며, 얼굴과 머리에 기형을 보일 수 있다. 코카인이나 마약과 같은 약물 중독의 경우에도 태아알코올증후군과 유사한 증상을 보일 수 있으나 아직까지 우리나라에서는 많이 관찰되지 않는다.

중금속 중독 역시 태아에게 심각한 영향을 미칠 수 있다. 중금속은 임신과 출산은 물론 영유아의 신체 및 정신적 발달에 영향을 미친다. 최근 뚜렷한 원인 없이 불임 부부가 증가하는 것이나 주의력결핍 및 과잉행동장애 등과 같은 아동기 행동장애가 증가하는 것이 환경 오염으로 인해 인체에 중금속이 축적된 것과 관련되어 있을 수 있다고 여러 문헌을 통해 보고되고 있다.

약물이나 중금속과 같은 유해 물질의 영향은 태아나 출생 후 신체 구조가 빠르게 형성되고 성장하는 시기에 더 크다. 그러나 이러한 해로운 물질의 영향은 태아나 영유아의 신체적 조건에 따라 달라질 수 있으며, 출생 후 어떠한 환경을 제공하느냐에 따라서도 달라질 수 있다.

7) 감염성 또는 만성적 질병

태아기에 감염성 질병에 걸리는 경우에도 태아 발달에 부정적 영향을 미치며, 심한 경우에는 장애를 유발하기도 한다. 풍진이나 매독, 헤르페스 바이러스 감염증, 후천성 면역결핍증, 뇌염, 뇌수막염 등과 같은 바이러스성 질환은 발달에 영향을 미치는 주요 요인으로 보고된다. 산모가 이러한 바이러스에 감염되는 경우 바이러스가 탯줄을 통해 태아에게 전달되고 출생 전에 해당 질병에 감염되는데, 이러한 바이러스들은 태아의 기형이나 감각장애를 유발할 수 있으며, 중추신경계를 손상시켜 뇌성마비나 지적장애, 기타 발달장애를 유발할 수 있다. 따라서 가임기의 여성들은 미리 감염성 질병에 대한 예방 접종을 하거나 감염 여부를 확인하는 것이 필요하다.

감염성 질병과 더불어 만성적 질병 역시 발달장애의 원인이 될 수 있다. 선천적으로 백혈병이나 소아당뇨병, 심장 기형 등과 같은 만성적 질병을 가진 경우 어린 시기부터 장기간 병원에 입원하여 치료를 받아야 하며, 질병으로 인한 신체적 제약과 장기 병원 입원으로 인한 환경 결핍은 영유아 발달에 영향을 미치게 된다.

4. 생물학적 위험요인과 환경적 위험요인

앞에서 소개한 형성된 위험요인은 유전이나 의학적 원인으로 인해 이미 태어날 때부터 위험 상태로 태어난 경우가 해당하는 반면, 일부 영유아는 의학적 또는 유전적으로는 위험 조건에 있지 않았으나 태내기부터 성장 및 발달 과정에서 생물학적 또는 환경적 요인으로 인해 장애를 유발할 수 있는 위험 조건에 처할 수 있다. 다음에서 각각의 경우를 살펴보도록 하겠다.

1) 생물학적 위험요인

생물학적 위험요인은 태아 또는 영유아의 생물학적 상태에 영향을 미쳐서 비전형적인 발달을 초래할 수 있는 경우를 말하며 다음과 같은 요인들이 포함된다.

- 태아기 및 영유아기에 약물 및 환경독극물 노출
- 산모의 만성적 질병 또는 태아기 합병증
- 난산, 질식 등과 같은 출산 시 문제
- 출생 시 저체중(1,000~2,500g) 또는 조산(37주 미만)
- 신생아기 또는 영유아기 발달과 관련된 심각한 질병 및 외상
- 만성 중이염

• 발달상의 진보를 방해하는 건강 요소들

앞에서 설명한 형성된 위험요인들도 대부분 영유아의 생물학적 측면에 영향을 미치는 요인들이지만, 출생할 때부터 유전학적 또는 의학적으로 진단될 수 있다는 점에서 생물학적 위험과는 차이를 갖는다. 예를 들어, 태아알코올증후군과 같이 출생 시 과도한 약물이나 독극물 노출로 인해 특정 증후군으로 의학적 진단을 받는 경우에는 형성된 위험요인으로 분류한다. 그러나 일반 영유아에 비해 약물 또는 독극물에 과다하게 노출되어 발달에 영향을 미칠 가능성은 있지만 의학적으로 특정 증후군으로 진단할 정도가 아닌 경우에는 생물학적 위험요인이 높은 수준으로 판단할 수 있다.

산모의 질병도 마찬가지이다. 산모가 풍진이나 매독, 헤르페스 바이러스 감염증, 후천성 면역결핍증 등과 같은 질병에 감염되고, 이로 인해 출생 후 아기도 감염되었다고 의학적으로 확진되는 경우에는 지적 능력이나 감각장애 등을 유발할 확률이 높아지기 때문에 형성된 위험요인으로 볼 수 있다. 그러나 산모가 질병을 앓고 있으나 아기는 확진되지 않았다면 생물학적 위험요인으로 판단할 수 있다.

생물학적 위험에 있다고 하여 모두 발달에 문제를 갖는 것은 아니나 이러한 요인을 보이지 않는 경우보다는 발달에 영향을 받을 수 있는 가능성이 커진다. 따라서 이러한 조건을 가지고 태어나는 영유아의 경우에는 영유아기부터 발달에 관심을 가지고 특별한 도움을 제공하는 것이 영유아에게 나타날 수 있는 발달 문제를 예방하는 데 도움이 된다.

2) 생물학적 위험요인으로서 미숙아 출생

생물학적 위험요인 중에서 미숙아는 최근 급격한 증가 추세에 있어 특별히 다루고자 한다. 미숙아(preterm infant)는 재태기간 37주 이전, 즉 출산 예정일보다 한 달 이전에 태어난 조산아와 출생 시 몸무게가 2,500g 이하인 저체중아를 포함한다. 최근에는 미숙아라는 명칭이 주는 부정적 인상 때문에 이른둥이라고 명명하기도 한다.

미숙아 중 저체중아는 출생 시 몸무게에 따라 저체중아(Low Birth Weight: LBW), 극소저체중아(Very Low Birth Weight: VLBW), 초극소저체중아(Extremely Low Birth

Weight: ELBW)로 구분한다. 저체중아는 출생 시 몸무게가 2,500g 미만에 해당하는 경우이며, 극소저체중아는 1,500g 미만, 초극소저체중아는 1,000g 미만에 해당한다. 저체중아는 대체로 생후 1, 2년이 지나면서 대부분 또래 발달을 따라잡으나, 극소저체중아의 약 50%, 초극소저체중아의 약 90%는 또래에 비해 발달이 지체된다고 보고되기도 하였다. 조산아도 재태기간에 따라 37주 미만인 조산아(Small Gestational Age: SGA)와 32주 미만인 극소조산아(Very Small Gestational Age: VSGA)로 분류되기도 한다. 그러나 발달에서는 일반적으로 재태기간보다는 출생 시 몸무게를 우선해서 고려한다.

미숙아 출생은 최근 들어 급속히 증가하고 있다. 우리나라 통계청(2013) 조사에 따르면, 저체중 출생아는 2005년에 약 19,000명에서 2013년에는 약 24,000명으로 30% 증가하였으며, 37주 미만 출생아는 약 20,000명에서 약 28,000명으로 약 37%가 증가하였다. 미숙아 출생이 증가한 첫 번째 이유로 신생아 의학의 발전을 들 수 있다. 1960년대에는 1,500g 이하의 신생아 중 70% 이상이, 1,000g 이하 신생아의 90%가 신생아기에 사망하였다. 하지만 2000년대에는 1,000~1,500g의 신생아 중 90%가 생존하고, 750~1,000g의 신생아 중 66%가 생존하며, 500~750g의 신생아 중 33%가 생존한다. 두 번째 이유는 고령 출산의 증가를 들 수 있다. 최근 증가하는 만혼 경향은 고령 출산의 증가로 연결된다. 산모의 나이가 많을수록 임신 기능은 저하되어 상대적으로 조산이나 저체중아 출산율이 높아진다. 쌍생아 출산 역시 미숙아 출생에 영향을 준다. 최근 불임으로 인해 시험관 시술을 통한 임신의 증가와 이로 인한 다태 임신(쌍둥이 임신)도 미숙아 출생의 주요 원인이 된다. 그 외 사회 환경과도 관계가 있다. 영양 부족, 부적절한 태내 관리, 산모의 약물 남용, 낮은 사회경제적 상태 등도 미숙아 출생에 영향을 미친다.

미숙아 중 일부는 면역체계가 약하고, 신체장기가 미숙한 상태로 태어나기 때문에 호흡기를 비롯한 신체 여러 측면에서 질병을 가질 위험이 크다. 따라서 적절한 의료적 보살핌이 필요하다. 미숙아들은 신체적인 측면만이 아니라 발달적인 측면에서도 또래에 비해 느린 경향이 있다. 미숙아로 출생한 영유아의 발달을 추적한 연구들에서는 미숙아 출생 아동 집단에서 유의하게 높은 발달장애 출현율을 보고하였다(Marlow, Wolke, Bracewell, & Samara, 2005; Roberts et al., 2008). 따라서 최근에는 미숙아 출생아들의 신체, 건강만이 아니라 발달까지 지원해 주어야 한다는 필요

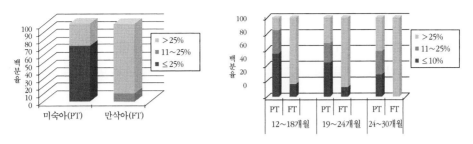

그림 3-6   미숙아 출생이 언어발달에 미치는 영향

출처: 이윤경, 이효주(2016a).

성이 강조되고 있다.

미숙아 출생은 언어발달에도 영향을 미친다. 이효주와 이윤경(2013)은 1990년대 이후 국외에서 발표된 미숙아 출생 아동의 언어 및 의사소통 발달 관련 연구 30편을 분석하였는데, 이 중 약 70%인 25편의 연구가 미숙아들의 언어 및 의사소통 능력이 정상 출생 영유아에 비해 유의하게 낮았다고 보고하였다. 국내에서 미숙아 86명을 대상으로 언어 및 의사소통 발달을 살펴본 이윤경과 이효주(2016a)는 미숙아로 출생한 영유아들의 40% 이상이 언어발달지체를 보이며, 28%가 언어발달지체 위험에 있다고 보고하였다([그림 3-6] 참조). 이러한 연구 결과는 미숙아 출생, 영유아의 언어 및 의사소통 발달장애를 예방하기 위한 조기개입의 필요성을 보여 준다.

3) 환경적 위험요인

환경적 위험요인은 영유아가 지니는 내재적 요인 외에 영유아 발달에 영향을 미치는 경제적 또는 사회적 요인을 의미한다. 삶의 경험이나 환경적인 조건이 심하게 제한되거나 위협적인 경우에 발달상의 문제를 유발할 수 있다. 환경적 위험요인에는 다음과 같은 경우들이 포함된다.

- 10대의 어린 산모 또는 40대 이상의 고령 산모
- 가족의 의학적, 유전적 특징
- 가정의 낮은 사회경제적 상태
- 전반적으로 제한된 건강관리

- 학대 및 방치, 가족 분리, 불안정한 가족 상호작용
- 일관되거나 안정되지 않은 양육 환경, 양육 스타일, 양육자–영유아 상호작용
- 부모나 일차적 양육자의 심각하거나 만성적인 질병, 알코올 또는 약물 중독, 발달장애 혹은 정신질환

4) 산모의 나이와 다른 환경적 요인과의 관계

환경적 위험요인에는 산모의 나이나 가정의 사회경제적 상태, 양육 환경 등이 포함된다. 산모의 나이는 주로 나이가 많은 고령 산모를 중심으로 언급되어 왔으나 10대와 같이 너무 이른 나이에 출산하는 경우도 위험요인이 된다. 10대와 고령 산모는 모두 상대적으로 출산 능력이 저하되어 태아를 위한 적절한 태내 환경을 제공하지 못하고 이로 인해 저체중아나 조산아와 같은 미숙아 출산 가능성이 커진다.

산모의 나이가 어린 경우에는 영유아에게 제공되는 초기 양육 환경에 영향을 미친다. 10대 산모의 경우 정상적이지 못한 결혼 상태에서 임신을 한 경우가 대부분이기 때문에 임신 중에도 불안감이 높을 수 있으며, 엄마로서 양육을 할 수 있는 준비를 갖추지 못한 경우가 많다. 또한 아직 경제적으로 독립되지 않아 물리적인 환경도 열악할 수 있다. 따라서 10대 산모에게서 태어난 영유아들은 다양한 생물학적, 환경적 위험요인으로 인해 발달지체 위험이 증가한다. 이외에도 가정의 사회경제적 수준이 낮거나 부모가 질병이나 기타 정신적인 문제, 불완전한 가족 구조나 형태 등으로 인해 영유아에게 안정된 양육 환경을 제공하지 못하는 경우도 발달에 위험한 환경적 조건에 있다고 볼 수 있다.

환경적 위험요인은 여러 요인이 동시에 영향을 주는 경우가 흔하다. 예를 들어, 10대 산모의 경우 정상적인 결혼을 통해 출산을 하는 경우가 드물기 때문에 가정의 사회경제적 상태가 안정되지 못하며, 자녀에게 안정된 양육을 제공하기에는 사회적으로나 정신적으로 미성숙한 경우가 많다. 환경적 위험요인으로 인한 발달 문제는 적절한 양육 환경이 제공될 수 있도록 지원하는 것만으로도 영유아 발달에 긍정적 효과를 갖는다. 따라서 이에 대한 사회적 관심과 지원이 충분히 제공되어야 할 것이다.

5) 다문화 환경과 환경적 위험요인

다문화 환경은 부모의 국적이 다른 경우를 말하는데, 우리나라의 경우에는 부모 중 한 사람은 한국인이며 다른 한 명이 외국인인 경우에 한정해서 표현하기도 한다. 특히 결혼이민으로 인하여 아버지는 한국인이나 어머니가 외국인인 경우가 다문화 환경의 대다수를 차지하므로 결혼이민 가정을 중심으로 이해되기도 한다.

2000년대부터 결혼이민의 증가로 인해 다문화 환경의 아동들도 점차 증가하는 추세를 보이고 있다. [그림 3-7]에서 볼 수 있듯이 교육부의 2015년 자료에 의하면, 2015년 현재 학교에 재학 중인 다문화 환경 학생 수는 약 82,536명에 이르고 있으며, 2010년에는 전체 학생 수 대비 약 0.44% 정도였으나 2015년에는 1.35%에 해당할 정도로 빠르게 증가하고 있다. 보건사회연구원의 2010년도 보고 자료에 의하

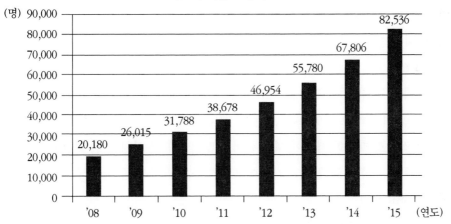

다문화 가정 학생 수

다문화 학생 증가 추이(최근 6년) (단위: 명)

인원수 \ 연도	2010	2011	2012	2013	2014	2015
다문화 학생 수(A)	31,788	38,678	46,954	55,780	67,806	82,536
전체 학생 수(B)	7,236,248	6,986,853	6,732,071	6,529,196	6,333,617	6,097,297
다문화 학생 비율 (A/B*100)	0.44%	0.55%	0.70%	0.86%	1.07%	1.35%

그림 3-7 다문화 가정 학생 수의 증가 현황

출처: 교육부(2015).

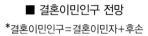

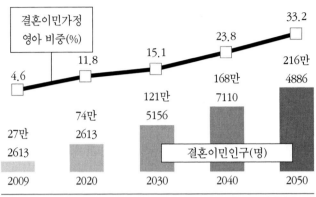

그림 3-8   결혼이민가정 영아 출산율 전망

출처: 박성준(2010. 2. 23).

면, 다문화 환경에서 출생한 영아가 2009년에는 전체의 4.6%였으나 2020년에는 약 11.8%에 달할 것이며, 2050년에는 33.2% 정도에 이를 것이라고 추정하였다([그림 3-8] 참조).

다문화 환경 가족의 빠른 증가로 인해 우리 사회도 서서히 다문화 환경에 적응하기 위한 노력을 하고는 있으나, 오랜 기간 동안 단일 문화를 유지해 왔기 때문에 사회 전반적으로 다문화 사회에 대한 준비가 많이 미흡한 상황이다. 더욱이 결혼이민이라는 특수한 형태로 형성된 가족이므로 다문화 환경 가족은 여러 형태의 어려움에 직면하고 있다.

다문화 가정 환경이 가질 수 있는 여러 요인은 영유아 발달에도 직접적으로 영향을 미칠 수 있다. 부모의 문화가 다른 것에서 유발될 수 있는 영향은 물론 대다수의 결혼이민 가정이 직면하는 사회경제적 상태나 부모의 관계 등에서의 취약성도 영유아 발달에 부정적인 영향을 미칠 수 있다.

다문화 환경은 특히 영유아의 언어 및 의사소통 발달에 영향을 미친다. 다문화 환경에 있는 영유아의 언어발달에 대한 연구들에서는 대부분 단일문화 환경에 있는 영유아에 비해 다문화 환경에 있는 영유아의 언어발달이 유의하게 늦는 경향이 있다고 보고하였다. 이러한 언어발달 문제는 아동의 인지나 사회적 발달에 영향을 미

〈표 3-4〉 생물학적 및 환경적 발달 위험요인

생물학적 위험요인	환경적 위험요인
• 태아기 및 영유아기 약물 및 환경독극물 노출 • 산모의 만성적 질병 또는 태아기 합병증 • 난산, 질식 등과 같은 출산 시 문제 • 출생 시 저체중(1,000~2,500g) 또는 조산(37주 미만) • 신생아기 또는 영유아기 발달과 관련된 심각한 질병 및 외상 • 만성 중이염 • 발달상의 진보를 방해하는 건강 요소들	• 10대의 어린 산모 또는 40대 이상의 고령 산모 • 가족의 의학적, 유전적 특징 • 가정의 낮은 사회경제적 상태 • 전반적으로 제한된 건강관리 • 학대 및 방치, 가족 분리, 불안정한 가족 상호작용 • 일관되거나 안정되지 않은 양육 환경, 양육 스타일, 양육자-영유아 상호작용 • 부모나 일차적 양육자의 심각하거나 만성적인 질병, 알코올 또는 약물 중독, 발달장애 혹은 정신질환

칠 뿐 아니라 이후 학령기까지 이어져 학업에까지 영향을 미치게 된다. 이에 정부는 다문화 언어발달지도사와 같이 다문화 가정 영유아의 언어발달을 지원하기 위한 프로그램을 제공하고 있는데, 이러한 프로그램은 다문화 환경에 있는 영유아의 의사소통 능력을 향상시킬 뿐 아니라, 나아가 다문화 환경에 있는 영유아들이 가질 수 있는 사회적 적응이나 학업 성취 등의 문제를 예방하는 효과를 가질 것이다.

5. 장애예방과 언어치료사

1) 장애예방과 조기중재

앞에서 이미 여러 차례 '가장 최선의 중재는 예방'임을 언급하였다. 특히 영유아기는 예방의 중요성이 다른 시기에 비해 강조된다. 영유아기는 발달이 급속도로 진행되는 시기이기 때문에 이 시기에 발달지연의 위험이 있는 영유아들에게 미리 개입한다면 발달 문제 발생을 예방할 수 있으며, 문제가 발생하더라도 그 영향을 최소화할 수 있다. 따라서 영유아 조기중재에 참여하는 전문가들은 예방에 대한 이해를 바탕으로 중재에 임하는 것이 요구된다.

이러한 맥락에서 미국언어청각협회(2003)에서도 조기중재에 참여하는 언어치료사는, 예방과 건강의 정의, 적절한 예방 및 건강을 촉진하기 위한 활동, 영유아의 발달과 가족의 관심을 모니터하기 위한 전략과 같은 예방과 관련된 지식을 갖추어야 한다고 제시하였다.

2) 장애예방과 언어치료사

일반적으로 예방은 개입되는 시기에 따라 1차, 2차, 3차 예방으로 구분한다. 1차예방은 문제가 발생하기 전에 미리 개입하여 문제 발생을 사전에 예방하는 것을 말하며, 2차예방은 문제를 조기에 발견하여 장애 발생을 줄이는 것을 말한다. 마지막으로, 3차예방은 문제가 발생한 후에 문제가 심화되는 것을 말한다.

언어치료사는 1차에서 3차까지 모든 예방의 과정에 참여할 수 있다. 먼저, 1차예방에서는 양육자나 영유아 보육교사 등에게 영유아 의사소통발달에 대해 교육하고 가정이나 어린이집에서 의사소통발달을 촉진하기 위한 방법들을 교육함으로써 의사소통발달에 문제를 갖는 영유아가 발생하지 않도록 도울 수 있다. 또한 미래에 잠재적 부모가 될 수 있는 사람들을 대상으로 영유아 발달 및 발달장애에 대한 인식을 돕거나 사회적 인식을 위한 여러 활동에 참여하는 것도 1차 예방 활동이 될 수 있다. 2차예방 활동으로는 영유아 발달선별검사 활동에 참여하는 것을 대표적으로 제시할 수 있다. 즉, 발달선별검사를 통해 발달장애 혹은 발달지체 위험이 높은 고위험 영유아들을 확인하고 이들에게 조기중재를 제공하여 발달지체로 진행되지 않도록 하는 것이다. 「영유아 건강검진법」에서 실시하고 있는 발달선별검사나 일부 지방자치단체에서 실시하는 어린이집 재원 영유아들을 대상으로 한 의사소통 발달선별검사에 참여할 수 있다. 이외에도 앞에서 제시한 생물학적 및 환경적 위험요인 상태에 있는 영유아들을 대상으로 의사소통 촉진 활동을 하거나 양육자 교육을 제공하는 것도 2차 예방 활동으로 볼 수 있다. 마지막으로, 3차예방은 발달지체 혹은 발달장애로 확인된 영유아에게 중재를 제공하여 장애가 심화되지 않도록 하는 것이다. 전통적으로는 언어치료사의 역할이 주로 3차예방과 관련된 것에 집중되어 왔으나, 앞으로는 2차예방이나 1차예방 활동에도 적극 참여하여야 할 것이다.

〈표 3-5〉 예방의 단계와 언어치료사

예방의 단계	예방의 일반적인 목적	언어치료사의 역할
1차예방	• 문제 발생을 사전에 예방: 발생률 감소	• 부모교육 등을 통한 영유아 의사소통 발달 촉진 지원
2차예방	• 장애 위험요인을 조기에 발견하고 개입하여 장애 발생을 예방: 출현율 감소	• 영유아 언어 발달선별검사 실시 • 발달지연 위험군 조기 발견 및 개입을 통한 장애 발생 예방
3차예방	• 문제가 발생한 후에 개입하여 문제 심화를 예방: 후유증 감소	• 의사소통장애 영유아에게 언어중재를 제공하여 장애로 인한 영향을 최소화

이 장을 공부한 후……

● 발달 위험요인을 정의하고, 언어치료사가 발달 위험요인을 학습하는 의미를 이해한다.

● 발달 위험요인과 영유아 발달 간의 관계를 설명하는 모형을 이해한다.

● 형성된 위험요인, 환경적 위험요인, 생물학적 위험요인을 정의하고, 각각에 해당하는 세부 위험요인들에 대해 이해한다.

● 발달장애 예방이론과 예방적 접근에서의 언어치료사의 역할을 이해한다.

제4장

영유아 의사소통발달

영유아 의사소통발달에 대한 이해는 영유아기 발달 과정을 이해하는 데는 물론 발달 문제를 확인하고 적절한 중재를 제공하는 데 필수적이다. 이 장에서는 영유아 시기의 의사소통발달과 의사소통장애에 대해 다루기 전에 의사소통과 언어, 말의 개념을 정리하고 이를 바탕으로 영유아 시기의 의사소통과 언어발달 과정을 살펴보도록 하겠다. 의사소통발달 과정은 아직 언어를 습득하지 못하여 비언어적 의사소통수단을 통해 의도적 의사소통행동을 발달시켜 가는 '언어이전 의사소통기'와 의사소통수단이 언어로 전환되어 가는 '언어적 의사소통으로의 전환기' 그리고 언어적 수단이 주된 의사소통의 수단이 되는 '언어적 의사소통기'로 구분하여 살펴보고자 한다.

1. 의사소통의 이해

1) 의사소통

의사소통(communication)이란 사람들이 자신의 생각이나 감정 등을 언어 및 비언어적 수단을 통해 주고받는 것을 말한다. 의사소통을 위해서는 세 가지 요소가 필요하다. 첫째, 두 사람 이상의 **의사소통 참여자**이다. 의사소통을 위해서는 생각이나 감정을 전달하는 사람과 전달받는 사람 역할을 하는 최소 두 사람이 필요하다. 구어 의사소통에서는 말하는 사람(화자, speaker)과 말을 듣는 사람(청자, listener), 문어 의사소통에서는 글을 통해 전달하는 사람(작가, writer)과 전달받는 사람(독자, reader)이 해당한다. 이 두 역할은 항상 고정된 것이 아니며, 의사소통이 진행되는 상황에 따라 두 역할이 전환된다.

둘째, 의사소통 참여자 간의 **상호성과 공통된 관심사**이다. 의사소통은 사람들 간에 서로 상호적으로 주고받는 과정이 필요하다. 두 사람 이상이 있어도 서로 다른 곳을 향해 있으며 서로 간의 상호작용이 이루어지지 않는다면 의사소통은 이루어지지 않는다. 상호성을 위해 필수적인 것이 의사소통 참여자 간의 공통된 관심사이다.

청자와 화자 간에 서로 공유하는 관심사, 즉 화제가 없다면 의사소통은 금방 단절될
것이다. 공통된 관심사에는 눈앞에 실재하는 사물이나 사람과 같은 구체적인 대상
에서부터 눈앞에 실재하지 않는 대상이나 사건, 더 나아가서는 생각, 의견, 느낌과
같은 추상적인 내용들이 포함된다.

　마지막으로, 의사소통에 참여하는 사람들이 공통적으로 사용하고 이해할 수 있
는 의사소통수단이 필요하다. 사람이 사용하는 대표적인 의사소통수단은 아마도 '언
어'일 것이다. 하지만 언어만이 사람이 사용하는 유일한 의사소통수단은 아니다. 사
람은 언어를 습득하기 전부터 몸짓이나 얼굴 표정, 목소리 등과 같은 비언어적 수단
을 사용하여 의사소통을 시작하며, 언어를 습득한 이후에도 더 효과적인 의사소통
을 위해 이와 같은 비언어적 수단을 언어와 함께 사용한다. 비언어적 수단뿐만 아니
라 언어에 덧붙여서 사용되는 억양이나 목소리 크기, 말 속도와 같은 준언어적(부차
언어, paralinguistic) 요소도 의사소통수단이 된다. 동일한 언어표현도 말의 속도나
목소리 크기, 억양 등을 달리하는 경우 화자에게 전달되는 의미가 달라진다.

공통된 관심사
(생각, 느낌, 의견 등)

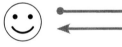

의사소통수단
(언어적, 비언어적, 준언어적)

그림 4-1 의사소통의 요소

〈표 4-1〉 의사소통수단

구분	정의	세부 행동
언어적 수단	• 언어적 상징체계를 의사소통수단으로 하는 경우	• 구어, 문어 • 문법, 의미, 화용, 담화 등
비언어적 수단	• 언어 이외의 행동을 의사소통수단으로 하는 경우	• 몸짓, 얼굴 표정, 자세, 시선 등
준언어적 수단	• 의사소통을 위해 언어적 수단에 덧붙여져서 사용된 것	• 억양, 목소리 크기, 말 속도 등

이처럼 의사소통을 위해서는 생각을 주고받는 두 사람 이상과 그 사람들 간에 주고받는 공통된 관심사, 그리고 이를 전달하는 데 필요한 수단이 있어야 한다. [그림 4-1]과 〈표 4-1〉에 이상의 내용을 제시하였다.

2) 언어

언어(language)란 인간의 주된 의사소통수단으로, '일정한 규칙을 갖는 기호체계 혹은 상징체계'라고 정의할 수 있다. 보통 언어는 의미론, 형태론, 구문론, 음운론, 화용론의 다섯 가지 영역이 포함된다.

의미론(semantics)은 언어적 상징이 표현하는 내용이나 뜻을 다루는 영역으로, 개별 낱말이 전달하는 의미와 의미관계 같이 낱말이나 형태소가 단독으로 혹은 결합하여 전달하는 의미를 포함한다. 예를 들면, '엄마 먹어'는 어휘론의 측면에서는 '엄마'와 '먹다'라는 두 낱말을 뜻하며, 의미관계의 측면에서는 '엄마(행위자)'와 '먹어(행위)'가 '행위자-행위'의 관계로 결합하여 '먹는 행동을 하는 엄마'를 의미한다.

음운론(phonology)은 말소리(음소, phonemes)의 분류나 배열규칙과 관련된 영역이다. 말소리는 소리를 가진 가장 작은 언어적 단위로 자음과 모음이 포함된다. 음운론에서는 말소리 자체와 말소리가 결합되는 규칙을 다룬다. 말소리 결합규칙의 예로 영어에서는 모음 앞에 자음이 여러 개 올 수 있으나(예: stop, street) 국어에서는 한 개만 올 수 있다. 이는 국어와 영어의 음운론적 규칙이 다르기 때문이다.

형태론(morphology)은 형태소와 형태소의 배열규칙과 관련된 영역이다. 형태소(morpheme)는 뜻을 지닌 가장 작은 언어적 단위를 말한다. '엄마 먹어'라는 문장은 '엄마' '먹-' '-어'의 세 형태소로 구성된다. 여기에는 혼자서도 뜻을 가지는 자립형태소와 혼자서는 쓰이지 못하고 서로 결합되어 의미를 더하는 의존형태소가 포함된다. 앞의 문장에서 '엄마'는 단독으로 뜻을 전하므로 자립형태소이며, '먹어'는 어근 '먹-'에 종결형어미 '-어'가 결합된 형태로 '먹-'과 '-어'는 모두 의존형태소라 할 수 있다. 의존형태소는 실질형태소와 형식(문법)형태소로 나뉜다. 앞의 예에서 어근 '먹-'은 실제 행동을 표현하는 어휘적 의미를 표현하므로 실질형태소로 볼 수 있으며, 종결형어미 '-어'는 어휘적 의미를 갖지 않고 어휘 간의 기능을 표현하므로 형식(문법)형태소로 볼 수 있다.

통사론 또는 **구문론**(syntax)은 낱말이 더 큰 의미적 단위인 구나 절 그리고 문장으로 결합시키는 규칙체계를 말한다. 주로 어순과 관련된다. 예를 들면, '엄마가 맛있는 과일을 먹어'라는 문장은 '주어-관형어-목적어-서술어'라는 문장 성분으로 구성된 문장이다. 국어는 영어에 비해 어순규칙이 엄격한 편은 아니나 대체로 주어가 앞에, 서술어는 문장 말미에 오는 규칙을 갖는다.

마지막으로, **화용론**(pragmatics)은 문맥에서의 언어 사용과 관련된 영역이다. 대표적으로 화행(speech acts)을 들 수 있다. 화행이란 '언어행위'의 줄임말로 언어를 통해 이루어지는 행위라 정의할 수 있다. 언어병리학에서는 주로 의사소통기능이라는 표현이 사용된다. 이외에도 대화에서 화자와 청자의 역할이나 대화 상대자에 따른 언어 사용 등과 관련된 참조적 의사소통이나 언어 사용역(register)과 같이 의사소통 맥락이나 상대자에 따라 적절히 변화시키는 능력 등이 포함된다.

Bloom과 Lahey(1978)는 이러한 다섯 가지 언어 영역을 '내용' '형식' '사용'의 세 가지 요소로 구분하였다. **내용**(content)은 언어의 뜻과 관련된 영역으로 의미론이 포함되며, **형식**(form)은 언어적 단위인 말소리(음소), 형태소, 낱말이 결합되는 규칙을 말하며 음운론, 형태론, 구문론이 포함된다. 마지막으로, **사용**(use)은 언어의 문맥적 사용으로 화용론이 여기에 해당한다. 〈표 4-2〉에 이상의 내용을 요약하였다.

〈표 4-2〉 언어의 영역

영역	내용	Bloom과 Lahey 모델
음운론	• 말소리(음소)나 말소리가 결합되는 규칙 • 말소리는 소리를 가진 가장 작은 언어적 단위를 말함 • 말소리에는 자음과 모음이 포함됨	형식 (form)
형태론	• 형태소나 형태소가 결합되는 규칙 • 형태소는 의미를 가진 가장 작은 언어적 단위를 말함 • 형태소에는 자립형태소와 의존형태소가 포함됨	
구문론 (통사론)	• 단어가 결합되어 구나 문장을 형성하는 규칙 • 어순, 즉 문장을 구성하기 위해 낱말이 배열되는 규칙을 말함	
의미론	• 단어나 구, 문장이 전달하는 내용(의미)을 다룸 • 어휘론과 의미관계가 포함됨	내용 (content)
화용론	• 언어의 사회적 사용을 다룸 • 의사소통 의도나 기능, 대화 기술 등은 화용론과 관련됨	사용 (use)

3) 말

일상적인 의사소통에서는 언어와 말을 구분해서 사용하지 않으나 언어병리학에서는 그 의미를 구분한다. 말(speech)은 언어적 상징체계를 '사람들이 들을 수 있는 음향학적인 형태로 산출하는 것'을 말한다. 여기에는 발성과 조음, 공명, 유창성이 포함된다. 발성(phonation)은 성대를 진동시켜 소리를 발생시키는 것을 말한다. 성대 진동은 다음과 같은 과정을 통해 이루어진다. 먼저 허파에서 나온 공기가 닫혀 있는 성문 아래에서 일정한 압력을 형성한다. 성문 아래에 공기가 모여 일정한 수준의 압력이 형성되면 형성된 압력에 의해 성대가 열리게 되고, 열린 성문 사이로 공기가 빠져나오게 된다. 이때 베르누이 효과로 인해 성대가 중심으로 모이게 되면서 닫히게 되는데, 닫힌 성대는 다시 성대 자체의 탄성으로 인해 성대가 빠르게 열리고 닫히면서 진동하게 된다. 이때 발생한 성대 진동으로 인해 소리가 발생한다. 성대에 문제가 있는 경우는 물론 호흡이 미약하여 성문 아래에 압력(성문하압)이 충분히 형성되지 못하는 경우에도 발성에 어려움을 갖게 된다.

발성된 소리는 성도를 거치면서 증폭되고 자음과 같은 다양한 소리로 조음된다. 소리가 증폭되는 현상을 **공명**(resonance)이라 한다. 성대를 진동시켜 발성된 소리는 각각 고유한 주파수를 갖는데, 이 주파수가 인두강이나 구강, 혹은 비강에서 진동하며 소리가 증폭된다. 이러한 공명 과정을 통해 소리의 질이 달라진다.

조음(articulation)은 말 그대로 말소리를 만드는 과정이다. 즉, 발성된 소리가 자음이나 모음과 같은 다양한 소리로 정교화되는 것이다. 조음기관에는 입술, 턱, 혀, 치아, 구개 등이 포함된다. 사람은 이러한 조음기관을 움직여 다양한 말소리를 만들어 낸다. 예를 들면, 성대를 통해 발성된 후 구강을 통해 흘러나온 공기를 두 입술을 붙여 가두었다가 터트려 공기를 내보냄으로써 /ㅂ/ 소리를 만들어 낸다. 공기를 세게 터트리면 /ㅃ/ /ㅍ/와 같은 소리를 만들어 내고, 공기를 구강만이 아니라 비강을 통해서도 공명시키는 경우 /ㅁ/ 소리가 만들어진다.

마지막으로, **유창성**(fluency)은 말의 흐름으로, 소리를 힘들이지 않고 자연스럽고 부드럽게 산출하는 것을 말한다. 유창성에 문제를 갖는 대표적인 경우가 말더듬 (stuttering)이다. 말더듬은 여러 원인으로 발생할 수 있는데, 보통 말을 산출할 때 막히거나 반복되는 현상으로 인하여 말의 흐름이 원활하지 않은 경우를 말한다.

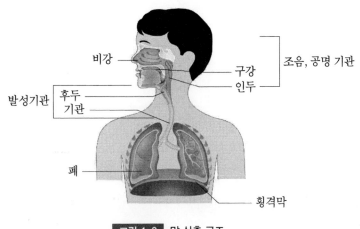

비강

구강

인두

조음, 공명 기관

발성기관
후두
기관

폐

횡격막

그림 4-2 말 산출 구조

앞에서 설명하였듯이, 발성이나 공명, 조음, 유창성 등은 모두 일정한 규칙에 의해 산출한 '언어'를 사람들이 들을 수 있는 '소리'로 산출하는 것과 관련된다.

2. 영유아기 의사소통발달 단계

발달을 단계이론에 기초하여 살펴보는 이론들은 본질적으로 인간의 발달이 각 단계별로 불연속적인 속성을 가지며, 각 단계마다 질적인 차이를 가진다고 가정한다. 그러나 이 책에서 발달의 불연속적인 관점에서 단계를 구분하는 것이 아니라 연령에 따른 변화를 더 쉽게 이해하도록 돕기 위한 방편이며, 각 단계가 서로 구분되어 발달한다는 관점을 지지하는 것은 아니다. 다음은 각 시기별로 이루어지는 주요 발달 양상을 발달단계의 주요 변화를 토대로 설명하고자 한다.

일반적으로 영유아기의 의사소통발달은 언어를 사용하기 전과 후로 구분한다. 흔히 언어가 발달되기 이전의 시기를 언어이전기(prelinguistic period) 혹은 언어표현이전기(preverbal period)로, 언어를 표현하기 시작한 이후를 언어표현기(linguistic period)로 명명한다. 언어표현기는 다시 언어발달 수준에 따라 구분되는데, 배소영 (2017)은 문법발달 수준에 따라 첫낱말기(1세에서 1세 중반), 낱말조합기(2세에서 2세 중반), 기본문법탐색기(2세 후반에서 3세), 기본문법세련기(4세에서 5세), 고급문법기 (5, 6세 이후)로 구분하였다. 이 책에서는 이를 단순화하여 언어이전기, 한 낱말 표현

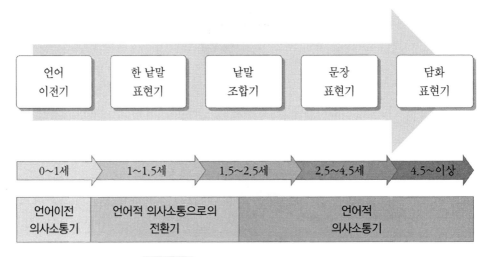

그림 4-3 아동기 언어 및 의사소통발달 과정

기, 낱말조합기, 문장표현기, 담화표현기의 다섯 단계로 구분하였다. 그리고 이를
다시 의사소통발달의 관점에서 언어이전 의사소통기, 언어적 의사소통으로의 전환
기 그리고 언어적 의사소통기로 구분하여 살펴보고자 한다. 언어적 의사소통으로
의 전환기는 한 낱말 시기로, 아직 낱말조합을 시작하기 전까지가 포함되며, 언어적
의사소통기에는 낱말조합에서 문장표현기가 포함된다. 한 낱말 시기를 언어적 의
사소통으로의 전환기로 명명한 것은 언어표현이 시작되었으나 아직 의사소통 측면
에서는 주된 의사소통수단이 몸짓이나 시선, 발성 등과 같은 비언어적 수단이며, 한
낱말 표현의 시작과 더불어 점차 언어적 수단으로 대체해 가는 과정 중에 있기 때문
이다.

1) 언어이전 의사소통기

언어이전 의사소통기는 말 그대로 아직 언어를 습득하기 전의 시기를 말한다. 이
때는 다음과 같은 주요 의사소통적 변화를 보인다. 첫째, 다른 사람과 의사소통을
하기 위해 기초가 되는 사회적 의사소통행동이 발달되기 시작한다. 눈맞춤이나 모
방, 공동주의(또는 공동관심, 동시주의 등), 차례 주고받기 등과 같이 다른 사람과 소
통을 위해 필수적인 행동의 기초를 갖추게 된다.

둘째, 의도적 의사소통행동이 나타난다. 의도적 의사소통행동(intentional communication behavior)은 영유아가 다른 사람에게 의도를 가지고 메시지를 전달하는 행동을 말한다(이윤경, 이효주, 2016). 이는 영유아의 의도를 상대방이 파악할 수는 있지만(의사소통 효과) 그 의도가 영유아에 의해 분명하게 전달되었는지는 명확하지 않은 전의도적 의사소통행동(preintentional communication behavior)과는 구분된다. 언어이전 시기의 의도적 의사소통행동발달은 이후 언어를 통한 의사소통발달의 토대가 된다.

셋째, 다양한 의사소통적 몸짓이 발달하기 시작한다. 영유아기의 의사소통 의도는 발성이나 시선, 몸짓 등과 같은 비언어적 수단을 통해 표현되며, 특히 영유아들은 다양한 의사소통적 몸짓을 통해 의도를 표현한다.

넷째, 영유아들은 언어표현을 시작하기 전부터 말 산출 능력을 발달시켜 간다. 신생아기에는 울음이나 한숨 소리와 같이 반사적이고 생물학적인 소리만을 산출하다가 점차 다양한 말소리가 포함된 소리들을 의도적으로 산출해 가기 시작한다. 언어이전기의 말 산출 능력 발달은 이후 언어 산출의 기초가 된다.

마지막으로, 언어이해 능력이 발달하기 시작한다. 일반적으로 언어이해 발달은 언어표현 발달에 선행한다고 알려져 있다. 대부분의 영유아는 언어를 표현하기 이전부터 몇몇 언어를 익숙한 맥락에서 이해하기 시작한다.

〈표 4-3〉과 〈표 4-4〉에 언어이전 의사소통기의 주요 의사소통발달 양상을 제시하였다.

〈표 4-3〉 언어이전 의사소통기 주요 의사소통발달 양상

- 사회적 의사소통행동이 발달한다.
- 의도적 의사소통행동이 발달한다. 의도적 행동 빈도가 증가하며, 기능이 다양해진다.
- 보다 관습적인 방식으로 의도적 의사소통행동을 표현한다. 의도를 표현하는 몸짓, 발성의 빈도가 증가하고, 유형이 다양해진다.
- 말 산출 능력이 발달한다. 발성 빈도와 유형이 다양해지고, 발성에 포함된 말소리와 음절 구조가 다양해진다.
- 언어이해 능력이 발달하기 시작한다. 맥락에 의존하여 몇몇 언어적 표현을 이해하기 시작한다.

〈표 4-4〉 언어이전 의사소통기의 주요 의사소통행동 발달지표

월령	말 산출	의사소통행동			인지발달과 상징이해
		의사소통의도	의사소통수단	대화	
1개월	• 반사적 소리내기 (울음소리, 한숨 소리 등)				• 반사적 행동
2~3 개월	• 쿠잉(cooing)	• 공동주의	• 눈맞춤, 사회적 미소	• 차례 주고받기	• 자기 탐색
4개월	• 양육자 소리 모방	• 언향적(목표지향적) 의사소통행동 출현	• 손 뻗기		• 외부로 관심 전환 • 인과적 개념 형성 시작
6~8 개월	• 옹알이 음절성 발성) • /ㅁ, ㅂ/ • CV 음절 구조 출현		• 가리키기 몸짓 출현	• 차례 주고받기	• 수단-목적 개념 형성 • 모방 행동 증가 • 특정 맥락에서 몇 개의 낱말 이해 시작
9개월	• 반복적 옹알이 • CVCV 음절 구조 출현	• 의도적 의사소통 증가 • 언표내적 의사소통행동 • 의사소통기능의 다양화(주로 행동통제적 기능)	• 몸짓 이해: '안녕'과 해당 손 동작에 반응 • 가리키기 몸짓 증가 • 관습적인 몸짓 사용	• 공동주의 행동 증가	• 대상영속성 개념 형성 • 첫 낱말 산출 • 맥락적 도움 없이 낱말 이해 시작
12개월	• 변형적 옹알이 • 자곤 • 유아어 산출				

2) 언어적 의사소통으로의 전환기

언어적 의사소통으로의 전환기는 언어발달의 측면에서는 한 낱말 시기에 해당한다. 영유아들은 첫돌을 즈음하여 첫 낱말을 산출하면서 언어적 의사소통기로 전환하기 위한 첫발을 내딛게 된다. 이때의 영유아는 아직 표현능력이 미숙하여 낱말을 결합하지 못하고 하나의 낱말로만 표현하기 때문에 한 낱말 표현기로 명명된다.

한 낱말 표현기에는 다음과 같은 주요 의사소통적 변화를 보인다. 첫째, 어휘표현이 증가한다. 돌을 전후하여 첫 낱말을 산출한 영유아들은 이후 하나씩 새롭게 표현할 수 있는 낱말을 추가하게 되는데, 약 50개의 낱말을 표현하게 될 때까지 이 과정은 천천히 진행되어 보통 6개월에서 1년의 시간이 걸린다. 둘째, 언어표현이전기에

몸짓이나 발성 등으로 표현하였던 의사소통 의도를 언어적 표현으로 대체한다. 그러나 아직은 언어표현 능력이 많이 제한되어 있기 때문에 몸짓이나 발성, 얼굴 표정과 같은 비언어적 수단에 의존하여 의사소통한다. 셋째, 영유아의 의도적 의사소통행동의 빈도가 많아지고 기능도 다양해진다. 이 시기에는 자기 행동이 다른 사람에게 미치는 영향을 확실하게 인식함에 따라 언어적, 비언어적 표현 능력도 발달하여 의도적 의사소통행동의 빈도가 증가하며 기능의 유형도 다양해진다. 넷째, 말소리 산출이 증가한다. 옹알이에서 관찰되었던 양순파열음이나 양순비음의 산출 빈도가 증가하며 더 명료해진다. 더불어 산출하는 음절구조도 다양해진다.

3) 언어적 의사소통기

언어적 의사소통기는 본격적으로 언어적 상징을 통해 의사소통을 하는 시기이다. 여기서는 언어발달 수준에 따라 낱말조합기와 문장표현기로 구분하여 살펴보겠다.

(1) 낱말조합기

표현하는 낱말이 50개를 전후한 시기부터 영유아들은 이미 표현 목록에 들어와 있는 낱말들을 연속적으로 결합하여 표현하기 시작한다. 낱말을 결합 혹은 조합하여 표현하는 시기라 하여 낱말조합기라 명명한다. 빠른 영유아들은 18개월을 전후하여 낱말조합을 시작하며, 늦더라도 24개월경에는 시작된다.

낱말조합기에는 다음과 같은 주요 의사소통적 변화를 보인다. 첫째, 이해하고 표현하는 어휘량이 증가한다. 낱말 습득 속도가 느렸던 한 낱말 시기에 비해 표현하는 낱말의 수가 빠른 속도로 증가하여 약 200~300개에 이른다. 둘째, 표현하는 낱말들을 결합하여 낱말조합 표현을 시작하며, 다양한 의미관계로 연결된 낱말조합을 산출하게 된다. 처음에는 두 낱말을 중심으로 낱말을 조합하나 곧 이를 확장한 형태의 세 낱말조합 형식도 관찰된다. 셋째, 조사나 어미와 같은 문법형태소 사용이 관찰된다. 주격 조사 '-가'나 일부 종결어미들을 산출하기 시작한다. 넷째, 조음(발음)능력도 지속적으로 발달한다. 초성 위치에서 대부분의 파열음 계열을 발음하며, 3, 4음절구조 낱말 산출도 관찰된다. 마지막으로, 의사소통기능도 더욱 다양해진다. 사회적 상호작용이나 공동주의 기능이 차지하는 비율이 더욱 증가하며, 언어를 이용한 차례 주고받기 빈도도 늘어난다.

(2) 문장표현기

세 낱말조합 형태를 산출하기 시작하면 문장을 구성하는 기본 구성 요소와 다양한 문법형태소 사용이 관찰된다. 문장은 하나 이상의 구성 성분으로 구성된 구성체로, 하나의 완결되고 통일된 생각이나 느낌을 나타내는 표현 단위로 정의할 수 있다. 문장을 구성하기 위해서는 의미적, 구성적, 형식적 속성을 가져야 한다(이응백, 김원경, 김선풍, 1998). 의미적 속성은 문장을 통해 하나의 완결된 의미를 표현함을 의미하며, 구성적 속성은 하나 이상의 문법적 구성 성분으로 구성되어야 함을 의미한다. 마지막으로, 형식적 속성은 다른 언어 형식에 의존하지 않는 자립 형식이어야 함을 말한다.

문장표현기에는 주로 문법적인 측면에서 괄목할 만한 발전을 보인다. 다음은 문장표현기에 관찰되는 주요 의사소통적 변화이다. 첫째, 어휘량이 지속적으로 증가한다. 어휘량의 증가는 빠른낱말연결(fast mapping)과 같은 언어학습 능력의 발달과 관련된다. 또한 인지적 성숙을 바탕으로 '크다−작다'와 같은 상대적 표현도 이해하기 시작한다. 둘째, 기본적인 문법 구조를 갖춘 문장을 표현하기 시작한다. 주로 단문 형식의 문장을 표현하지만 일부 구가 표현된 문장이나 나열 형태의 복문을 표현하기도 한다. 셋째, 문장 표현이 시작됨에 따라 다양한 형식(문법)형태소를 사용하기 시작한다. 주로 격조사와 종결어미를 산출하며, 시제와 같은 선어말어미 등도 관찰된다. 넷째, 조음 능력도 계속 발달하여 3세 정도면 파찰음이나 유음, 마찰음을 제외한 대부분의 말소리를 정확히 발음하며, 초성은 물론 종성 위치에서도 자음을 생략하지 않고 발음하게 된다. 마지막으로, 대화 기술이 점차 발전하여 동일한 주제로 몇 차례 주고받기가 가능해지기 시작한다.

언어적 의사소통기의 주요 발달지표는 〈표 4−5〉에 제시하였다.

〈표 4-5〉 언어적 의사소통기의 주요 의사소통발달지표

구분		월령	음운	의미	문법	화용/대화
언어적 의사소통으로의 전환기	한 낱말 표현기	12~18개월	• 양순 파열음, 비음 /ㅁ, ㅂ, ㅍ/ • 받침 없는 이음절어 산출	• 반복적인 지시 이해 • 18개월경에 50개 내외 낱말 산출: 명사 중심		• 의도적 의사소통행동 증가 • 대화 형식의 주고받기가 관찰됨
언어적 의사소통기	낱말 조합기	18~24개월	• 비음, 파열음 계열(양순, 치조, 연구개) • /ㅁ, ㄴ, ㅂ, ㅍ, ㅃ, ㄷ, ㅌ, ㄸ, ㄱ, ㅋ, ㄲ/ • 3~4 음절어 • 음절, 음소 생략	• 200~300개 정도의 낱말 산출 • 낱말 급등 • 서술어(동사, 형용사) 증가	• 전보식 표현 • 두세 낱말조합 • 일부 격조사와 종결어미 사용	
	문장 표현기	3, 4세	• 비음, 파열음, 파찰음 계열(양순, 치조, 연구개) • /ㅁ, ㄴ, ㅂ, ㅍ, ㅃ, ㄷ, ㅌ, ㄸ, ㄱ, ㅋ, ㄲ, ㅈ, ㅊ, ㅉ/ • 대부분 종성 산출	• 상대적 표현 • 개념어 • 빠른 낱말 연결 • 지시어	• 구와 절 • 단문 중심의 표현 • 대부분의 격조사 • 종결어미 • 시제, 전성어미	• 대화 기술 발달 • 제한되기는 하나 동일한 주제로 어느 정도 주고받기가 가능해짐

3. 의사소통 영역별 발달

앞에서 영유아기의 의사소통발달을 의사소통의 발달 과정을 중심으로 개괄적으로 살펴보았다. 다음은 의사소통의 영역별로 영유아기에 이루어지는 발달 양상에 대해 더 자세히 소개하도록 하겠다.

1) 사회적 의사소통의 기초

의사소통을 위해서는 타인과의 상호작용이 필수적이다. 다른 사람과의 상호작용을 기반으로 의사소통하는 것을 사회적 의사소통이라 한다(Marans, Rubin, & Laurent, 2014). 영유아들은 언어이전 의사소통기부터 의사소통을 하기 위한 사회적 의사소통의 기초를 발달시켜 간다. 특히 다른 사람과의 상호작용은 사회적 의사소

통의 중요한 부분을 차지한다.

먼저, 눈맞춤이나 응시하기, 모방하기, 공동주의, 차례 주고받기에 참여하기 등의 행동은 영유아기부터 발달하기 시작하는 주요 사회적 의사소통행동으로 고려된다. 눈맞춤이나 응시하기는 다른 사람에 대한 관심을 표현하는 행동으로, 다른 사람과 관계를 맺고 상호작용을 하는 데 기본이 된다. 눈맞춤이나 응시하기가 사회적 상호작용에 중요한 기능을 하는 것은 사회적 의사소통에 주요 결함을 보이는 자폐스펙트럼장애 아동들이 대부분 눈맞춤이나 응시하기에 어려움을 보이거나 이질적 특성을 보이는 것을 통해서도 확인할 수 있다. 보통 영유아들은 생후 4주경이면 시선을 양육자 얼굴로 향하고, 6주경에는 눈맞춤을 시작한다. 8주경에는 양육자의 움직임을 시선으로 따라가며, 12주경이면 양육자를 인지하기 시작하고 이전에 비해 주의하는 시간이 길어진다. 양육자와의 눈맞춤을 통해 시선을 교환하는 행동은 3개월 전후에 가능하다. 보통 생후 3주에서 6주경에 사회적 미소를 보이는데, 이는 초기 사회적 기초가 잘 발달되고 있음을 보여 주는 지표가 된다.

둘째, 모방하기 역시 영유아기부터 발달하는 사회적 상호작용의 주요 기초 기술이다. 모방을 위해서는 다른 사람의 행동에 관심을 두어야만 가능하기 때문이다. 사회학습이론에서는 영유아들이 의미 있는 사람의 행동을 모방함으로써 사회적 행동이 발달한다고 설명한다. 보통 생후 2, 3주경의 신생아도 양육자의 혀 내밀기나 입 벌리기 모방을 한다는 보고가 있으나, 대체로 의도적인 모방은 5, 6개월 정도가 되어야 가능하며, 6~8개월 정도에는 모방이 활발해진다.

셋째, 두 사람이 동일한 대상에 함께 주의를 두는 **공동주의**(joint attention) 행동 역시 영유아기에 발달하는 중요한 기술이다. 의사소통이란 두 사람 간에 동일한 화제를 중심으로 서로의 생각이나 감정 등을 주고받는 행동이다. 의사소통에 참여하는 사람들이 동일한 화제를 다루는 것은 동일 대상에 두 사람이 동시에 주의를 두는 행동으로부터 시작된다. 공동주의는 초기 사회적 상호작용은 물론 초기 언어발달에 영향을 미친다(이윤경, 전진아, 이지영, 2014; Mundy, Sigman, & Kasari, 1990). 공동주의는 영유아가 상대방이 개시한 행동에 반응하는 행동(Responding to Joint Attention: RJA)과 반대로 영유아가 먼저 상대방의 주의를 제3의 사물이나 사건으로 유도하는 개시 행동(Initiating Joint Attention: IJA)으로 구분한다. 영유아들은 12주 정도부터 자신에게 건네는 말에 관심을 보이며, 4개월 정도면 상대방이 개시한 공동주의 행동에 반응을 보이기 시작하고, 8개월을 전후해서 공동주의를 개시하는 행동을 보인다. 12개월을 전후해서는 공동주의 행동이 빈번하게 관찰된다.

마지막으로, 상대방과 사물이나 관심사를 주고받는 행동인 **차례 주고받기**도 영유아기에 발달하는 중요한 사회적 의사소통 기술로 고려할 수 있다. 사회적 상호작용이나 의사소통은 상대방과의 주고받기 행동의 연속이라고 할 수 있다. 따라서 차례 주고받기는 상호작용이나 의사소통발달에 매우 중요하다. 영유아들은 생후 2개월 내지 3개월경에 쿠잉을 산출하는데, 이때 양육자가 앞에서 얼러 줄 때에는 발성을 멈추고, 양육자가 얼르는 소리를 멈추면 다시 발성을 하는 것과 같이 초기 차례 주고받기 규칙을 지킨다(Gratier et al., 2015). 영유아들은 양육자와의 상호작용을 통해 이러한 차례 주고받기 규칙을 배워 가며, 이는 이후 의사소통발달의 토대가 된다.

2) 의도적 의사소통행동과 화용발달

(1) 언어이전 의사소통기의 의도적 의사소통행동발달

의도적 의사소통행동이란 자신의 의도를 다른 사람에게 전달하는 행동으로 정의된다. 신생아나 영아들은 어떤 특별한 의도 없이 주로 반사적이거나 생리적인 요구에 기초하여 행동하며, 자신의 행동이 다른 사람에게 어떠한 영향을 미치는지는 잘 인식하지 못한다. 그러다 양육자와의 반복된 경험을 통해 자신의 행동과 주변 사람들, 특히 양육자 행동 간의 수반적 관계(contingency)를 인식하기 시작하며, 자신의 행동이 다른 사람에게 미치는 영향을 어렴풋이 이해하기 시작한다. 그리고 점차 자신의 행동을 목적을 가지고 사용하는 의도적 행동으로 전환시켜 가며, 몸짓이나 발성과 같은 행동을 통해 의도를 표현하면서 의사소통 능력을 발달시켜 간다.

의도적 의사소통행동발달은 Bates, Camaioni와 Volterra(1975)의 이론을 통해 자주 설명된다. 이들은 Austin(1962)이 제시한 화행이론을 기반으로 영유아의 의사소통행동이 발달되는 과정을 설명하였다. Austin은 발화 행동이 **언표적**(locutionary), **언표내적**(illocuationary), **언향적**(perlocutionary) 요소로 구성된다고 설명하였다. 먼저 언표적 요소는 발화 그 자체가 사실적으로 의미하는 바를 말하며, 언표내적 요소는 발화 행동에 내포된 의도를, 마지막으로 언향적 요소는 그 발화가 청자에게 미치는 효과를 의미한다. 이는 다음과 같은 예를 통해 쉽게 이해할 수 있다.

선생님이 수업시간 중에 교실 공기가 너무 답답하게 느껴져 환기를 했으면 하는 생각으로 "오늘 교실이 좀 더운 것 같은데."라고 말하였다. 그러자 학생 한 명이 일어나 창문을 열었다. 선생님이 말한 "오늘 교실이 좀 더운 것 같은데."라는 표현은 언표적 요소이며, 선생님의 말에 담긴 의도, 즉 언표내적 요소는 '창문 좀 열어라'라는 것이다. 그리고 이러한 선생님의 의도를 학생이 이해하고 창문을 여는 행동을 하였다면 이는 선생님의 발화가 갖는 발화효과, 즉 언향적 요소라 할 수 있다. 발화 행동의 세 가지 요소는 항상 반드시 모두 나타나는 것은 아니다. 앞의 예에서 만약 학생들이 "저희는 안 더운데요."라고 반응하였다면 발화효과는 발생하지 않는다. 같은 경우, 선생님이 손으로 부채질을 하며 학생들과 창문을 번갈아 바라보자 학생이 일어나 창문을 열었다면 이는 언표적 요소는 없으나 언표내적 요소와 언향적 요소는 발생하였다고 볼 수 있다.

Bates, Camaioni와 Volterra(1975)는 영유아의 의도적 의사소통행동발달이 언향적, 언표내적, 언표적 단계로 진행된다고 설명하였다. 언향적 단계는 발화행동의 세 요소 중 행동의 결과나 효과만을 갖는 시기로 4~8개월 정도에 해당한다. 이 시기의 영유아는 자신이 원하는 결과물에만 집중하며, 이를 다른 사람에게 전달하고자 하는 의도(언표내적 요소)가 아직 없다. 아직 언어를 표현하기 이전이기 때문에 언표적 행동도 없다. 단지 자기 행동에 수반되는 결과에만 관심을 보이며 행동하는 시기라 할 수 있다. 이때 영유아 행위의 효과는 전적으로 다른 사람의 이해를 통해 발생한다. 예를 들어, 물컵으로 손을 뻗는 영유아를 보고 엄마가 "응, 물 마시고 싶구나."라고 하며 물을 주는 것이다. 영유아는 물을 마시고 싶다는 의도를 엄마에게 전달하지 않았으나 엄마는 단지 영유아의 행동을 보고 그 의도를 이해한 것이다.

9~12개월경에 접어들면 자기 행동이 타인에게 미치는 영향력을 인지하고 자신의 의도를 다른 사람에게 표현하는 언표내적 단계로 접어들게 된다. 그러나 아직 언어표현이 시작되지 않았기 때문에 주로 몸짓이나 발성과 같은 비언어적 수단을 사용한다. 이 시기의 영유아는 자신이 목표하는 것에만 집중하던 것에서 벗어나 컵을 가리키면서 엄마의 얼굴을 바라보는 행동을 통해 물을 달라는 의도를 표현한다. 시선이나 몸짓과 같은 비언어적 수단을 소통을 위해 사용하기 시작한다는 점이 큰 변화라 할 수 있다.

마지막으로, 언표적 단계에서는 언어적 수단을 사용하여 타인에게 의도를 전달한

〈표 4-6〉 영유아의 의도적 의사소통발달 단계

단계	정의	행동의 예
언향적 (perlocutionary) 단계 4~8개월	• 의사소통행동 효과만 발생 • 영유아는 행동으로 인해 수반되는 결과에만 관심을 보이며 다른 사람에게 의도를 전달하지 않음 • 주변 사람들이 영유아의 행동을 보고 반응해 줌으로써 행동에 대한 행동의 효과 발생	• 영유아가 물컵 쪽으로 손을 뻗는 행동을 보고 엄마가 물컵을 집어서 준다.
언표내적 (illocutionary) 단계 8, 10~12개월	• 의도를 내포한 행동 시작 • 영유아는 타인에게 의도를 전달함으로써 원하는 결과를 얻을 수 있음을 인식함 • 아직 언어표현이 시작되지 않아 몸짓이나 발성과 같은 비언어적인 수단을 사용하여 표현함	• 엄마를 바라보며 물컵을 가리켜 물을 마시고 싶다는 의도를 전달한다.
언표적 (locutionary) 단계 12개월 이후	• 언어표현을 통해 자신의 의도를 표현	• "물."과 같이 언어표현을 통해서 자신의 의도를 전달한다.

다. 언표내적 단계에서 엄마를 쳐다보거나 손가락으로 가리키는 행동으로 의도를 표현했던 아이는 "물."과 같이 언어표현을 통해서 자신의 의도를 전달한다.

이상의 내용은 〈표 4-6〉에 요약하여 제시하였다.

(2) 의도적 의사소통행동 빈도의 양적 및 질적 발달

양적 측면에서 언어이전 의사소통기의 의도적 의사소통행동발달은 의도적 행동의 시작과 빈도 증가, 의도적 의사소통기능의 다양성, 그리고 주된 의사소통수단에서의 변화로 요약할 수 있다.

① 의도적 의사소통행동의 출현과 빈도의 증가

의도적 의사소통행동의 빈도는 영유아기의 의도적 의사소통발달을 보여 주는 행동지표 중 하나이다. 의도적 의사소통행동의 빈도는 주로 분당 사용된 행동으로 측정되는데, Wetherby, Cain, Yonclas와 Walker(1988)는 언어이전 단계(평균 12개월)

에서는 의도적 의사소통행동의 빈도가 분당 1회였으나 한 낱말 단계(평균 16개월)에서는 분당 2회, 낱말조합 단계(평균 24개월)에서는 분당 5회 정도로 증가하였다고 보고하였으며, Chapman(2000)은 12~18개월까지 의사소통 의도를 담은 행동을 약 2회 정도 보이며, 18~24개월경에 이르면 5회 정도로 이보다 약간 더 높은 빈도를 보인다고 보고하였다.

국내 영유아를 대상으로 엄마와의 자유놀이 상황에서 의도적 의사소통행동의 빈도를 측정한 이윤경과 이효주(2016b)는 12~18개월에는 평균 1회, 19~24개월에는 2회, 25~30개월에는 약 3회 정도의 의도적 의사소통행동을 보였다고 보고하였다. 의도적 의사소통행동의 빈도는 행동표본을 수집한 조건에 따라 달라질 수 있기는 하나, 대체로 12개월 전후의 영유아는 의도적 의사소통행동을 분당 1~2회 정도, 18개월 정도에는 2~5회 정도, 그리고 21~24개월 정도에는 5~7.5회 정도의 의도적 의사소통행동의 빈도를 보인다고 요약할 수 있다.

Yoder, Warren과 McCathren(1998)은 언어이전 단계에서 원시적 형태의 서술적 기능을 매 5분 동안 1회 미만으로 사용하는 경우에는 기능적인 형태의 구어발달에 어려움이 있다고 보고하였으며, Paul(2007)은 15분 동안 발성을 통한 의사소통행동이 4회 미만인 경우에는 아동이 이미 시선이나 몸짓으로 표현하는 의사소통기능을 발성을 통해 표현할 수 있게 유도하도록 권고하였다.

② 의도적 의사소통행동 기능의 다양화

의도적 의사소통행동 빈도의 증가와 더불어 기능의 다양화 역시 의사소통발달의 주요 지표가 된다. 의사소통기능이란 의도적 의사소통행동이 어떠한 목적으로 사용되었는가를 나타낸다. Dore(1975)는 언어이전 단계부터 언어출현기 영유아들에게서 관찰되는 의사소통기능을 명명하기, 반복하기, 대답하기, 행동 요구하기, 질문하기, 부르기, 인사하기, 항의하기, 연습하기의 아홉 가지로 제시하였으며, Halliday(1975)는 통제적, 상호작용적, 개인적, 표상적, 발견적, 상상적 기능의 여섯 가지로 제시하였다.

Bruner(1981)는 영유아가 보이는 여러 의사소통기능을 행동통제, 사회적 상호작용, 공동주의의 세 가지 범주로 유목화하였다. 행동통제 기능은 자기가 원하는 결과를 얻기 위해 다른 사람의 행동을 조절하는 것과 관련된 행동으로, 주로 요구하기나 거부하기 행동이 포함된다. 사회적 상호작용 기능은 다른 사람의 관심을 자신에게 유도하는 행동으로, 부르기, 인사하기, 관심 요구하기 등이 포함된다. 공동주의 기능은 다른 사람의 주의를 제3의 대상이나 사건으로 유도하는 기능으로, 언급하기나 질문하기가 포함된다. Wetherby 등(1988)은 Bruner의 분류체계를 이용하여 언어이전, 한 낱말, 낱말조합 시기별로 사용된 의도적 의사소통행동의 기능을 분석했는데, 언어이전이나 한 낱말 단계에 비해 낱말조합 단계에서는 더 여러 가지의 세부 의사소통기능을 보였으며, 특히 사회적 상호작용 및 공동주의 영역에서 더 다양한 유형의 기능을 사용한다고 보고하였다.

국내 영유아를 대상으로 한 이윤경과 이효주(2016b)는 12~18개월에는 행동통제 기능이 가장 많이 사용되지만 공동주의 행동 빈도가 꾸준히 증가하여 19~24개월경에는 두 범주의 빈도가 비슷해졌다가 25~30개월경에는 공동주의 기능이 가장 많은 빈도로 사용된다고 보고하였다. 행동통제나 사회적 상호작용 기능은 사용 빈도에서 큰 변화가 없으나 공동주의는 언어표현이 발달됨에 따라 빈도에서 큰 변화를 보인다([그림 4-4] 참조).

각각의 범주에 해당하는 의사소통기능의 유형 수도 발달지표로 고려할 수 있다. 행동통제 기능의 하위 기능 유형 수는 큰 변화가 없으나, 공동주의와 사회적 상호작용 기능의 하위 기능 유형 수는 25개월 이후에 증가하는 양상으로 보고하였다. 의사소통기능의 범주별 하위 기능은 제10장 의사소통 평가 실제에서 다시 소개하도록 하겠다.

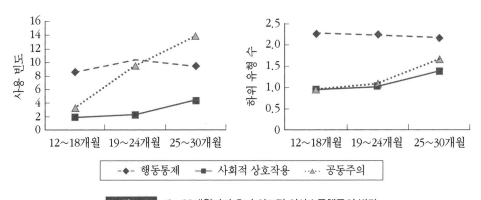

그림 4-4 12~30개월까지 초기 의도적 의사소통행동의 발달

출처: 이윤경, 이효주(2016b).

(3) 언어이전 의사소통기의 의사소통수단과 의사소통 몸짓 발달

① 의사소통수단의 변화

어떠한 수단을 통해 의사소통 의도를 표현하는가 역시 의사소통발달의 지표가 된다. 의사소통수단에는 몸짓, 발성, 얼굴 표정 등과 같은 비언어적 수단과 언어적 기호체계를 통한 언어적 수단이 포함된다.

일반적으로 영유아들은 첫 낱말을 산출하기 전인 8~12개월 정도까지는 몸짓이나 발성과 같은 비언어적 수단을 주된 의사소통수단으로 하다가 12~18개월에 언어를 산출하기 시작하면서 점차 언어적 수단으로 이를 대체해 간다. 그러나 이 시기에는 대부분의 영유아가 첫 낱말을 산출하기는 하지만 의사소통 상황에서는 언어보다는 몸짓이나 발성과 결합된 형태의 몸짓을 주된 의사소통수단으로 사용한다. 낱말이나 낱말조합과 같이 언어적 수단이 주된 의사소통수단으로 자리 잡는 것은 18~24개월 정도가 되어야 가능해진다. 이윤경과 이효주(2016b)의 연구에서도 12~18개월에는 몸짓을 주된 의사소통수단으로 사용하나, 19~24개월경에는 몸짓과 언어가 동반된 형태가 주된 의사소통수단이 되었다가 25~30개월에는 언어를 단독으로 사용하는 경우와 몸짓을 동반한 언어가 주된 의사소통수단으로 자리 잡게 됨을 보여 주었다.

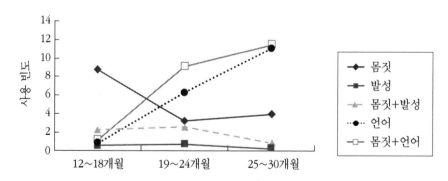

그림 4-5 12~30개월까지 초기 의도적 의사소통수단의 발달

출처: 이윤경, 이효주(2016b).

② 의사소통 몸짓 발달

영유아기의 의사소통수단 중에서 의사소통 몸짓 사용에 대해서는 특별히 살펴볼 필요가 있다. 의사소통 몸짓(communicative gesture)은 뜻을 전달하기 위해 사용된 손짓이나 몸짓으로, 대표적인 비언어적 의사소통수단이다(이윤경, 이효주, 2015). 영유아들은 언어를 사용하기 전에 먼저 몸짓을 통해 의도를 표현하기 시작하며, 언어 표현을 시작한 후에도 상당 기간은 언어와 함께 몸짓을 사용하여 의도를 전달한다.

의사소통 몸짓은 여러 방식으로 분류되나 흔히 크게 지시적 몸짓(deictic gesture) 과 표상적 몸짓(representational gesture)으로 구분된다(Iverson & Thal, 1998). **지시적 몸짓**은 **참조적 몸짓**(referential gesture)이라고 하기도 하는데, 사물이나 사건을 지시하거나 참조하기 위해서 사용된 몸짓으로, 보여 주기, 주기, 뻗기, 가리키기 등의 행동으로 표현된다. 영유아들은 원하는 물건을 얻기 위해서나 상대방의 관심을 끌기 위해서 지시적 몸짓을 사용하는데, 몸짓의 의미를 이해하기 위해서는 문맥적 정보가 중요하다. 즉, 영유아가 컵을 향해 손을 뻗는 행동은 컵이 있어야만 컵을 원하는 행동으로 이해될 수 있다. 이러한 지시적 몸짓은 보통 7~9개월 사이에 출현하기 시작하는데, 사물에 손을 대서 지시하는 접촉형 몸짓(contact gesture)에 비해 대상 사물을 멀리서 지시하는 원거리 몸짓(distal gesture)이 좀 더 뒤늦은 시기인 10~12개월경에 출현한다(Bates et al., 1979; Crais, Douglas, & Campbell, 2004; Iverson & Thal, 1998).

표상적 몸짓은 특정 대상이나 행동을 몸짓을 통해 상징적으로 표현하는 것으로, Iverson과 Thal(1998)은 사물과 관련된 몸짓과 관습적 몸짓의 두 가지로 구분하였다. 사물 관련 몸짓은 대상의 특징을 몸짓으로 표현하는 것으로, 컵을 쥐고 입으로 가져가는 행동으로 '컵'을 표상하거나 손을 양옆에서 위아래로 퍼덕거려 '새'를 표상하는 것을 예로 들 수 있다. 관습적 몸짓은 사회적으로 사용되는 몸짓으로, 특정한 사물을 표상하기보다는 행동이나 개념을 표현한다. '안녕'을 표시하기 위해 바이바이 행동을 하거나 '맞다'는 표시로 고개를 끄덕이는 행동을 예로 들 수 있다(Crais, Watson, & Baranek, 2009). 일부 연구자는 관습적 몸짓이 사회적 문맥 내에서 반복적으로 사용되어서 학습된 것으로 보고 몸짓에서 제외하기도 하지만, 대부분 관습적 몸짓도 특정 행동을 지시하기 위해서 사용되며 의미를 내포하기 때문에 표상적 몸짓에 포함한다. 표상적 몸짓은 몇 가지 지시적 몸짓을 사용한 다음인 12개월을 전후해서 출현한다(Acredolo & Goodwyn, 1988; Bates et al., 1979; Crais , Douglas, & Campbell, 2004).

몸짓 사용은 초기 언어나 의사소통 발달과 밀접한 관계를 갖는다. 영유아들은 9, 10개월경에 가리키기나 보여 주기와 같은 지시적 몸짓의 형태를 보이는데, 이러한 몸짓 사용은 이 시기 영유아들이 일부 낱말의 의미를 이해하기 시작하는 것과 밀접하게 관련된다. 또한 몸짓을 통한 명명하기 행동은 첫 낱말 산출과 대체로 일치한다. 18~20개월경에 이르면 표현어휘가 급속도로 증가하고 두 낱말조합이 관찰되는데, 이때는 몸짓을 조합하는 복합적인 형태의 몸짓 사용이 관찰되며, 문장을 산출하는 24~30개월에는 친숙한 스크립트나 일상 내에서 일련의 순서로 관습적인 형태의 몸짓을 사용하는 것이 관찰된다(Bates et al., 1979; Thal & Tobias, 1994). Butterworth와 Morissette(1996), Calandrella와 Wilcox(2000)는 2세경의 몸짓의 사용 빈도와 다양성이 이후의 언어발달을 예측하게 해 준다고 보고하였다. 국내 영유아를 대상으로 한 최진주와 이윤경(2018)의 연구에서는 언어이전기의 의사소통 몸짓이 24개월의 언어발달을 유의하게 예측해 준다고 보고하였다. 특히 지시적 몸짓 중에는 가리키기(pointing)가 이후의 표현언어는 물론 수용언어도 유의하게 예측하였다.

몸짓 사용은 언어발달과 관련이 깊을 뿐만 아니라 언어발달을 촉진한다(Goodwyn & Acredolo, 1993; Goodwyn, Acredolo, & Brown, 2000; McGregor & Capone, 2001; Namy, Acredolo, & Goodwyn, 2000). Goodwyn과 Acredolo(1993)는 1세 전후의 영유아들을 대상으로 몸짓 사용을 훈련하였을 때 낱말습득도 빨라졌다고 보고하였다. 또한 Goodwyn, Acredolo와 Brown(2000)은 영유아에게 부모가 언어자극만을 주게 한 집단, 언어자극을 줄 때 몸짓을 함께 사용하게 한 집단, 그리고 아무런 중재를 하지 않은 집단의 세 집단으로 구분하여 언어발달을 종단적으로 살펴보았는데, 몸짓과 언어자극을 함께 주었을 때 어휘 증가폭이 가장 컸다고 보고하였다.

몸짓과 언어발달과의 관계는 언어발달지체 영유아들의 몸짓 연구를 통해서도 확인할 수 있다(Paul & Shiffer, 1991; Thal & Bates, 1988; Thal, Tobias, & Morison, 1991; Thal & Tobias, 1992). Thal과 Tobias(1988)는 18~32개월의 말 늦은 영유아에게 단일 몸짓 모방과 연속된 몸짓 모방 과제를 실시하였는데, 단일 몸짓 모방은 또래들보다 느렸으나 연속된 몸짓 모방은 또래와 차이를 보이지 않았다. 연구자들은 말 늦

〈표 4-7〉 의사소통 몸짓 발달

	10~12개월	12~13개월	15~16개월	18~20개월
지시적 몸짓	• 지시적 몸짓 출현 • 가리키기 몸짓 중심		• 몸짓이 구어를 대체 • 몸짓과 발성을 함께 사용한 표현이 많음	• 말과 함께 가리키기를 하는 행동이 증가
표상적 몸짓		• 표상적 몸짓 출현 (예: 엄마에게 먹으라고 하며 손을 입으로 가져가는 행동)	• 몸짓이 구어를 대체 • 여전히 몸짓과 발성을 통한 표현이 많이 나타남	• 몸짓과 낱말을 함께 사용하여 표현 • 낱말 사용이 증가 • 몸짓보다 낱말을 사용하는 경우가 많아짐

출처: Capone & McGregor (2004); Paul (2007).

은 영유아들이 몸짓을 이해하거나 산출할 때 몸짓 자체의 상징성보다는 문맥을 활용하기 때문이라고 설명하였다. 이후의 연구(Thal, Tobias, & Morison, 1991; Thal & Tobias, 1992)에서 연구자들은 말 늦은 영유아들을 추후에 또래 수준으로 언어발달이 회복된 집단과 여전히 언어발달지체를 보이는 집단으로 구분하여 몸짓 사용 능력을 비교하였는데, 추후에 언어발달이 회복된 집단이 초기 평가 때 몸짓을 더 많이 사용하였다고 보고함으로써 초기 몸짓 사용의 빈도가 추후 언어 발달을 예측하는 데 중요한 변수가 될 수 있다고 제안하였다. Paul과 Shiffer(1991)도 24~34개월의 말 늦은 영유아의 몸짓 사용을 또래 일반 영유아와 비교하였는데, 말 늦은 영유아의 의사소통 몸짓이 더 적게 나타났다고 보고하여 Thal, Tobias와 Morrison(1991)의 연구와 유사한 결과를 보고하였다.

　우리나라에서도 홍경훈과 김영태(2005)가 Thal, Tobias와 Morrison(1991)과 유사하게 말 늦은 영유아를 6개월간 추적하여 이후 언어발달 회복 정도를 예측하는 요인을 확인하였는데, 몸짓 비율이 의도적 의사소통행동의 유형 비율, 새로운 낱말 수(NDW), 표현언어발달 점수, 자음 비율, 의도 비율 등과 더불어 이후의 언어발달을 예측한다고 보고하였다. 이윤경, 전진아, 이지영(2014)은 언어발달지체 영유아가 전형적 발달 영유아에 비해 의사소통 몸짓 사용이 유의하게 적었다고 보고함으로써 의사소통 몸짓 사용이 언어발달과 관련될 수 있음을 확인하였다.

(4) 언어적 의사소통기의 화용발달

언어이전 의사소통기의 의도적 의사소통행동은 언어적 의사소통기의 화용 능력으로 연결되어 발달된다. 의도적 의사소통행동의 빈도는 언어이전기에 비해 한 낱말 단계에는 약 2배, 여러 낱말 단계에는 약 3~5배 정도 증가한다(이윤경, 이효주, 2016b; Chapman, 2000; Snow et al., 1996; Wetherby et al., 1988).

의도적 의사소통행동의 기능 유형도 계속 다양해진다. Dore(1975, 1986)는 한 낱말 시기에 관찰된 이름 말하기, 반복하기, 대답하기, 행동 요구하기, 질문하기, 부르기, 인사하기, 항의하기, 연습하기 기능이 2세 이후 언어 능력이 발달함에 따라 각각 더 정교한 의사소통기능으로 세부화된다고 보고하였다. 〈표 4-8〉과 〈표 4-9〉에는 연령에 따른 의사소통기능의 발달 양상과 의사소통 수준에 따라 의사소통기능이 더 세부화되는 것을 제시하였다.

의사소통기능의 발달과 더불어 대화 기술의 발달도 두드러진다. 대화를 위해서는 대화차례 주고받기 기술과 대화주제를 관리하는 능력이 요구된다(최지은, 이윤경, 2013; 허현숙, 이윤경, 2012). 대화차례 주고받기는 영유아기의 옹알이 산출 시기부터 발달하기 시작하는 반면, 대화 주제관리 능력은 언어 및 인지 능력과 밀접하게 관련되기 때문에 상대적으로 늦게 발달하기 시작한다. 24개월 이후 영유아들은 상대방이 개시한 대화 주제를 유지하여 대화차례를 주고받는 행동이 관찰되기 시작한다. 이러

〈표 4-8〉 영유아기의 의도적 의사소통행동 및 화용 발달

연령	의도적 의사소통행동발달	Brown 단계에 따른 화용발달
1~8개월	• 언향적 단계: 양육자가 영아의 행동에 의도를 부여함	
8~12개월	• 언표내적 단계: 의사소통 의도를 몸짓이나 발성을 통해 표현함 • 사물이나 행동 요구하기나 거부하기와 같은 행동통제 기능이 주를 이룸 • 의사소통행동 빈도가 증가: 자유놀이 중 2.5회/분	• Brown's Stage I (24개월 이전) • 대답/반응하기 • 계속하기 • 언급하기 • 선택하기 • 이름 대기 • 항의/거부하기 • 반복하기
12~18개월	• 언표적 단계: 의사소통 의도를 언어를 통해 표현하기 시작 • 비구어 시기에 표현되었던 기능들을 언어적으로 표현: 행동통제 기능, 사회적 상호작용 기능, 공동주의 기능 • 의사소통행동 빈도가 증가: 자유놀이 중 5회/분	

18~24개월	• 의사소통기능이 더욱 다양해짐 • 낱말을 사용해서 표현되는 의사소통기능이 증가: 정보 요구하기, 질문에 답하기, 확인하기 등 • 의사소통행동 빈도가 증가: 자유놀이 중 7.5회/분	
24~30개월	• 의사소통기능이 더욱 다양해짐: 거짓말하기, 놀리기, 가정하기 등 • 대화 상대방에 따라 언어 형태를 달리하기 시작: "해 주세요."와 같은 공손한 표현을 사용하기 시작 • 내러티브나 대화와 같은 담화 기술이 발달하기 시작: 주제유지 증가, 중심 주제나 인과적 관계가 없는 명명하기나 나열 형태의 내러티브	• Brown's Stage II, III (24~36개월 사이) • 부르기/인사하기 • 예측하기 • 응답하기 • 도움 요청하기/지시하기 • 명료화 요구하기 • 정보 요구하기 • 사물 요구하기
30~36개월	• 주제유지가 거의 50% 수준 • 명료화 요구하기를 나타내기 시작 • 새로운 정보를 덧붙여서 주제를 유지 • 놀이 중 언어 사용이 증가 • '시간적 순서'가 있는 내러티브 산출. 그러나 여전히 구성이 미흡	• Brown's Stage III (36개월 이후) • 느낌 표현하기 • 이유 설명하기 • 가정하기

출처: Paul (2010).

한 대화 주제관리 능력은 아동기를 거쳐 청소년기까지 지속적으로 발달한다(박윤정, 최지은, 이윤경, 2017; 양예원, 이윤경, 최지은, 윤지혜, 2018).

〈표 4-9〉 언어발달 시기에 따른 의사소통기능의 발달 양상

언어이전 의사소통기 및 언어적 의사소통으로의 전환기(2세 이하)	언어적 의사소통기 발달(2~7세)
• 행동 요구하기 • 명령하기, 요구하기	• 요구하기-행동/도움/사물 요구하기 • 질문하기, 명령하기, 간접적으로 요구하기, 제안하기 허가 요구하기
• 통제하기 • 저항하기	• 통제하기 • 저항하기 • 규칙 세우기
• 정보 요구하기	• 정보 요구하기

• 반응하기: 계속하기, 언급하기	• 반응하기: 인정하기, 한정하기, 동의하기 • 언급하기 • 주장하기
• 이름대기	• 확인과 묘사하기
• 개인적인 감정	• 개인적인 감정: 서술 · 보고 · 평가하기 · 속성/세부적, 설명하기 • 가정과 이유 설명하기 • 예측하기
• 진술하기	• 진술하기: 절차 진술하기, 선택과 주장 진술하기
• 대답하기	• 대답하기: 정보제공하기, 명료화하기, 승낙하기 • 대화 구조화하기
• 부르기/인사하기	• 관심 요구와 화자 선택하기, 반문하기, 명료화 요구하기, 경계 표현하기, 공손함 표현하기, 감탄하기
• 반복하기	• 반복하기
• 연습하기	• 유도된 모방

출처: Owens (2010).

3) 말 산출 발달

(1) 언어이전 의사소통기의 말 산출 발달

말소리(음소)는 언어를 구성하는 가장 작은 단위로, 의미 있는 언어를 산출하기 이전부터 발달이 시작된다. Oller(1980)는 언어이전기의 말 발달을 발성 단계, 쿠잉 단계, 확장 단계, 반복적 옹알이 단계, 변형적 옹알이 단계의 5단계로 설명하였다. 첫 번째 **발성 단계**(0~1개월)에서는 소리내기를 시작하나 아직 완전하지 못한 공명 소리가 대부분을 차지하는 시기이다. 두 번째 **쿠잉 단계**(2~3개월)는 모음이나 자음과 유사한 소리를 내는 시기이다. 쿠잉(cooing)이라는 명칭은 비둘기 소리와 같은 소리를 낸다고 하여 붙여진 것인데, 이 시기에 아기들이 내는 목을 울리는 듯한 소리들이 마치 비둘기가 구구거리는 소리와 유사하게 들린다 하여 붙여진 것이다. 그러나 실제 이 시기의 영유아가 산출하는 소리는 '구구'와는 달리 아직 음절이나 말소리가 명확하게 구분되지 않은 모음과 유사한, 혹은 자음과 유사한 소리이다. **확장 단계**(4~6개월)에서는 영유아들이 내는 소리가 더 다양해진다. 두 입술을 떨어

투레질하는 듯한 소리를 내며, 소리를 지르거나 비명 소리와 같은 여러 발성 유형이 나타난다. 반복적 옹알이 단계(6~8개월)에서는 비로소 분절할 수 있는 형태의 자음과 모음 그리고 이러한 자음과 모음이 결합된 소리를 결합된 형태로 산출한다. 보통 /바바바/와 같이 동일한 CV 음절 형태를 반복적으로 산출한다. 마지막으로, 변형적 옹알이 단계(9~12개월)에서는 다양한 자음과 모음을 조합하여 다양한 음절구조의 소리를 산출한다.

Nathani, Ertmer와 Stark(2006)도 Stark 초기 발성 발달평가(Stark Assessment of Early Vocal Development-Revised: SAEVD−R)에서 영유아의 발성 발달을 다섯 단계로 설명하였다. 첫 번째 단계는 트림, 기침, 한숨과 같은 반사적 소리 산출기(0~2개월), 두 번째 단계는 /ㅎ/와 유사한 소리를 내나 아직 명확하게 분절되는 않는 소리를 산출하는 발성 통제기(1~4개월), 세 번째 단계는 모음을 구별할 수 있게 산출하는 확장기(3~8개월), 네 번째 단계는 하나의 자음과 모음이 결합된 반복적 옹알이를 산출하는 반복적 옹알이 산출기(5~10개월) 그리고 마지막 단계는 여러 말소리와 음절로 구성된 옹알이와 자곤을 산출하는 발전된 형태 산출기(9~18개월)로 설명하였다.

대체로 출생 직후에는 생물학적이고 반사적인 소리만을 산출하던 신생아들이 2~3개월 즈음에는 쿠잉을 통하여 말소리와 유사한 소리를 내기 시작하며, 6~10개월 사이에는 반복적 형태의 옹알이를 산출하면서 분절된 형태의 말소리와 음절 구조를 산출하기 시작하고, 10개월 전후부터 언어를 산출하기까지 여러 말소리와 음절 구조의 변형된 옹알이를 산출하게 된다고 정리할 수 있다. 각 단계별로 관찰되는 말소리 산출 및 음절구조는 〈표 4-11〉을 참조하여 확인할 수 있다.

〈표 4-10〉 쿠잉과 옹알이 비교

쿠잉	옹알이
• 1~3개월 사이에 나타남 • 신체적 · 감각적 변화와 관련되어 나타남 • 모음 또는 자음과 유사한 소리, 목울림 소리, '아아~', '구~' 같은 소리들 • 음절 구분이 안됨	• 6~10개월 사이에 나타남 • 음절구조의 형태가 나타남 • 말 산출 기제를 조절하는 능력이 발달 • 음절 반복(바바바, 나나나)

〈표 4-11〉 언어이전 의사소통기의 말소리 산출 및 음절구조 발달

발달 시기	말소리	음절구조	초분절적 요소
출생~ 2개월	• 반사적, 생물학적 소리 산출 (투레질하기, 먹을 때 내는 소리, 한숨 소리, 목울림 소리) • 모음과 유사한 소리		• 울 때 음도 변화. 음도가 매우 높음 • 여러 소리를 냄. 불편함을 소리로 표시
2~4개월	• 모음 출현 • 연구개나 성문에서 일부 자음과 유사한 소리 산출	• 모음과 자음이 결합된 것 같은 형태 출현 /goo/ /coo/	• 울기 감소(12주 이후) • 만족감을 표시하는 소리 산출
4~6개월	• 다양한 모음 산출 • 파열음이나 비음과 같은 자음 산출 • 두 입술을 떨어서 내는 소리를 포함하여 구강 앞쪽 위치에서 산출되는 말소리 출현	• 자음과 모음이 결합된 CV 음절구조를 일관되게 산출	• 다른 사람들의 말소리 모방 • 다양한 억양이 나타남 • 웃음소리 출현(16주 이후)
6~10개월	• 반복적 옹알이(/마마/ /다다/) • 파열음을 정확하게 산출(/ㅍ ㅂ ㅌ ㄷ/)	• CV 또는 CVCV 구조 출현 • 반복적인 형태를 벗어난 초기 CV 음절구조 출현	• 억양이 일관되게 변화 • '우'와 같은 짧은 감탄사 출현
10~12개월	• 변형옹알이 • 자곤, 초기 유아어에서 음성학적으로 일관된 형태 사용	• CV 외의 다른 음절구조 관찰 • 자곤 형태의 다양한 CV 또는 CVC 음절구조 산출	• 주위에서 들려 주는 언어의 억양 패턴과 유사한 운율 사용

(2) 언어적 의사소통기의 말소리 산출 발달

언어이전 의사소통기와 마찬가지로 언어적 의사소통기의 말소리 산출 능력은 언어발달과 밀접한 관계를 갖는다. 언어적 의사소통기의 말소리 산출 발달은 산출하는 말소리 목록의 변화와 음절구조의 변화 측면에서 살펴볼 수 있다.

① 말소리 목록의 변화

1~2세의 초기 음운발달기의 영유아들은 대부분 초성에서 /ㅁ/를 가장 빈번히 사용한다(배소영, 김민정, 2005). 배소영(1995)은 75%의 정조음을 기준으로 하였을 때, 1세에는 초성의 비음, 경파열음과 평파열음, 2세에는 격파열음과 성문마찰음을 산

출한다고 보고하였다. 그리고 어두초성에서 /ㅁ ㄴ ㅍ ㄸ ㅉ ㅋ ㅍ ㅌ ㅋ ㅂ ㄷ/, 어중초성에서 /ㅁ ㄴ ㅍ ㄸ ㅉ ㅋ ㅍ ㅂ ㄷ ㄱ/, 어중종성과 어말종성 위치에서 /ㅁ ㄴ/, /ㅁ ㅇ/을 산출한다고 보고하였다.

　홍경훈과 심현섭(2002)은 18개월경에는 /ㅅ ㅆ ㅊ ㅋ ㅌ ㅍ/를 제외한 자음을 산출하며, 20개월이 되면 19개 자음을 모두 산출한다고 보고하였다. 또한 조음방법 측면에서는 18개월에는 파열음이 70% 이상을 차지하며, 파찰음, 마찰음 및 유음의 산출률도 연령이 증가할수록 증가하여 24개월에는 파열음의 비율이 성인과 비슷한 수준인 44% 정도가 된다고 보고하였다. 김영태(1996)는 2세~2세 11개월 사이에 /ㅍ ㅁ ㅇ/의 소리를 95% 이상 정조음하며, /ㅂ ㅃ ㄴ ㄷ ㄸ ㅌ ㄱ ㄲ ㅋ ㅎ/는 75~94%의 정확도로 산출한다고 하였다. 3세~3세 11개월 사이에는 /ㅅ/를 제외한 대부분의 소리를 숙달된 수준(75%의 정확도)으로 발음하며, 종성에서 대부분의 소리를 발음한다고 보고하였다(〈표 4-12〉 참조). 김민정, 배소영, 박창일(2007)은 초성의 위치에서는 2세 후반에 /ㄷ ㅋ ㅈ ㅉ ㅊ ㅅ ㅆ ㄹ/를 제외한 모든 말소리를 숙달된 수준으로 정조음한다고 보고하였으며, /ㄷ ㅋ/는 3세 후반, 파찰음인 /ㅈ ㅉ ㅊ/는 4세 전반, /ㅅ ㅆ ㄹ/는 5세 후반에서 6세 전반에 이르러야 숙달된 수준으로 조음할 수 있다고 보고하였다.

　〈표 4-12〉와 [그림 4-6]에 우리나라 영유아를 대상으로 말소리 발달 과정을 보여 준 김영태(1996)와 김민정, 배소영, 박창일(2007)의 자료를 제시하였다. 종합하면, 일부 파열음과 파찰음, 마찰음을 제외한 대부분의 파열음과 비음을 대체로 2세

〈표 4-12〉 우리나라 영유아의 말소리 발달

	완전 습득 (95~100%)	숙달 (75~94%)	관습적 (50~74%)	출현 (25~49%)
2;0~2;11	ㅍ ㅁ ㅇ	ㅂ ㅃ ㄴ ㄷ ㄸ ㅌ ㄱ ㄲ ㅋ ㅎ	ㅈ ㅉ ㅊ ㄹ	ㅅ ㅆ
3;0~3;11	ㅂ ㅃ ㄸ ㅌ	ㅈ ㅉ ㅊ ㅆ	ㅅ	
4;0~4;11	ㄴ ㄲ ㄷ	ㅅ		
5;0~5;11	ㄱ ㅋ ㅈ ㅉ			
6;0~6;11	ㅅ			

출처: 김영태(1996).

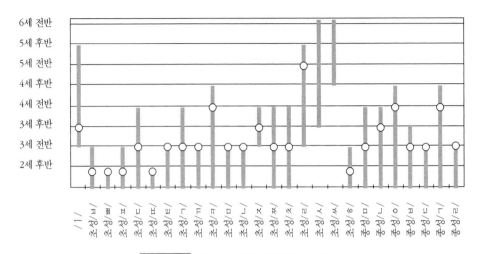

그림 4-6 우리나라 영유아의 말소리 습득

출처: 김민정, 배소영, 박창일(2007).
* 주. ○표시(숙달연령)를 기준으로 아래쪽 막대는 관습적 산출연령, 위쪽 막대는 완전습득연령을 표시함.

후반까지 숙달된 수준 이상으로 정조음하며, 파찰음과 치조비음은 4세 후반까지, 마찰음과 측음은 5세 후반에서 6세에 이르러야 정조음한다고 볼 수 있다.

Paul과 Jennings(1992)는 24개월에 하나의 발화에서 자음이 하나도 관찰되지 않는 경우는 언어발달지체를 보여 주는 것이라 하였으며, Carson, Klee, Carson과 Hime(2003)도 2세에 말소리 산출 지연이 있을 경우 3세에 언어발달이 지체될 확률이 높다고 보고하였다. 이처럼 영유아 시기의 말소리 산출 발달은 이후의 언어발달지체를 알려 주는 조기 증상일 수 있으므로 영유아 시기의 말소리 산출 발달에 관심을 가져야 한다.

② 음절구조

옹알이 단계를 거치면서 영유아들은 V, CV, CVC, CVCV 등과 같이 다양한 음절구조를 산출하게 된다. Mitchell(1997)은 6개월 정도에 옹알이를 산출할 때 하나 이상의 음절을 포함하게 된다고 하였다.

1~2세 아동의 음절구조는 단순 음절구조라 할 수 있다. 1음절구조에서는 개음절인 CV형태가 50% 이상을 차지하나, 23개월 이후에는 받침이 있는 CVC, VC 형태가 점차 증가한다(홍경훈, 심현섭, 2002).

③ 말명료도의 발달

말명료도(speech intelligibility)는 영유아가 산출한 소리를 다른 사람이 얼마나 정확하게 알아들었는가를 나타내는 지표이다. 즉, '얼마나 정확하게 산출하였는가'보다는 '얼마나 알아들을 수 있도록 산출하였는가'를 의미한다. 말소리를 정확하게 산출할수록 말명료도도 높아지므로 말명료도는 말소리 산출과 밀접한 관계를 갖는다.

영유아들은 아직 말소리 산출 능력이 제한되어 말명료도가 많이 낮다. 그러나 말소리 산출 발달이 진전됨에 따라 말명료도도 함께 증가한다. Bankson과 Bernthal(2004)은 말명료도가 1세에는 25%에 불과하나 2세에는 50%로 증가하며, 3세에는 75% 정도가 되었다가 4세가 되어야 100%가 된다고 하였다. 즉, 2세는 되어야 절반 정도 알아들을 수 있을 정도로 말소리를 산출하며, 4세는 되어야 완전하게 알아들을 수 있을 정도로 발음할 수 있음을 의미한다.

4) 수용언어발달

영유아들은 첫돌을 즈음해서 첫 낱말을 산출하나, 통상적으로 수용언어발달은 이보다 선행된다고 보고된다. 보통 9~10개월 정도에 영유아는 몇 개의 낱말을 이해하기 시작한다. 그러나 매번 반복적으로 사용되는 맥락 내에서 이해하며, 같은 낱말이라도 맥락에서 벗어나면 잘 이해하지 못한다. 따라서 아직은 언어적 상징만으로 이해하기보다는 맥락적 도움을 통해 이해하는 시기라 할 수 있다.

영유아들이 맥락과 상관없이 낱말을 이해하는 것은 12개월이 지나면서 가능해진다. 그러나 이해하는 어휘수는 대략 50낱말 정도로 추정된다(Adamson, 1995). 18개월경까지도 여전히 언어를 이해하기 위해서는 대부분 맥락적 도움을 필요로 한다. 2세 말경에 이르면 2, 3개의 낱말이 결합된 문장을 이해한다(Bzoch & League, 1991). 이때는 간단한 심부름도 이해하여 수행한다. 그러나 낱말이 아닌 문장을 이해할 때 아직 맥락이나 과거 경험에 의존하며, 어순과 같은 문법적 지식에 근거한 이해 능력은 부족하다고 할 수 있다.

〈표 4-13〉에 영유아기에서 초기 유아기까지의 수용언어발달을 요약하여 제시하였으므로 이를 참조할 수 있다.

〈표 4-13〉 영유아 시기의 수용언어발달

발달 시기	수용언어발달	관찰 행동
8~12개월	• 반복적인 맥락에서 몇 개의 낱말을 이해하기 시작	1. 같은 사물을 바라보기 2. 관심을 갖는 사물을 가지고 활동하기 3. 행동 모방하기
12~18개월	• 맥락과 상관없이 낱말을 이해하기 시작하나 여전히 맥락적 도움이 필요	1. 언급된 사물에 주의 기울이기 2. 관심을 보이는 사물 주기 3. 일상 행동하기
18~24개월	• 보이지 않는 사물을 표현하는 낱말을 이해하기 시작 • 일부 두 낱말 조합을 이해	1. 언급된 사물 찾기, 언급된 사물 주기 2. 사물을 장난감 통 안이나 위에 놓기 3. 지시에 따라 사물 다루기(행위자 역할을 담당)
24~36개월	• 세 낱말 문장을 이해하나 맥락이나 과거 경험에 의존 • 어순에 대한 이해는 부족	1. 실현 가능한 장소, 실현 가능한 사건 2. 불완전한 정보 제공하기

출처: Chapman (1978); Paul (2007).

5) 표현언어발달

(1) 첫 낱말 산출과 표현어휘의 증가

영유아의 첫 낱말 산출은 언어발달에서 가장 중요한 이정표 중의 하나로 여겨진다. 일반적으로 첫 낱말은 12개월을 전후해서 산출하는 것으로 보고되는데, 10~18개월 정도가 정상적인 한 낱말 산출 시기로 고려된다(Benedict, 1979; Fenson et al., 1994).

영유아는 초기에는 맥락에 의존하여 낱말을 습득하나, 점차 맥락에서 벗어나 참조적 의미로서 언어를 습득하게 된다. 영유아가 초기에 산출하는 낱말은 대부분 명사로 사람이나 사물을 참조하는 낱말이다. 영어권 영유아의 첫 낱말의 특징을 연구한 Clark(1995)은 영유아가 처음 산출한 50개의 낱말은 사람, 일상 사물, 도구, 동물, 일상과 관련된 어휘로 대체로 다음과 같은 특징을 갖는다고 보고하였다.

- 'go'나 'no'와 같은 일음절 낱말
- 'ma-ma'나 'bye-bye'와 같은 일음절어의 반복

- 개음절 형태. 'ie'나 'y'로 끝나는 낱말(예: birdie, doggie, sissy)
- 현재 관찰할 수 있는 사물을 지칭하는 낱말
- 친숙한 사물이나 상황을 참조하는 낱말

표현어휘가 50개 수준인 영유아들이 초기에 산출한 낱말의 의미적 특성을 살펴본 연구자들은 낱말의 절반 정도가 명사였으며, 그다음에 수식어, 행위어, 개인-사회어 등이 차지한다고 보고하였다. 이처럼 영유아들이 명사를 중심으로 어휘를 습득하는 이유는 여러 가지가 있을 수 있으나 행위나 수식어 등에 비해 명사가 참조하는 바가 더 명확하기 때문으로 이해할 수 있다.

영유아들은 처음 50낱말까지는 대체로 표현어휘발달이 느리게 이루어진다. 18개월 정도가 되면 표현하는 어휘가 50개 정도 되는데, 이때부터 표현어휘발달 속도가 빨라져서 20개월경에는 150여 개의 어휘를, 24개월에는 200개 이상, 많게는 500~600개의 낱말을 그리고 36개월에는 900~1,000개의 낱말을 표현한다(Clark, 1995; Dale et al., 1989; Paul, 1991; Reich, 1986).

[그림 4-7]은 최은희, 서상규, 배소영(2001)이 1세 1개월부터 2세 6개월까지의 영유아의 표현어휘수를 부모 보고를 통해 조사한 자료이다. 이 자료를 보면 16~18개월에 약 50개, 22~24개월에 약 260개, 28~30개월에 약 500개의 낱말을 표현하는 것으로 보고하여 대체로 국외에서 보고된 자료와 유사한 결과를 보고하였다.

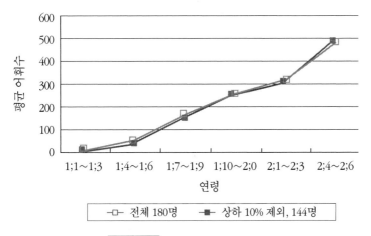

그림 4-7 연령별 평균어휘수 변화

출처: 최은희, 서상규, 배소영(2001).

〈표 4-14〉 초기 50개 낱말의 의미적 특성   (단위: 백분율)

구분	Benedict(1979)	Nelson(1973)
명사(nominals)	50	51
행위어(actionwords)	11	14
수식어(modifiers)	19	14
개인-사회어(personal-social)	10	9
기능어(functional)		4

18개월을 전후하여 표현어휘가 급속하게 증가하게 되는 현상을 어휘폭발 혹은 어휘급성장(vocabulary spurt)이라고 한다. 영유아의 어휘 성장이 폭발적으로 증가하는 것은 여러 가지 이론으로 설명된다. 첫째, 이 시기의 영유아들은 모든 것에는 이름이 있다는 사실을 알게 된다. Bloom(1993)은 18개월 전후에 나타나는 어휘폭발기에는 특정 사물이 이를 지칭하는 이름으로 불릴 수 있다는 것을 이해하는 것과 관련된다고 하였다. 둘째, 인지발달이다. Piaget 이론에 따르면, 감각운동기의 중반인 12개월경에 대상영속성에 대한 개념을 갖게 되며, 18개월에서 2세경에 이르면 영유아들은 대상영속성이나 상징성에 대한 인지능력을 완전히 습득한다. 특히 사물이 눈에 보이지 않아도 존재한다는 것을 이해하는 대상영속성 개념의 습득은 영유아들이 언어적 상징을 통해 어휘를 학습하는 데 큰 영향을 미친다. 셋째, 음운발달이다. 말 산출 발달 부분에서 서술하였듯이, 발음 능력이 향상되면서 여러 낱말을 표현할 수 있게 되며 영유아기의 말소리 산출 능력은 언어발달과 관련된다(Stoel-Gammon, 2011). 넷째, 사회적 발달이다. 양육자와의 상호작용 증가와 이를 통한 언어적 상호작용은 영유아의 낱말을 이해하고 표현하는 능력을 향상시키는 데 영향을 미친다. 마지막으로, 어휘 학습 능력의 발달이다. 영유아의 어휘 학습을 설명하는 대표적 이론 중 하나가 **빠른낱말연결**(fast mapping)이다. 즉, 영유아들은 자기가 알지 못하는 새로운 낱말 표현을 들었을 때 자신이 이름을 알지 못하는 대상과 그 낱말을 연결한다는 것이다. 예를 들어, '전화기'라는 말을 모르는 영유아에게 이미 이름을 알고 있는 사물인 안경과 전화기를 제시하면, 이름을 모르는 사물인 전화기에 새로 들은 낱말 '전화기'를 연결한다. 20개월 정도 된 영유아들도 이러한 **빠른낱말연결**이 가능하며(Mervis & Bertrand, 1994; Woodward, Markman, & Fitzsimmons,

〈표 4-15〉 초기 어휘급성장에 영향을 미치는 요인

- 사물을 지칭하는 언어적 상징이 존재함을 인식
- 대상영속성 발달
- 말소리 산출 능력의 발달
- 사회적 발달을 통한 언어 사용의 증가
- 어휘 학습 능력의 발달

1994), 이는 영유아들이 새로운 낱말을 학습하는 데 중요한 역할을 한다. 영유아들이 빠른낱말연결을 할 수 있다는 것은 하나의 낱말이 서로 다른 사물을 가리킨다는 상호배타성 가정(mutual exclusivity assumption)을 이해하고 있음을 보여 주는 것이라 할 수 있다.

영유아들이 표현어휘 50개를 습득하는 시점에는 개인차가 존재한다. 어휘발달의 개인차에 영향을 미치는 요인으로는 다음과 같은 것들이 고려된다. 첫째, 음운기억이다. 음운기억 능력이 좋은 영유아가 어휘 발달이 빨랐으며, 이후의 어휘발달도 더 좋았다(Gathercole & Baddeley, 1989; Gathercole, Willis, Emslie, & Baddeley, 1992). 둘째, 성별이다. 일반적으로 여아가 남아보다 어휘 능력이 더 좋은 것으로 보고되고 있다(Fenson et al., 1994). 셋째, 지능이다. 인지발달과 어휘발달이 동시에 이루어진다는 것은 여러 연구를 통해 보고되었다(Gopnik & Meltzoff, 1984, 1986). 인지발달이 빠르고 지능이 좋은 영유아는 어휘습득을 비롯하여 전반적으로 언어발달이 빠르다. 넷째, 기질이다. 적극적인 기질을 가진 영유아는 상대적으로 어휘습득이 빠르다(이윤경, 이지영, 2017). 마지막으로, 환경적 영향이다. 언어습득은 전반적으로 환경의 영향이 크나, 특히 어휘는 환경에 의해 영향을 많이 받는다. 특히 어머니의 언어자극은 영유아의 초기 어휘 습득에 많은 영향을 미친다(김규리, 이희란, 2017; Huttenlocher et al., 1991). 언어발달이 느린 영유아의 경우 어떠한 요인이 영향을 미치는지를 파악하는 것이 필요하다.

---

box 4-1

어휘의 양적 발달과 말 늦은 영유아(late-talker)

　　말 늦은 영유아는 심각한 청력 손상이 없으며 뚜렷한 인지, 신경, 정서장애를 보이지 않으면서 표현어휘발달에서 현저한 지체를 보이는 3세 이전의 영유아를 말한다. 전체의 약 10~15% 정도의 출현율을 보인다.

　　말 늦은 영유아 진단기준은 학자들에 따라 다양한데, '18~23개월 사이의 아동으로 명료한 어휘가 10개 미만인 경우, 혹은 2~3세 사이의 영유아로 표현어휘수가 50개 미만이거나 두 낱말조합이 나타나지 않는 경우'가 흔히 사용된다. 따라서 18~24개월에 50개의 어휘를 표현하는 것에 어려움을 나타내고 두 낱말조합에 어려움을 보이는 것이 말 늦은 영유아의 위험 신호(red flag)라고 할 수 있다.

　　어휘수가 중요할지라도 초기 발달지체에서 벗어날 영유아와 벗어나지 못할 영유아를 구별하는 것은 어렵다. 때문에 어휘 성장의 수, 말소리 발달, 사회적·인지적 발달, 언어 이해, 의사소통 몸짓 사용, 놀이, 문법발달, 모방 행동과 같은 요소들 이후까지 지속적으로 언어발달 문제를 보일 말 늦은 영유아를 구분해서 판별하는 데 도움이 될 것이다.

---

(2) 낱말조합

　　개인차가 있기는 하지만 양적인 면에서 18개월 정도가 되면 보통 50~100개 정도의 낱말이나 어구를 표현할 수 있게 되고, 이쯤 되면 낱말조합을 시작하며 늦더라도 2세 전에 낱말조합을 시작한다(Fensom et al., 2006). 24개월이 지났음에도 낱말조합을 시작하지 않는 경우에는 언어발달지연을 알리는 신호가 될 수 있다.

　　영유아들은 초기에는 같은 낱말을 반복해서 산출하여 낱말을 조합하다가 차츰 하나의 주요한 성분을 기준으로 하여 낱말을 결합시킨다. 이처럼 하나의 낱말을 주요 성분으로 하고 다른 낱말을 변화시켜 결합시키는 형태를 주축문법(pivot grammar)이라 한다. 주축문법은 영유아들이 언어 구조에 대한 기본 인식을 가지고 있음을 의미한다고 해석되기도 한다(Braine, 1976; Hyams, 2011).

　　영유아들의 두 낱말조합은 낱말이 갖는 의미적 속성에 기반한다. 결합된 각각의 낱말이 갖는 의미적 속성 혹은 의미단위에 따라 결합관계를 파악하는데, 이를 의미관계(semantic relations)라 한다. 각각의 낱말이 갖는 의미단위는 여러 학자에 의해 다양하게 제시된다. 〈표 4-16〉에 김영태(1998)에 의해 요약된 의미단위와 두 낱말

〈표 4-16〉 의미단위와 의미관계

의미단위	설명	두 낱말 의미관계
호칭(calling)	주의를 유도하거나 문장을 시작 또는 끝내기 위해 상대방을 부르는 것	엄마, 이뻐?(호칭-수식)
행위(action)	행위자에 의해 관찰될 수 있는 움직임이나 활동	아가 먹어(행위자-행위)
실체(entity)	언급되거나 상태가 서술된 사물이나 사람	칼 부엌(실체-장소)
장소(locative)	사물이 놓여 있는 곳이나 어떤 행동이 행해지는 지점	아빠 회사(행위자-장소)
부정(negation)	거부, 부인, 부재, 금지 등의 표현	과자 없어(실체-부정)
행위자(agent)	행위를 수행하는 사람이나 행위어와 연결된 사물	아빠 자(행위자-행위)
대상(object)	행위의 대상이 된 사물	까까 줘(대상-행위)
지시 (demonstrative)	특정한 것을 가리킬 때 쓰는 낱말, 지시대명사나 지시관형사	이(거) 옷(지시-실체)
재현(recurrence)	사물, 사람, 사건 등의 재현 또는 반복을 묘사	또 과자(재현-실체)
수식(attribute)	사물이나 사람의 모양, 크기, 특성 등을 표현. 사물의 양이나 질 그리고 사건의 상태를 표현하기 위해 쓰이는 낱말	아빠 커(실체-수식)
소유자(possessor)	사물을 소유하거나 소속된 사람 또는 사물	엄마 신발(소유자-소유)
서술(statement)	실체에 대한 묘사	이거 있어(실체-서술)
상태(state)	사물이나 사람이 경험하는 소극적인 상태나 느낌. 행위자의 행동이 자발적인데 반해 경험자의 행동은 다소 수동적	아가 아파(경험자-상태)
경험자 (experiencer)	주어진 경험이나 심적 상태를 겪은 사람이나 사물. 행위자가 적극적인 행위의 주체인데 반해 경험자는 다소 소극적인 행위의 주체를 의미. 상태동사와 결합된 신체부위도 경험자에 속함	손 아파(경험자-상태) 할머니 아야(경험자-상태)
수여자(beneficiary)	사물이 주어지거나 행동이 행해지는 사람이나 대상	엄마 까까(수여자-대상)
도구(instrument)	행위자가 가지고 특정한 행동을 행하는 물건	포크 먹어(도구-행위)

공존자 (concomitative)	행위자와 함께 특정한 행동을 하는 사람이 나 상대	엄마(랑) 먹어 (공존자–행위)
긍정(affirmative)	대화 상대방의 질문이나 요구에 대해 허락 과 인정으로 반응하는 표현	응, 자(긍정–행위)
접속(conjunction)	등위, 상관, 종속 등의 접속을 나타내는 표현 으로 대화를 이어가기 위해 사용되는 경우	그런데 입어 (접속–행위)
때(time)	행위가 일어나는 시간을 나타내는 표현	아침에 일어나(때–행위)

출처: 김영태(1998)의 내용을 수정한 것임.

의미관계를 수정하여 제시하였다.

Brown(1973)은 두 낱말조합기에 흔히 관찰되는 의미관계 유형으로 '행위자–행위' '행위–대상' '행위자–대상' '행위–장소' '실체–장소' '소유자–소유물' '실체–수식 또는 수식–실체' '지시하기–실체'의 여덟 가지를 제시하였다. 이승복, 이희란(2012)도 우리나라 영유아에게서 유사한 의미관계가 출현한다고 보고하였다. 〈표 4–17〉에 제시된 내용을 통해 확인할 수 있듯이, 한국과 영어권의 영유아가 산출한 두 낱말 의미관계 형태는 매우 유사하다.

세 낱말조합은 두 낱말조합에서 출현한 형태가 확장된 경우가 대부분이다. 세 낱

〈표 4–17〉 한국과 영어권에서의 두 낱말 의미조합 발달 비교

Brown(1973)		이승복, 이희란(2012)	
행위자–행위	daddy sit	행위자–행위	아빠 어부바, 엄마 맴매
행위–대상	drive car	대상–행위	까까 줘, 쉬 해
행위자–대상	mommy sock	행위자–대상	아빠 밥, 아가 똥
행위–장소	sit chair	장소–행위	배 타, 여기 앉아
		행위자–장소	아빠 학교, 아야 차
실체–장소	toy floor	실체–장소	저기 새
소유자–소유물	my teddy	소유자–소유	아빠 책
실체–수식	crayon big	실체–수식 / 수식–실체	고모 이뻐
지시하기–실체	this telephone	지시하기–실체	이거 뭐, 요거 불

말조합 시기부터 문장어미나 시제와 같은 문법형태소들이 관찰되나 아직은 고정된 형태로 사용하는 경우가 많으며, 의미를 변화시키기 위하여 문맥에 맞게 형태소의 형태를 변화시키는 데에는 어느 정도 시간이 요구된다.

김영태(1998)는 2세와 3세 영유아에게서 관찰되는 두 낱말과 세 낱말 의미관계를 출현 빈도에 따라 정리하였는데, 이를 〈표 4-18〉에 제시하였다. 연령에 따라 순서에 약간의 차이는 있으나 대체로 고빈도로 관찰된 의미관계가 유사한 것을 볼 수 있다. 또한 '실체-서술'이 '실체-배경-서술'이 되고, '대상-행위'가 '대상-행위-배

〈표 4-18〉 한국 영유아의 두 낱말조합에서 세 낱말조합으로의 의미 확장

	2세	3세
두 낱말 의미관계	실체-서술	대상-행위
	대상-행위	실체-서술
	배경-행위	배경-행위
	배경-서술	행위자-행위
	행위자-행위	배경-서술
	용언수식-행위	용언수식-행위
	소유자-실체	경험자-서술
	경험자-서술	체언수식-실체
	소유자-서술	공존자-서술
	체언수식-실체	소유자-실체
세 낱말 의미관계	실체-배경-서술	실체-배경-서술
	대상-배경-행위	대상-배경-행위
	행위자-대상-행위	행위자-대상-행위
	행위자-배경-행위	행위자-배경-행위
	대상-용언수식-행위	실체-용언수식-서술
	행위자-용언수식-행위	대상-용언수식-행위
	경험자-배경-서술	소유자-실체-서술
	소유자-실체-서술	배경-배경-행위
	체언수식-대상-행위	체언수식-실체-서술
	공존자-대상-행위	행위자-용언수식-행위

출처: 김영태(1998).

경'이 되는 것과 같이 두 낱말조합에서 관찰된 형태에 새로운 의미단위가 추가되면서 세 낱말조합 형태로 발전되어 감을 확인할 수 있다.

(3) 문법발달

2세말 즈음에 영유아는 세 낱말을 조합하기 시작한다. 초기에는 두 낱말 의미조합을 확장하는 형태이나 연령이 증가하면서 어휘가 확장되고 점차 문법적 기능을 지닌 형태소들을 사용하는 능력이 발달하면서 더 복잡하고 긴 문장을 사용하게 된다.

문법발달은 영유아들이 산출하는 발화의 길이와 문장 구조, 그리고 문법형태소 사용을 중심으로 살펴볼 수 있다. 다음에서는 각각의 차원에서 문법 발달을 살펴보도록 하겠다.

① 구문 길이의 변화

구문길이는 평균발화길이(Mean Length of Utterance: MLU)로 측정하는데 보통 낱말(MLUw) 혹은 형태소(MLUm)의 평균 길이로 측정한다. 〈표 4-19〉에는 영어권 영유아의 구문 발달지표인 평균낱말길이(MLUw), 평균형태소길이(MLUm), 평균구문길이(MSL)를, 〈표 4-20〉에는 우리나라 영유아의 평균형태소길이, 평균낱말길이, 최장낱말길이, 평균어절길이를 제시하였다. 낱말이나 형태소로 측정한 평균발화길이[평균낱말길이(MLUw), 평균형태소길이(MLUm)]는 영어권 자료에 의하면 18개월경에 1.0, 24개월경에는 약 2.0, 30개월에는 2.5, 36개월에는 3.0 정도로 발달해 간다(Owens, 2014). 우리나라 자료는 김영태(1994)가 보고한 자료에 기초할 때, 27개월에 MLUw는 2.1, MLUm은 3.0, 30개월에 MLUw는 2.36, MLUm은 3.01, 33개월에 MLUw는 2.6, MLUm은 3.7, 36개월에 MLUw는 2.7, MLUm은 3.8 정도로 점차 길어진다. 언어적 차이가 있으므로 직접적 비교는 적절치 않지만 대체로 영어권 영유아들에게서 보고된 것보다 약간 더 긴 것으로 보고되었다. 평균발화길이는 발화 구분 기준이나 낱말이나 형태소에 대한 조작적 정의에 따라 달라질 수 있다.

문장 구조와 더불어 문장 형태도 함께 변화한다. 영유아들이 초기에 산출하는 문장은 주로 평서문이 대부분을 차지한다. 차츰 문법 능력이 발달함에 따라 부정문이나 의문문과 같은 다른 형태의 문장이 관찰된다.

⟨표 4-19⟩ 영어권 영유아의 표현언어 양적 측정치

월령	MLUw(SD)[3]	MLUm(SD)	MLUm 평균의 범위[1]	MSL[2]	TNW[2] (20분)	NDW[2] (50발화)
18		1.1	1.0~1.2			
21		1.6	1.1~1.8	2.7	240	36
24		1.9	1.6~2.2	2.9	286	41
27		2.1	1.9~2.3	3.1	332	46
30		2.5	2.4~2.6	3.4	378	51
33(30~35)	[2.91(0.58)]	2.8[3.23(0.71)]	2.7~2.9	3.7	424	56
36		3.1	3.0~3.3	3.9	470	61
39(36~41)	[3.43(0.61)]	3.3[3.81(0.69)]	3.2~3.5	4.2	516	66
42		3.6	3.3~3.9	4.4	562	71
45(42~27)	[3.71(0.58)]	3.8[4.09(0.67)]	3.4~4.3	4.7	608	76
48		3.9	3.6~4.7	4.9	654	81
51(48~53)	[4.10(0.65)]	4.1[4.57(0.76)]	3.7~5.1	5.2	700	86
54		4.3	3.9~5.8			
57(54~59)	[4.28(0.72)]	[4.75(0.79)]				
60		4.4	4.0~6.0			

출처: Owens (2014)에서 재인용함.
[1]4개의 연구에서 제시한 자료를 종합한 것임(Klee, Schaffer, May, Membrino, & Mougey, 1989; Miller, 1981; Scarborough, Wyckoff, & Davidson, 1986; Wells, 1985).
[2]MSL(Mean Syntactic Length: 평균구문길이), TNW(Total Number of Words: 전체 낱말 수), NDW(Number of Different Word: 새로운 낱말 수)는 Klee(1992)의 자료임.
[3]Miller, Freiberg, Rolland, & Reeves(1992)의 자료임.

⟨표 4-20⟩ 한국 아동 구문의 양적 발달

연령(개월)	평균형태소길이	평균낱말길이	최장낱말길이	평균어절길이
27	3.00	2.12	5.23	1.81
30	3.01	2.39	6.29	1.90
33	3.70	2.62	6.67	2.14
36	3.84	2.73	7.50	2.18
39	3.86	2.88	7.64	2.36
42	4.40	3.05	8.32	2.40

45	5.04	3.42	10.93	2.67
48	4.86	3.29	10.53	2.72
51	5.57	4.06	13.29	3.06
54	5.37	3.65	10.31	3.04
57	6.05	4.23	15.31	3.39
60	6.50	4.52	13.65	3.40

출처: 김영태(1997).

② 문법형태소 발달

발화길이가 길어짐에 따라 구문구조나 문법형태소 사용도 다양해진다. 영어권 자료를 보면 3세경에 and, then, after, if와 같은 접속부사를 사용하여 연결된 문장을 산출하기도 한다(Clark, 1995).

Brown(1973)은 영유아기의 평균발화길이를 기준으로 문법형태소 발달을 5단계로 설명하였다. 문법 규칙은 언어에 따라 매우 다르나 우리나라 영유아의 문법발달 양상을 이해하는 데 어느 정도는 시사점을 제공한다고 생각하여 소개한다. 먼저, 1단계는 평균발화길이가 1.0~2.0으로, 대체로 12~26개월에 해당한다. 이때는 하나 이상의 형태소를 가진 문장을 만들어 내는 시기로, 주로 명사와 동사로만 구성되어 있으며 전치사나 관사 등은 생략되어 있는 전보문식 문장을 산출하는 시기이다. 2단계는 평균발화길이가 2.0~2.5로, 27~29개월에 해당한다. 이때는 기본 문장 형태가 산출되며, 전치사와 관사 및 불규칙 동사와 명사의 복수 형태가 출현한다. 그러나 아직 완전하지 않은 사용 형태를 보인다. 3단계는 평균발화길이가 2.5~3.0인 시기로, 30~34개월에 해당한다. 이때는 의문문, 부정문, 명령문과 같이 다양한 문장 형태 사용이 관찰된다. 4단계는 평균발화길이가 3.0~3.75인 시기로, 약 35~42개월에 해당한다. 이때는 종속절이 사용된 복문을 사용하기 시작하며, 문법규칙을 정확하게 사용하게 된다. 마지막 5단계는 평균발화길이가 3.75 이상인 시기로, 43개월 이후에 해당한다. 이때는 다양한 형태의 복문 사용이 관찰된다. 자세한 발달 내용은 〈표 4-21〉을 참고하기 바란다.

우리나라 영유아들의 구문발달과 관련된 자료는 많지 않다. 배소영(2015)은 낱말조합기 이후 세 낱말 문장을 산출하는 시기를 기본문법기로 명명하였다. 이 시기

〈표 4-21〉 Brown의 단계에 기초한 영유아기부터 유아기의 언어발달

단계	연령	문장 유형	문장간 / 형태론
Early I (MLU 1~1.5)	12~21 개월	• 한 낱말	• 대명사 / I, mine
		• 문장 끝을 올려 네/아니요 질문	• 관사/형용사+명사와 같이 독립된 명사 수식
		• '무엇'과 '어디'	
		• 부정사+X	• and 없이 이름 대기 연속
		• 의미적 어순 규칙	
Late I (MLU 1.5~2.0)	21~26 개월	• S+V+O 출현	• and 출현
		• 부정어 no와 not이 구분 없이 사용됨	• in, on 출현
		• this/that+X? 형식으로 네/아니요 질문	
Early II (MLU 2.0~2.25)	27~28 개월	• what/where+명사? 형식의 wh-질문 이 출현	• 조동사 사용 없이 현재진행형(-ing) 사용 90%
		• 본동사로서 to be 출현	• 대명사 me, my와 it, this와 that
			• 목적어 위치에서만 명사가 수식됨 [(관사/형용사/지시어/소유격)+명사]
Late II (MLU 2.25~2.5)	28~29 개월	• 대부분 기본 SVO 문장이 사용됨	• in/on과 복수 -s가 90% 습득됨
		• 부정어(no, not, don't, can't가 혼용)를 명사와 동사 사이에서 사용함	• gonna, wanna, gotta, hafta 출현
Early III (MLU 2.5~2.75)	30~32 개월	• what/where+N+V?	• 대명사 she, he, her, we, you, your, yours와 them
		• what/where+be+N?에서 도치 형식 사용 • S+조동사+V+O 출현 • 조동사 can, do, have, will	• 주어와 목적어 위치에서 명사 수식 [관사+(수식어)+명사]
			• 수식어 a lot, some과 two 포함
			• 불규칙 과거(came, fell, broke, sat, went)와 소유격(-'s)이 90% 습득됨
Late III (MLU 2.75~3.0)	33~34 개월	• S+조동사+be+X 출현	• but, so, or, if 출현
		• 부정어 won't 출현	
		• 조동사가 의문문에서 출현: 네/아니요 질문에서 주어 도치	

Early IV (MLU 3.0~3.5)	35~39 개월	• 조동사+not(cannot, do not) 부정문 출현	• 축약되지 않은 연결동사(본동사로서 to be)가 90% 습득됨
		• wh-질문에서 조동사 주어 도치	• 대명사 his, him, her, us, they
			• '관사/지시어+형용사/소유격/수식어 +명사'를 포함한 명사구
			• 절을 연결하기 위한 and 출현
			• think, guess, show, remember 등의 목적어로 내포절 출현
Late IV (MLU 3.5~3.75)	39~42 개월	• 평서문에서 2개의 조동사	• 관사(the, a), 규칙 과거(-ed), 3인칭 규칙(-s)이 90% 습득됨
		• isn't, aren't, doesn't, didn't가 추가됨	• 부정구(infinitive phrase)가 문장 끝에 출현
		• 네/아니요 질문에서 be와 주어의 도치	
		• when과 how 질문 출현	
Late IV (MLU 3.5~3.75)	42~56 개월	• 간접 목적어가 평서문에서 출현	• 대명사 our, ours, its, their, theirs, myself, yourself
		• wasn't, wouldn't, couldn't, shouldn't 추가	• 관계절이 목적어에 따라 출현
		• 부정어가 be의 다른 형태와 함께 출현	• 본동사처럼 동일 주어와 함께 부정구
		• 일부 단순한 부가 질문이 출현	
Post-V (MLU 4.5+)	56+ 개월	• 한정되지 않은 부정어(nobody, no one, nothing)가 추가됨, 이중 부정 나타남	• 불규칙 과거(does, has), 축약되지 않은 조동사 to be와 축약될 수 있는 조동사 to be 연결동사(본동사로서의 to be)가 90% 습득됨
		• why가 한 낱말 이상의 부정문에서 출현함	• 다른 재귀대명사 추가
		• 60개월 이후에 부정형 질문이 출현	• 복합적인 내포: 내포+접속
			• 주어에 딸린 관계절 출현

출처: Owens (2014).

에는 이전에 습득한 문장성분들을 확장하여 주요한 한국어 문형을 표현하게 되지만 아직은 중요한 성분은 생략하는 경우가 많으며, 어순 오류도 관찰된다고 하였다. 특히 2, 3세 영유아에게서는 '다 안 먹었어'를 '안 다 먹었어'로, '공부 안 해'를 '안 공부해'와 같이 부정어의 위치를 정확하게 찾지 못하는 어순 실수를 특별하게 보고하였다. 문법형태소의 경우에는 제한되기는 하지만 여러 문법형태소를 탐색하기 시작한다. 문장종결을 취하는 여러 어미가 발견되고, 조사의 생산적인 사용이 관찰된다. 하지만 이와 관련된 오류가 많이 관찰되는 시기이기도 하다.

조명한(1981)은 영유아기에 해당하는 2세경에 몇 개의 문장어미와 격조사, 과거 및 미래형 어미 등이 사용되기 시작하고, 3세에는 격조사 발달이 지속되며, 진행형 어미, 수동형 어미 등도 관찰된다고 보고하였다. 조명한(1981)의 자료는 〈표 4-22〉에 요약하여 제시하였다.

〈표 4-22〉 문법형태소 발달

발달연령	문법형태소	예
2세	문장어미	-아, -자, -라
	공존격 조사	-랑, -같이, -하고, -도
	과거형 어미	(아, 어)ㅆ
	미래형 어미	ㄹ
	주격 조사	-가
3세	진행형 어미	ㄴ, ㄴ다
	수동	이/히
	주격조사	-는
	목적격조사	-을/를
4세	도구격조사	-로
5~6세	이유/원인	-(어/아)서, -(어/아)갖구, -니까, -고, -기 때문에
	양보	-지만, -ㄴ데
	가정	-면
	조건	-야
	의도/목적	-러, -때에
	때	-적에, -다음(에), -면서, -다가, -는데

출처: 조명한(1981).

이 장을 공부한 후……

◉ 의사소통과 언어, 말의 개념을 이해하고, 의사소통의 관점에서 영유아기 발달과 발달지체를 다루는 이유를 확인한다.

◉ 발달단계이론을 기반으로 영유아기의 주요 의사소통적 발달 양상을 이해한다.

◉ 초기 사회적 의사소통발달 양상과 주요 발달지표를 이해한다.

◉ 언어이전 시기부터 초기 언어습득기까지 의도적 의사소통행동발달 양상을 이해한다.

◉ 언어이전 의사소통기의 의도적 의사소통행동발달이 이후 언어발달에 갖는 중요성을 이해한다.

◉ 영유아기의 말소리 산출 발달 양상과 말소리 산출과 언어발달과의 관계를 이해한다.

◉ 영유아기의 수용언어발달 양상과 주요 발달지표를 이해한다.

◉ 한 낱말에서 문장 산출까지 표현언어발달 양상과 주요 발달지표, 표현언어발달과 관련된 여러 요인을 이해한다.

제5장

신체 · 운동발달과 의사소통

영유아기의 신체·운동발달은 언어 및 의사소통은 물론 인지나 사회적 발달의 근간을 이루며, 이 시기에 발달이 전형적으로 이루어지는지를 확인하는 지름길이 된다. 보통 발달 문헌에서는 영유아기의 신체·운동발달을 소개할 때 주로 대근육과 소근육 발달을 중심으로 다룬다. 그러나 이 책에서는 언어치료사에게 중요한 구강구조와 삼킴 및 섭식 발달을 함께 소개하고자 한다. 구강구조발달은 영유아의 말산출 발달과 직접적으로 관련되어 언어치료사가 반드시 확인해야 하는 신체 구조이며, 삼킴 및 섭식 발달은 언어치료사가 중재를 제공해야 하는 주요 영역 중 하나이다.

이 장에서는 신체·운동발달과 더불어 감각 및 지각 능력 발달을 함께 다룰 것이다. 감각은 외부 자극을 수용하는 중요한 통로로, 언어 및 의사소통은 물론 다른 영역의 발달에 영향을 미친다. 보통 감각 및 지각을 인지발달과 함께 소개하는 경우도 많으나 이 책에서는 인지발달 부분에서 다루는 내용이 많으므로 이 장에서 소개하도록 하겠다.

1. 신체·운동발달과 언어치료사

영유아기의 신체·운동발달에 대해 살펴보기 전에 언어치료사가 신체·운동발달에 대해 학습해야 하는 이유를 생각해 보는 것은 이후 학습에 도움이 될 것이다.

첫째, 영유아기의 신체·운동발달은 모든 발달의 근간을 이룬다. 영유아의 신체발달은 다른 영역의 발달에 비해 먼저 진행되며, 신체발달을 기반으로 운동 능력이 발달하고, 이를 통해 세상을 탐색할 수 있는 준비를 갖추게 된다. 영유아의 세상 탐색은 주변 대상에 대한 개념을 형성하도록 하며, 상징성을 습득하는 기반을 마련한다.

둘째, 영유아기의 신체·운동발달에 대한 이해는 발달장애가 있는 영유아를 조기 발견하는 데 도움이 된다. 앞에서도 서술하였듯이, 신체·운동발달은 다른 영역에 비해 먼저 발달할 뿐 아니라 발달적 변화를 가시적으로 확인할 수 있게 하므로 발달이 지체되거나 문제가 있는 경우에 이를 빨리 확인하게 하는 데 도움이 된다. 전문가는 물론 양육자들도 신체·운동발달 양상을 통해서 발달에 지체가 있거나 문제가 있는 영유아를 쉽게 확인할 수 있다.

셋째, 언어나 의사소통 문제는 다른 영역의 발달에도 영향을 미치는 경우가 많다. 언어와 의사소통에만 특정적으로 발달이 지연된 경우가 아닌 다른 발달 문제가 동반될 때에는 중재 접근에서 차이가 있어야 하며, 영유아가 다른 발달 문제를 동반하는지 여부를 선별하는 것은 언어치료사의 주요 역할 중 하나이다. 대체로 다른 발달장애를 동반한 영유아들은 신체·운동발달도 느린 경우가 많기 때문에 신체·운동발달지표는 언어치료사가 이러한 영유아들을 조기 선별하는 데 큰 도움이 된다.

마지막으로, 신체적 측면 중 구강구조의 발달은 말 산출 발달은 물론 삼킴 발달과 직접적인 관계를 갖는다. 말 산출과 삼킴 발달 문제는 언어치료사가 평가하고 중재해야 하는 주요 영역이다. 따라서 언어치료사는 호흡, 발성, 공명, 조음 등 말 산출과 관련된 신체 구조의 발달을 이해하고, 이러한 말 산출 구조 발달이 영유아 말 산출은 물론 삼킴과 갖는 관계를 잘 알아야 한다.

〈표 5-1〉 영유아기 신체·운동발달의 중요성

- 영유아 발달의 기초를 형성한다.
- 발달지연 영유아를 조기 발견하는 데 기여한다.
- 언어발달지연 영유아의 동반 문제를 파악하는 데 도움이 된다.
- 구강구조의 발달은 말 산출 및 삼킴 발달과 직접적으로 관련된다.

2. 영유아기의 신체발달

신체발달은 신체적인 변화, 즉 몸에서의 변화를 말한다. 영유아기의 신체발달은 일반적으로 키와 몸무게의 변화를 중심으로 살펴본다. 키와 몸무게는 영유아 신체발달의 주요 지표가 되며, 다른 발달지체 여부를 가늠하는 주요 정보가 된다.

1) 키의 변화

일반적으로 출생 시 평균 신장은 남아 50.8cm, 여아 50.1cm로 보고된다. 키는 첫 한 해 동안에 빠르게 변화하여 생후 1년 동안 출생 시의 약 1.5배 증가하고, 이후 2~7세까지는 매년 7cm 정도씩 증가한다.

영유아기의 신체, 특히 키의 변화는 인간의 생애 중 가장 급격하게 이루어진다. [그림 5-1]에서 볼 수 있듯이 생후 2년 동안 키는 급격하게 증가하며, 이후 완만한 성장 곡선을 그리다가 사춘기를 전후하여 다시 급격하게 증가하고, 18세를 전후하여 성장이 감소세로 전환된다.

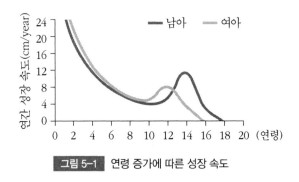

그림 5-1 연령 증가에 따른 성장 속도

2) 몸무게 변화

몸무게의 경우는 출생 시 평균적으로 남아는 3.4kg, 여아는 3.2kg이다. 일반적으로 출생 후 4, 5개월 정도에 출생 시 몸무게의 2배가 되며, 1년 정도에는 3배가 된다. 이후 2~6세까지는 매년 2kg 정도씩 증가한다.

제3장에서도 설명하였듯이 출생 시 몸무게가 2.5kg 미만에 해당하는 경우를 저체중아(LBW)라고 하며, 이는 이후 발달에 영향을 미치는 위험요인으로 고려된다. 특히 출생 시 몸무게가 1.0kg 미만인 극소저체중아(ELBW)는 형성된 위험요인으로 고려될 정도로 발달에 큰 영향을 미치게 된다. 이는 몸무게와 같은 신체발달이 영유아 발달에 미치는 영향을 보여 준다.

3) 신체용적지수와 신체발달

영유아기 동안 키와 몸무게를 기준으로 하는 신체용적지수(Body Mass Index: BMI)는 머리둘레 등과 함께 발달기 동안에 주기적으로 평가된다. 영유아 신체발달은 백분위수로 표시된 신체발달곡선을 기반으로 또래와 상대적으로 비교하는데, 50 백분위수를 기준치로 보았을 때 25~75 백분위수 내의 영유아는 정상 발달하는 것으로 볼 수 있으며, 10~25 백분위수 사이나 75~90 백분위수 사이에 있는 영유아들은 발달이 평균에서 벗어난 수준으로 평가할 수 있다. 95 백분위수 이상이나 5 백분위수 이하에 있는 영유아들의 경우에는 문제가 있는 것으로 보고, 영양 상태나 건강, 그 외 신체발달에 영향을 미칠 수 있는 문제들에 대한 심화평가를 실시해야 한다.

〈표 5-2〉 출생 시 키와 몸무게와 성숙 속도

	남아	여아	비고
키	50.8cm	50.1cm	• 생후 1년 1.5배 증가 • 2~6세 매년 7cm씩 증가
몸무게	3.4Kg	3.2Kg	• 생후 1년 3배 증가 • 2년 4배 증가 • 2~6세, 매년 2kg씩 증가

3. 영유아기의 운동발달

1) 운동발달의 법칙

영유아기의 운동발달은 일정한 법칙을 따른다. 먼저 운동 능력은 대근육 운동부터 발달하며, 소근육 운동발달로 이어진다. 즉, 팔, 다리 움직임과 같은 대근육 운동발달이 손가락의 움직임과 같은 소근육 운동발달에 비해 먼저 진행된다. 둘째, 운동능력은 단순하고 기본적인 기술부터 발달한 후 습득된 기술들을 협응시킨 움직임으로 발달한다. 손가락으로 집는 행동과 입에 들어온 음식을 먹는 행동이 각각 발달된 후에야 손가락으로 음식을 집어 입으로 가져가게 된다. 마지막으로, 영유아의 운동발달은 머리 쪽에서 다리 쪽으로, 몸 중앙에서 바깥쪽으로 진행된다. 영유아는 팔의 운동 능력이 먼저 발달한 후 다리의 운동 능력이 발달하며, 팔의 운동 능력이 먼저 발달한 후 손목과 손가락의 운동 능력이 발달한다.

2) 신생아 반사행동

신생아 반사행동(reflexive behavior)이란 신생아들이 생애 초기에 보이는 자동적이고 무의식적인 행동을 말한다. 신생아들은 태어날 때부터 이러한 반사행동을 보인다. 신생아 반사행동의 기능은 다음과 같이 알려져 있다. 첫째, 신생아의 생존을 돕는 역할을 한다. 출생 직후의 신생아는 스스로 할 수 있는 일들이 거의 없다. 신생아들이 생존할 수 있으려면 숨쉬기, 먹기 등과 같은 최소한의 기능이 가능해야 하는데, 반사행동이 신생아의 생존을 위한 필수적인 기능을 담당한다. 둘째, 출생 후 발달과 밀접한 관계를 갖는다. 반사행동은 이후 영유아의 수의적 운동발달을 촉진하는 것으로 알려져 있다. 걷기반사를 생후 9개월간 연습했을 때 걷기발달이 더 빨랐다. 셋째, 영유아들의 중추 또는 말초신경계를 평가하는 기능을 한다. 다른 영유아들에게서 모두 관찰되는 반사행동을 보이지 않는 경우 이는 신생아 또는 영유아의 중추 또는 말초신경계 발달이 위험 상태에 있는 것으로 고려해 볼 수 있다.

신생아기 또는 영유아기에 관찰되는 반사행동 중 대표적으로 알려져 있는 반사행동을 〈표 5-3〉에 제시하였다. 이 중 찾기반사나 빨기반사는 신생아 또는 영유아가 젖을 빠는 행동을 할 수 있도록 하므로 생존반사(survival reflex)로 분류된다. 모로반사나 잡기반사도 아직은 스스로를 보호할 능력이 없어서 다른 사람에게 의존해야만 하는 영유아들이 위험한 상황에서 다른 사람을 붙잡거나 안기려 하는 행동으로, 이 역시 생존을 위한 반사행동으로 고려하기도 한다.

반사행동은 일정 시기가 되면 자연스럽게 소멸된다. 따라서 원시반사로 명명되기도 한다. 그러나 일정 시기가 지났음에도 불구하고 반사행동이 사라지지 않고 유지되는 경우에는 중추신경계의 문제를 의심할 수 있다. 예를 들어, 바빈스키 반사는 영유아가 걷기 이전에 사라져야 하는데, 뇌성마비와 같이 중추신경계에 문제가 있는 경우에는 반사행동이 오래 지속되며, 간혹 성인기까지도 유지되는 경우가 있다(Pellegrino, 1997). 따라서 반사행동이 적절한 시기에 나타나고, 사라지는 것을 통해

〈표 5-3〉 영유아기 반사행동과 소멸 시기

반사행동	설명	소멸 시기
찾기반사 (rooting reflex)	입 주위에 자극을 주면 그 자극물을 향해 고개를 돌리는 반사	
빨기반사 (sucking reflex)	입에 닿는 것은 무엇이든 빨려는 반사	생후 3개월경
잡기반사 (palmar grasp reflex)	손바닥을 자극하면 자극하는 대상 또는 사물을 강하게 움켜쥐는 반사	생후 3~4개월경
모로반사 (moro reflex)	갑자기 큰 소리가 나거나 움직임 변화로 안정감이 위협되는 상황에서 신생아가 손을 뻗어 안기려는 듯한 자세를 취하는 반사	생후 4~5개월경
긴장성 목반사 (tonic neck reflex)	신생아를 눕힌 후 고개를 한쪽 방향으로 돌리면 고개를 돌린 쪽의 팔과 다리가 쭉 펴지고, 반대쪽 팔은 구부러지는 반사	생후 4~6개월경
걸음마반사 (stepping reflex)	신생아를 평평한 곳에 세우면 걷는 듯한 움직임을 보이는 반사	생후 5개월경
바빈스키 반사 (Babinski reflex)	신생아의 발바닥 안쪽을 자극하면 발가락을 폈다가 다시 오므리는 반사	생후 12~16개월 사이

신경학적 문제를 파악해 볼 수 있다.

3) 대근육 운동발달

대근육 운동(gross motor movement)은 몸 전체나 팔과 다리와 같은 큰 근육을 사용하는 움직임으로, 걷기, 달리기, 구르기, 공 던지기 등과 같은 운동 능력이 포함된다. 신생아기에 수의적 움직임이 전혀 불가능하던 영유아들은 목 가누기, 뒤집기, 앉기, 기기, 서기, 걷기, 뛰기 순서로 자세를 잡고 이동하는 능력을 발달시켜 간다. [그림 5-2]에는 영유아 시기의 대근육 운동발달 과정을 도식적으로 제시하였다.

영유아기의 주요 대근육 운동발달지표를 요약하면 다음과 같다.

• 목 가누기: 생후 2개월경에는 엎드린 자세에서 얼굴을 약 45° 각도로 몇 초간 지

탱할 수 있게 되며, 3개월경에는 척추를 세운 상태에서 머리를 세울 수 있게
된다.

- **뒤집기:** 머리를 먼저 돌린 후 몸통을 옆으로 비튼 다음 다리를 이용하여 몸을 돌
린다. 일반적으로 생후 2~6개월 사이에 뒤집기가 가능해진다.
- **앉기:** 6~7개월 정도가 되면 짧은 시간 동안 혼자 앉을 수 있다. 평균적으로
8~9개월 정도 되면 누워 있거나 선 자세에서 앉는 자세로 자세를 바꿀 수 있다.
- **배밀이와 기기:** 7개월경이면 배를 바닥에 대고 양팔의 힘으로 기어가는 배밀이
형태를 보인다. 양팔로 머리와 어깨의 무게를 지지하며 다리는 끌려가는 모습
을 한다. 다리나 무릎을 이용하며 기는 행동은 9개월경에야 가능해진다. 기기
를 시작하면서 주변의 환경 정보를 이용하는 능력과 이전보다 더 정확한 거리
지각 등이 가능해진다.
- **서기:** 생후 8~10개월경에는 주변 사물을 잡고 지지하며 일어선다. 10~13개월
경에는 붙잡지 않고도 안정적으로 혼자 설 수 있게 된다.
- **걷기:** 12~14개월경에는 혼자 걸을 수 있게 된다. 처음에는 쉽게 넘어지며, 균
형을 잡기 위해 다리가 넓게 벌어지고, 발가락은 바깥쪽을 향하며, 무릎은 약간
구부러진다. 걷기는 영유아기 동안에 지속적으로 발달하며, 성인과 같은 형태

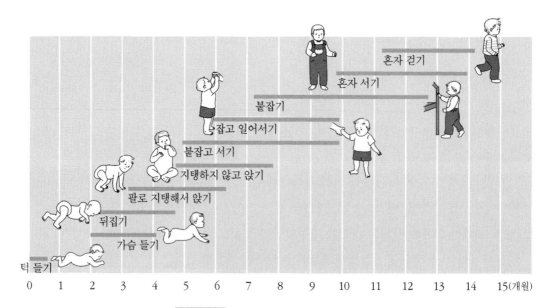

그림 5-2 영유아기의 대근육 운동발달 과정

는 4~7세 즈음에 가능해진다.

- 뛰기: 18개월 즈음이 되면 뛰기를 시작한다. 처음에는 빨리 걷는 모습과 유사하다. 뛸 때의 보폭은 좁으며 불규칙적인 형태로 뛴다. 성인과 같은 성숙한 패턴의 뛰기는 3세 이후에 발달한다.

4) 소근육 운동발달

소근육 운동(fine motor development)은 작은 근육을 사용하는 움직임으로, 주로 손이나 손가락을 사용하는 운동 능력을 말한다. 따라서 영유아기의 소근육 운동발달은 주로 손가락 사용 능력의 변화를 통해 설명된다. 3~5개월경에는 눈-손 협응 능력이 발달하기 시작하여 눈으로 본 물건을 향해 손을 뻗어 잡으려는 시도를 시작하며, 6개월경이 되면 물건을 향해 손을 뻗어 잡을 수 있게 된다. 이때는 사물을 잡을 때 손바닥을 이용하여 움켜쥐듯이 잡는다. 9개월경부터 손가락을 이용해서 사물을 잡게 되며, 10개월경에는 엄지와 검지손가락을 이용해 작은 물체를 잡기 시작하고, 12개월에는 손가락 끝으로 정교하게 사물을 집을 수 있게 된다.

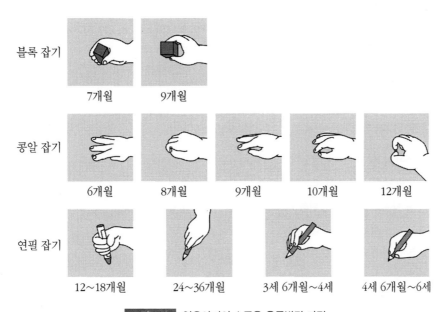

그림 5-3 영유아기의 소근육 운동발달 과정

크레파스나 연필을 잡는 행동은 12~18개월경에 관찰되는데, 이때는 손바닥으로 크레파스를 바깥에서 안쪽으로 움켜쥐듯이 쥔다. 손가락을 이용해서 크레파스나 연필을 잡는 행동은 24개월 이후에 관찰되며, 성인과 같은 방식으로 잡는 것은 4세 이후에 가능해진다. [그림 5-3]은 이러한 소근육 운동발달 과정을 이해하는 데 도움이 된다.

다음은 영유아기의 주요 소근육 운동발달지표를 제시하였다.

- 두 손 맞잡기: 3~5개월이면 두 손을 맞잡을 수 있으며 딸랑이를 쥘 수 있다.
- 사물로 손뻗기: 6개월경에 주변 사물로 손을 뻗는 행동이 나타난다.
- 물건 집어 건네기: 8개월이면 물체를 손으로 쥐어 다른 사람에게 건넨다.
- 손가락으로 집기: 10개월에 엄지와 검지를 이용해 사물을 집기 시작하며, 12개월에는 손가락 끝으로 정교하게 집는 행동이 나타난다.
- 모자 벗기: 12개월이면 양말이나 모자를 잡아 벗는 행동이 나타난다.
- 공 잡기: 16개월에는 공을 잡고 던진다.
- 컵 손잡이 잡기: 18개월에는 컵의 손잡이를 잡고 입으로 가져간다.
- 숟가락 잡기: 24개월이면 숟가락을 사용하고, 옷을 벗을 수 있다. 이즈음에 대소변 통제가 가능하다.
- 끄적이기: 25개월이 되면 크레파스로 끄적거리기를 할 수 있다.

box 5-1

운동발달 촉진하기

- 영유아의 발달수준에 적절한 활동을 제공한다.
- 운동발달을 성급하게 촉진하지 않는다.
- 운동 활동을 촉진하기 위한 다양한 장난감이나 도구를 준비한다.
- 움직임에 최대한 자유로운 환경을 제공한다.
- 활동에 방해가 될 정도로 너무 많은 옷을 입히지 않는다.
- 영유아의 운동발달 수준에 맞는 적절한 모델을 제공한다.

5) 신체·운동발달과 자조기술발달

자조기술은 영유아기에 요구되는 적응행동 기술 중 하나로, 독립적으로 일상생활을 영위하는 데 필요한 기본적인 기술로 정의할 수 있다. 여기에는 식사하기, 대소변 처리하기, 옷 입고 벗기, 씻기, 몸 단장하기 등의 기술 등이 포함된다. 자조기술은 단순한 개별적인 활동이 아니라 운동, 감각, 인지, 의사소통, 사회성 등 여러 기능의 통합을 요하는 기술로 적절한 대인관계 및 사회 활동의 바탕이 된다.

식사 기술 발달은 치아와 같은 구강구조 발달과 입술과 혀 등의 운동발달, 식사 도구를 이용하는 소근육 운동발달 등을 기반으로 한다. 영유아들은 12~18개월경이면 혼자 숟가락질을 시작하며, 덩어리 음식을 먹을 수 있는 준비가 된다. 섭식 및 삼킴과 관련된 내용은 이 장의 뒷부분에서 다시 자세히 소개하겠다.

배변은 15~18개월이면 스스로 조절하기 시작한다. 전문가들은 배변 훈련을 너무 무리하게 시작하지 말고 영유아가 약 2세가 될 때까지 기다릴 것을 권장한다. 일찍 시작한다고 해서 배변 통제가 일찍 이루어지는 것이 아니라 오히려 배변 훈련의 과정만 길어지고 이로 인해 영유아가 스트레스를 받을 수 있다. 지나친 배변 훈련은 영유아를 강박적으로 만들 수 있다고 보고되기도 한다. 따라서 편안하게 배변 훈련이 진행될 수 있도록 하는 것이 중요하다.

옷 입기의 경우 영유아는 옷을 입는 것보다는 벗는 것을 먼저 시작한다. 약 20개월경이면 대부분의 유아는 적어도 하나의 옷을 스스로 벗을 수 있다. 옷을 입는 것은 18개월~3세경에 발달하며, 3세경에는 복잡한 것들을 제외하고는 타인의 도움 없이도 옷을 입을 수 있다.

4. 말 산출 구조 및 삼킴 발달

1) 말 산출 구조 및 기능의 발달

사람이 목소리와 말소리를 산출하는 데 관여하는 구조는 크게 호흡기관, 발성기관, 그리고 공명 및 조음기관으로 구분할 수 있다. 각각의 구조와 기능에 대해서는

제4장에서 설명하였으므로 여기에서는 영유아 시기의 발달적 변화를 중심으로 소개하도록 하겠다.

(1) 호흡기관

사람이 소리를 내기 위해서는 공기가 필요하며, 호흡기관은 소리를 산출하는 데 필요한 공기를 공급하는 역할을 한다. 소리는 호흡기관에서 나온 공기가 성대를 진동하여 산출되는데, 호흡이 짧거나 약한 경우에는 소리를 길게 유지하거나 적당한 크기의 소리를 만들어 내기 어렵다.

호흡기관에는 한 쌍의 폐와 기관이 포함되며, 그 외 횡격막이나 늑골, 횡격막 사이의 근육들이 호흡에 관여한다. 영유아는 성인에 비해 폐의 크기가 작을 뿐 아니라 호흡을 할 때 흉강이나 폐가 확장되는 정도가 작다. 때문에 성인에 비해 더 잦은 빈도로 호흡을 해 주어야 한다. 신생아의 경우 분당 호흡주기가 40~70회 정도이나, 5세 정도가 되면 25회로 들숨날숨의 주기가 길어지고, 성인이 되면 12~18회가 된다(고도흥, 2017).

(2) 발성기관

발성기관은 말 그대로 소리를 만들어 내는 기관이다. 발성기관에는 갑상연골, 윤상연골, 피열연골의 세 연골 구조와 갑상연골의 안쪽 부분에서 한 쌍의 윤상연골을 가로지르는 성대, 그리고 성대를 외전시키고 내전시키는 여러 근육으로 구성된다. 제4장에서 서술하였듯이, 소리는 호흡기관에서 나온 공기가 성대를 진동하여 산출된다. 성대가 닫혀 있는 경우 기관을 통해 올라온 공기의 흐름이 성대 아래에서 멈추게 되고, 성대 아래에서 멈춘 공기는 일정한 공기 압력을 형성하여 성문 아래 쪽 공기 압력이 성대 위쪽의 공기보다 크게 되는 경우에 성대가 떨리면서 열리게 된다. 열린 성대는 베르누이 효과에 의해 다시 닫히게 되고, 닫힌 성대는 다시 성문 아래에서 일정한 공기 압력이 형성되면 열리게 된다. 이러한 과정이 반복되면서 성대가 진동을 하게 되고, 성대가 진동하면서 소리를 만들어 내게 된다.

발성되는 동안 소리의 크기와 높낮이가 결정된다. 소리의 높낮이(음도)는 1분 동안 성대가 진동되는 횟수에 따라 달라지며 이에 따라 기본주파수가 결정된다. 진동 횟수가 많을수록, 즉 기본주파수가 커질수록 높은 소리를 낸다. 보통 성인 남성의 기본주파수는 125Hz, 성인 여성은 225Hz로, 성인 여성의 목소리가 남성의 목소리보다 높다. 출생 직후 아기들의 음도는 성인에 비해 매우 높다. 울 때 기본주파수는 거의 500Hz까지 올라간다. 기본주파수가 1~3세 사이에 급격히 낮아져 3세경에는 약 300Hz 정도가 되나, 여전히 성인들에 비해서 높은 목소리를 낸다. 이처럼 영유아들이 성인에 비해 목소리가 높은 것은 성대 길이와 관련된다. 성인의 경우 남자는 성대 길이가 약 23mm, 여성은 17mm 정도이나, 신생아의 경우에는 약 5mm 내외이며, 2세경에는 10mm 정도가 된다(고도흥, 2017). 성대 길이가 짧을수록 1분 동안 진동되는 횟수는 많아지며, 상대적으로 높은 목소리를 산출하게 되는 것이다.

(3) 조음 및 공명 기관

성대를 진동시켜 발생한 소리는 성도를 거치며 소리가 증폭되고 다양한 말소리로 변화한다. 소리가 증폭되는 것을 공명, 다양한 말소리를 만들어 내는 것을 조음이라 한다.

성도(vocal tract)는 성대에서부터 입술까지의 구조를 말하는데, 성도의 여러 구조 중에서도 특히 입술, 혀, 입천장(구개), 치아, 턱 등의 구조는 다양한 말소리를 만들어 내는 데 중요한 역할을 한다. 말소리는 크게 모음과 자음으로 구분한다. 모음은 소리가 성도를 거치는 동안에 막히거나 좁혀지는 방해를 받지 않고 산출되는 소리를 말한다. 모음은 혀의 높낮이나 입술의 열림 정도에 따라 달라지기 때문에 혀와 입술, 그리고 입술의 열림 정도에 관여하는 턱이 중요한 역할을 한다. 자음은 모음과 달리 성대를 통과한 공기가 조음기관을 지날 때 막힘이나 좁힘 등으로 인해 공기의 흐름이 달라지면서 산출된다. 공기의 막힘은 주로 혀와 입술을 통해 이루어지며, 공기의 흐름이 막히거나 통과하는 틈이 좁아진 위치와 막히거나 좁혀지는 방식에 따라 다양한 소리가 산출된다. 전자는 조음 위치, 후자는 조음 방식이라고 표현된다.

공명은 모든 물체는 고유의 주파수를 갖는데, 물체가 갖는 고유한 주파수가 같은 주파수의 소리와 만날 때 소리가 울리는 현상을 말한다. 성도에는 인두강, 구강, 비강과 같은 공명강이 존재하는데, 성대를 진동시켜 발생한 소리는 이러한 공명강을 거치면서 모음이나 반모음, 비음, 설측음과 같이 공명음을 만들어 내는 데 기여한다.

영유아의 조음 및 공명 기관 역시 성인과는 차이가 있다. Kent와 Forner(1980)는 영유아의 성도가 다음과 같은 점에서 성인과 다르다고 설명하였다. 첫째, 후두의 위치가 성인에 비해 높이 위치한다. 보통 성인의 경우에는 후두의 위치가 제6경추 정도에 위치하는데, 영유아의 경우에는 제2경추에 위치하여 상대적으로 높은 곳에 위치한다. 4세경에 이르면 제4경추 위치로 낮아진다. 후두의 위치가 낮아짐에 따라 성도의 크기는 점차 길어지고 다양한 소리를 낼 수 있는 준비를 갖추게 된다. 둘째, 영유아의 구개궁은 성인에 비해 좁고 낮으며, 혀가 높게 위치하여 구강의 크기와 면적이 성인에 비해 작다. 연령이 증가함에 따라 구개궁이 상승하고 혀의 위치도 낮아지면서 구강의 면적이 증가한다. 이러한 구강의 크기와 넓이가 증가됨에 따라 구강음 산출에 적합한 형태를 갖게 된다. 셋째, 하악 발달이 완전히 이루어지지 않아 턱의 모양을 아직 갖추지 못한다. 턱은 음식물을 씹는 것과 모음 산출에 중요한 역할

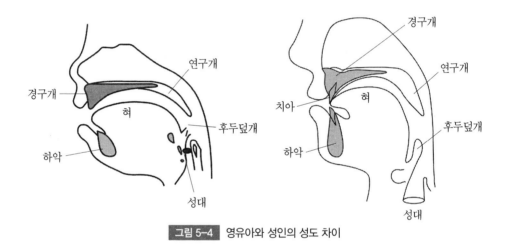

그림 5-4 영유아와 성인의 성도 차이

연령	젖니가 나오는 순서
6~8개월(2개)	
8~9개월(4개)	
10~12개월(6개)	
12~14개월(8개)	
14~16개월(12개)	
16~18개월(16개)	
20~30개월(20개)	

그림 5-5 영유아의 치아 발달

을 한다. 영유아들은 삼킴 능력이 발달하면서 턱을 많이 사용하게 되고, 하악도 점차 모양을 갖추게 된다. 마지막으로, 영유아의 혀는 성인에 비해 상대적으로 두텁고 설소대 앞쪽 부분의 길이가 짧다. 이러한 혀의 모양은 영유아가 음식을 먹고 말소리를 산출함에 따라 점점 길어지고 얇아지게 된다. 이러한 차이는 [그림 5-4]에서 확인할 수 있다.

이외에도 영유아의 치아 발달은 조음에 영향을 미친다. 사람은 20개의 젖니와 32개의 영구치를 갖는다. 보통 생후 6개월을 전후로 아래 앞니부터 쌍으로 나타나는데, 12개월의 영유아들은 6~8개의 치아를, 18개월 된 영유아는 12~14개의 치아를, 두 돌이 지나면 14~16개의 치아를 갖는다. 만 3세가 되면 20개의 치아를 갖게 된다. 〈표 5-4〉에 영유아기의 구강구조 발달과 말 산출 발달을 함께 제시하였다.

〈표 5-4〉 구강구조 발달과 말 산출 발달

발달 시기	해부학적, 신체적 변화	발성 또는 발화 관련 행동
4~6 개월	• 후두와 비인두가 분리. 연구개 기능 향상 • 구강 호흡 능력 발달 • 호흡 길이 증가 • 인두와 조음기관 통제 능력 향상	• 음소목록 확장 • 자음 수 증가 • 모음의 다양화 • CV*(자음+모음) 음절 산출 증가 • 억양 변화 증가 • 유성-무성과 비음-무비음 대조 출현(6개월)
6~10 개월	• 성인과 더욱 유사해진 호흡 패턴(7개월) • 턱의 상하 움직임 발달 • 인두가 유의하게 낮아짐 • 상위 호흡로가 더욱 성숙됨 • 많은 영유아 반사가 중추신경계로 통합됨	• CV, CVC 반복 형태의 옹알이 출현 • 억양 패턴이 계속 변화 • 변형된 CV 음절 산출 • 한 호흡에 2~4음절 산출이 가능할 정도로 호흡 길이 증가
10~15 개월	• 주요 신경통로 완성 • 근육기능의 안정화 • 걷기 시작 • 돌려 씹는 행동 • 음식물 물어서 끊기 • 컵을 사용해서 물 마시기	• CV, CVC 음절구조 다양화 • 한 낱말 발화 시작

15개월 ~ 3세	• 조음기관의 움직임이 정교화됨 • 혀의 위치가 하강하여 상위 인두벽이 형성됨 • 인두는 계속해서 낮아짐 • 발화 행위 동안 인두와 인두 위쪽 구조의 조절 능력 향상	• 성인에 비해 느리며 불안정한 발화 패턴 • 많은 오류 음운변동 현상이 사라짐(종성 생략, 자음동화, 반복, 전설음화, 유성음화 등) • VOT 조절 능력 향상 • 기본주파수는 계속 불안정
4~7세	• 혀의 위치가 완전하게 낮아짐 • 정교화된 운동 통제 기능 • 인두의 하강 완성	• 복잡한 조음기관의 협응 능력 완성 • 잔존되어 있던 음운변동이 사라짐(자음군 생략, 자음 삽입, 활음화, 정지음화, 탈구개음화, 종성의 무성음화) • 연속된 움직임으로 긴 낱말이나 문장을 산출 • 음도 범위 증가, 기본주파수 안정
8~12세	• 성도가 성인과 거의 유사해짐 • 변성기 이후 구조 성숙	• 형태 음운 패턴 습득

*C: consonant(자음), V: vowel(모음)

2) 영유아의 섭식과 삼킴 발달

영유아의 말 산출 구조는 영유아의 섭식이나 삼킴 기능과 관련된다. 특히 입술에서부터 인두까지는 말 산출과 삼킴에 모두 관여한다. 따라서 영유아기의 섭식 및 삼킴 기능의 발달은 영유아의 말 산출 발달에도 영향을 미치며, 영유아의 말 산출 구조와 기능의 발달은 섭식발달에도 영향을 미치는 상호교류적 관계를 갖는다. 언어치료사는 영유아기의 섭식 및 삼킴 발달이 영유아의 말 산출에 미치는 영향에 대해 잘 알고, 이를 의사소통 평가 절차로 적절히 활용할 준비를 갖추어야 한다.

출생 후 신생아기부터 약 4개월 정도까지는 젖을 먹는 유동식 시기이다. 이때는 빨기 능력이 매우 중요하다. 영아기의 빨기는 영어로 표현하면 서클링(suckling) 형태로 시작하여 서킹(sucking) 형태로 발달해 간다. 서클링은 혀를 뒤에서 앞쪽으로 움직여 빠는 형태로, 혀를 이용하여 엄마나 우유병의 젖꼭지를 빤다. 반면, 서킹은 혀의 위아래쪽의 움직임이 더 많아지는 형태인데, 혀의 움직임과 더불어 입술의 힘을 이용해 젖꼭지를 빨게 된다. 4개월경이 되면 혀를 구강 안에서 위치하여 빠는 형태로 안정화된다(Bahr, 2010).

유동식 시기 후에는 미음이나 건더기가 없는 과즙과 같은 반고형식을 먹는 시기에 접어든다. 약 4~6개월에 해당한다. 이때 영아는 숟가락으로 건네주는 음식물을 받아먹으며, 숟가락에 남은 음식을 빨 수 있을 정도로 섭식 능력이 발달한다. 6~9개월경에는 죽과 같은 음식을 먹을 수 있게 된다. 이때는 입을 크게 벌려 음식을 받아먹으며, 턱을 움직여 음식을 먹는 행동이 관찰된다. 9~12개월경이면 밥과 같은 음식을 먹을 수 있게 되며, 12~18개월에는 모든 유형의 음식을 먹을 수 있게 된다.

영유아의 씹기 발달은 누운 자세에서 앉는 자세로 변화하는 것과 연관된다. 즉, 누워 있는 시기에는 아직 후두와 식도 부분이 구분되지 않으나 척추를 세우게 되면서 후두 위치가 하강하고 이로써 식도와 후두가 구분되어 음식물을 식도로 넘길 수 있는 자세를 갖추게 된다. 이러한 자세의 변화는 하악 발달에도 영향을 미쳐서 턱을 움직여 음식물을 받아먹거나 음식물을 씹을 수 있게 된다. 먹는 음식이 덩어리 형식으로 바뀌면서 구강구조를 더 빈번하게 사용하게 되며, 이는 구강 구조 및 기능 발달을 더욱 촉진한다. 18개월 이후에는 음식물을 구강 안에서 좌우로 움직여 가며

⟨표 5-5⟩ 영유아기의 섭식, 구강 운동, 신체·운동발달

발달연령	음식 유형	구강 운동 기술	신체·운동발달
0~4개월	• 유동식	• 젖꼭지 빨기	• 머리 가누기
4~6개월	• 반고형식	• 숟가락 빨기 • 뒤로 삼키는 능력 발달	• 앉기 • 손을 몸 중심 쪽으로 모으기
6~9개월	• 부드러운 음식	• 턱의 상하 움직임 발달 • 컵으로 마시기 • 혀의 좌우 움직임은 제한됨	• 손을 입으로 가져오기 • 음식물 손가락으로 집기 • 숟가락 잡기 시작하기
9~12개월	• 덩어리 음식	• 혼자 컵을 잡고 마시기	• 엄지와 검지 사용하기 잡기 • 숟가락 잡기
12~18개월	• 대부분 유형의 음식	• 혀의 좌우 움직임 • 빨대로 마시기	• 입 쪽으로 숟가락 옮기기 • 혼자 먹는 행동의 증가
18~24개월	• 단단한 음식	• 음식을 돌려서 씹기	• 먹을 수 있는 것과 없는 것 구분하기
24개월 이상	• 단단하고 거친 음식	• 완전한 형태의 씹기	• 혼자 먹기 • 포크 사용 • 컵 뚜껑 열기

덩어리를 만들게 되고, 24개월에 이르면 씹기 기능이 더 완전해져서 아주 질기거나 단단한 음식을 제외하고는 대부분의 음식을 먹을 수 있게 된다.

앞에서도 언급하였듯이, 섭식기능 발달은 구강구조의 발달을 필요로 하나 반대로 섭식기능의 발달을 통해서 구강기능이 촉진된다. 그리고 이러한 구강기능의 발달은 말 산출에도 영향을 미친다. 〈표 5-4〉와 〈표 5-5〉에는 영유아기의 구강구조와 말 산출, 섭식, 신체·운동발달의 관계를 표로 요약하여 제시하였다.

5. 영유아기의 감각 및 지각 발달

영유아의 감각발달 역시 신체기관의 발달을 기반으로 한다. 감각(sensation)이란 신체기관을 통하여 자극을 느끼거나 알아차리는 것으로 시각, 청각, 후각, 미각, 촉각 등의 감각기관을 통해 자극을 수용하는 것을 말한다. 감각기관을 통하여 수용된 외부 자극을 인식하거나 얻어진 자극에 대해 표상을 형성하게 되는데, 이를 지각(perception)이라고 한다. 정신 표상을 형성하기 위해서는 감각을 조직화하고, 식별하고, 해석하는 과정이 포함된다. 감각기관을 통해 정보를 수용하고 그 의미를 지각하는 일은 세상을 배우는 첫걸음으로 영유아 행동발달의 기반이 된다.

감각 영역에는 보통 오감각이라고 일컫는 시각, 청각, 촉각, 미각, 후각이 포함된다. 일반적으로 영유아 시기의 오감각은 촉각, 미각, 후각, 청각, 시각의 순서로 발달한다고 알려져 있다. 다음에서는 각 감각 영역별 발달을 더 자세히 살펴보고자 한다.

1) 청각발달

청각은 소리를 듣고 이해하는 것과 관련된 감각 영역으로 언어 및 의사소통 발달과 가장 관계가 깊은 영역이다. 소리를 듣는 능력은 일반적으로 출생 전인 태아 시기부터 가능하다고 알려져 있다. 보통 임신 4주가 되면 외이가 형성되고, 24주가 되면 내이가 형성되며, 34주 정도가 되면 청신경도 출생 직후의 신생아 수준 정도로 발달한다. 태아의 청각은 외부에서 소리를 들려 주었을 때 움직임이나 심박수 변화 등을 통해 확인할 수 있는데, 임신 28주의 태아에게 엄마의 배를 통해 자극적인 소리를 들려 주었을 때 태아가 눈을 깜빡거리는 반응이 관찰되었다(Lecanuet, 1998).

신생아들은 성인들과 같은 수준의 청력을 보이지는 않으나 대체로 40~50dB 소리를 감지할 수 있다고 한다. 약 3개월 때까지는 높은 음도의 소리보다 낮은 음도의 소리를 듣는다고 하나, 6개월 즈음부터 이러한 패턴이 변하기 시작하여 24개월경에는 성인처럼 가장 높은 주파수 소리를 감지한다(Werner & VandenBos, 1993).

소리 위치 지각도 출생 후 신생아에게서 확인된다. 생후 3일 된 신생아는 소리 나는 곳으로 눈과 머리를 돌리고, 4개월이 되면 어두운 곳에서 나는 소리에도 눈과 머리를 돌릴 수 있게 된다. 소리 나는 곳을 정확히 알 수 있는 능력은 생후 6개월까지 계속 발달되고, 2년 안에 거의 완성된다.

소리를 변별하는 능력도 생애 초기부터 관찰된다. 신생아들은 음도나 강도, 지속시간에 따른 소리의 차이를 구별할 수 있다고 보고되고 있다. 생후 2~3주 된 신생아는 엄마의 목소리를 변별할 수 있다. 낯선 사람의 목소리보다는 엄마의 음성에 더 민감하게 반응한다. 2개월이 되면 여러 목소리에 다르게 반응하고, 목소리의 고저도 구분이 가능하게 된다. Eimas, Siqueland, Jusczyk와 Vigorito(1971)의 말소리 변별 실험은 영유아의 소리 변별 능력을 확인한 유명한 실험이다. 연구자들은 1~4개월 사이의 영유아들에게 빨기 조건반사를 이용한 실험 패러다임을 이용하여 /b/와 /p/를 변별하는지를 확인하는 실험을 진행하였는데, 이 실험을 통해 생후 4주의 영유아들이 /b/와 /p/ 소리를 변별할 수 있음을 증명하였다.

신생아들은 다른 소리에 비해 사람의 목소리를 선호하며, 특히 남성의 목소리에 비해 여성의 목소리를 선호한다고 알려져 있다. 신생아가 여성의 목소리를 선호하는 이유는 태내에서의 청각적 경험이 영향을 미치는 것으로 추정된다.

소리를 듣고 지각하는 능력은 더욱 발달하여 6~8개월경에는 언어의 억양 패턴을 변별하게 된다. 영아들의 옹알이에서 양육자의 억양 패턴이 확인되는데, 이는 영아가 성인의 억양 패턴을 지각하는 증거로 받아들여진다. 10개월을 전후하면 영아들은 친숙한 몇몇 낱말을 이해하기 시작하며 이는 더 다양한 말소리를 구분하는 증거로 고려할 수 있다.

> **box 5-2**
>
> - 신생아: 소리 나는 쪽으로 머리를 돌림
> - 2~4개월: 친숙한 목소리와 친숙하지 않은 목소리, 성인 여성과 남성의 목소리, 일부 말소리 등을 변별
> - 6~8개월: 억양 패턴을 변별하기도 하고, 모방하기도 함
> - 8~10개월: 친숙한 말소리와 억양 패턴 구분

청각발달은 언어 및 의사소통 발달에 영향을 미친다. 언어이해는 소리를 듣고 변별하는 능력을 전제로 하기 때문이다. 또한 양육자를 포함한 다른 사람들이 제공한 언어자극은 영유아의 언어발달에 매우 중요한 영향을 미치는데, 청각에 문제가 있는 경우 언어자극 효과를 받기 어렵기 때문이다. 선천적으로 청각에 문제를 갖는 청각장애 아동들이 대부분 언어발달 문제를 동반하는 것도 이와 관련하여 고려할 수 있다.

청각은 언어습득만이 아니라 영아와 양육자 간의 애착 형성에 영향을 미침으로써 사회성 발달, 나아가 의사소통발달에 영향을 미치게 된다. 영아들은 양육자를 시각적으로 알아보기 전에 목소리를 통해 지각한다. 이처럼 청각발달은 영아들이 양육자를 구별하도록 도와 영아와 양육자 간의 애착 형성에 영향을 미치게 된다.

2) 시각발달

시각은 인간의 오감각 중에서 가장 뒤늦게 발달하는 감각 영역으로 알려져 있다. 출생 직후 신생아는 눈의 구조나 시신경이 아직 미성숙하여 한 물체에 시선을 고정시키거나 초점을 맞추지 못하고 빛을 감지하는 정도의 시력을 갖는다. 일반적으로 신생아들은 20~30cm 정도의 거리를 볼 수 있으며 시야는 45~90° 정도 된다고 알려져 있다. 3~4개월경에 이르면 볼 수 있는 거리가 약 45cm 정도로 늘어나고, 시야도 180° 정도로 확장된다. 이때는 눈앞에서 움직이는 대상을 인식할 수 있게 된다. 5~7개월경이 되면 1.5m 거리에 있는 물체도 초점을 맞추어 볼 수 있으며, 다양한 거리에 있는 여러 대상에 초점을 맞출 수 있게 된다. 또한 대상에서 대상으로 눈

을 옮기는 것이 가능해지며, 움직이는 물체를 추적하고 손으로 잡을 수 있게 된다. 12개월 정도에 이르면 볼 수 있는 거리가 2m로 확장되고, 사물의 모양과 색, 형태도 구별할 수 있게 된다. 3~4세가 되면 거의 성인 시력에 도달하여 3~4m 거리에 있는 사물도 정확히 볼 수 있게 된다(Templin, 1995).

고정된 사물만이 아니라 움직이는 대상을 바라보는 능력도 서서히 발달한다. 사물의 움직임을 따라서 보는 것은 약 12주 정도에 가능해지며, 2~5개월에 극적으로 향상된다(Von Hofsten & Rosander, 1996). 이처럼 사물을 추적하는 능력은 자세와 머리를 가누고 움직이는 능력 발달과 관련된다. 누워 있는 자세에서 머리 움직임이 제한된 1개월경에는 보이는 것만을 보다가, 앉는 자세로 바뀌고 고개 움직임이 거의 완전해지는 5개월경에는 머리를 움직여 움직이는 사물이나 대상을 추적해서 바라보게 되며 시야도 넓어져 능력이 완전해진다.

사물이나 사람을 시각적으로 지각하는 능력도 영유아기, 특히 영아기를 거치며 서서히 발달한다. 신생아 시기에는 사물을 시각적으로 지각할 때 처음에는 사물의 경계나 색깔과 같은 특징에 초점을 둔다. 2개월에는 사물의 경계만이 아니라 점차 사물 내부 쪽으로 관심을 돌리게 된다. 3~4개월에는 사물을 지각하는 능력이 급격하게 발달되어 평면적인 것만이 아니라 입체적인 단서에까지 관심을 두게 되며(Bhatt & Waters, 1988), 4~5개월에는 3개의 사물까지 변별할 수 있게 된다(Wynn, 1992). 12개월에는 사물의 숫자, 모양, 길이와 같은 사물의 여러 가지 특성을 인식하며, 여러 위치에서 다양한 크기와 모양의 사물을 구별할 수 있게 된다(Arterberry, 1997; Slater, Mattock, & Brown, 1990; Slater & Morison, 1985).

시각발달과 더불어 사람의 얼굴을 인식하는 능력도 서서히 진행된다. 시각추적 장치를 이용하여 연구한 결과, 1개월경에는 시선을 얼굴에 거의 고정시키지 않았고 얼굴과 머리 경계 부분에서만 시선을 움직이는 경향을 보였으나, 2개월이 되면 시선의 움직임이 얼굴까지 내려와 눈을 중심으로 활발하게 움직인다. 3개월이 되면 얼굴 인식 능력이 더 발달하여 일부 얼굴 표정도 구별하게 되지만 아직 사람들의 얼굴을 완전히 변별하지 못한다(Bushnell, 1998). 6개월 정도에 이르면 젊은 사람의 얼굴과 나이 든 사람의 얼굴, 여성의 얼굴과 남성의 얼굴을 변별하고, 낯선 사람의 얼굴을 변별하고 기억한다(Carey, 1996). 6~8개월에는 얼굴 특징을 변별하는 능력이 더욱더 정교화된다. 대부분의 영유아는 이즈음에 낯가림이 시작되는데, 이는 사람의 얼굴을 변별하는 능력 발달과 관련된다.

영유아 시각발달에서 주요하게 언급되는 것 중의 하나가 깊이지각 발달이다. Gibson과 Walk(1960)에 의해 수행된 시각절벽실험은 깊이지각 발달을 보여 주는 유명한 실험이다. 이 실험에서는 투명한 아크릴판 아래로 절벽을 만들어 놓은 후 반대편에서 엄마가 부르면 5, 6개월 정도의 영아들은 엄마가 있는 곳으로 기어가지만 절벽이 있는 곳 근처에서 멈춰서 더 전진하지 못한다. 연구자들은 이를 깊이지각이 발달하기 시작하는 증거로 제시하였다.

시각은 가장 느리게 발달하는 감각체계이지만, 인간에게 가장 중요한 감각체계이다. 인간은 대부분의 정보를 시각을 통해 수용할 뿐만 아니라 다른 감각체계로 수용된 정보를 함께 모으고 해석하도록 도움을 준다. 시지각발달은 영유아기의 운동, 인지, 언어 및 의사소통, 사회성, 정서 등 발달 전반과 상호교류적 영향을 주고받는다. 영아의 자세가 누운 자세에서 앉는 자세, 서는 자세일 때 볼 수 있는 세상은 달라진다. 기어서 혹은 걸어서 이동이 가능해진 후의 세상은 훨씬 넓어진다. 이처럼 영유아가 지각하는 세상이 확장됨에 따라 탐색할 수 있는 세상이 넓어지며, 새로 지각한 세상을 탐색하려는 의도는 운동이나 인지 발달을 촉진한다. 그리고 형태는 물론 색깔이나 질감, 깊이 등에 대한 시지각발달은 운동과 인지 발달에 영향을 미친다. 반대로 운동이나 인지 발달도 영유아의 세상 탐색을 촉진하여 시각발달이 촉진됨으로써 상호교류적으로 영향을 미친다.

시지각발달은 영유아의 사회 · 정서발달 및 의사소통발달과도 영향을 주고받는다. 사회적 발달은 영유아와 양육자 간의 애착을 기반으로 한다. 영유아들은 촉각, 후각, 미각, 청각자극을 통해서 먼저 양육자를 인지하기 시작하며, 시각적으로 인지하는 것은 상대적으로 뒤에 가능하다. 그러나 양육자를 시각적으로 구별하기 시작하면서 영유아와 양육자 간의 애착관계는 급속하게 진전된다. 영유아기에 양육자와의 애착을 보여 주는 주된 지표인 낯가림이 사람에 대한 시각적 구분이 어느 정도 완성된 이후에 나타난다는 점은 이러한 관계를 보여 주는 것이라 할 수 있다.

영유아가 양육자의 얼굴을 구별하기 시작하면서 양육자의 얼굴 표정에 관심을 갖게 되고 얼굴 표정을 통한 다양한 감정 표현을 이해할 수 있게 된다. 얼굴 표정과 청각적 자극이나 다른 자극들을 통합하게 됨에 따라 정서를 이해하고, 다른 사람과의 의사소통 능력도 점차 발달하게 된다.

3) 촉각발달

촉각은 인간에게서 가장 먼저 발달하는 감각으로, 신생아는 출생 전에 이미 촉각이 많이 발달되어 있는 것으로 알려져 있다. 영유아들은 쥐기나 만지기, 사물 조작을 통해 사물의 크기나 모양, 온도, 질감, 무게 특징에 대한 정보를 습득하는데, 약 3개월에 손을 사용하여 사물의 크기와 모양을 구별하기 시작하며, 질감은 약 6개월에, 무게는 약 9개월에 구별한다고 한다.

촉각발달은 영유아의 신체발달이나 부모와의 애착 형성, 인지 및 사회성 발달에 영향을 준다. 영유아들은 양육자와의 신체 접촉을 통해 애착을 형성한다. 신체 접촉이 영유아를 정서적으로 안정시키고 편안한 상태로 유지한다는 사실은 여러 연구를 통해 보고되었다.

촉각이 발달에 미치는 영향은 Harlow(1959)의 원숭이 애착 실험으로 자주 설명된다. Harlow는 어린 원숭이들을 태어나자마자 어미 원숭이에게서 분리하여 6개월 동안 2개의 철사로 만들어진 인형과 함께 지내게 하였다. [그림 5-6]에서 볼 수 있듯이, 하나의 인형에는 젖병을 달아 놓고 빨면 젖이 나오게 하였고, 다른 인형에는 젖병은 없으나 부드러운 천으로 감싸 놓았다. 새끼 원숭이들은 배가 고플 때 젖병을 달아 놓은 철사 인형에게 매달려 우유를 먹었으나 배가 고프지 않을 때에는 부드러운 천으로 감싸 놓은 인형에게 매달려 시간을 보냈다. Harlow의 원숭이 애착 실험은 애착을 형성할 때 촉각이 중요함을 보여 주는 실험으로 소개된다.

미숙아들을 대상으로 한 캥거루 케어 또는 마사지 요법은 촉각자극이 양육자와의 애착 형성에는 물론 정서나 신체 발달에도 긍정적인 효과를 갖는다는 것을 보여 주는 또 다른 예라 할 수 있다. Field(1995)는 신체를 어루만져 주는 마사지 치료가 여러 가지 행동 과정과 생리적인 기능을 향상시키고, 발달을 촉진시킬 뿐 아니라 고통을 감소시키는 데에도 효과적이라고 하였다. 촉각은 이처럼 영유아와 양육자 간의 애착을 촉진하여 사회적 발달을 촉진할 뿐 아니라 정서적 안

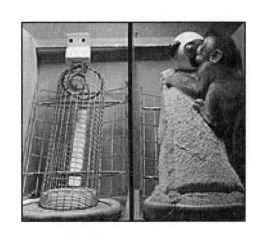

그림 5-6 Harlow의 원숭이 애착 실험

정을 유지하는 데에도 중요한 역할을 한다. 양육자와 안정된 애착을 형성하거나 정서적으로 안정된 영유아들은 세상을 더 적극적으로 탐색하여 궁극적으로 인지나 언어와 같은 다른 영역의 발달에도 긍정적인 영향을 미치게 된다.

4) 후각과 미각 발달

(1) 후각발달

후각을 담당하는 후각체계는 출생 전부터 발달되어 있다. 신생아는 좋은 냄새와 나쁜 냄새를 구별할 수 있는 능력을 태어날 때부터 가지고 태어난다. 출생 후 몇 시간 이내에 영아들은 여러 가지 냄새에 다르게 반응한다.

후각은 인간의 애착 형성에 중요한 역할을 한다. 영아는 어머니와 관련된 냄새에 민감하다. 태어난 지 얼마 지나지 않은 신생아도 자기 어머니의 젖 냄새와 다른 어머니의 젖 냄새를 구별하여 기억할 수 있으며, 젖을 먹이는 양육자의 냄새를 선호한다(Mennella & Beauchamp, 1993). 어머니의 후각 또한 중요하다. 어머니는 생후 1~2일 된 자기 아기의 냄새를 구별해서 인지할 수 있다. 이와 같이 서로 익숙한 후각은 양육자와 영아 간의 애착 형성에 기여한다.

(2) 미각발달

미각발달 역시 출생 전부터 시작된다. 맛을 느끼는 미뢰는 임신 7~8주의 태아에게서도 발달하기 시작한다. 미각은 생후 1개월 동안 빠르게 발달한다. 신생아들은 단맛, 신맛, 쓴맛의 세 가지 기본적인 맛을 구별한다고 한다. 신생아의 얼굴 표정을 관찰함으로써 맛에 대한 반응을 살펴본 연구에서는 달콤한 물질을 빨 때에는 신생아가 미소를 보이고, 신 물질에는 눈을 깜빡이며, 짠 물질에는 입술을 오므리거나 코를 찡그리고, 쓴 물질에는 조금 토하고 목말라하는 등 맛에 따라 다른 반응을 보인다고 하였다.

신생아들은 물과 같이 무미의 액체보다는 달콤한 맛을 내는 액체를 선호한다. 이처럼 달콤한 맛의 선호는 영아가 모유를 먹도록 유도하는 역할을 하며, 생존을 위한 영양 공급은 물론 엄마의 젖을 빨게 함으로써 애착 형성에 기반을 마련하는 데에도 기여한다.

5) 감각통합

감각통합(sensory integration)이란 여러 감각체계로부터 수용된 정보를 통합하여 지각하는 능력을 말한다. 대부분의 경험은 하나 이상의 감각으로부터 동시에 수용되어 지각된다. 음식을 먹을 때 음식에 대한 표상은 음식의 맛(미각)과 혀에 느껴지는 질감(촉각), 음식의 냄새(후각), 음식의 모양(시각), 음식을 먹을 때 나는 소리(청각) 정보가 동시에 지각되고 통합되어 형성된다. 따라서 여러 감각체계로부터 수용된 정보를 통합하는 것은 세상에 대한 많은 정보를 표상하는 데 매우 중요한 역할을 한다.

영유아들은 출생 시부터 이러한 감각통합 능력을 갖고 있는 것으로 보인다. 신생아들은 소리를 들으면 소리가 들리는 쪽으로 머리를 돌려 소리의 근원지를 찾으려 한다. 사물을 추적하는 능력이 발달함과 동시에 소리를 내며 움직이는 사물을 시각적으로 추적하는 것에 관심을 보인다. 이처럼 영유아들은 청각이나 시각을 통합하려는 행동을 보인다. 아직 나이가 어린 영아들은 여러 감각체계로부터 감각을 수용해서 통합적으로 지각하기보다는 특정 감각체계에 기초하여 자극을 지각하는 경향을 보이지만, 연령 증가와 함께 감각을 통합해서 지각하려는 시도는 계속 증가한다 (Bahrick & Pickens, 1994).

감각통합의 문제는 시각장애와 같은 감각장애는 물론 뇌성마비, 자폐스펙트럼장애 등과 같은 발달장애나 미숙아 또는 사회환경적 위험요인에 있는 영유아에게서 흔히 관찰되며(Rose, 1994), 영유아기 발달장애와도 밀접한 관련이 있는 것으로 고려된다(DeGangi & Greenspan, 1989; McLean, Bailey, & Wolery, 1996; Sears, 1994).

이 장을 공부한 후……

- 영유아기 발달의 근간으로서 신체 · 운동발달이 갖는 의미를 이해한다.

- 영유아기의 신체발달을 키와 몸무게 변화를 중심으로 확인한다.

- 영유아기의 운동발달의 중요성과 운동발달의 법칙을 이해한다.

- 신생아 시기의 반사행동이 갖는 의미를 이해하고, 이 시기에 관찰되는 주요 반사행동을 확인한다.

- 대근육 및 소근육 운동발달을 중심으로 영유아기의 주요 운동발달지표를 확인한다.

- 영유아기의 말 산출 기관의 구조와 기능, 섭식 및 삼킴 기능의 발달 양상을 이해하고, 이를 토대로 말 산출과 섭식 및 삼킴 발달과의 관계를 확인한다.

- 영유아기의 감각발달 과정을 살펴보고, 감각발달이 다른 영역의 발달에 미치는 영향을 이해한다.

제6장

인지발달과 의사소통

영유아기의 언어 및 의사소통 발달은 다른 발달 영역과 서로 영향을 주고받으며 진행되지만, 그중에서도 인지발달과는 매우 밀접한 관계를 갖는다. 영유아들은 인지발달을 통해 세상에 대한 개념을 습득하며 표상적 사고의 발판을 마련하는데, 이는 언어습득의 기반이 된다. 반대로 언어는 지적 활동의 중요한 매개체로 언어발달은 영유아의 인지발달을 더욱 촉진한다.

영유아기의 인지발달은 Piaget가 감각운동기라고 명명하였을 정도로 운동 및 감각 발달과 밀접한 관계를 갖는다. 뿐만 아니라 뇌 발달에 의해서도 큰 영향을 받는다. 뇌 발달은 영유아의 모든 행동 발달에 영향을 미치지만 특히 지적능력 발달과 밀접하게 관련된다.

이 장에서는 영유아기의 인지발달을 살펴보기 전에 먼저 영유아기의 뇌 발달을 살펴볼 것이며, 이어서 인지발달에 대해 다루고자 한다.

1. 영유아기의 뇌 발달

인간의 뇌는 우리 몸에서 느끼는 감각을 수용하고 조절하며 운동·생체기능은 물론 고등정신기능을 담당하는 매우 중요한 역할을 한다. 인간이 언어를 이해하고 산출하는 과정은 모두 뇌에서 이루어지므로 이러한 뇌 발달이 영유아 발달에 어떠한 영향을 미치는지 이해하는 것은 중요하다. 다음은 영유아의 뇌 발달을 머리 크기와 뇌 부피의 변화, 뇌 신경계 발달, 뇌 구조 분화, 뇌 발달의 결정적 시기로 나누어 살펴보도록 하겠다.

1) 머리 크기와 뇌 부피의 변화

머리 크기는 주로 머리둘레로 측정한다. 머리둘레는 성장 및 발달의 중요한 지표가 된다. 출생 시 머리둘레는 여아의 경우 33cm, 남아의 경우에는 35cm 정도이다. 평균적으로 머리둘레는 6개월 동안 8cm 정도 증가하고, 점점 증가 속도가 줄어들

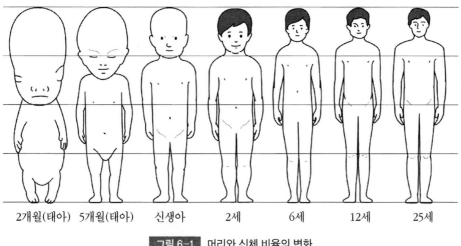

2개월(태아) 5개월(태아) 신생아 2세 6세 12세 25세

그림 6-1 머리와 신체 비율의 변화

어 6~12개월 사이에는 2.5cm 증가한다.

신체에서 머리 크기가 차지하는 비율도 변화하는데, 성인의 경우 머리 크기가 신체의 1/8 정도 되는 것에 비해 출생 직후의 신생아 머리는 신체의 1/4 정도로 머리가 차지하는 정도가 크다. 평균보다 너무 작거나 큰 머리는 비전형적인 발달의 지표가 된다.

머리둘레와 더불어 뇌 부피 역시 뇌 발달을 보여 주는 중요한 측정치이다. 출생시 신생아의 뇌 부피는 약 350g으로, 이는 성인 뇌 무게의 약 1/4 정도에 해당한다. 생후 6개월이 되면 약 700g으로 성인 뇌 무게의 1/2 정도가 되고, 2세경에 이르면 성인 뇌 무게의 1,000g이 넘어 3/4 정도가 된다. 그리고 3~5세 사이에 성인 뇌 무게의 90%에 도달한다. [그림 6-2]의 그래프는 뇌 무게 변화 양상을 보여 준다. 뇌 부

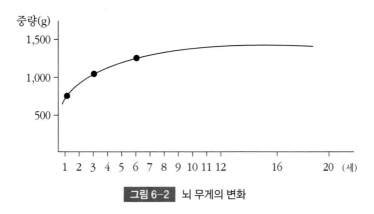

그림 6-2 뇌 무게의 변화

피 역시 키나 몸무게와 마찬가지로 영유아 시기에 급격하게 증가하는데, 이는 이 시기가 뇌 발달에 매우 중요함을 보여 주는 자료라 할 수 있다.

2) 뇌 신경계 발달

영유아의 뇌 발달은 뇌 신경계 발달로 설명할 수 있다. 뇌 신경계 발달에 대한 이해를 돕기 위해 뇌 신경세포와 시냅스 구조를 통한 정보 전달 과정을 box 6-1에 제시하였으니 참고하기 바란다.

---

box 6-1

뉴런과 시냅스 구조

인간의 뇌조직은 뉴런(neuron)으로 구성된다. 뉴런은 핵이 있는 신경세포체와 **신경돌기**(신경교, glia)로 구성되어 있다. 뉴런은 신경계를 이루는 기본 단위가 되는 세포로, 자극을 받아들이고 신호를 전달하는 역할을 한다.

신경돌기는 뉴런을 결합시키는 역할을 하며, 그중 긴 것은 축색돌기(axon), 짧은 것은 수상돌기(가지돌기, dentrites)라고 한다. **수상돌기**는 다른 뉴런의 말초신경섬유로부터 전기화학적 형태로 정보를 받아들이는 역할을 하며, **축색돌기**는 수상돌기로부터 전달받은 정보를 신경말단으로 전달한다. 축색돌기는 수초화가 이루어진 유수신경섬유와 수초화가 되지 않은 무수신경섬유로 구성된다. 수초화(myelination)는 축색돌기가 미엘린에 의해 막이 형성된 현상을 말하는데, 정보 전달 속도를 증가시켜 효과적으로 정보가 전달되도록 한다. 유수신경섬유의 수초가 끊어진 부분을 랑비에결절(node of Ranvier)이라고 한다. 수상돌기는 뇌의 회백질(grey matter)을 구성하며, 축색돌기의 수초는 뇌의 백질

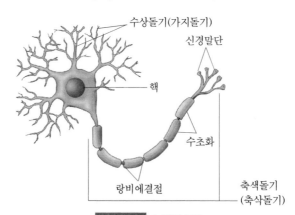

그림 6-3 뉴런의 구조

(white matter)을 구성한다.

뉴런은 감각뉴런과 연합뉴런, 운동 뉴런으로 나뉜다. **감각뉴런**은 수용기(감각기)가 받아들인 자극을 중추로 전달하는 역할을 하며, 구심성 뉴런이다. 신경세포체에서 양쪽으로 뻗은 축색돌기를 가지고 있으며 다른 뉴런에 비해 신경세포체가 작다. **운동뉴런**은 중추의 명령을 근육이나 반응기로 전달하며, 원심성 뉴런이다. 신경세포체가 크고 축색돌기가 매우 길다. **연합뉴런**은 뇌와 척수를 구성하는 뉴런으로, 감각뉴런과 운동뉴런 사이에서 중개하는 역할을 한다. 축색돌기가 길지 않으며 가지돌기가 짧고 수가 많다.

뉴런과 뉴런은 서로 연결되어 **시냅스 구조**를 형성한다. 시냅스는 뉴런과 뉴런의 접속 부위를 말한다. 시냅스에서는 신경전달물질을 이용하여 흥분을 전달한다. 축색돌기 말단에 신경전달물질을 포함하고 있는 시냅스 소포가 있어 활동 전위가 이곳에 도달하면 시냅스 소포에서 신경전달물질이 분비된다. 이 물질이 시냅스 틈으로 확산되고 시냅스로 연결된 다음 뉴런의 수상돌기나 신경세포체의 수용체로 전달된다.

인간의 뇌는 800~1,000억 개 정도의 뉴런을 가지고 있는데, 뉴런의 수는 임신 20주에 거의 완성된다. 출생 후 뇌세포 수에는 변화가 없다고 알려져 왔는데, 최근의 연구들에서는 노인기까지도 뇌세포가 증가된다고 보고하기도 한다.

뇌 신경세포에 기초한 뇌 발달은 시냅스 증가와 뉴런의 크기 증가 및 수초화, 불필요한 뉴런에 대한 가지치기 등을 통한 정보 전달의 효율성 증가 등으로 설명할 수 있다.

시냅스는 뉴런 사이를 연결하는 것으로 뇌 성장과 기능에 있어서 굉장히 중요하다. 시냅스는 유전, 경험, 생화학의 복합적인 상호작용에 의해 형성된다(Kolb, 1999). 영유아 시기에는 수많은 시냅스가 빠르게 연결되며 확장된다. 6개월경에는 시각중추에서의 시냅스가 10배 정도 증가하고(Huttenlocher, 1994), 12개월경에는 운동 피질에서, 24개월에는 기억·정서 발달 영역에서, 3세경에는 언어발달 영역에서 시냅스가 증가한다.

수초화(myelination) 역시 뇌 발달에 있어서 아주 중요하다. box 6-1에서 설명한 것처럼, 미엘린은 신경교로 구성된 지방성 물질로 신경세포의 둘레에 막을 형성한다. 이는 뉴런을 보호하며 신경전류의 전달 속도를 빠르게 한다. 수초화는 출생 전에 척수와 또 다른 뇌 영역에서 신경세포를 통해 형성된다. 이 과정은 영유아기 동

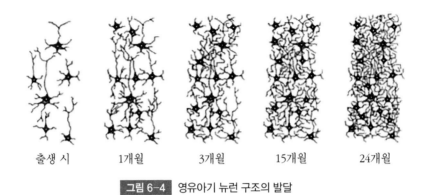

| 출생 시 | 1개월 | 3개월 | 15개월 | 24개월 |

그림 6-4 영유아기 뉴런 구조의 발달

안에 빠르게 진행되다가 4세 내지 5세가 되면 점점 느려진다.

뇌 발달 초기에는 과도한 양의 뉴런이 만들어진다. 2세 영유아는 성인에 비해 뉴런의 양이 더 많다(Nash, 1997). 그러나 다른 뉴런과 잘 연결되지 않은 뉴런은 점차 소멸되는데 이를 가지치기(pruning)라고 한다. 뉴런은 적절하고 지속적으로 자극을 받는 경우에 더 확장되고 다른 뉴런들과 더 강하게 연결되지만 그렇지 않은 경우에는 소멸된다. 예를 들어, 생후 첫 해 동안에는 모든 말소리에 대해 시냅스가 형성되지만, 이후에는 영유아가 경험한 특정한 말소리와 관련한 뉴런의 연결만이 확장된다(Kolb, 1989). 새로운 시냅스 연결에는 경험이 영향을 주어 영유아 시기의 충분하고 적절한 자극은 뇌 발달을 촉진한다.

3) 뇌 구조 분화

뇌는 크게 대뇌, 소뇌, 간뇌, 중뇌, 뇌간 등으로 구성된다. 뇌의 각 영역은 신체기능, 정신 과정 등과 관련된 특별한 기능을 수행한다. 뇌의 가장 큰 부분은 대뇌피질이 차지한다. 대뇌피질(cerebral cortex)은 운동, 감각, 정서, 언어, 기억, 판단 등 인간의 고등정신기능에 중요한 역할을 한다. 대뇌피질은 좌반구와 우반구 2개의 반구로 나뉘어 있는데, 좌반구는 주로 언어, 수학적 추리력, 논리적 사고 등에 중요한 역할을 하며, 우반구는 시공간 능력이나 직관적이고 창조적인 부분을 담당한다. 소뇌(cerebellum)는 대뇌 아래쪽의 뒷부분에 위치하며, 몸의 자세나 균형을 조절하는 기능을 담당한다. 간뇌(interbrain, diencephalon)는 대뇌 아래, 소뇌 앞부분에 위치하

파충류의 뇌	포유류의 뇌	인간의 뇌
뇌간과 소뇌	변연계	대뇌피질
싸움과 도피 생명유지	정서, 기억, 습관	언어, 추상적 사고, 상상, 의식 고등정신능력

그림 6-5 삼층뇌이론

출처: MacLean (1990).

며, 척수나 뇌간에서 전달된 정보를 대뇌피질로 전달하는 역할을 담당한다. 대뇌피질과 간뇌 사이에 **변연계**(limbic system)가 위치하는데, 변연계의 편도체(amygdala)와 해마(hippocampus)는 인간의 동기와 정서, 학습, 기억 등에 중요한 역할을 한다. **중뇌**(midbrain)는 간뇌와 소뇌 사이에 있으며, 대뇌의 명령을 뇌간이나 척수로 전달하는 통로가 있다. 마지막으로, **뇌간**(brainstem)은 호흡이나 심장박동, 소화, 수면 등 생명 유지와 관련된 기능을 담당한다.

영유아의 뇌 구조 발달은 MacLean(1990)의 **삼층뇌이론**(triune brain theory)을 기반으로 자주 설명된다. [그림 6-5]에서처럼 삼층뇌이론에서 뇌는 파충류의 뇌(lizard brain), 포유류의 뇌(mammal brain), 그리고 인간의 뇌(human brain)로 구성된다고 설명한다. 파충류의 뇌는 뇌간과 소뇌로 구성되며, 주로 생명 유지와 관련된 기능을 담당한다. 포유류의 뇌는 파충류의 뇌에 변연계까지 포함한다. 따라서 포유류의 뇌는 생명 유지는 물론 정서와 기억 등의 기능까지 담당한다. 마지막으로, 인간의 뇌는 대뇌피질까지 뇌 전체를 포함한다. 대뇌피질은 앞에서 설명한 바와 같이, 운동, 감각, 정서, 언어, 기억, 판단 등 인간의 고등정신 기능을 담당한다.

삼층뇌이론에 의하면, 인간의 뇌는 진화 과정에서 한 층씩 필요한 기능을 더하면서 발달한다고 설명한다. [그림 6-6]에서 볼 수 있듯이, 인간 뇌의 삼층구조는 배아기부터 관찰된다. 배아기는 수정 후 2주부터 8주까지가 해당되는데, 이때 이미 뇌의 삼층구조가 관찰된다. 그러나 아직은 파충류의 뇌로 명명되는 뇌간 부위가 차지

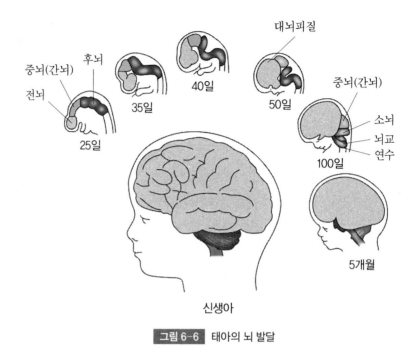

중뇌(간뇌)
후뇌
전뇌
25일

35일

40일

대뇌피질

50일

중뇌(간뇌)
소뇌
뇌교
연수
100일

5개월

신생아

그림 6-6 태아의 뇌 발달

하는 비중이 크다. 대뇌피질 부분이 차지하는 부분은 점차 커져서 태아기로 넘어가는 시점에서는 뇌의 가장 큰 부분을 차지한다. 출생 후에도 대뇌피질의 발달은 계속되며, 영유아기 동안에 더 빠르게 발달하고, 기능이 점점 세분화되어 간다. 특히 대뇌피질의 발달은 환경의 영향을 가장 많이 받는다.

4) 뇌 발달의 결정적 시기

다른 발달과 마찬가지로 뇌 발달에도 결정적 시기가 있다. 일반적으로 임신 16주는 뇌 발달의 결정적 시기이며, 뇌세포의 크기가 증가하고 복잡해지는 태아기 후반부에서 영유아기 초기까지를 두 번째 결정적 시기로 본다(Dobbing, 1976). 연구자에 따라서는 뇌가 부위에 따라 각기 다른 결정적 시기를 갖는다고도 한다(Ramey & Ramey, 1999).

뇌는 유전적 기초와 환경적 경험의 상호작용을 통해 발달한다. 특히 적절한 환경자극은 시냅스의 성장과 유지를 위해 중요하며, 뇌 발달을 위해서는 간헐적이고 비일관된 활동보다는 일관되고 반복적인 활동이 효과가 크다.

환경자극이 중요하다고 해서 무조건 많은 양의 자극이 효과적인 것은 아니다. 영유아의 뇌 발달을 고려하여 자극의 유형이나 질적인 측면을 고려하는 것이 필요하다. 너무 많거나 부적절한 감각자극은 오히려 뇌 발달에 역기능을 초래할 수도 있다. 따라서 영유아기의 뇌 발달에 대해 이해하고 각 발달 시기에 적합한 언어자극을 제공하여 영유아 뇌 발달을 촉진하도록 하는 것이 필요하다.

2. Piaget의 영유아기의 인지발달

인지(cognition)란 자극을 받아들이고 저장하며 인출하는 일련의 정신 과정으로 지각, 기억, 상상, 구상, 판단, 추리를 포함한 포괄적인 의미의 지적인 행동을 말한다. 인지는 영유아가 세상을 탐색하고 학습하며 학습한 내용을 적용하여 문제를 해결하는 데 필수적인 능력이라 할 수 있다.

모든 영역의 발달은 서로 상호교류적으로 영향을 주고받으면서 진행되나, 특히 인지발달은 언어 및 의사소통 발달과 필수불가결의 관계라 할 수 있다. 의사소통발달을 위해서는 자기의 행동과 다른 사람의 행동 간의 관계를 이해하여야 하며, 다른 사람에게 영향을 미치기 위해 자기의 행동을 도구적으로 사용할 수 있어야 한다. 또한 의사소통의 주된 수단인 언어적 상징체계를 습득하기 위해서도 인지적 성숙이 요구된다. 영유아들이 언어를 이해하고 표현하기 시작한 이후에는 언어를 통해 많은 것을 학습하고 표현함으로써 인지 능력을 발달시켜 간다.

1) Piaget의 인지발달이론

Piaget(1896~1980)는 스위스의 심리학자로 아동 발달에 대한 많은 연구를 진행하였다. 그중에서도 그가 제시한 인지발달이론은 아동기의 인지발달을 설명하는 대표적 이론으로 받아들여진다. Piaget는 인지발달은 일정한 단계를 거쳐 진행되며, 일정한 시기가 되면 각 단계를 거치도록 내재화된 상태로 태어난다는 선험론적 관점을 가지나, 동시에 인간은 능동적 존재로서 스스로 적응하려는 힘을 가지고 태어나며, 환경과의 상호작용을 통해 자신의 인지 능력을 발달시켜 간다고 강조함으로써 인지발달에 환경이 미치는 영향 역시 강조하였다.

(1) 도식, 동화, 조절

Piaget는 아동의 인지발달을 도식의 발달, 확장으로 설명하였다. 도식(scheme)이란 인간이 외적인 자극을 인지하고 행동하는 데 사용하는 지각과 행동의 틀(frame)로, 인간 행동에 영향을 미친다. 도식은 운동과 정신 도식으로 구분하기도 하는데, 운동 도식은 빨기, 잡기, 걷기와 같은 행동의 패턴을 조직화하고 수행하는 기본 틀이며, 정신 도식은 사고 과정을 구성하는 개념, 이미지 등을 형성하는 기본 틀이 된다.

Piaget는 이러한 도식이 동화와 조절의 과정을 통해 발달된다고 하였다. 동화(assimilation)는 환경을 자신에게 맞추는 것으로 자신이 이미 가지고 있는 도식 또는 인지구조 속에 외부의 대상을 받아들이는 과정을 말한다. 예를 들어, 엄마 젖을 빠는 행동 도식을 가진 아기는 우유병의 젖꼭지가 입 안에 들어왔을 때에도 엄마 젖을 빠는 것과 같은 방식으로 빤다. 반면, 조절(accomodation)은 자신이 가지고 있던 기존의 도식을 새로운 자극에 맞추어 변화시키는 것을 말한다. 우유병의 젖꼭지를 엄마 젖과 같은 방식으로 빨던 아기가 우유병에서 흘러나오는 우유 양에 맞게 빨기의 속도나 강도를 변화시키는 것을 예로 들 수 있다. 이처럼 외부 자극을 자신의 내부 정신구조에 순응시키는 동화의 과정과 외부 자극에 자신의 정신구조를 순응시키는 조절이 서로 상보적으로 진행되면서 인지가 발달한다. Piaget는 동화와 조절이 한 과정만 계속 발생하지 않고 서로 상보적으로 진행되는 것을 균형(equilibrium)의 개념으로 설명하였다. Piaget가 동화와 조절을 모두 중요하게 고려하는 것은 인지발달에 있어 아동이 타고난 내적 요인과 외적인 환경적 요인이 모두 중요함을 강조하는 것이라 할 수 있다.

(2) Piaget의 인지발달 단계

Piaget는 인지발달이 감각운동기(0~2세), 전조작기(2~7세), 구체적 조작기(7~11세), 형식적 조작기(11세~성인기)로 구성된 일련의 과정을 거쳐 발달된다고 보았다. 먼저, 감각운동기(senseori-motor period)는 출생 후부터 2세까지의 시기를 말하며, 감각과 운동을 통해서 세상을 탐색하고 이해하는 시기이다. 감각과 운동 능력의 발달은 사물 및 세상을 지각적으로 표상하는 기초가 된다. 감각운동기를 거치며 영아는 대상영속성이나 인과관계, 수단-목적, 공간관계, 모방, 상징의 인지적 기술을 습득하는데, 이는 다음 단계인 전조작기로 발달하는 기초가 된다.

전조작기(preoperational period)는 감각운동기가 끝난 후 약 3세경부터 6, 7세 정도의 시기로 유치원 시기에 해당한다. 감각운동기를 거치면서 '상징' 개념이 형성된 유아들은 감각 운동에만 의지하는 것에서 벗어나 상징적 사고를 기반으로 인지를 발달시켜 간다. 조작적(operational)이라는 용어는 이미 습득된 지식을 논리적으로 조작하여 새로운 내용을 표상할 수 있게 된다는 것을 의미한다. 그러나 이 시기는 상징적 사고는 시작되었으나 아직 논리적인 사고는 미흡한 상태이기 때문에 전조작기로 명명한다. 전조작기 유아는 상징적 사고가 가능해지지만 타인의 관점을 통해 세상을 이해하지 못하는 자기중심적 사고, 동일한 내용을 다른 차원으로 전환해서 사고하지 못하는 비가역적 사고, 무생물을 인간과 같이 생각하는 물활론적 사고 등을 주요 특징으로 하는데, 이 시기를 거치면서 서서히 이러한 제약을 극복하게 된다.

구체적 조작기(concrete operational period)는 7세부터 11세 정도의 시기로 초등학교 시기에 해당한다. 구체적 조작기에는 전조작기에 비해 더 논리적이고 구체적인 사고가 가능해진다. 이 시기의 아동들은 전조작기를 통해 자기중심성이나 비가역적 사고를 극복하면서 보다 논리적이고 추론적인 사고를 할 수 있게 된다. 그러나 아직은 논리적, 추론적 사고가 직접 조작해 보는 구체적인 경험을 토대로 하므로 구체적 조작기라 부른다.

마지막으로, 형식적 조작기(formal operational period)는 초등학교 이후부터 성인기까지로 이 시기를 통해 직접 경험을 하지 않고 구체적 대상이 없어도 머릿속에서 생각할 수 있고, 문제의 여러 측면을 종합하고 해결방안을 찾을 수 있게 된다. 다시 말해, 구체적 조작기의 아동은 구체적 세계 안에서 논리적 사고를 하는 반면, 형식적 조작기에 이르면 현실적 세계를 넘어서 가상적 추론을 할 수 있게 된다. 청소년기에는 진정한 의미의 상징적이고 추상적인 사고가 가능해지며, 추리를 통한 판단 능력도 발달한다. 이러한 상징적, 추상적 사고와 더불어 자신의 의미대로 설계하고, 자신의 자아개념도 확립할 수 있게 된다. 구체적 조작기의 사고는 현실적이고 경험적이며 아직은 체계적인 통합적 사고가 어려운 것에 반해, 형식적 조작기의 사고는 상징적이고 가설적이며 통합적 분석 능력을 가진다는 점에서 차이를 갖는다.

⟨표 6-1⟩ Piaget의 인지발달 단계

	특징	의사소통 및 언어 발달과의 관계
감각운동기 (0~2세)	• 감각과 운동 경험을 통해서 세상을 탐색하는 시기 • 감각을 통해 사물에 대한 지각적 표상을 수립하고 운동 능력을 바탕으로 사물 및 세상 지각	• 의도적 의사소통행동이 나타남 • 언어적 상징을 통한 의사소통이 시작됨
전조작기 (2~7세)	• 조작적 사고 시작 • 아직 상대적이거나 객관적인 사고보다는 직관적이고 주관적인 사고에 의존. 따라서 전(pre)조작기로 명명함	• 모국어 규칙체계를 습득함 • 상대의 관점을 고려하여 대화에 참여하거나 이야기를 산출할 수 있게 되나 여전히 직관적이거나 주관적인 특성이 드러남
구체적 조작기 (7~11세)	• 구체적 현상에 대한 논리적 사고가 가능해짐 • 상대적이고 객관적인 사고가 가능해지며, 탈자기중심적이고 가역적 사고가 가능해짐	• 대화가 자연스러워지며, 잘 조직화된 내러티브 산출이 가능해짐. 그러나 아직은 구체적 현상을 중심으로 함
형식적 조작기 (11세~성인기)	• 추상적이고 논리적인 사고가 가능해짐	• 추상적 현상에 대한 대화나 내러티브 산출이 가능해짐

2) 감각운동기의 인지발달

Piaget의 인지발달 단계 중 감각운동기는 영유아의 인지발달을 이해하는 데 도움이 되므로 더 자세히 살펴보도록 하겠다. Piaget는 감각운동기의 인지발달을 반사적 행동기, 1차 순환반응기, 2차 순환반응기, 2차 순환반응의 협응기, 3차 순환반응기, 정신적 표상기의 6단계의 하위 단계로 세분화하였다. 각 단계 명칭에서 1차, 2차, 3차와 순환반응기와 협응기의 개념을 이해하면 감각운동기의 인지발달을 이해하는 데 도움이 된다. 먼저 1차, 2차, 3차는 영유아의 주된 관심 대상에 따라 구분된다. 즉, 1차는 관심의 대상이 '자신', 2차는 자신이 아닌 '외부 대상', 3차는 '실험적이고 새로운 시도'에 있다. 자기 자신에 국한된 관심의 범위가 외부 대상과 실험적 시도로 점차 확장되어 가는 것이다. '순환반응기'는 같은 행동을 반복하는 것을 의미하며, '협응기'는 두 가지 행동도식을 협응해서 나타내는 것을 의미한다. 즉, 같은 행동을 반복하는 것에서 점차 여러 행동을 조합하는 형태로 발달이 진행됨을 의미한다. 이와 같은 용어에 대한 정의를 기반으로 감각운동기의 하위 6단계에 대해 간단히 설명하면 다음과 같다.

먼저, 제1단계인 반사적 행동기(reflex activity)는 출생 직후부터 1개월까지의 시기, 즉 신생아기에 해당한다. 신생아기는 자발적인 의도를 가지고 하는 행동이 거의 없으며, 주로 태어나면서부터 가지고 태어난 반사적 행동만이 나타나는 시기이므로 반사적 행동기라고 명명된다. 신생아들은 여러 반사행동을 가지고 태어나는데, 그중에서도 가장 우세한 반사는 빨기반사이다. 아기는 젖꼭지는 물론 손가락, 옷 등 입에 닿는 모든 것을 반사적으로 빤다. 이미 가지고 태어난 빨기 행동 도식을 모든 대상에게 동화시키는 것이다.

제2단계인 1차 순환반응기(primary circular reactions)는 1~4개월 정도에 해당한다. 이 단계의 영아들은 이미 가지고 있는 행동 도식을 주로 자신의 신체에 국한하여 반복한다. 이 시기의 영아는 아직 누워 있는 자세로, 움직임은 물론 시지각발달도 제한되어 있어 관심의 대상이 주로 자신의 신체에 국한된다. 그러나 반사적 행동기와는 달리 이 단계에서는 조절과 동화의 기능이 분리된다. 예를 들어, 입에 닿는 것은 무엇이든 빨기만 했던 영아는 점차 팔의 움직임이 활발해지면서 자기 손가락을 빨기 위해서 손을 입으로 가져오게 된다. 단지 입에 닿는 물건을 빠는 행동을 동화시키는 것만이 아니라 빨기 위해서 자세를 바꾸고 행동을 변화시키는 조절이 발생한 것이다. 이러한 행동 조절은 영아가 주변에서 주어진 것에 적용만 하는 것이 아니라 스스로 발견하고 탐색하는 행동이 시작된 것으로 볼 수 있다.

제3단계인 2차 순환반응기(secondary circular reactions)는 4~8개월 사이에 해당하며 관심의 대상이 1차인 자기 신체에서 2차인 외부 대상으로 확장된다. 딸랑이를 흔드는 행동을 예로 들면, 1차 순환반응기에는 양육자가 딸랑이를 쥐어 주면 단지 팔을 흔드는 행동을 반복해서 딸랑이를 흔드는 것과 같은 결과를 얻는 반면, 2차 순환반응기에는 딸랑이 소리에 관심을 갖고 소리를 내기 위해서 딸랑이를 흔들게 된다. 뿐만 아니라 눈앞에 있는 딸랑이를 잡으려는 행동을 한다. 이 시기의 영아는 자기 행동과 결과 간의 인과적 관계에 관심을 갖게 되는데, 이는 이후의 의도적 행동 발달의 토대가 된다. 또한 이 시기에는 습득한 개별적 행동 도식을 협응한 도식들이 여러 가지 관찰된다. 소리를 듣기 위해 딸랑이를 흔드는 것은 듣는 행동과 팔을 흔드는 행동 도식이 협응된 것이다.

제4단계인 2차 순환반응의 협응기(coordination of secondary reactions)는 8~12개월 정도에 해당한다. 이 단계에서는 3단계인 2차 순환반응기에서 시작된 인과적 관계 이해를 기반으로 특별한 목적을 달성하기 위해 관련된 행동 도식을 수단으로 적용하는 행동이 관찰된다. 비로소 목적을 수행하기 위한 의도적 행동이 관찰되는 것이다. 그리고 자신의 목적을 수행하기 위하여 두 가지 행동 도식을 협응시킨다. 즉, 목표가 되는 하나의 행동 도식을 위해 수단이 되는 다른 도식을 이용하는 것이다. 또한 이 시기에는 눈앞에서 사라진 사물을 찾기 위해 방해물을 치우는 행동이 관찰되는데, 이는 사물이 보이지 않더라도 존재하는 대상영속성 개념이 형성되기 시작하였음을 의미한다.

제5단계인 3차 순환반응기(tertiary circular reactions)는 12~18개월 정도에 해당한다. 3차는 실험적인 행동을 의미한다고 앞에서 서술하였다. 이 단계의 영아는 목적을 달성하기 위한 여러 행동을 실험적으로 시도한다. 1차 순환반응에서는 단지 기존에 가지고 있었던 행동 도식을 반복하고, 2차 순환반응에서는 이러한 행동 도식을 원하는 결과를 위해 적용하였다면, 3차 순환반응에서는 새로운 행동이 어떤 결과를 가져올 것인가를 확인하기 위하여 실험적으로 시도해 본다. 이러한 과정에서 여러 시행착오를 거치게 되고, 이를 통해 원하는 결과를 얻는 새로운 방법을 발견하게 된다.

마지막 제6단계는 정신적 표상기(mental representation)로, 18~24개월 정도에 해당한다. 이 단계의 영아는 단지 시행착오를 통해서만이 아니라 상징적 사고를 통해서 문제를 해결해 나간다. 즉, 여러 방법을 시도해 보고 시행착오를 통해 새로운 방법을 찾아가던 이전 단계와는 달리 실제로 해 보지 않고 머릿속에서 생각해서 문제를 해결하는 새로운 방법들을 찾아 나간다. 정신적 표상기에는 언어발달이 본격화된다. 언어이해와 표현 능력의 발달은 영유아들이 상징적으로 사고하는 데 중요한 역할을 한다.

3) 감각운동기의 인지기능과 언어발달

(1) 감각운동기의 주요 인지기능
영유아들은 6단계의 감각운동기를 거치며 주요한 인지기능을 습득한다. 그중 가장 중요한 인지기능이 대상영속성이다. 대상영속성(object permanence)은 사물이 눈에 보이지 않아도 존재한다는 것을 아는 것이다. 대상영속성이 생겼다는 것은 그 대상에 대한 내적 표상이 생겼다는 것을 의미한다. 영유아는 대상을 직접 보거나 만지지 않아도 대상에 대해 생각할 수 있게 되며, 이는 궁극적으로 상징적 사고를 위한 기반이 될 뿐 아니라 언어습득에도 매우 중요한 의미를 갖는다. 따라서 대상영속성은 감각운동기에 습득되는 인지기능 중 가장 중요하게 언급된다.

　대상영속성은 감각운동기의 6단계를 거치며 서서히 습득된다. 1차 순환반응기인 1~4개월경의 영아는 앞에 놓인 사물을 감추면 그 사물의 존재를 잊어버리고 찾는 행동을 보이지 않는다. 그러던 것이 2차 순환반응기인 4~8개월경에 이르면 사라진 물체를 찾는 행동을 보이기 시작한다. 하지만 아직 사라진 물건과 다시 나타난 물건이 동일한 물체임을 인식하지 못한다. 2차 순환반응의 협응기의 끝무렵인 12개월경에 이르러야 사물이 보이지 않아도 존재한다는 대상영속성이 나타난다. 이때의 영아는 숨긴 물건과 다시 찾은 물건이 동일한 물체임을 인식한다. 다섯 번째 단계인 3차 순환반응기에는 영아가 보는 앞에서 빠른 속도로 장난감을 이리저리 옮겨 놓아도 찾을 수 있으며, 마지막 정신적 표상기에는 장난감을 이리저리 옮기는 과정을 전부 보지 않더라도 찾을 수 있다. 이것은 영아가 사라진 물건을 마음속에서 여기에서 저기로 옮겼을 것이라고 상상할 수 있기 때문에 가능하다.

　인과성과 수단-목적관계를 이해하게 되는 것도 감각운동기의 주요 인지적 변화이다. 인과성(causality)은 사건의 원인과 결과 간의 관계를 이해하는 것이다. 영유아

〈표 6-2〉 감각운동기의 대상영속성 발달 과정

단계	대상영속성 발달
1단계	대상영속성이 없음. 사물이 눈앞에 보이지 않으면 존재를 잊어버림
2단계	한 번 보거나 만져 본 사물에 대해 약간의 기대를 보이기 시작함
3단계	대상영속성이 형성되기 시작. 사라진 사물을 두리번거리며 찾으나 금방 잊어버림
4단계	사물이 사라진 지점에서 물체를 찾으려 함. 감춰지는 과정을 보았더라도 이전에 있었던 자리에서 찾으려 함
5단계	사물을 옮기면서 숨겨도 찾을 수 있음
6단계	사라진 사물을 찾으며, 사물이 숨겨졌을 것으로 생각되는 장소를 탐색함

는 2차 순환반응기인 4~8개월경에 자신을 중심으로 사건에 대한 원인과 결과를 인
식하기 시작하며, 다음 단계인 2차 순환반응의 협응기인 8~12개월에는 자신을 벗
어난 다른 사물이나 대상 간의 인과적 관계를 습득한다. 영유아의 인과성 습득은 대
상영속성 습득과 밀접한 관계를 가지며, 결과를 중심으로 원인을 조작하는 형태의
수단-목적 발달의 기반이 된다.

수단-목적(means-ends)은 원하는 결과를 얻기 위해 자기 자신이나 다른 사람, 혹
은 주변 상황을 수단으로 이용할 수 있는 것을 말한다. 수단-목적을 위해서는 먼저
어떠한 사건의 원인과 결과에 대한 이해가 이루어져야 한다. 특정 사건에 대한 결과
를 이해한 영유아는 결과, 즉 목적하는 바를 성취하기 위하여 원인을 조작하기 시작
한다. 즉, 도구로 활용할 수 있게 된다. 앞에서 설명하였듯이, 2차 순환반응의 협응
기인 8~12개월 정도에 이르면 서로 다른 두 행동을 인과성에 따라 순서화할 수 있
게 되고, 3차 순환반응기인 12~18개월이면 원하는 목표를 위해 새로운 수단을 찾
아낸다. 그리고 18~24개월이 되면 내적 사고를 통해 결과를 성취하기 위한 수단을
찾아낸다.

공간관계(spatial relations)는 공간 내에서 사물의 위치와 다른 대상들과의 상대적
관계에 의해 위치를 인식하는 것을 말한다. 이러한 공간관계를 기반으로 영유아는
자기와 주변을 구별하고, 상대적 관점에 따라 대상들을 이해할 수 있게 된다. 이를
기반으로 위치에 따라 사물의 형태가 다르게 보일 수 있음을 이해하게 되며, 이는
사물이나 주변 환경을 인지하는 데 도움이 된다. 영유아는 2차 순환반응의 협응기
인 8~12개월에는 자신을 벗어난 다른 사물이나 대상 간의 관계를 이해하기 시작하
며 점차 사물의 다양한 시각적 속성을 이해하게 된다.

모방(imitation)은 다른 사람의 행동을 따라하는 것이다. 이러한 모방 능력은 새로
운 것을 학습하는 데 무엇보다 중요한 역할을 한다. 생후 1~2개월경에도 모방하는
행동이 관찰되며, 이후 지각발달이나 수의적인 운동기능의 발달과 모방 행동도 함
께 발달한다. 초기에는 현재 보이는 행동을 중심으로 모방하기 시작하여 관찰한 행
동을 일정 시간이 지난 후에 모방하는 지연된 모방은 내적인 표상이 필요하므로 감
각운동기 말인 18개월 정도에 나타난다.

마지막으로, 상징(symbol)은 사물이나 사람, 행동 등을 가장(pretending)하는 행동
으로, 가장하는 대상에 대한 정신적 표상이 형성되었음을 의미한다. 영유아기의 상

징행동은 상징놀이와 언어적 상징의 사용을 통해 확인할 수 있다. 감각운동기를 거치면서 영유아들은 상징놀이를 시작하며, 언어적 상징을 통한 의사소통을 시작하게 된다.

(2) 감각운동기의 인지기능과 언어발달

앞에서 설명한 감각운동기의 인지기능들은 의사소통 및 언어 발달과 관련된다. 대상영속성은 사물에 대한 표상을 형성하게 하며, 사물의 이름을 습득하는 것과 밀접하게 연관된다고 보고된다(Gopnik & Meltzoff, 1984, 1986). 사물이 눈앞에서 사라지면 그 사물의 존재를 잊어버리던 영아들이 생후 1년을 즈음하면 눈앞에서 사라진 사물을 찾는 행동을 보이기 시작한다. 영아가 눈앞에서 사라진 사물을 찾기 시작하는 행동은 다른 의미로 특정 대상에 대한 정신적 표상을 형성하기 시작하였음을 의미하며, 이는 대상에 대한 개념 형성의 토대가 된다. 초기 언어습득은 영유아가 정신적으로 표상하기 시작한 대상에 대해 특정 언어적 상징을 결합함으로써 이루어진다. 따라서 감각운동기의 대상영속성 발달은 초기 언어발달, 특히 사물을 포함하여 특정 대상의 언어적 명칭을 이해하는 것과 밀접하게 관련된다고 설명할 수 있다.

또한 인과성과 수단-목적관계에 대한 이해는 초기 의사소통 의도 발달과 밀접하게 관련될 수 있다. 앞에서도 설명하였듯이, 행동의 원인과 결과를 이해하는 인과성은 자기의 움직임을 중심으로 생후 4~8개월경에 관찰되기 시작하며, 생후 8~12개월경에는 외부 사물들 간의 관계로까지 확장된다. 영유아들은 원인과 결과에 대한 이해를 바탕으로 원인이 되는 것을 조작함으로써 자신이 원하는 결과를 얻고자 시도하게 되며, 이는 수단-목적 행동으로 발달된다. 의사소통 측면에서 영유아들은 자신의 행동(원인)이 상대방에게 미치는 영향(결과)에 대해 인지하게 됨으로써 목표를 향한 행동, 즉 의도적 의사소통 행동이 나타나게 되며, 자신의 행동을 수단으로 사용하여 원하는 결과를 얻고자 하는 의도적 의사소통 행동으로 발전된다. 제4장에서 영유아기의 의도적 의사소통행동발달을 Bates, Camaioni와 Volterra(1975)의 이론을 통해 설명했는데, 이들이 설명한 언향적 단계는 인과성 발달 시기와, 언표내적 단계는 수단-목적 행동 출현 시기와 대략적으로 일치하는 점도 초기 인지발달과 의사소통발달과의 관계를 보여 주는 것이라 할 수 있다.

모방 역시 초기 언어학습에서 매우 중요한 역할을 담당한다. 영유아들은 상대방

〈표 6-3〉 감각운동기의 주요 인지발달

단계	특징	대상영속성	인과	수단-목적	모방	공간관계	상징
1단계 반사적 행동기 (0~1개월)	• 반사적	• 개념이 없음	• 없음	• 개념이 없음	• 반사적인 형태의 모방	• 개념이 없음	• 없음
2단계 1차 순환반응기 (1~4개월)	• 자기 신체를 중심으로 검사적 도식 협응	• 한 번 본 대상에 대해 다시 볼 수 있다는 기대를 나타내기 시작	• 자신과 외부 대상을 구별하지 못함	• 개념이 없음 • 의도성 없음	• 양육자의 반응에 따라 같은 행동을 반복함	• 각 사물을 공간적 관계에 기초하지 않고 개별적으로 지각	• 반복적 행동을 즐김
3단계 2차 순환반응기 (4~8개월)	• 외부 사물에 기존에 습득된 행동 도식 반복	• 사라진 대상물을 찾기 시작. 일부 감추어진 사물을 찾지만 완전히 사라진 사물은 찾지 않음	• 인과적 사고 시작. 자신을 모든 사건의 원인으로 지각	• 사건의 결과에 관심 • 목적지향적(연향적) 행동	• 자기의 행동 목록에 있는(표상하고 있는) 소리나 행동 모방	• 자기와 외부 사건과의 관계를 이해하기 시작	• 친숙한 사물을 대상으로 행동을 반복
4단계 2차 순환반응의 협응기 (8~12개월)	• 원하는 결과를 얻기 위해 다른 행동 도식을 적용	• 사물이 사라진 지점에서 없어진 사물을 적극적으로 찾음	• 외부 대상이 원인이 될 수 있음을 이해하기 시작	• 결과를 예측한 행동 출현 • 의도적(인표내적) 행동 시작	• 자기의 행동 목록에 있는 유사한 소리나 행동 모방	• 사물의 3차원적인 속성, 크기, 모양, 무게 등을 이해하기 시작 • 사물 탐색	• 여러 사물을 기능에 맞게 가지고 놀기 시작
5단계 3차 순환반응기 (12~18개월)	• 원하는 결과를 얻기 위해 다양한 실험적 행동들을 시행하오	• 사물을 옮기면서 숨겨도 찾을 수 있음	• 여러 대상 간의 인과적 관계를 이해하기 시작	• 원하는 목적을 위해 새로운 수단을 발견 • 도구 사용	• 자기의 행동 목록에 없는(표상하고 있지 않은) 다른 사람의 행동 모방	• 서로 다른 공간에 있는 사물들을 조합하고 연결	• 사물내체 형태의 놀이를 보이기 시작
6단계 정신적 표상기 (18~24개월)	• 표상적 사고의 시작	• 사물을 숨겼을 것으로 생각되는 장소를 탐색함	• 인과적 사고	• 내적 사고를 통한 수단 발견 • 언어를 도구로도 사용	• 지연된 모방	• 사물 간 또는 사물과 자기와의 공간적 관계를 이해	• 사물대체놀이, 다른 사람의 행동을 모방하는 놀이, 존재하지 않는 물건을 가장하는 놀이

의 행동을 모방함으로써 새로운 기술을 습득한다. 모방 기술은 감각운동기를 거치며 서서히 발달하게 되는데, 이러한 모방 기술 발달을 통해 언어학습 능력도 함께 발달한다. 모방 능력이 좋은 영유아들은 새로운 내용을 더 잘 학습하며, 반대의 경우에는 학습도 느린 경향이 있다. 모방은 옹알이에서부터 시작하여 언어를 자발적으로 표현하는 과정을 설명할 때에도 자주 인용된다. 즉, 영유아들은 초기에는 양육자의 행동을 즉각적으로 반복하는 형태로 모방하다가 점차 자신의 행동 목록 안에 존재하지 않거나 혹은 지연된 형태로 반복하는 형태로 모방하게 되는데, 이는 초기에 양육자가 산출한 소리를 반복하는 형태로 옹알이를 보이다가 점차 지연된 형태의 옹알이, 창조적 언어 사용으로 진행되는 과정과 유사하다.

상징성에 대한 발달 역시 언어발달과 깊은 관계를 갖는다. 언어는 상징에 대한 이해를 토대로 하기 때문이다. 감각운동기의 상징성 발달은 상징놀이와 언어를 통해 확인할 수 있다. Bates는 동료들과의 일련의 연구(Bates, 1976; Bates et al., 1979; Bates, Bretherton, & Snyder, 1988)를 통하여 영유아들이 상징놀이 행동을 보일 즈음에 첫 낱말 산출이 관찰되며, 2세 이후까지도 언어발달과 밀접한 관계를 갖는다고 보고하였다. McCune-Nicolich와 Bruskin(1982)도 단일상징행동 도식이 관찰되는 13~20개월경에는 첫 낱말이 산출되며, 낱말조합이 이루어지는 20~24개월 사이에는 단일상징행동 도식이 결합된 복합상징행동이 관찰되기 시작하고, 구문 또는 형태론적 규칙을 학습하기 시작하는 28개월경에는 논리적으로 연결된 상징행동이 관찰된다고 보고하였다. 상징놀이발달은 다음 부분에서 더 자세히 살펴볼 것이다.

4) 인지발달과 상징놀이발달

상징놀이(symbolic play)는 사물이나 상황, 사건 등을 실제와 다른 상징적 의미를 부여하여 노는 행동을 말한다. 나무 블록을 장난감인 것처럼 가지고 놀거나 자기가 엄마인 것처럼 가장하는 것이다. 실제와는 다른 것으로 가장한다고 하여 **가장놀이** (pretend play)라 칭하기도 한다.

사물이나 상황에 실제와는 다른 의미를 부여하기 위해서는 가장하고자 하는 사물이나 상황에 대한 상징적 표상이 있어야 한다. 때문에 상징놀이는 언어발달과 더불어 영유아 시기의 상징발달을 보여 주는 주요 행동발달 영역으로 고려된다.

〈표 6-4〉 감각운동기 상징놀이발달

연령	Piaget	Sinclair(1970)	McCune-Nicolich (1977, 1981)	Watson & Fischer (1977)
18개월	• 초기 연습놀이(practice play; 2~18개월)	• 사물 탐색, 모방행동, 도구적 행동(12~16개월)	• 전상징기적인 놀이, 자동상징행동(14개월)	• 자기를 중심으로 한 놀이(14개월)
	• 새로운 사물에 상징적 도식을 투사(18개월)	• 자기중심의 행동과 다른 대상을 수동적으로 조작(16~19개월)	• 단일상징행동(16개월), 상징행동 조합(18개월)	• 다른 사람을 대상으로 하는 놀이(19개월)
24개월	• 타인이나 다른 사람을 조작(24개월)	• 다른 대상 조작, 단순 사물 대치, 존재하지 않는 대상 표상(19~26개월)	• 계획된 상징행동(20~24개월)	• 다른 대상을 수동적인 대행자 또는 적극적인 대행자로 사용하는 놀이(19~24개월)
24개월 이상	• 단순하고 복합적인 형태로 조합(3~4세)	• 구조화된 놀이(26개월 이상)		

　　영유아기의 상징놀이가 어떠한 과정을 통해 발달하는가는 여러 연구자에 의해 제시되었다. 먼저, Piaget는 영유아들의 놀이가 초기 연습놀이(practice play; 2~18개월)를 거쳐 상징놀이로 발달하며, 상징놀이는 새로운 사물에 상징적 도식들을 투사하는 단계(18개월), 타인이나 다른 사람을 조작하는 단계(24개월), 이들을 단순하고 복합적인 형태로 조합하는 단계(3~4세)로 발달한다고 보았다. Sinclair(1970)는 Piaget가 소개한 단계를 더 세분화하여 사물 탐색, 모방 행동, 도구적 행동(12~16개월), 자기 중심의 행동과 다른 대상을 수동적으로 조작하는 행동(16~19개월), 다른 대상을 적극적으로 조작하는 행동, 단순 사물 대치, 존재하지 않는 대상 표상(19~26개월), 구조화된 놀이(26개월 이상)의 단계로 설명하였다.

　　McCune-Nicolich(1977, 1981)는 자기의 신체를 반복적으로 움직이거나 사물을 관습적인 형태로 가지고 노는 전상징기적인 놀이(1단계: 14개월)와 자동상징행동(2단계: 14개월) 단계를 거쳐 다른 대상에게 한 가지 가장행동을 적용하는 단일상징행동(3단계: 16개월), 여러 가지의 가장행동을 조합해서 적용하는 상징행동조합(4단계: 18개월), 그리고 계획된 상징행동(5단계: 20~24개월)의 단계로 놀이 행동이 발달된다고 보고하였다.

〈표 6-5〉 Casby의 상징놀이 발달표

상징놀이		조작적 정의	예
감각운동 탐색 (2~4개월)		• 주로 빨거나 던지는 등 자기의 신체나 사물을 감각적으로 탐색하며 노는 시기	• 뻗기, 잡기, 빨기 등 • 사물 잡기 · 바라보기 • 사물을 반복적으로 두드리기
관계적-비기능적 놀이 (6~8개월)		• 자기의 신체보다는 사물을 중심으로 놀이를 하며 사물의 기능을 탐색하나 기능적으로 다루는 것은 아직 부족함	• 양손에 각기 다른 사물을 들고 함께 부딪히거나 두드리는 행동을 함 • 통에 들어 있는 물건을 꺼냄
관습적-기능적 놀이 (10~12개월)		• 사물을 기능적으로 사용하면서 놀이를 함	• 자동차 굴리기, 숟가락으로 그릇 안을 휘젓기, 컵 들고 마시기, 크레파스로 끄적거리기
행위 도식	단순 상징행동 (12~18개월)	• 한 가지 놀이 행동을 수행하는 경우(자기, 다른 대상)	• 인형에게 우유 먹이기 • 빈 컵을 들어서 마시기
	복합 상징행동 (18~24개월)	• 동일한 행동을 여러 대상에게 적용하거나 동일한 대상에게 다양한 행동을 적용함	• 인형 머리를 빗기고, 컵으로 마시고, 포크로 먹기 • 가스레인지를 돌리고, 냄비 뚜껑을 열고, 냄비 안에 넣기
	계획적 상징행동 (30개월~)	• 몇 개의 행동 도식을 특정 주제를 중심으로 계획하여 연결	• 소꿉놀이와 인형을 놓고 간식시간인 척하기
대행자	자기 대상 (12~18개월)	• 영유아 스스로가 놀이 활동을 주도. 자기를 중심으로 행동	• 스스로 음식을 먹기 • 전화하기
	타인 대상 (18~24개월)	• 자기가 아닌 다른 대상에게 행동 수행	• 엄마에게 과자 먹이기
	수동적 조작 (24~30개월)	• 자기가 아닌 다른 대상을 통해 행동 수행을 하지만, 그 대상을 살아 있는 존재처럼 사용하지 않는 경우	• 장난감 전화기를 인형의 귀에 대 주지만 인형이 말하는 척은 하지 않음
	능동적 조작 (24~30개월)	• 자기가 아닌 다른 대상을 마치 살아 있는 것처럼 움직이는 경우	• 인형이 스스로 걷고, 말하고, 먹는 것처럼 하기
도구	실재적 (10~18개월)	• 사물을 다른 사물로 기능적으로 관련해서 사용 • 사물을 전형적으로 사용함	• 접시 위에 그릇 놓기 • 컵으로 마시기 • 장난감 그릇으로 인형 먹이기 • 장난감 자동차 밀기
	대치적 (18~24개월)	• 실재 사물을 다른 사물로 대치해서 사용	• 블록을 전화기로 사용하기 • 블록을 컵으로 사용하기
	상상적 (24~30개월)	• 실재적 도구 없이 상상하여 행위 수행	• 전화기가 없는데 마치 있는 것처럼 전화기를 들고 전화하는 시늉하기

출처: 최윤지, 이윤경(2011)의 내용을 수정함.

Piaget, Sinclair, McCune-Nicolich가 모두 행동 도식의 관점에서 상징놀이 발달 과정을 설명한 것과 다르게 Watson과 Fischer(1977)는 놀이에서 대행자를 사용하는 형태에 따라 놀이 단계를 구분하였다. 즉, 자신을 중심으로 한 놀이(14개월), 다른 사람을 대상으로 하는 놀이(19개월), 다른 대상을 수동적인 대행자로 대치하는 놀이와 다른 대상을 적극적인 대행자로 사용하는 놀이(19~24개월)의 네 단계로 상징놀이가 발달된다고 보았다.

Casby(2003a, 2003b)는 여러 이론을 종합하여 상징놀이를 행동 도식, 대행자, 그리고 도구 사용의 세 가지 측면으로 구분하여 그 발달 양상을 정리하였다. 먼저, 행동 도식(behavior scheme)은 단순 도식, 복합적 도식, 그리고 여러 도식이 위계적 구조에 따라 구조화된 계획적 도식이 포함된다. 대행자(agent)는 행동을 수행하거나 수행하는 것처럼 가장하는 존재로, 자기, 타인, 다른 대상(무생물)을 수동적으로 조작하는 행위 또는 능동적으로 조작하는 행위의 네 가지 형태로 구분하였다. 마지막으로, 도구(instrument) 사용은 대행자가 행위를 수행할 때 사물을 어떻게 사용하는가와 관련된 것으로, 실제적 사물 사용, 사물 대치, 그리고 사물의 상상적 사용의 형태로 구분하였다. 각각의 정의와 예는 〈표 6-5〉에 설명하였다. 최윤지와 이윤경(2011)은 Casby의 기준을 토대로 12~30개월 사이의 우리나라 영유아의 놀이발달 양상을 살펴보았는데, 행동 도식의 경우 18~23개월에는 단순행동 도식 놀이가 가장 많이 관찰되다가 24~30개월 이후에는 복합적 도식의 놀이가 증가하며, 계획적 놀이도 관찰되기 시작하였다. 대행자 차원에서는 12~17개월에는 자기 자신을 대행자로 한 놀이가 압도적으로 많았으며, 18~24개월에는 수동적 대행자 놀이가, 24~30개월에는 수동적 대행자 놀이와 더불어 능동적 대행자 놀이가 증가하였다. 마지막으로, 도구 사용 차원에서는 대체로 사물을 실제적으로 사용하는 놀이가 대부분이었으며, 24~30개월에는 사물을 대치하는 놀이가 증가하는 양상을 보였다.

여러 연구자의 발달모형 간에 차이가 있으나, 대체로 영아들은 주변 환경의 사물을 탐색하는 형태의 놀이에서 12개월을 전후하여 상징놀이를 보이기 시작하며, 이러한 상징행동은 놀이의 주체와 도구 사용, 그리고 놀이를 통해 표상된 행동 도식의 측면에서 보다 상징적이며 복합적인 형태로 발달되어 간다고 정리할 수 있다.

3. 기타 인지발달이론

1) 정보처리이론과 영유아 인지발달

(1) 정보처리이론

정보처리이론은 컴퓨터의 발달과 함께 발달해 온 인지이론으로, 주로 성인의 인지처리를 설명하는 데 적용되어 왔으나 점차 아동기의 인지발달도 정보처리이론에 기초하여 설명하려는 시도가 이루어지고 있다.

정보처리이론은 인간의 인지처리 과정을 컴퓨터의 자료처리 과정에 비추어 설명한 것으로 인지심리학의 주요 이론이다. 정보처리이론에서는 뇌와 신경계를 하드웨어로, 문제해결이나 계획, 책략 등을 소프트웨어의 개념으로 하여 비교적 단순하고 분명한 개념적 틀을 통해 인간의 인지처리 과정에 대한 이해를 돕는다. 특히 어떤 특정 시점에서의 인지구조를 설명하는 것보다는 과제를 수행하거나 문제를 해결하는 과정에서 정보를 처리하는 능력을 설명해 주기 때문에 치료나 교육에 시사점이 크다. 예를 들어, 영유아가 어떠한 개념을 습득하지 못하였을 때 외부에서 수용된 자극을 등록하는 과정에서의 어려움 때문인지, 혹은 기억 능력의 제한으로 인한 것인지, 아니면 기억된 정보를 찾아서 적용하는 과정에서의 어려움 때문인지를 설명할 수 있게 한다. 이러한 정보는 단지 어떤 개념을 아는지 모르는지에서 한발 더 나아가 왜 개념을 습득하지 못하였는지를 이해하게 하고, 중재자가 이를 기반으

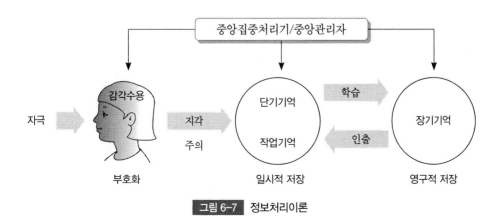

그림 6-7   정보처리이론

로 필요한 중재를 계획할 수 있도록 한다.

정보처리이론은 여러 가지 모형으로 소개되나 외부에서 투입된 정보가 감각수용기를 거쳐 단기기억과 작업기억을 거치고, 장기기억에 저장된다고 설명하는 모형이 가장 일반적이다. 이 과정은 [그림 6-7]과 같이 도식화할 수 있다. 다음에서는 각각의 단계를 간단히 설명하고, 각 단계별로 영유아기 발달을 살펴보도록 하겠다.

(2) 감각수용기

정보처리의 첫 번째 단계인 감각수용기(sensory register)는 외부의 자극을 각각의 감각기관을 통해 수용하는 과정을 말한다. 각각의 감각 양식에 따라 분리된 감각수용기가 있는데, 아주 짧은 시간 동안만 자극을 보유하며 대부분 그 이상의 과정으로 진행되지 않고 소실된다. 투입된 정보 중 주의가 주어진 일부 정보는 단기기억으로 이동한다.

제5장 영유아기의 감각 및 지각 발달 부분에서 설명한 바와 같이 영유아기의 감각 및 지각 능력의 일부는 출생 전부터 발달되기 시작하며, 가장 늦게 발달되기 시작하는 시각의 경우도 생후 2년 정도가 되면 성인과 비슷한 수준으로 발달한다. 영유아들은 감각 및 지각 능력이 발달하는 과정에 있기 때문에 감각의 예민성이 떨어지고, 자극의 원천에 주의를 기울이는 능력이 부족하다. 상대적으로 외부의 정보를 감각적으로 수용하는 능력이 성인에 비해 제한된다. 따라서 감각자극을 선명하고 특이하게 제시해서 자극에 주의집중할 수 있도록 돕는 것이 필요하다. 또한 필요한 자극에 주의를 둘 수 있도록 자극의 복잡성을 감소시키는 것도 도움이 된다.

(3) 단기기억과 작업기억

전통적인 정보처리모형에서는 기억 과정을 단기기억과 장기기억으로 구분해 왔으며, 이 중 단기기억(Short Term Memory: STM)은 감각수용기를 통해 수용된 자극 정보를 장기기억으로 전달하기 전에 보유하는 기억저장고로 설명하였다. 일반적으로 단기기억은 정보를 장기기억으로 보내기 전에 짧은 시간 동안 보유하는 수동적인 역할만을 담당한다고 설명된다. 즉, 단기기억은 감각수용기보다 유지시간이 증가하긴 하나 정보의 지속시간이 15~30초 정도로 짧고, 반복되지 않으면 약 30초 이내에 사라질 수 있으며, 보유할 수 있는 정보의 양이 극히 제한된다는 것이다. 그러나

Baddeley와 Hitch(1974)는 단기기억의 일부에서는 단지 정보를 짧은 시간 동안 보유하는 수동적 역할만을 하는 것이 아니라 더 많은 정보를 장기기억으로 보내거나 혹은 단기기억 내에서 활용될 수 있도록 더욱 적극적인 처리가 이루어진다고 하였다. 그리고 이러한 역할을 담당하는 부분을 단기기억과 구분하여 **작업기억**(Working Memory: WM)으로 명명하였다.

Baddeley와 Hitch(1974)는 작업기억은 음운고리(phonological loop)와 시공간 메모장(visuospatial sketchpad), 그리고 이들을 조절하는 중앙관리자의 구조로 구성된다고 설명하였다. 추후 여기에 Baddeley(2000)에 의해서 일화적 완충기(episodic buffer)가 추가되었다. **음운고리**는 제한된 정보를 짧은 시간 동안 청각 부호로 유지하는 **음향저장소**(acoustic store)와 음운저장소에 있는 낱말들을 반복할 수 있도록 하는 **조음고리**(articulatory loop)로 구성된다. 이 두 가지는 청각적 정보가 음운고리를 통해 작업기억에 남아 있도록 기능한다. **시공간 메모장**은 시각적이며 공간적인 정보를 시각적 심상으로 부호하여 유지될 수 있도록 한다. 마지막으로, 나중에 추가된 **일화적 완충기**는 음운고리나 시공간 메모장을 통해 정보를 통합하여 이전의 경험을 해석하고, 새로운 문제를 해결하며, 앞으로의 활동을 계획하도록 정보를 능동적으로 조작하는 기능을 담당한다.

영유아들을 대상으로 단기기억 또는 작업기억 능력을 측정하는 과제들을 수행하는 것은 쉽지 않아서 관련 연구는 많지 않다. 단기기억발달은 주로 저장하는 정보의 양과 처리속도 측면을 통해 보고된다. 성인들의 단기기억 용량은 대체로 7±3으로 알려져 있으나, 영유아의 경우 생후 1년경에는 기억하는 정보의 양이 약 1개 정도에

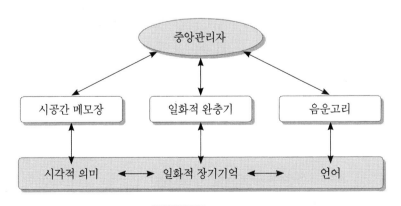

그림 6-8　기억구조

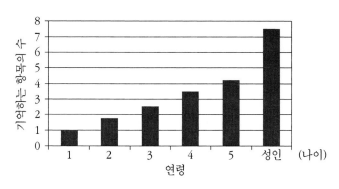

그림 6-9 영유아의 기억 능력의 발달

불과하며, 3세경에는 2~3개 정도로 증가하고, 5세경에는 4개 정도가 된다. 성인과 비슷한 양을 기억하는 것은 초등학생 정도에 이르러야 가능해진다. 단기기억과 마찬가지로 작업기억 능력도 서서히 증가하는데, 작업기억에서 정보를 저장하는 능력은 8~12개월 사이에 보편적으로 극적으로 증가한다(Papalia, Olds, & Feldman, 2002).

처리속도도 영유아의 경우에는 성인은 물론 초등학생 정도의 아동들에 비해 많이 느리다. 영유아들이 정보처리속도가 느린 것은 뇌 발달 측면에서 아직 수초화가 진행되는 시기이기 때문으로 설명되기도 하며, 인지적으로 아직 미숙하여 정보를 처리하기 위한 전략들을 사용하는 데 제한이 있기 때문이라고 설명되기도 한다.

영유아들의 제한된 주의력도 단기기억에 영향을 미칠 수 있다. 영유아는 아직 주의를 둘 수 있는 범위가 제한되며, 중요한 정보에 선택적으로 주의집중하는 능력도 부족하여 쉽게 주의가 산만해진다. 아동기에서 청소년기로 전환됨에 따라 주의 폭도 넓어지고 선택적 주의집중 능력도 발달된다. 이러한 주의력에서의 변화는 단기기억에서의 정보처리 능력을 발달시키는 데 기여한다.

대부분의 발달장애 아동은 단기기억 능력이 일반 아동에 비해 뒤떨어진다. 기억하는 양이 적으며, 기억하는 시간도 짧다. 따라서 시연과 같은 전략을 통해 단기기억능력을 증진시키도록 돕는 것이 필요하다.

(4) 장기기억

단기기억과 작업기억을 통해 보유된 정보는 장기기억으로 넘어간다. 장기기억(Long Term Memory: LTM)은 앞의 감각수용기나 단기기억과는 달리 기억을 영구적으로 유지하는 기억저장고로 알려져 있다.

　신생아기에도 장기기억 능력을 갖고 있는데, 특정 소리를 최소 24시간(1일) 기억하는 것으로 보고되기도 하였으나(Swain, Zelazo, & Clifton, 1993), 아직 중추신경계의 미성숙으로 인해 기억 능력은 제한된다. 1~2개월 이내에 영아들은 장기기억 능력이 증가하기 시작하여 2개월경이면 모빌이 움직이는 방법을 거의 3주 동안 기억하기도 한다(Davis & Rovee-Collier, 1983). 영유아의 장기기억 능력은 생리적 성숙, 주의집중시간 증가, 운동 능력 향상, 사물이나 사건에 대한 개념 습득 등을 통하여 정보처리 능력이 향상됨에 따라 3~7개월경에 급격하게 향상된다(Olson & Strauss, 1984).

　장기기억에서 저장된 정보를 인출(retrieve) 또는 회상(recall)하는 능력도 서서히 향상된다. 기억 회상, 인출의 속도는 약 3~6개월 사이에 증가하며(Rovee-Collier & Shyi, 1992), 연령이 증가함에 따라 긴 시간 후에 특정 사건을 회상하는 능력도 증가한다. 보통 장기기억에서 필요한 정보를 인출하는 데 요구되는 신경학적 시스템은 2세 정도에 관찰된다(Schneider & Bjorklund, 1998).

2) 학습이론과 인지발달

　학습이론은 영유아의 인지발달을 후천적인 경험을 통해 학습한 내용의 집합체라고 설명하는 이론으로 행동주의이론(behaviorism)에 근거한다. 행동주의 심리학자들은 모든 학습을 특정 자극(Stimulus: S)에 대한 반응(Response: R)이 조건화(conditioning)된 것으로 설명한다. 행동주의이론은 box 6-2에 제시하였다.

　영유아의 행동 조건화는 다른 용어로 습관화(habituation)라는 용어로 설명되기도 한다. 영유아들은 물론 신생아 시기에도 조작적 조건화를 통해 행동이 형성된 경우는 여러 연구를 통해서 보고되었다(Colombo, 1993; Lamb & Bornstein, 1987). 청지각 발달에서 소개한 Eimas, siqueland, Jusczyk과 Vigorito(1971)의 연구는 영아기의 행동 조건화를 보여 주는 예이다. 이 연구에서는 1~3개월의 영아에게서 말소리 지각을 살펴보기 위해 특정 말소리가 제공될 때에만 젖병을 통해 우유가 제공되도록 한 고진폭 빨기 실험 패러다임을 이용하였는데, 영아들이 특정 소리자극이 제공될 때에만(조건화된 자극) 우유병을 빠는 행동(조건화된 반응)을 보이는 것은 경험을 통해

box 6-2

행동주의이론과 행동 조건화

　행동 조건화는 Pavlov의 개 실험을 통해 잘 알려진 고전적 조건화(classical conditioning)와 이를 토대로 행동주의 이론을 더욱 발전시킨 Skinner의 조작적 조건화(operational conditioning)로 구분된다. 고전적 조건화는 각 개체가 생득적으로 가지고 있던 무조건 자극(Unconditioned Stimulus: UCS)에 중립적 자극(Neutral Stimulus: NS)을 연합하여 제공하는 경우 중립적 자극(NS)은 조건화된 자극이 되고, 무조건 반응(Unconditioned Stimulus: UCS)은 조건화된 반응(CR)으로 바뀐다고 설명한다([그림 6-10] 참조).

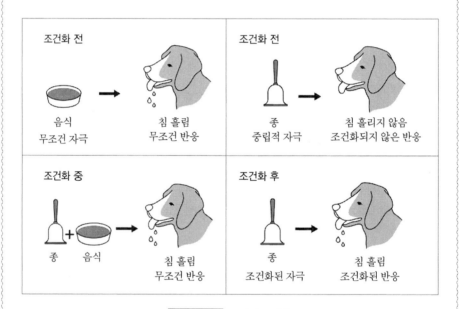

조건화 전

음식
무조건 자극 → 침 흘림
무조건 반응

조건화 전

종
중립적 자극 → 침 흘리지 않음
조건화되지 않은 반응

조건화 중

종 음식 → 침 흘림
무조건 반응

조건화 후

종
조건화된 자극 → 침 흘림
조건화된 반응

그림 6-10 　고전적 조건화

　조작적 조건화는 행동이 단지 자극(S)과 반응(R)만이 아니라 반응 뒤에 주어진 결과(consequence: C)에 의해 형성될 수 있다는 이론이다. 이 이론에서는 개체가 특정 자극에 대해 반응을 보이면 그 행동에 대해 결과, 즉 보상을 제공하여 반응으로 나타낸 행동을 유지하거나 소멸시킬 수 있다는 것이다. 보통 반응으로 나타난 행동이 앞으로도 계속 유지되기를 원하는 경우에는 강화(reinforcement)를 제공하며, 행동 반응이 원하지 않는 행동인 경우에는 벌(punishment)을 제공하여 그 행동을 소멸시키거나 감소시킨다는 것이다. 최근의 학습이론이나 행동주의이론은 고전적 조건화이론보다는 스키너의 조작적 조건화이론에 토대를 두고 있다.

행동이 조건화된 예가 될 수 있다.

영유아들의 인지발달을 경험이나 학습을 통해서만 설명하는 것은 불가능하므로 경험과 조건화를 통해 영유아 인지발달을 설명하고자 하는 것은 학습이론의 주된 제한점으로 고려된다. 그러나 영유아들이 새로운 것을 습득하는 기제를 설명해 준다는 점은 학습이론의 장점이라 할 수 있다.

3) Vygotsky의 인지발달이론

Vygotsky(1896~1934)는 Piaget와 동시대에 태어났으나 젊은 나이에 생을 마감한 러시아의 심리학자이다. 하지만 그는 10년 정도의 짧은 연구 기간 동안 발달심리학, 특히 인지발달 분야에 중요한 업적을 남겼다.

Vygotsky는 인지발달을 생물학적 성숙으로 설명한 Piaget와는 달리 사회학습의 결과로 설명하였다. 즉, 인지발달은 사회적, 문화적 맥락 안에서 다른 사람과의 상호작용을 통해 이루어진다는 것이다. 아동(Vygotsky 이론은 영유아 시기에 특정화한 것이 아니므로 아동이라는 표현을 그대로 사용한다)들은 타인과의 관계 안에서 사회적, 문화적으로 전수되는 행동을 학습하고 이를 모방함으로써 새로운 개념들을 내재화하고 인지적으로 발달한다. Vygotsky는 또한 사회적 상호작용의 매개로서 언어가 중요한 역할을 담당한다고 강조하였다. 다른 사람을 모방하는 것은 물론 고등정신능력 향상에도 언어가 매우 중요한 역할을 한다고 보았다.

인지발달과 관련하여 Vygotsky가 소개한 중요한 개념 중 하나가 근접발달영역(Zone of Proximal Development: ZPD)이다. [그림 6-11]에 제시한 바와 같이, Vygotsky는 발달수준을 실제적 발달수준과 잠재적 발달수준으로 구분하였다. 실제적 발달수준이란 아동이 특별한 도움 없이 스스로 문제를 해결할 수 있는 것을 말하며, 잠재적 발달수준이란 스스로는 해결할 수 없으나 도움을 주면 해결할 수 있는 수준을 말한다. 일반적으로 잠재적 발달수준은 실제적 발달수준보다 높게 위치한다. 근접발달영역은 실제적 발달수준과 잠재적 발달수준 간의 차이로 아동이 혼자서는 수행하지 못하지만 주변의 도움을 통해 수행할 수 있는 정도를 반영한다.

근접발달이론과 더불어 핵심적인 개념이 바로 발판(비계, scaffolding)이론이다. 발판이란 근접발달영역에서 제공되는 도움을 뜻하며, '비계'로도 자주 번역된다. 발판

발달하지 않은 영역
Out of reach

근접발달영역(ZPD)
잠재적 발달수준
발판(scaffolding)을 통해 발달

실제적 발달수준
도움이 필요하지 않음

그림 6-11 Vygotsky의 근접발달영역(ZPD)

은 각 아동의 잠재적 발달수준에서 제공되어야 하며, 초기에는 많은 도움을 제공하다가 점차 도움을 줄여 나가 아동 스스로 수행할 수 있도록 하는 데 궁극의 목표가 있다. 아동의 잠재적 발달수준에서 적절한 발판을 제공하는 것이 부모나 교육자, 임상가의 역할이지만 이외에도 또래나 발달에 적절한 환경도 훌륭한 발판이 될 수 있다.

Vygotsky의 이론은 수행력만이 아닌 잠재력을 고려하고 있다는 점, 협력학습을 활용하고 있다는 점, 발판 제공을 통해 학습자 스스로의 문제해결력을 길러 주도록 강조한다는 점 등의 시사점이 있다. 그러나 Piaget의 이론과는 달리 아동기의 인지발달이 어떠한 과정을 통해 진행되는지를 설명하지 않는다. 또한 언어의 중요성을 강조하기 때문에 거의 나이가 많은 아동을 대상으로 연구되었으며, 어린 영유아들에 대한 연구는 거의 없다(Berk, 1996)는 점도 제한점으로 언급된다. 하지만 Vygotsky가 제시한 근접발달영역의 개념은 역동적 평가(dynamic assessment) 개념의 발전에 영향을 미쳤으며, 모방이나 발판(비계)이론은 영유아 중재 접근 발전에도 많은 시사점을 제공한다.

4) Gardner의 다중지능이론

다중지능이론(multiple intelligence theory)은 Gardner(1983)에 의해 제시된 지능이론으로, 앞에서 설명한 이론들에 비해 비교적 최근에 제시된 이론이다. 기존의 심리

측정적 지능이론들이 주로 지능지수(IQ) 하나로 인간의 지적 능력을 표현한 반면, Gardner는 인간의 지적능력은 서로 독립적이며 상이한 여러 유형의 능력으로 구성된다고 보았다.

　Gardner는 지능을 구성하는 하위 유형을 언어, 논리수학, 공간, 신체 · 운동, 음악, 대인관계, 자기이해, 자연과학의 여덟 가지로 제시하였다. **언어지능**(verbal-linguistic intelligence)은 사고능력이나 복잡한 의미를 표현하는 언어를 사용하는 능력을 말하며, **논리수학지능**(logical-mathematical intelligence)은 계산과 정량화를 가능하도록 하고, 명제와 가설을 생각하며, 복잡한 수학적 기능을 수행하는 능력을 말한다. **공간지능**(spatial intelligence)은 내외적 이미지의 지각, 재창조, 변형 또는 수정이 가능하도록 하며, 자신이나 사물을 공간적으로 조정하여 시각 정보로 생산하거나 해석이 가능하도록 하는 능력을 말하며, **신체 · 운동지능**(bodily-kinesthetic intelligence)은 대상을 잘 다루고 신체적 기술을 조절하는 것과 관련된 지능을 말한다. **음악지능**(musical intelligence)은 음의 리듬, 음의 높이, 음색에 대한 민감성을 보이는 사람들이 갖는 지능을, **대인관계지능**(interpersonal intelligence)은 타인을 이해하고 타인과 효과적으로 상호작용하는 능력과 관련된 지능을, **자기이해지능**(intrapersonal intelligence)은 자신에 대한 정확한 지각과 자신의 인생을 계획하고 조절하는 능력과 관련된 지능을 말한다. 마지막으로, **자연과학지능**(naturalist intelligence)은 자연의 규칙을 관찰하고 대

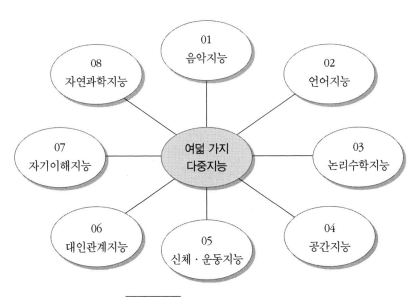

그림 6-12 Gardner의 다중지능이론

상을 정의하고 분류하는 것과 관련된 지능이다.

Gardner는 여덟 가지 지능이 모두 우수한 사람은 없으며, 발달이 지체된 어떤 사람도 여덟 가지 측면에서 모두 지체된 것은 아니라고 강조하였다. Gardner의 이론은 영유아를 하나의 획일화된 기준으로 바라보지 않고 다양한 관점에서 바라볼 수 있게 한다는 점에서 시사점을 가지며, 나아가 영유아 개개인이 강점을 갖는 부분을 찾아서 개발해 주는 것이 중요함을 시사한다.

이 장을 공부한 후……

- 영유아기의 뇌 발달을 머리 크기와 뇌 부피, 뇌신경계의 변화, 뇌 구조 변화를 중심으로 이해한다.

- 뇌 발달이 영유아 발달에 미치는 영향과 초기 경험이 뇌 발달에 미치는 영향, 조기중재의 중요성을 이해한다.

- 인지발달이 다른 영역의 발달과 갖는 상호성을 이해한다.

- Piaget 인지발달 단계를 중심으로 영유아 인지발달의 과정을 이해한다.

- 감각운동기의 주요 인지기능 발달과 언어발달과의 관계를 이해한다.

- 상징놀이와 인지 발달과의 관계를 이해한다.

- 인지발달을 설명하는 인지이론들을 통하여 영유아기 인지발달이 갖는 중요성을 이해한다.

제7장

사회·정서발달과 의사소통

1. 사회적 발달

1) 사회적 발달

사회적 발달이란 영유아가 사회화 과정을 통해 사회적 행동을 발달시켜 가는 것으로, 다른 사람과의 사회적 관계를 인식하고 적절한 관계를 형성하며 사회를 구성하는 사회적 규범과 역할에 적응하는 능력을 말한다. 사회적 발달을 통해 영유아는 자기가 속한 사회의 한 구성원이 되어 가는 것이다.

영유아기의 사회적 발달은 서서히, 자기 연령대에 적합한 형태로 진행된다. 어린 영유아들은 주로 양육자의 관심을 끌고 자기의 의도를 전달하는 능력을 중심으로 사회적 능력을 발달시키며, 3세를 전후해서부터는 또래에 대한 관심이 증가하고, 또래와의 관계 형성에 중요한 기술들을 발달시켜 간다. White(1985)는 영유아기에 발달되어야 하는 주요 사회적 기술로 다음과 같은 일곱 가지를 제시하였다. 첫째, 사회적으로 적절한 방법으로 성인의 관심 끌기, 둘째, 타인에 대한 애정이나 거부를 적절하게 표현하기, 셋째, 스스로 해결하기 어려운 일에 대해 성인의 도움을 요청하기, 넷째, 자기가 성취한 일에 대해 개인적 성취감 표현하기, 다섯째, 역할놀이 및 가장놀이에 참여하기, 여섯째, 또래를 주도하거나 또래의 주도를 따르기, 일곱째, 또래와 경쟁하기가 포함된다. 이러한 기술은 다른 사람과 관계를 형성하는 데 중요한 기술들로 타인과의 관계 형성이 영유아기 사회적 발달의 핵심임을 보여 준다.

2) 사회적 발달과 의사소통

사회적 능력은 의사소통 능력과 상호교류적 관계를 통해 발달한다. 의사소통은 두 사람 이상의 참여가 필수적이다. 따라서 다른 사람과 사회적 관계를 맺고, 사회적으로 적절한 방식으로 상호작용하는 데 필요한 기술들은 의사소통에도 매우 중요하다. 반대로 의사소통 능력은 사회적 발달에 필수적이다. 언어와 의사소통 능력은 사람들 간의 사회적 관계 형성에 매개가 된다. 사람들은 언어와 의사소통 능력을 통해 다른 사람과의 관계를 형성하며, 자기 나이에 맞는 사회적 역할을 수행할 수 있다. 앞에서 White가 영유아기에 성취해야 한다고 제시한 일곱 가지 사회적 기술은 의사소통 능력이 없이는 수행하기가 어렵다. 이처럼 사회적 발달과 의사소통발달은 필수불가결한 관계로, 서로 영향을 주고받으면서 상호교류적으로 발달해 간다. 최근에 언어병리학 분야에서는 '사회적 의사소통(social communication)'에 대한 관심이 증가하고 있다. 사회적 의사소통은 사회적 상호작용과 의사소통을 포함하는 것으로 사회적 맥락에서 효과적으로 의사소통하는 능력을 말한다. 사회적 의사소통을 위해서는 의사소통 기술은 물론 적절한 사회적 상호작용 능력 및 사회적 관계나 맥락에 대한 이해 등과 같은 사회적 기술이 요구된다.

사회적 발달은 언어 및 의사소통 발달에 직접적으로 영향을 미칠 뿐 아니라 신체 및 운동이나 인지, 정서 등의 발달에 영향을 미침으로써 언어 및 의사소통에 영향을 줄 수도 있다. 예를 들어, 신체적으로 건강하거나 운동발달이 빠른 영유아들은 환경 탐색이나 사회적 활동에 있어 적극적인 경향이 있다. 적극적인 환경 탐색과 사회적 활동은 언어 및 의사소통 발달을 촉진한다. 반면, 신체·운동발달이 원활하지 않은 영유아는 타인과의 상호작용에도 소극적이며 사회적 적응에도 어려움을 갖는다. 사회적 상호작용이나 적응의 문제는 의사소통발달에도 부정적인 영향을 미칠 수 있다. 사회적 능력이 좋은 영유아는 다른 사람과의 상호작용에도 적극적으로 참여하며, 상호작용 중에 타인의 행동을 관찰하고 모방함으로써 인지발달이 촉진되고, 이를 통해 언어 및 의사소통 발달에도 영향을 미치게 된다. 반면에 사회적 상호작용에 소극적인 영유아는 새로운 환경 탐색에도 소극적이며, 이는 인지발달이나 언어 및 의사소통 발달에도 부정적인 영향을 미치게 된다.

사회적 발달은 정서발달과도 관계가 깊다. 부정적 정서 상태에 있는 경우보다 긍정적 정서 상태에 있는 영유아는 다른 사람에게 더 적극적으로 관심을 표현하며, 관계 형성에도 긍정적 영향을 갖는다. 긍정적 정서 상태의 영유아는 사회적 상호작용에도 적극적으로 참여함으로써 의사소통발달에도 긍정적인 영향을 받게 된다.

이처럼 사회적 발달은 언어 및 의사소통 발달에 직접적으로 영향을 주며, 신체운동, 인지, 정서 등의 영역과의 관계를 통해서도 간접적으로 영향을 미칠 수 있다. 사회적 발달에 주된 문제를 갖는다고 보고되는 자폐스펙트럼장애 아동들이나 인지에 문제를 갖는 지적장애 아동들, 발달장애는 아니지만 사회적으로 위축되고 소극적인 아동들이 사회적 발달이나 언어 및 의사소통 발달을 포함한 행동발달 전반에 걸쳐 느린 발달을 보이는 것은 발달 영역들이 서로 밀접하게 영향을 주고받는다는 것을 보여 준다.

2. 영유아기의 사회적 발달

1) 영유아기의 사회적 발달

다른 영역의 발달과 마찬가지로 사회적 발달도 생애 초기부터 시작된다. 영유아는 다른 사람과의 상호관계에서 자신의 의사를 표현하기 위해 사회적 표현 행동을 보인다. 즉, 울기, 사회적 미소, 모방 등의 부정적 · 긍정적 표현 행동으로 자신의 욕구를 나타내며 사회적 관계를 형성한다. 다음은 영유아기에 관찰되는 주요 사회적 발달을 살펴보도록 하겠다.

(1) 울기

울음은 출생 후 최초의 표현 행동으로, 영유아기를 통해 다양한 형태로 분화되며 다른 사람과 관계를 맺는 주요 수단으로 발전한다. 출생 직후의 신생아는 주로 불편하거나 배고플 때 반사적 행동으로 울음을 보이나 점차 사회적 행동으로 울음이 변화한다. 2개월경에는 울다가도 사람 소리가 나거나 사람이 가까이 오면 그친다. 3개월쯤 되면 혼자 있을 때 더 많이 울고, 9개월경에는 엄마에게 안아 달라는 신호로 운다. 이는 울기가 사회적 신호로 사용되기 시작함을 의미한다.

(2) 사회적 미소

미소는 반사적 미소, 선택적이지 않은 사회적 미소, 선택적인 사회적 미소로 발달해 간다. 출생 직후의 신생아에게서도 미소 짓는 행동이 관찰되는데, 이는 특별한 의미가 없는 행동으로 반사적 미소(reflexive smile)라 한다. 3개월을 전후해서야 비로소 사람의 행동에 대한 반응으로 미소를 짓게 된다. 그러나 아직은 상대방을 구별하지 않는 불특정한 미소를 보인다. 5~6개월경에 이르러 사람의 얼굴을 구별하면서부터는 선택적인 사회적 미소(social smile)를 짓는다. 영유아들은 미소 짓기를 통해 다른 사람의 관심을 끌고 사회적 관계를 맺게 된다.

(3) 모방

모방, 특히 다른 사람의 행동 모방은 사회적 발달에서 중요하게 고려된다. 다른 사람의 행동을 모방하기 위해서는 타인에게 관심을 갖는 것이 전제되어야 하기 때문이다. 사회성 결함을 주문제로 하는 자폐스펙트럼장애 아동들은 모방 행동에서도 매우 제한됨을 보이는데, 이는 모방과 사회적 발달 간의 관계를 보여 주는 증거로 고려된다(Rogers, Hepburn, Stackhouse, & Wehner, 2003; Toth, Munson, Meltzoff, & Dawson, 2006). 사회학습이론을 주창한 Bandura(1977)에 의하면, 영유아들은 다른 사람의 행동을 관찰하고 그 행동을 모방함으로써 새로운 행동을 학습한다. 특히 영유아들은 '의미 있는(significant)' 타인을 모방하는 경향이 있으므로 초기에 양육자와의 관계는 사회적 발달에 중요한 의미를 갖는다. 보통 모방 행동은 12개월경의 영유아에게서 관찰되는데, 주로 자신과 애착관계에 있는 성인의 말이나 행동을 따라한다. 불특정한 성인의 행동 모방은 거의 관찰되지 않으며, 처음부터 애착을 느끼는 친근한 사람의 행동을 선택적으로 모방한다.

(4) 애착

애착은 영유아가 자기를 돌봐 주는 일차적 양육자와 정서적으로 맺는 유대감으로 이후 사회적 발달의 토대가 된다. 영유아는 자기 주변의 친숙한 사람과 애착을 발달시켜 가며, 초기에 형성된 애착은 이후 대인관계에 결정적인 영향을 미친다. 애착 형성의 결정적 시기는 보통 6개월을 전후해서부터 24개월 정도까지로 알려져 있는데, 영유아기에 안정적인 애착을 형성하지 못하면 신뢰감과 자신감을 발달시킬 수 없어 대인관계에 부정적인 영향을 미치게 된다. 영유아기의 애착발달은 사회적 발달에서 매우 중요하므로 뒷부분에서 더 자세히 다루도록 하겠다.

(5) 낯가림

낯가림(stranger anxiety)은 낯선 사람에 대한 불안 반응으로, 영유아가 익숙하거나 친숙하지 않은 낯선 사람에게 불안과 공포 반응을 보이는 것이다. 낯가림은 대체로 애착 형성이 시작되는 시기로 알려진 6개월경에 시작된다. 7, 8개월경에는 낯선 사람과 주양육자를 번갈아 바라보며 비교하는 모습을 보이기 시작해서 호기심과 불안이 교차되는 모습을 보인다. 낯가림은 12개월경에 최고조에 이르며 2세경까지 지속된다. 이러한 낯가림은 영유아가 중요한 사람들과의 애착을 형성하고 그 외의 다른 사람을 거부하는 행동으로 간주되기 때문에 사회적 발달을 보여 주는 행동지표로 고려된다. 또한 낯가림은 영유아들이 친숙한 사람과 친숙하지 않은 사람의 얼굴을 구별할 수 있게 되었음을 의미하기 때문에 인지나 지각 발달 측면에서도 중요한 의미를 갖는다. 낯선 사람에 대한 반응은 양육자에 대한 애착의 정도와 가족 내에서의 경험에 따라 달라진다. 애착이 잘 이루어진 영유아는 그렇지 않은 영유아에 비해 낯선 사람에 대한 불안 반응을 적게 보이며, 가족 외의 사람들과 접촉할 기회가 적은 영유아들은 낯선 사람에게 더 오래, 강한 불안 반응을 보인다.

(6) 분리불안

분리불안(seperation anxiety)은 영유아가 양육자와 떨어질 때 나타내는 불안 반응을 말한다. 분리불안을 보이는 것은 양육자와 애착이 형성되기 시작했음을 의미하기 때문에 낯가림과 더불어 영유아기의 사회적 발달을 보여 주는 주요 행동발달지표 중 하나로 고려된다. 영유아들은 6개월 즈음부터 양육자를 구별하기 시작하며 점차 낯선 사람과는 다른 반응을 보이게 된다. 분리불안은 8, 9개월경에 보이기 시작해서 생후 12개월경에 최고조에 이르며, 걸음을 걷기 시작한 후 점차 양육자로부터 떨어져 환경을 탐색하는 행동이 증가하면서 감소하기 시작하여 3세경에는 거의 사라진다.

(7) 자아인식과 자아개념

자아개념(self-concept)은 신체적 외모를 포함하여 자기 자신에 대한 인식을 포함하며, 자아개념이 잘 형성되어야 이후 또래는 물론 다른 사람들과 적절한 관계를 형성하게 된다. 영유아기의 자아개념발달은 Lewis와 Brooks-Gunn(1979)에 의해 수행된 거울실험을 통해 확인할 수 있다. 이 실험에서는 9~24개월 된 영유아들의 코에 빨간 립스틱을 묻히고 거울을 보여 준 후 반응을 살펴보았는데, 15개월 이전의 영유아들은 거울 안의 자기 모습에 대해 관심을 보이지 않았으며, 15~17개월의 영유아 중 일부는 자기 코에 관심을 보이기 시작하였고, 18~24개월의 영유아들은 대부분 자기 코를 만지는 반응을 보였다. 이 연구 결과를 토대로 연구자들은 2세경에 자아인식이 이루어진다고 보고하였다.

보통 양육자가 함께 거울을 볼 때, 5개월 미만의 영유아들은 어머니와 자기를 구별해서 인식하지 않는다. 6~9개월에는 거울에 비친 모습에 단순히 반응하기는 하나 자기 모습에 특별히 관심을 갖지 않는다. 9~12개월에 이르면 자기 움직임과 거울에 비친 모습 간의 관계에 관심을 갖기 시작하며, 15개월경에 이르면 자기 모습의 특정 부위에 관심을 보인다. 18~24개월에 이르러야 거울 속의 자신의 모습을 전체적으로 살펴보게 된다. 이때 영유아들은 사진을 보고 자기를 구별할 수 있다.

2) 영유아기의 애착발달

(1) 영유아기의 애착발달

앞에서도 설명하였듯이 애착은 영유아와 양육자 사이를 연결하는 정서적 유대감으로, 영유아가 이후 다른 사람들과 사회적 관계를 형성하는 기초가 된다. 애착발달은 심리학자인 Bowlby에 의한 애착발달단계로 흔히 설명된다. Bowlby(1969)는 애착발달을 4단계로 설명하였다. 첫 번째 단계인 전애착단계(pre-attachment phase)는 출생 후에서 약 6주간의 시기로 신생아기에 해당한다. 이때는 아직 친숙한 사람과 그렇지 않은 사람을 구별하지 못하며 낯선 사람에 대한 불안 반응이나 주양육자와의 분리불안 반응 등을 보이지 않는다. 두 번째 단계는 애착시작단계(attachment in the making phase)로, 2~6개월 사이에 해당한다. 이때는 주양육자와 몇몇 친숙한 사람을 알아보기 시작하며 낯선 사람에게 낯가림을 보이기 시작한다. 하지만 아직 주양육자와는 강한 정서적 유대감을 형성하지 못하여 양육자와의 분리불안 반응을 보이지 않는다. 세 번째 단계는 애착형성단계(clear-cut attachment phase)로 생후 6~8개월부터 18~24개월경까지에 해당한다. 이 시기에는 특정한 사람에게 애착을 형성한다. 한 사람이 아니라 몇 명의 사람에게 애착을 형성할 수도 있다. 애착 대상과 분리되었을 때 분리불안을 보인다. 마지막 단계인 목적에 따른 관계형성단계(goal corrected partnership phase)는 18~24개월부터 이후까지의 시기를 말한다. 이때는 정신적 표상과 언어 능력이 발달하여 이미 애착을 형성한 사람의 행동을 예측하게

〈표 7-1〉 영유아기의 애착발달 단계

- 전애착단계(pre-attachment phase): 출생 후에서 약 6주간의 시기
- 애착시작단계(attachment in the making phase): 2~6개월 사이. 주양육자와 몇몇 친숙한 사람을 인지하기 시작
- 애착형성단계(clear-cut attachment phase): 6~8개월부터 18~24개월까지의 시기. 특정한 사람에게 애착을 형성하는 시기
- 목적에 따른 관계형성단계(goal corrected partnership phase): 18~24개월부터 이후의 시기. 정신적 표상과 언어능력을 기반으로 애착을 형성한 사람의 행동을 예측하고 행동하는 단계

된다. 이때는 양육자가 자리를 뜨더라도 다시 돌아올 것을 이해하고 예측할 수 있게 되므로 양육자와 분리불안이 감소한다.

(2) 낯선상황실험과 영유아 애착 유형

영유아와 부모 간의 애착관계는 영유아의 사회성 발달을 살펴보는 좋은 방법이다. 영유아와 부모 간의 애착관계를 살펴보는 방법으로 잘 알려져 있는 절차 중 하나가 Ainsworth(1983)의 낯선상황실험이다. Ainsworth는 영유아와 어머니와의 관계를 중심으로 실험을 진행하였으나, 최근에는 과거에 비해 육아를 어머니만 전담하는 것이 아니므로 어머니 대신에 양육자로 절차를 설명하였다.

이 실험은 영유아가 낯선 사람에게 어떻게 반응하는지, 양육자와 분리되었을 때 어떻게 반응하는지, 분리되었다가 양육자가 다시 돌아왔을 때 어떻게 반응하는지를 통해 애착발달을 확인한다. 실험의 절차는 〈표 7-2〉에 소개한 바와 같이, 두 번의 낯선 사람의 입실과 각각 두 번의 양육자와의 분리 및 재결합을 포함한 총 8단계의 에피소드로 구성된다. 자세한 절차는 다음과 같다.

- 첫 번째 단계: 실험자는 영유아와 양육자를 놀이실로 안내하고 떠난다. 놀이실은 [그림 7-1]과 같이 조그마한 방으로, 방 안에는 영유아에게 적합한 장난감과 2개의 의자를 배치해 놓는다.
- 두 번째 단계: 영유아가 자유롭게 장난감을 가지고 놀 수 있게 한다. 양육자는 의자에 앉아 영유아가 놀이하는 것을 바라보고 있다. 이 단계에서는 영유아가 장

난감을 탐색하는 행동과 놀이 중에 양육자에게 어떻게 행동하는지를 관찰한다.

- 세 번째 단계: 낯선 사람이 놀이실로 들어와 양육자와 대화를 나눈다. 낯선 사람이 들어왔을 때 영유아가 어떠한 태도를 보이는지 관찰한다.
- 네 번째 단계: 양육자가 방에서 나간다. 영유아가 울거나 불안해하면 낯선 사람이 달래 준다. 이 단계에서는 양육자와 분리되었을 때 영유아의 반응을 관찰한다.
- 다섯 번째 단계: 양육자가 돌아와서 영유아에게 다가가고 낯선 사람은 떠난다. 영유아가 다시 돌아온 양육자에게 어떻게 반응하는지를 관찰한다.
- 여섯 번째 단계: 양육자가 다시 방에서 나가고 영유아 혼자 방에 남는다. 영유아가 어떻게 행동하는지를 관찰한다.
- 일곱 번째 단계: 세 번째 단계에서 방에 들어왔던 낯선 사람이 다시 방으로 들어온다. 낯선 사람이 들어왔을 때 영유아의 행동이 어떻게 달라지는지를 확인한다.
- 여덟 번째 단계: 양육자가 다시 방으로 돌아와서 영유아에게 다가간다. 그리고 영유아에게 다시 장난감을 가지고 놀게 한다. 이 단계에서도 다시 돌아온 양육자에게 영유아가 어떻게 행동하는지를 관찰한다.

〈표 7-2〉 Ainsworth의 낯선상황실험

에피소드	행동 기술	관찰 행동
1	실험자가 영유아와 양육자를 놀이실로 안내하고 떠난다.	
2	영유아가 장난감을 갖고 노는 동안 양육자가 앉아 있다.	안전기지로서의 부모
3	낯선 사람이 놀이실로 들어가 앉아서 양육자와 대화를 나눈다.	낯선 사람에 대한 반응
4	양육자가 방에서 나가고 영유아가 불안해 하면 낯선 사람이 달랜다.	분리불안
5	양육자가 돌아와서 영유아에게 간다. 낯선 사람은 방에서 나간다.	재회 시 반응
6	양육자가 다시 방에서 나간다.	분리불안
7	낯선 사람이 놀이실로 들어가 영유아에게 다가간다.	낯선 사람에 대한 반응
8	양육자가 돌아와서 영유아에게 간다. 영유아에게 다시 놀 수 있도록 한다.	재회 시 반응

그림 7-1 Ainsworth(1983)와 낯선상황실험

Ainsworth(1983)는 낯선상황실험을 통해 영유아와 양육자 간의 애착 유형을 다음과 같이 네 가지로 구분하였다.

- 안정애착(secure attachment): 안정애착 유형의 영유아들은 양육자를 안전기지로 삼아 환경을 탐색한다. 양육자가 함께 있을 때에는 편안하게 장난감을 가지고 놀면서 낯선 상황을 탐색하고, 낯선 사람에 대해서도 긍정적으로 반응한다. 대개 양육자가 떠나면 놀이를 멈추고 울지만, 양육자가 돌아오면 곧 울음을 그치고 반기며 다시 놀이를 시작한다. 대체로 영유아와 안정애착을 형성하는 양육자는 영유아의 요구에 민감하고 신속하게 반응하며, 영유아가 보내는 신호에 따라 자신의 행동을 조절하고, 일관성 있게 애정을 표현한다. Ainsworth의 연구에서는 전체의 약 65%의 영유아와 양육자가 이 유형에 해당하였다.
- 불안-저항애착(anxiety-resistant attachment): 불안-저항애착 유형의 영유아들은 양육자가 곁에 있어도 새로운 것을 탐색하려고 하지 않고, 양육자에게 매달려 떨어지려 하지 않는다. 낯선 사람이 들어오면 긴장하거나 부모에게 더 매달리며, 양육자가 방에서 나가면 심하게 울며 매우 불안해한다. 양육자가 돌아온 후에도 쉽게 울음을 그치지 않으며, 양육자에게 안겨서도 화를 내거나 양육자가 준 장난감을 뿌리치며 저항한다. 불안-저항애착 영유아의 양육자는 영유아의 요구에 일관된 반응을 보이지 않으며 같이 있을 때에도 영유아에게 무관심한 표정과 태도를 보이는 경우가 많다. 전체의 약 20%의 영유아와 양육자가

이 유형에 해당하였다.

- **불안-회피애착**(anxiety-avoidance attachment): 불안-회피애착 유형의 영유아는 양육자가 방에서 나가더라도 별로 반응을 보이지 않으며, 양육자가 돌아온 후에도 양육자를 바라보거나 다가가지 않고 피하거나 무시하는 행동을 보인다. 낯선 사람이 들어와도 반응을 보이지 않으며, 양육자에게 가까이 가지 않는다. 양육자를 낯선 사람과 비슷하게 대하며, 양육자가 방에서 나가도 그다지 심하게 울지 않는다. 불안-회피애착 영유아의 양육자는 영유아의 요구에 민감하지 못하며, 영유아와 신체적 접촉을 피하거나 거부하는 행동을 하는 등 애정표현을 잘하지 못하는 경향이 있다. 전체의 약 10~15%가 이 유형에 해당하였다.

- **혼란애착**(disorganized attachment): 혼란애착 유형에 해당하는 영유아들은 불안-저항애착과 불안-회피애착의 복합적 애착 행동을 보인다. 양육자가 방을 나가면 불안해하면서 거센 반응을 보이다가도 양육자가 다시 돌아온 후에는 반기지 않고 안아 줘도 다른 곳을 쳐다보거나 밀쳐 낸다. 양육자가 정신적으로 불안정하거나 심리적 상실을 경험한 경우에 많이 관찰된다. 전체의 약 5~10% 정도의 영유아와 양육자가 이 유형에 해당하였다.

〈표 7-3〉 영유아의 애착 유형

애착 유형	낯선상황실험 반응	양육 경험과 발달 영향
안정애착	• 양육자가 사라지면 찾고 울음 • 양육자가 돌아오면 반갑게 맞이하고 금방 진정됨. 다시 양육자를 벗어나 환경을 탐색함	• 안정된 육아 경험 • 인지, 정서, 사회적 기술이 안정되게 발달함
불안-저항 애착	• 처음부터 양육자에게서 떨어지지 않고 주변 탐색을 시도하지 않음. 양육자가 사라지면 심한 분리불안 행동을 보임 • 양육자가 돌아오자 양육자 품에 안겨 울면서 쉽게 진정되지 않고 양육자에게 저항하는 행동을 보임	• 일관되지 않은 양육 환경
불안-회피 애착	• 양육자가 사라지면 찾으나 강렬하게 찾지는 않음 • 양육자가 돌아오면 오히려 당황하며 회피하는 경향을 보임. 낯선 이에게 하는 것과 유사한 반응을 보임	• 아이를 방치하는 양육 환경
혼란애착	• 회피와 저항의 복합적인 애착 행동을 보임 • 양육자 분리 시 관심을 보이지 않거나 심한 불안 행동을 보임. 양육자가 안아 주어도 관심을 보이지 않음	• 양육자가 병리적인 상황에 있거나 아동학대 환경

3) 또래관계발달

영유아기에 또래를 향한 관심이나 행동은 비교적 드물며 단순하다. 2개월경에는 엄마 품에 안겨 다른 영유아를 바라보기도 하며, 3~4개월경에는 손을 뻗는 행동을 하기도 한다. 그러나 대부분 일방향적인 행동이며 상호작용은 발생하지 않는다. 옹알이를 산출하기 시작하는 6개월경에는 또래에 대한 관심이 더 증가하며, 더러 상호적 관심을 보이기는 하나 마찬가지로 상호작용에 참여하는 행동은 관찰되지 않는다.

생후 1년이 되면서 걷기가 가능해지고, 운동 능력이 향상되며, 언어표현이 가능해지면서 사회적 상호작용 능력도 발달하게 된다. 이때는 또래에게 다가가 또래가 갖는 물건을 잡아당겨 뺏기도 한다. 2세가 될 즈음에는 놀이에 함께 참여하게 된다. 이때는 두세 명이 함께 장난감을 가지고 노는 모습도 관찰된다. 그리고 3, 4세가 되면 또래관계는 더욱 발전하여 특별히 친한 친구를 사귀게 된다.

영유아기에 맺는 또래관계는 양육자와의 애착관계와는 다른 측면에서 사회적 발달에 중요한 의미를 갖는다. 영유아들은 성인과 맺는 관계와는 구별되는 또래관계를 형성하며, 또래의 행동을 모방하면서 사회적 행동을 습득하게 된다. 성인과의 관계에서와 마찬가지로 영유아들은 낯선 또래보다 익숙한 또래와 더 많은 신체 접촉을 하며, 모방 행동을 더 많이 보인다.

또래들과의 상호작용의 양과 질을 결정하는 데에는 형제관계나 상호작용에 참여하는 또래의 수, 물리적 환경 등 여러 가지 요인이 영향을 미치지만 그중에서도 영유아가 부모와 맺는 관계는 중요한 영향을 미친다. 부모와 안정된 애착을 형성하는 영유아들은 또래와의 상호작용에 적극적으로 참여하고 활발하게 상호작용을 유지하는 반면, 애착 형성이 잘 되지 않은 영유아들은 그렇지 못하다. 또한 부모와 차례 주고받기를 많이 하는 영유아는 또래와도 차례 주고받기를 잘하였다.

4) 사회적 발달과 놀이

제6장에서 영유아의 놀이발달을 인지발달의 관점에서 소개하였으나 사회적 발달의 측면에서도 놀이는 중요하다. 영유아들은 놀이를 통해 다른 사람과 상호작용

하는 데 필요한 사회적 기술을 배워 나간다.

Whaley(1990)는 사회적 발달의 관점에서 영유아의 놀이발달을 5단계로 설명하였다. 첫 번째 단계는 **교환적, 상호적 사회적 놀이**(complimentary and reciprocal social play) 시기로 출생 직후에서 약 4개월 정도의 시기에 해당한다. 이때 영유아는 양육자와 얼굴을 마주하고 미소를 짓거나 소리내기, 응시하기 등을 통해 상호작용을 시작한다. 그러나 아직은 상대방을 정확히 인식하지 못하기 때문에 놀이 상대를 구별하여 반응하지는 못한다. 두 번째 단계는 **상호 인식을 기반으로 한 교환적, 상호적 사회적 놀이**(complimentary and reciprocal social play with mutual awareness) 시기로 4~8개월 사이에 해당한다. 영유아는 6~8개월 정도에 낯가림을 시작하며 이는 자신에게 친숙한 사람과 그렇지 않은 낯선 사람을 구별하는 행동으로 이해할 수 있다고 하였다. 사회적 놀이에서 두 번째 단계는 이 시기에게 해당하며, 이때의 영유아는 앞선 단계와 구별되게 자신이 상호작용하는 사람을 구별하여 상호적인 놀이에 참여한다. 세 번째 단계는 **단순 사물 및 사회적 놀이**(simple object and simple social play) 시기로 7~13개월에 해당한다. 이 시기의 영유아는 사물을 기능적으로 탐색하며 기능에 맞게 가지고 놀 수 있게 되는데, 이때 또래에게 다가가거나 나란히 앉아 놀이를 하는 모습도 간혹 관찰되기 시작한다. 네 번째 단계는 **사물연합놀이**(object play with mutual regard) 시기로 13~18개월에 해당한다. 영유아들은 몇 가지 사물을 함께 연관지어 가지고 놀기 시작한다. 이때는 또래가 가지고 노는 장난감에 관심을 보이며 또래의 장난감으로 손을 뻗는 행동을 하기도 한다. 하지만 또래에게 관심을 보이지 않는다. 마지막으로, **단순 평행놀이**(simple parallel play) 시기로 19~24개월에 해당한다. 또래와 나란히 앉아 각자 자기의 장난감을 가지고 노는 평행놀이 형태가 빈번히 관찰된다. 또래의 놀이 행동에 관심을 보이며 옆에 앉아 비슷한 장난감을 가지고 놀기는 하나 함께 상호작용을 하거나 놀이에 참여하지는 않는다.

영유아기의 혼자놀이(solitary play)와 평행놀이는 유아기에 접어들면서 연합놀이(associative play), 협동놀이(cooperative play) 등의 형태로 발달되어 간다. 연합놀이는 다른 친구들과 함께 노는 집단놀이의 일종으로, 놀이 내용에 대해 이야기를 주고받거나 장난감을 서로 교환하여 놀지만 각자의 역할을 정하거나 놀이를 조직적으로 하지는 못하는 수준의 놀이 형태이다. 반면, 협동놀이는 여러 명의 유아가 공동의 목표를 가지고 진행되며, 놀이를 이끄는 유아를 중심으로 서로 협동하여 각자의

〈표 7-4〉 영유아기의 사회적 놀이발달

연령	사회적 놀이 형태
출생~4개월	• 교환적, 상호적 사회적 놀이 • 얼굴 마주하고 미소 짓기, 소리 내기, 응시하기와 같은 상호작용
4~8개월	• 상호 인식을 기반으로 한 교환적, 상호적 사회적 놀이 • 양육자와 양육자가 제시한 장난감에 관심을 보임
7~13개월	• 단순 사물 및 사회적 놀이 • 사물을 기능에 맞게 가지고 놀기 시작함 • 또래에게 다가가거나 나란히 앉아 노는 모습이 간혹 관찰됨
13~18개월	• 사물연합놀이 • 사물을 서로 연관지어 함께 가지고 놂 • 또래가 가지고 노는 장난감에 관심을 보임
19~24개월	• 단순 평행놀이 • 또래와 나란히 앉아 비슷하나 독립적인 놀이 진행 • 또래의 행동에 관심을 보임

출처: Whaley (1990).

역할을 조직적으로 진행하는 사회적 놀이이다. 놀이 규칙에 따라 각자의 역할을 정하고, 협동적이고 조직적으로 놀이를 진행한다. 보통 4, 5세 정도에 관찰된다.

3. 정서발달

1) 정서발달

정서(emotion)란 희로애락과 같이 인간이 느끼는 감정을 말한다. 정서는 선천적으로 타고난 기질에 의해서도 영향을 받지만 반복적인 경험을 통하여 후천적으로 습득되기도 한다. 인간이 느끼는 정서 상태는 심리적인 변화는 물론 다양한 신체적 반응도 유발하여 인간의 행동에 폭넓게 영향을 미치게 된다.

정서는 다른 영역의 발달과 마찬가지로 영유아기부터 분화되고 발달되기 시작한다. 영유아기의 정서발달은 영국의 심리학자 Bridges(1930) 이론을 통해 흔히 설명된다. Bridges에 의하면, 출생 직후의 신생아들은 약간 흥분된 상태를 유지한다고 한다. 이러한 상태가 생후 3개월 정도까지 불쾌감과 쾌감으로 분화되는데, 보통 쾌감보다 불쾌감이 먼저 발달한다. 5개월경에는 불쾌감에서 분노, 혐오, 공포와 같은 감정이 분화되며, 9~12개월 사이에는 쾌감에서 기쁨 또는 희열, 애정과 같은 감정들이 분화된다. 13~18개월 사이에는 이전에 형성된 애정의 감정들이 성인이나 또래를 향한 감정으로 분화되며, 이와 동시에 질투심도 나타난다. 마지막으로, 19~24개월에는 행복감이나 만족감이 발달된다. 이처럼 24개월까지의 영유아기에는 가장 초기에 분화된 쾌감과 불쾌감을 기반으로 분노, 혐오, 공포, 기쁨, 애정, 질투, 만족과 같은 감정들이 분화된다.

영유아의 정서이해 능력은 정서표현에 비해 발달 과정을 명확하게 설명하기 어렵다. 정서표현은 얼굴 표정이나 소리내기, 움직임과 같이 겉으로 드러나는 행동을 통해서 쉽게 확인이 되는 반면, 정서이해는 표현에 비해 확인이 쉽지 않기 때문이다. 정서이해는 사람의 정서표현에 대해 영유아들이 어떻게 반응하는가를 통해 연구하였는데, 대체로 영유아들은 2개월경에 감정을 표현하는 일부 얼굴 표정을 구별하기 시작하며, 4~8개월경에는 더 다양한 표정을 이해하고 사람들의 표정에 긍정적, 혹은 부정적으로 반응하기 시작한다. 앞에서 웃어 주면 함께 웃고, 화난 모습으로 야단을 치면 삐죽거리는 행동을 한다. 9개월 즈음이 되면 양육자가 얼굴 표정이나 목소리, 몸짓 등을 통해 전달하는 의도를 파악하고, 이에 따라 행동을 결정하고자 하는 사회적 참조(social referencing) 행동이 관찰되기 시작한다. 즉, 낯설고 새

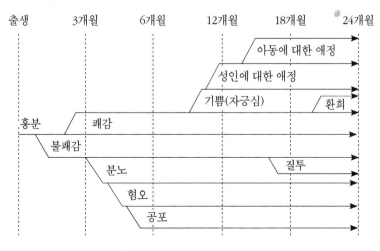

그림 7-2 Bridges(1930)의 영유아 정서발달

로운 상황에서 양육자의 얼굴 표정을 보고 도움을 얻고자 하는 행동을 한다. 이때 영유아에게 적절한 반응을 해 주는 것이 사회·정서발달이나 인지발달에 도움이 된다.

18~24개월 정도가 되면 정서를 표현하는 일부 언어적 표현들을 이해하기 시작한다. 초기에는 얼굴 표정과 같이 비언어적 단서가 함께 제공되는 상황에서 이해하나 점차 언어만으로도 정서표현을 이해하게 된다. 감정에 대한 언어적 표현을 산출하기 시작하는 것은 3세경에나 가능해진다. 언어를 통한 정서표현은 비교적 단순한 표현으로 시작된다. 이즈음에 정서를 야기하는 이유에 대해서도 이해하기 시작한다.

2) 정서발달과 의사소통

영유아기의 정서발달은 행동에 폭넓게 영향을 미칠 뿐만 아니라 영유아의 개인 내적 요인이나 후천적 경험들과 상호교류적으로 영향을 주고받으며 발달한다. 즉, 정서발달이 다른 영역의 발달이나 환경적 경험에 의해 영향을 받을 뿐만 아니라 다른 영역의 발달에 영향을 미치며, 서로 주고받는 영향이 발달이 진행되는 과정에서 다르게 나타날 수 있다. 다음은 정서발달이 의사소통은 물론 다른 영역의 발달과 어떻게 영향을 주고받으며 발달하는지 살펴보도록 하겠다.

(1) 정서발달과 의사소통발달

먼저 정서발달은 영유아의 언어 및 의사소통 발달과 서로 영향을 주고받으며 진행된다. 정서발달은 영유아가 보내는 신호를 양육자가 얼마나 민감하게 알아차려서 적절하게 반응해 주는가와 관련된다. 생후 3개월경에 영유아는 쾌, 불쾌와 관련된 정서를 분화시키는데, 이러한 쾌나 불쾌한 감정이 분화되는 데에는 영유아의 요구가 충족되는가의 여부와 관련된다. 영유아들은 배가 고프거나 불편한 상황에서 반사적으로 울거나 칭얼거린다. 이때 양육자가 영유아의 요구를 민감하게 알아차려 이를 해결해 주면 쾌적함을 느끼게 되고, 이를 통해 '쾌'와 같은 긍정적 정서를 발달시키게 된다. 반대로 영유아의 불편함을 양육자가 민감하게 알아차리지 못하거나 알아차리더라도 적절히 반응해 주지 않는 경우에는 요구가 충족되지 못하여 '불쾌'한 정서를 발달시키게 된다.

영유아의 정서표현은 상태를 표현하는 수단이 되며, 궁극적으로는 의도적 의사소통을 시작하는 데 있어 중요한 역할을 한다. 영유아가 불편한 상황을 정서적으로 표현하고 양육자가 반복적으로 이에 반응해 주는 과정을 통해 영유아는 자기 행동과 양육자 반응 간의 수반관계를 이해하게 되고, 이를 통해 의도적 의사소통을 발달시키게 된다.

영유아가 갖는 정서 상태는 양육자를 비롯하여 다른 사람과 상호작용하는 태도에도 영향을 미치고 나아가 의사소통과 언어 발달에도 영향을 준다. 영유아는 쾌감 상태에서 다른 사람의 행동에 더 잘 반응할 뿐 아니라 옹알이도 더 많이 산출한다. 의사소통이나 언어적 행동은 양육자나 또래와의 상호작용 중에 상대방의 행동을 모방하며 이루어지는데, 긍정적 정서 상태는 이러한 측면에서도 긍정적 영향을 준다. 반면, 불쾌한 정서 상태에 있을 때에는 다른 사람의 신호에 반응하지 않으며, 상호작용 행동도 제한되어 의사소통발달에도 부정적 영향을 미치게 된다.

(2) 기타 발달 영역과의 관계

① 인지발달과의 관계

정서는 의사소통만이 아니라 인지나 사회적 발달과도 상호교류적 영향을 주고받는다. 정서적으로 흥분되거나 불안한 상태에서는 인지 기능을 적절하게 수행하지 못한다. 쾌감과 같은 긍정적 정서가 발달된 영유아들은 불쾌와 관련된 부정적 정서 상태에 있는 영유아들에 비해 더 적극적으로 주변을 탐색하며, 이를 통해 더 많은 것을 이해하고 학습하여 궁극적으로 인지발달에 영향을 미친다.

인지발달 역시 정서발달에 중요하다. 영유아의 인지발달이 정서발달에 미치는 영향은 초기에 발달하는 불안이나 공포감을 중심으로 설명할 수 있다. 불안이나 공포는 주로 낯선 사람이나 상황에 대한 반응으로 나타나는데, 이는 영유아가 친숙한 사람이나 상황에 대해 인지하고, 이를 낯선 사람이나 상황과 분리하기 시작하였음을 의미한다. 또한 이러한 불안이나 공포감은 영유아들이 대상영속성을 기반으로 양육자가 눈앞에서 사라져도 존재한다는 것을 이해하며, 순환 과정을 통해 눈앞에서 사라진 양육자가 다시 돌아온다는 것을 이해하면서 서서히 극복하기 시작한다.

② 사회적 발달과의 관계

정서발달은 사회적 발달과도 밀접하게 관련된다. 이는 앞에서 예를 든 불안과 공포를 중심으로 설명할 수 있다. 영유아들이 보이는 낯가림과 분리불안은 사회적 발달의 주요 발달지표로 고려되는데, 이러한 낯가림과 분리불안은 영유아기에 발달하는 공포나 불안과 연관된다. 즉, 낯가림은 낯선 사람에 대한 공포감의 표현이며, 분리불안은 양육자와 떨어지는 것에 대한 불안감을 기반으로 한다. 불안이나 공포감은 5~6개월경에 분화되며, 낯가림은 6~8개월, 분리불안은 8~9개월에 나타나기 시작하여 12개월경에 최고조에 이른다. 이를 토대로 볼 때, 영유아들의 불안이나 공포감은 이후 낯가림이나 분리불안과 같은 행동 표현에 영향을 미친다고 볼 수 있다.

반대로 안정된 사회적 발달은 정서발달에 영향을 미친다. 영유아가 낯가림을 보이거나 분리불안을 보일 때 양육자나 주변에서 어떻게 반응해 주는가는 영유아의 불안이나 공포감에 영향을 미칠 수 있다. 낯선 사람에 대해 낯가림을 보이는 경우 양육자가 안아 주어 안정감을 주고 동시에 양육자가 낯선 사람에게 호의적인 태도를 보이는 것은 공포감을 완화시키는 데 도움이 될 것이다. 분리불안을 보이는 경우에도 양육자가 분리불안을 이해하고 영유아로 하여금 양육자와 분리되더라도 다시 되돌아올 수 있다는 것을 이해할 준비가 되도록 안정감 있게 상황을 만들어 준다면 분리불안이 지속적인 불안 상태로 이어지지 않을 것이다.

앞에서 사회적 발달과 정서발달을 주로 낯가림이나 분리불안을 중심으로 설명하였으나, 그 외에도 영유아가 양육자나 다른 성인들, 더 나아가 또래들과 적절한 관계를 형성하는 데에도 큰 영향을 미친다. 정서적으로 안정되어 있는 영유아들은 다른 사람들과의 상호작용에 관심을 보이며, 다른 사람의 상호작용 시도에 대해 적절하게 반응한다. 특히 긍정적 정서가 발달한 영유아들은 사회적 발달에서도 긍정적 효과를 가진다. 안정적인 사회적 관계를 형성하는 경우에는 관계 안에서 만족감을 느끼고, 이는 긍정적 정서발달로 연결될 것이다.

③ 신체발달과의 관계

신체적 경험 역시 정서발달에 직접적으로 영향을 준다. 영유아에게서 가장 처음으로 분화되는 쾌와 불쾌의 감정은 주로 배고픔과 같은 신체적 상태와 관련되어 표현된다. 또한 더 늦게 발달하는 것으로 알려진 불안이나 공포와 같은 감정은 낯선 사람이나 양육자와의 분리와 같은 사회적 상황만이 아니라 영유아가 느끼는 신체적 위험 반응으로 형성된다. 이처럼 신체적 경험은 정서 반응에 직접적으로 영향을 미친다.

영유아의 정서 상태는 신체적 반응으로 나타난다. 불쾌나 공포, 불안 등 부정적 정서 상태에 있는 경우에는 신체적으로 경직되며, 호흡이나 수면 등과 관련된 여러 자율적인 신체 활동에 영향을 미친다. 반대로 즐거움이나 기쁨, 만족과 같이 긍정적 정서 상태에 있는 경우에는 신체적으로 이완되어 있으며, 호흡, 수면, 섭식 등과 같은 신체 활동이 안정되는 경우가 많다.

앞에서 정서발달과 의사소통발달이나 기타 인지, 신체, 사회적 발달과의 상호교류적 관계를 살펴보았다. 이처럼 정서는 영유아의 행동발달 전반에 걸쳐 영향을 주고받으므로 언어치료사들이 영유아기의 정서발달 과정과 정서발달이 행동에 미치는 영향을 이해하고 고려한다면 더 적합한 중재를 제공하는 데 도움이 될 것이다.

4. 기질과 사회 · 정서발달

1) 기질

기질(temperament)이란 영유아가 출생하면서부터 가지고 태어나는 고유하며 일관된 행동양식으로 성격과 유사한 개념이다. 그러나 성격은 태어나면서부터 가지고 있는 고유한 특질과 경험을 통해 형성된 부분을 모두 포함한다면, 기질은 타고난 고유한 부분에 비중을 둔다는 점에서 차이가 있다.

앞에서 설명한 바와 같이 기질은 타고난 성향을 말하나, 후천적 경험을 통해 달라질 수 있으며 이후 성격의 요체를 이룬다. 하지만 영유아기는 아직 경험의 영향이 크지 않고 타고난 본래의 기질이 두드러지는 시기이기 때문에 기질을 중요하게 다룬다. 기질은 외부 자극에 대한 반응이나 반응 속도, 또는 기분 등과 같은 행동에 영향을 미치므로 영유아의 행동을 결정하는 데 중요한 역할을 할 뿐만 아니라, 사회성, 놀이, 인지, 언어 등 행동 전반의 발달에 중요한 영향을 미친다(전홍주, 최유경, 최항준, 2013; Belsky, 1984).

기질은 상당 부분 유전적이며 생물학적인 기제에 의해 결정되므로 영유아마다 가지고 태어난 기질은 각기 다르다. 타고난 기질은 교육이나 경험을 통해 달라질 수 있지만, 타고난 본래의 기질을 바꾸는 것은 쉬운 일은 아니라고 받아들여진다. 영유아의 기질적 특성과 기질 및 발달과의 관계를 이해하는 것은 영유아에게 적절한 양육이나 교육을 제공하여 발달을 촉진하기 위한 환경을 만들어 주는 데 매우 중요하다. Thomas와 Chess(1977)는 '조화의 **적합성**(goodness-of-fit)' 이론을 통해 영유아의 기질에 맞는 적절한 양육이나 환경이 제공되는 경우 발달에 바람직한 결과를 도출할 수 있으나, 반대로 영유아의 기질에 적합하지 않은 부적절한 양육 또는 환경이 제공되는 경우 영유아의 발달은 악순환의 길로 진행될 수 있다고 강조하였다. 따라서 영유아에게 적합한 양육이나 중재를 제공하기 위해서는 기질과 발달적 관계를 이해하는 것이 중요하다.

2) 기질의 구성요인

기질은 몇 가지 요인으로 구성된다. 기질의 구성요인을 이해하는 것은 기질을 이해하고 영유아의 행동을 통해 기질을 파악하는 데 도움이 된다.

기질의 구성요인에 대해서는 여러 모형이 제시되어 있다. 그중 대표적인 모형은 뉴욕종단연구(New York Longitudinal Study: NYLS)에서 Thomas와 Chess(1977)가 제시한 기질 구성요인이다. Thomas와 Chess는 기질을 구성하는 요인을 활동성, 규칙성, 적응성, 반응성, 민감성, 기분, 반응 강도, 산만성, 지속성의 아홉 가지로 설명하였다. 각각의 요인에 대해서는 〈표 7-5〉에 구체적으로 제시하였다.

Thomas와 Chess의 모형은 기질 구성요인에 대한 모형 중 가장 포괄적이며 대표적인 것으로 평가받고 있으나, 요인 간의 중복 가능성에 대한 부분은 제한점으로 고려된다(위영희, 1994). 영유아 기질 검사(Toddler Temperament Scale: TTS)는 이들의 모형을 기반으로 한다.

Thomas와 Chess의 모형과 더불어 Buss와 Plomin(1975)의 모형도 자주 소개되는 모형이다. Buss와 Plomin의 모형은 EAS 모형으로도 알려져 있는데, 이는 Buss와 Plomin이 제공한 세 가지 기질 구성요인인 정서성(Emotinality), 활동성(Activity), 사

〈표 7-5〉 Thomas와 Chess의 기질 구성요인

요인	특성
활동성	활동성은 영유아의 신체적 에너지로, 신체 활동 정도나 속도 등을 말한다. 활동성이 높은지 혹은 낮은지로 구분한다.
규칙성	수면, 섭식, 배변과 같은 생물학적인 기능이 규칙적으로 이루어지는가를 말한다. 이러한 생물학적 기능이 규칙적인지 혹은 불규칙적인지로 구분한다.
적응성	환경 변화에 적응하는 정도를 말하며, 주로 적응하는 데 걸리는 시간에 따라 적응성의 정도를 판단한다. 영유아가 환경 변화에 쉽게 적응하는지 혹은 환경 변화에 저항하는지로 구분한다.
새로운 대상에 대한 반응성 (접근-회피)	새로운 대상이나 상황 또는 낯선 사람에 대한 반응성을 말한다. 새로운 대상 혹은 사람에게 접근하는지 혹은 회피 성향을 보이는지에 따라 구분하며, 접근(approach) 또는 회피(withdrawal)로 구분한다.
민감성	제공된 자극에 대해 민감한 정도를 말한다. 반응을 이끌어 내기 위해 필요한 자극 수준으로 평가되므로 감각역치로 명명하기도 한다. 영유아가 시각적, 청각적, 촉각적 등과 같은 자극에 예민한지 혹은 둔감한지로 구분한다.
기분	기분은 일반적인 정서 상태로, 긍정적 정서와 부정적 정서로 구분한다. 긍정적 정서는 주로 즐겁고 명랑한 기분 상태에 있는 경우이며, 부정적 정서는 반대로 짜증이 심하거나 불안 등의 정서를 보이는 경우이다.
반응강도	외부 자극에 대해 영유아가 나타내는 반응의 수준을 말한다. 외부 자극에 강하게 반응하는지 혹은 약하게 반응하는지로 구분한다.
주의산만성	주변 상황에 의해 주의가 방해되는 정도를 말한다. 외부 환경에서 주어지는 자극에 쉽게 주의가 산만해지는지 혹은 주의가 잘 유지되는지로 구분한다.
주의집중 및 지속성	활동이나 과제에 주의를 기울이고 지속적으로 주의를 유지할 수 있는 정도를 말한다. 주로 활동이나 과제에 몰두하는 시간이나 활동이나 과제 수행이 방해되는 상황에서도 활동 또는 과제를 지속하는지 여부를 통해서 파악한다.

출처: Thomas & Chess (1977).

회성(Sociability)의 머리글자로 이루어진 것이다. 요인의 이름 그대로 정서성은 정서적 반응강도를, 활동성은 행동의 속도와 강도를, 사회성은 다른 사람에 대한 접근성과 관계를 의미한다.

Rothbart와 Derryberry(1981)는 Thomas와 Chess가 제시한 요인 중 중복 가능한 요인을 정리하여 활동성, 미소와 웃음, 공포, 제한에 대한 불편감, 진정 능력(soothability), 주의집중시간으로 구성된 여섯 가지 기질의 구성요인을 제안하였다.

〈표 7-6〉 기질 모형별 구성요인

요인/모형	Thomas와 Chess(1977)	Buss와 Plomin(1975)	Rothbart와 Derryberry(1981)
구성요인	• 활동성 • 반응강도 • 민감성	• 활동성	• 활동성
	• 기분 • 적응성 • 반응성(접근-회피) • 주의산만성 • 주의집중 및 지속성 • 규칙성	• 정서성 • 사회성	• 미소와 웃음 • 공포 • 제한에 대한 불편감 • 진정 능력 • 주의집중시간

출처: 위영희(1994)의 내용을 수정.

활동성은 팔, 다리와 같은 대근육의 움직임을 말하며, 미소와 웃음은 긍정적 정서 표현을, 공포는 낯설고 새로운 자극이나 상황에 대한 접근 또는 회피 반응을, 제한에 대한 불편감은 행동에 제약이 있는 상황에서 표현하는 불편함을, 진정 능력은 울거나 보챌 때 달래 주면 진정되는 정도를, 주의집중시간은 수행하고 있는 활동을 지속하는 정도를 말한다. Thomas와 Chess에 비해서 포함하는 요인의 수는 적으나 정서와 관련된 요인들이 세부화되어 있다는 점에서 차이가 있다.

〈표 7-6〉에는 앞에서 제시한 기질 모형별 구성요인을 요약하여 제시하였다. 세 모형은 포함하는 기질 구성요인의 수에서는 차이가 있으나 활동 수준과 정서(기분)를 기반으로 한 사회성을 공통적으로 포함하고 있다. 이러한 기질 구성요인들을 알고 있으면 기질 검사 도구를 이용하여 평가하지 않더라도 영유아가 각각의 기질 구성요인의 측면에서 어떠한 성향을 보이는지 관찰하고 이해하는 데 도움이 된다.

3) 기질 유형

Thomas와 Chess(1985)는 자신들이 정리한 기질 구성요인을 기반으로 부모 보고를 통해 영유아들의 기질을 검사하여 순한 기질, 까다로운 기질, 느린 기질의 세 가지 유형으로 분류하였다. 기질 유형은 이들이 제시한 아홉 가지 기질 구성요인 중 규칙성, 반응성(접근-회피), 적응성, 반응강도, 기분의 다섯 가지 요인에 기반하였다.

첫 번째 유형인 순한(easy) 기질의 영유아는 새로운 경험을 잘 받아들이고, 낯선 사람에게도 스스럼없이 잘 접근하며, 환경 변화에도 대체로 잘 적응한다. 이들은 대개 먹기나 잠자기와 같은 일상적인 생활 패턴이 규칙적이며, 부모나 또래들과도 사이 좋게 지낸다.

두 번째 유형인 까다로운(difficult) 기질의 영유아는 짜증을 잘 내고 새로운 것에 대해 심하게 저항한다. 낯선 사람에게 경계심을 표하며 잘 다가가려 하지 않고, 생활 습관도 불규칙적이고 환경 변화에 잘 적응하지 못한다.

마지막 유형인 느린(slow-to-warm-up) 기질의 영유아는 까다로운 영유아처럼 환경 변화에 잘 적응하지 못하고 낯선 사람을 회피하거나 새로운 상황에 쉽게 위축된다. 까다로운 기질의 영유아보다는 신체 기능이나 패턴이 규칙적인 편이지만 대체로 활발하지 않으며 새로운 자극에 대해서도 관심을 보이지 않고 활동성이나 반응 강도도 약한 편으로 전반적으로 수동적인 양상을 보인다. 대체로 까다로운 기질의 영유아나 느린 기질의 영유아는 순한 기질의 영유아에 비해 적응이 오래 걸리는 편이다.

Thomas와 Chess의 연구에 따르면, 일반 영유아의 경우 순한 기질이 40%, 까다로운 기질이 10%, 느린 기질이 15%, 기타 분류가 어려운 경우가 35%로 대부분의 영유아가 순한 기질을 갖고 있다.

〈표 7-7〉 기질의 세 가지 유형

요인	순한 기질	까다로운 기질	느린 기질
규칙성	• 신체기능이 규칙적	• 신체 기능이 불규칙적	• 활발하지 않은 경향
반응성 (접근-회피)	• 접근	• 위축, 회피	• 위축
적응성	• 일상생활의 변화에 잘 적응함	• 일상생활의 변화에 잘 적응하지 못함	• 일상생활의 변화에 잘 적응하지 못하며 적응 시간이 오래 걸림
반응강도	• 적절함	• 반응 강도가 큰 편	• 반응강도가 약한 편
기분	• 안정됨	• 변화가 큼 • 짜증을 잘 냄	• 변화가 적음 • 수동적

출처: Thomas & Chess (1985)의 내용을 요약함.

4) 기질과 영유아 발달

기질은 영유아의 행동에 영향을 미치며, 궁극적으로는 영유아 발달 전반에 걸쳐 영향을 미친다. 다음은 기질과 언어 및 의사소통 발달과 부모와의 애착관계 언어 및 의사소통 발달과 양육자와 영유아의 애착관계를 기반으로 한 사회적 발달을 중심으로 살펴보도록 하겠다.

(1) 기질과 의사소통 및 언어 발달과의 관계

기질은 영유아들의 행동 방식이나 동기, 정서 등에 폭넓게 영향을 주어 영유아의 전반적 발달에 영향을 미치게 된다. 영유아의 의사소통 및 언어 발달 역시 기질에 의해 많은 영향을 받는다. 기질은 다른 사람과의 상호작용 상황에 영유아가 참여하고, 주변 사람들의 행동에 적절히 반응하게 하여 의사소통 및 언어 발달에 영향을 미치게 된다.

영유아의 기질과 언어 및 의사소통 발달 간의 관계는 많은 연구자에 의해 연구되었으며, 기질의 구성요인 중 적응성이나 지속성, 기분과 같은 요인이 영유아의 어휘습득이나 표현어휘발달과 관련된다고 보고되었다(장유경, 이근영, 최유리, 이순묵, 2007; Dixon & Shore, 1997; Dixon & Smith, 2000). 이윤경과 이지영(2017)은 미숙아와 만삭아로 출생한 영유아 집단을 대상으로 기질과 초기 의사소통 및 언어 발달 관계를 살펴보았는데, 미숙아 집단에서는 활동성, 반응성(접근–회피), 반응강도 요인이 초기 말소리나 몸짓 사용과 관계가 있었으며, 만삭아 집단에서도 적응성 및 기분 요인이 비언어적 의사소통 행동과 활동성 요인이 표현언어 능력과 유의한 상관이 있는 것으로 보고하였다. 연구마다 의사소통 및 언어 발달과 관련된 요인들이 일관되게 보고되지는 않았으나, 대체로 반응성이나 활동성, 적응성, 기분 등의 요인이 초기 의사소통 및 언어 발달에 영향을 미친다는 점에서는 큰 이견이 없는 것으로 보인다.

의사소통 및 언어 발달은 기질의 구성요인만이 아니라 영유아들의 기질 유형에 따라서도 영향을 받는다. 연구를 통해 밝혀진 바로는 주로 까다로운 기질의 영유아가 순하거나 느린 기질의 영유아에 비해 언어발달이 느리며(조유나, 홍지은, 2010), 적응력이 떨어지거나 활동량이 많은 경우 그리고 긍정적 정서에 비해 부정적 정서 상태에 있을수록 언어발달이 느린 경향이 있었다(김영실, 신애선, 2013; 이형민 외, 2008). Pérez-Pereira, Fernández, Resches와 Gómez-Taibo(2016)는 생물학적으로 취약한 조건에 있는 경우에는 기질적으로도 취약한 상태에 있을 수 있다고 하였다. 영유아기에 까다로운 기질로 분류된 영유아들은 순한 기질의 영유아에 비해 적응이 어렵고, 기분이나 행동 반응이 불안정하여 발달에 문제를 갖는 경우가 많다(전홍주, 최유경, 최항준, 2016; 김난실, 조혜진, 2007). 또한 까다로운 기질의 영유아는 행동 제어가 어려워 강압적인 양육이나 보육이 제공되는 경우가 많으며, 이로 인해 성격 형성은 물론 발달에 부정적 영향을 미치는 악순환적 고리를 갖기 쉽다(Chess & Thomas, 1984). 따라서 언어 및 의사소통 발달이 느린 영유아의 경우 기질이 어떠한 영향을 미치는지 확인하고 이를 고려한 접근이 요구된다.

(2) 기질 및 영유아와 부모 간의 관계

기질은 영유아와 부모 간의 관계에도 많은 영향을 미치며 서로 양방향적인 영향을 주고받는다. 먼저 영유아의 기질에 따라 영유아에 대한 부모의 태도가 달라질 수 있다. 생활 리듬이 규칙적이고, 정서적으로도 안정되며 부모에게 반응적인 순한 기질의 경우에는 부모가 영유아에 대한 애착을 형성하고 부모로서의 역할을 발전시켜 가는 데 도움이 된다. 반대로 영유아가 기질적으로 까다로워 잘 먹지 않고 잠도 잘 자지 않는 등 생활 패턴이 규칙적이지 않고, 잘 울거나 짜증을 내는 등 정서적으로 부정적인 경우에는 부모도 양육에 어려움을 경험하게 되며, 영유아에 대한 애착을 형성하고 긍정적인 양육태도를 갖는 데에도 방해가 된다.

영유아의 기질이 부모의 태도에만 영향을 미치는 것이 아니라 부모의 태도 역시 영유아의 기질에 영향을 미친다. 기질은 타고난 본래의 특성으로 쉽게 변할 수 있는 것은 아니지만 환경의 영향을 전혀 받지 않는 것도 아니다. 기질이 지나치게 까다롭거나 둔감한 경우, 또는 자신의 삶에 스트레스가 많은 부모는 영유아의 요구에 민감하게 반응하지 못하여 영유아의 부정적 기질을 강화시킬 수 있다. 반대로 부모가 정서적으로 안정되고, 적절한 양육태도를 갖고 있는 경우에는 영유아에게도 안정적인 양육을 제공하여 영유아의 상태를 편안하게 만들어 줄 수 있다. 따라서 까다로운 영유아에게는 부모가 영유아의 요구를 민감하게 파악하여 빠르게 해결해 주는 것이 좋은 반면, 느린 기질의 영유아는 전반적으로 활동성이 부족하고 표현이나 반응강도가 약하기 때문에 영유아가 반응을 할 때까지 충분히 기다려 주는 것이 필요하다.

영유아와 부모 간의 관계는 영유아와 부모의 기질이 얼마나 조화로운지에 의해 영향을 받을 수 있다. 영유아는 느린 기질인데 부모는 까다로운 기질인 경우에는 부모는 영유아의 반응을 기다리지 못하고 영유아를 재촉하거나 다그치는 행동을 하여 부모-영유아 관계에서 부정적인 결과를 초래할 수 있다. 반면, 부모도 같이 느린 기질인 경우에는 부모가 영유아의 반응을 다그치거나 하지는 않지만 부모가 영유아의 요구를 알아차리지 못하여 무시하거나 영유아의 행동을 촉진하지 않아 발달에 긍정적이지 않을 수 있다. 영유아는 까다로운 기질인데 부모는 느린 기질인 경우에는 영유아의 요구나 정서 변화에 부모가 즉각적으로 반응해 주지 않아 영유아의 부정적 정서를 증가시킬 수 있다. 반면, 영유아와 부모가 모두 까다로운 기질의 경우에는 영유아의 행동 변화나 부정적 정서 상태에 부모도 함께 짜증을 내며 반응하여 충돌이 발생할 수 있다. 따라서 전문가들은 영유아의 기질만을 고려할 것이 아니라 부모의 기질 또는 성격을 함께 고려하여 각각에 적합한 상담이나 중재를 제공할 수 있어야 한다.

이 장을 공부한 후······

● 사회적 발달의 개념과 사회적 발달이 의사소통과 기타 영유아 발달에 미치는 영향을 이해한다.

● 영유아기의 사회적 발달 양상과 주요 발달지표를 이해한다.

● 애착 개념과 영유아기 애착발달과 사회적 발달 간의 관계를 이해한다.

● 정서발달의 개념과 정서발달이 의사소통과 기타 영유아 발달에 미치는 영향을 이해한다.

● 기질의 개념과 영유아의 기질 유형 그리고 기질이 영유아의 행동발달에 미치는 영향을 이해한다.

제2부

영유아
의사소통장애
평가 및 중재

제8장

영유아 의사소통 평가 개관

평가는 중재와 더불어 언어치료사가 담당해야 하는 여러 역할 중에서도 중요한 부분을 차지한다. 영유아의 의사소통 능력을 평가하기 위해서는 이와 관련된 기본적인 지식과 기술에 대한 이해가 선행되어야 한다. 이 장에서는 먼저 평가 개념에 대한 이해를 바탕으로 영유아 시기의 평가 목적을 살펴볼 것이며, 영유아 의사소통 평가를 위해서 언어치료사가 갖추어야 할 지식과 기술을 살펴볼 것이다. 그리고 마지막으로 평가의 과정을 선별, 사전평가, 평가 실시, 결과 해석, 보고서 작성의 5단계로 나누어 각 단계별로 진행되어야 할 내용을 정리해 보고자 한다.

1. 평가의 개념과 목적

1) 선별, 평가, 사정

평가는 대상자의 능력을 질적 또는 양적으로 측정하고 가치 판단을 하는 것으로, 특별한 지원이 필요한 영유아를 확인하는 것에서부터 중재 계획 및 실시, 그리고 중재 효과에 대한 평가에 이르기까지 모든 과정에 포괄적으로 적용되는 개념이다. 이는 실시 목적이나 과정에 따라 선별(screening), 평가(evaluation), 사정(assessment)으로 구분하기도 한다. 선별(screening)은 문제가 의심되어 더 자세하고 심도 깊은 평가가 필요한 대상을 확인하는 과정을 말한다. 선별을 통해 발달 문제가 의심되는 영유아는 다음의 평가 절차로 의뢰된다. 평가(evaluation)는 근거 자료에 입각하여 의사결정이나 판단을 하는 것을 강조하는 개념으로, 영유아가 언어치료가 필요한 대상자인지를 결정하는 것이 목적일 때 사용한다. 보통 의학 분야에서는 환자가 갖는 병을 판단하는 것을 진단(diagnosis)이라는 용어를 사용하는데, 이와 유사한 개념이라 할 수 있다. 사정(assessment)은 판단에 관심을 두기보다는 의사결정을 위해 일련의 자료를 수집하거나 수집된 자료를 통합하는 과정을 강조하는 개념이다. 보통 사정은 평가를 목적으로 하는 경우가 많기 때문에 둘을 명확히 구분되지 않고 평가로 통칭하기도 하나, 개념적으로 평가는 '의사결정'에, 사정은 의사결정에 필요한 자료를 수집하는 '과정'이나 '절차'에 더 강조를 둔다.

앞에서 선별, 평가, 사정의 개념적 차이를 살펴보았으나 각각의 의미를 특별히 강조하지 않는 경우에는 모두 '평가'라는 용어로 대표될 수 있다. 이 책에서도 특별히 그 의미를 구분할 때를 제외하고는 평가라는 용어로 서술하고자 하며, 필요한 경우 용어 간의 구분을 명확히 하기 위하여 평가는 진단평가로, 사정은 사정평가로 서술하도록 하겠다.

2) 영유아 의사소통 평가의 목적

(1) 의사소통 중재가 필요한 영유아 확인

평가의 가장 중요한 목적 중 하나는 중재가 필요한 영유아를 확인하는 것이다. 언어치료사는 평가를 통해 언어 및 의사소통 장애가 있는지를 판별하고, 그 장애 정도(severity)를 결정한다. 영유아 시기에는 문제가 명확히 드러나지 않으므로 판별을 뒤로 미루는 경우가 있는데, 문제가 명확히 드러날 때까지 기다리다 보면 조기중재의 중요한 시기를 놓칠 수 있다. 이러한 문제를 해결하기 위하여 장애나 지체가 명확한 경우만이 아니라 장애가 의심되는 영유아도 언어치료가 필요한 대상에 포함해야 한다. 언어와 의사소통은 사회, 정서나 인지와 같이 다른 영역의 발달에 중요한 영향을 미치므로 가급적 빨리 문제에 개입할 수 있도록 조기중재가 필요한 영유아를 확인하는 것이 중요하다.

(2) 중재 계획을 위한 기초 자료 수집

언어 및 의사소통 문제를 갖고 있는 영유아들을 위해 중재를 계획하기 위해서는 영유아의 현행 수행 수준과 강약점에 대한 평가가 선행되어야 한다. 중재 계획을 목적으로 하는 경우에는 의사소통이 실제 이루어지는 자연스러운 문맥 내에서 평가하도록 고려해야 한다. 또한 영유아 시기는 다른 시기에 비해 평가 및 중재 전반에 걸쳐 가족의 역할이 강조되므로 가족, 특히 양육자의 의사소통 행동이나 영유아와 양육자 간의 상호작용 그리고 양육자 및 가족의 요구와 우선순위에 대한 것도 평가 내용에 포함되어야 한다.

(3) 중재를 통한 변화 모니터링

영유아나 가족의 중재를 통한 변화를 확인하는 것도 평가의 주요 목적이 된다. 중재 모니터링이라는 표현이 사용되기도 한다. 일반적으로 치료 후의 평가 자료를 치료 전 자료와 비교하여 변화 정도를 파악하는 경우가 많지만, 그보다는 중재가 제공되는 동안 연속적으로 평가를 실시하여 중재 목표나 방법이 영유아에게 적합한지를 확인하고 이를 중재 과정에 지속적으로 반영하는 것이 바람직하다. 중재를 통해 영유아가 어떻게 변화하였는가는 물론 가족을 중재에 포함하였을 때 가족의 변화도 함께 확인하여야 한다.

(4) 중재 프로그램 효과 확인

영유아나 가족에게 적용한 중재 프로그램이나 전략의 효과를 확인하는 것도 평가의 주요 목적이 된다. 이는 치료 접근의 적절성을 결정하는 것만이 아니라 앞으로 중재 프로그램의 방향을 결정하는 데에도 필수적이다. 최근 언어병리학 분야에서 의사소통장애인들에게 중재 접근을 결정할 때 근거기반의 실제(Evidence-Based Practice: EBP)를 선택하도록 강조하고 있다. 근거기반의 실제란 각 대상자에게 적용할 중재 접근을 연구 결과나 숙달된 전문가의 경험, 환자의 선호도와 가치에 입각하여 결정하는 것을 말한다. 언어치료사에 의해 축적된 프로그램 평가 결과는 잘 조작된 연구를 통해 얻어진 결과에 비해서는 정도가 약하긴 하지만 의사소통장애 중재 프로그램 결정 시 또 다른 중요한 '근거'가 될 수 있다.

(5) 추후 발달 예측

영유아 의사소통발달 평가는 앞으로 영유아는 물론 그 가족이 어떻게 변화할 것인가를 예측하기 위하여 실시한다. 영유아가 어떻게 변화해 갈 것인가를 예측할 수 있어야 좀더 장기적인 계획을 수립할 수 있다. 현재 상태를 파악하기 위한 평가만으로는 영유아가 장기적으로 어떻게 변화해 갈 것인가를 예측하는 것이 쉽지 않다. 이 역시 중재 과정을 통해 영유아를 지속적으로 평가하고 관찰하는 것으로 가능할 것이다.

〈표 8-1〉 영유아의 언어 및 의사소통 평가 목적

- 의사소통장애 또는 장애위험 영유아 조기 판별
- 적절한 중재 프로그램 계획을 위한 현행 수준 및 강약점 평가
- 중재를 통한 변화 모니터링
- 중재 접근법 또는 프로그램의 효과 평가
- 추후 영유아의 발달에 대한 예측

2. 평가 관련 지식과 기술

1) 미국언어청각협회의 의사소통 평가 지침

미국언어청각협회에서 제공한 '0~3세 영유아를 위한 언어치료사 가이드라인' (ASHA, 2008)에는 언어치료사가 선별, 평가, 사정을 위해 갖추어야 할 지식과 기술을 다음과 같이 제안하였다. 이는 영유아 의사소통 평가 관련 지식과 기술을 이해하는데 도움이 될 것이다.

(1) 0~3세 영유아 의사소통 평가 관련 지식
- 장애와 장애위험 영유아의 선별, 평가, 사정와 관련된 정부나 공공기관의 정책
- 선별, 평가, 사정의 정의
- 장애의 조기 판별의 중요성과 조기 판별이 발달에 미치는 역할
- 영유아에게 사용할 수 있는 표준화 검사와 표준화 검사를 이해하기 위한 심리측정적 속성
- 출생에서 3세까지의 영유아들을 선별, 평가, 사정하기 위한 방법
- 선별, 평가, 사정 방법들의 강약점 구분 기준
- 의사소통, 사회적 상호작용, 인지, 운동, 적응행동 기술과 환경적 영향
- 다양한 평가 절차와 방법 활용의 중요성
- 평가를 기반으로 한 임상적 의견 도출
- 결과와 제언을 간결하게 서술하고 의사소통하는 방법

- 이중언어 환경에 노출된 영유아를 평가하는 방법
- 발달지체 또는 발달장애를 가진 영유아 평가에서 간학문적 또는 초학문적 팀 접근의 역할
- 다른 팀 구성원과 보조 인력, 준전문가, 통역사를 평가 과정에 포함하는 방법

(2) 0~3세 영유아 의사소통 평가 관련 기술

- 적절한 평가 방법 선택 기술 및 다양한 조건의 영유아, 맥락, 상황을 측정하는 기술
- 영유아와 가족이 속한 문화와 언어적 특성에 따라 평가 방법을 수정하는 기술
- 영유아의 신체적, 감각적 상태를 고려하여 평가 방법과 측정 절차를 수정하는 기술
- 다문화나 이중언어 환경과 같이 특별한 환경에 있는 영유아 평가에서 심리측정적 정보를 해석하는 기술, 즉 표준화 검사의 규준 자료에 포함되지 않는 영유아에게 표준화 검사를 사용할 때 가질 수 있는 제한점
- 전문적인 방법에 근거하여 평가를 실시하는 기술
- 자연적인 환경이나 일상적 상황 또는 활동 안에서 영유아의 행동을 관찰하고 기술하며 해석하는 기술
- 평가 절차 안에 가족이나 양육자, 다른 전문가들이 관찰한 내용, 가족의 관심사, 우선순위를 포함하는 기술
- 표준화된 검사, 면담, 부모 보고, 관찰이나 준거참조검사로부터 얻은 정보, 다른 팀 구성원이나 가족의 우선순위를 반영하여 의사결정하는 기술
- 가족의 언어적, 문화적 배경을 고려하여 의사소통하는 기술. 0~3세 영유아 가족에게 지원되는 서비스 권고 및 의뢰와 관련된 기술
- 평가 과정 중에 통역자나 문화적으로 도움을 줄 수 있는 사람과 함께 평가를 실시하는 데 필요한 기술

2) 영유아 의사소통 평가 관련 지식과 기술

영유아 의사소통장애와 관련된 문헌들과 미국언어청각협회에서 제공한 지침과

기타 관련 내용을 바탕으로 영유아 의사소통 평가를 위해 언어치료사가 갖추어야
할 지식과 기술들을 정리해 보면 〈표 8-2〉와 같다.

〈표 8-2〉 영유아 의사소통 평가 관련 지식

구분	관련 지식
평가 개념 및 목적, 관련법과 정책	• 평가의 목적 • 평가 목적에 따른 정의: 선별, 평가, 사정 • 영유아 조기 선별 및 판별의 중요성 • 평가와 관련된 법과 정책
평가 방법	• 평가 목적에 따른 평가 방법과 절차 • 규준참조검사와 준거참조검사 • 행동 관찰과 면담 • 기타 평가 방법들: 일과기반 평가, 놀이기반 평가 등
결과 해석	• 결과 해석을 위한 통계적 기초 • 언어 및 의사소통 평가 결과에 영향을 미칠 수 있는 요인들: 발달적 요인, 환경적 요인 • 선별, 평가, 사정 과정을 통해 임상적 결과 도출 • 결과 전달을 위한 보고서 작성
협력적 접근	• 협력적 평가의 중요성 • 협력적 평가모형 • 관련 전문 분야에 대한 이해 • 영유아 발달 전반에 걸친 이해 • 보호자 또는 다른 전문가 대상 자문 또는 상담 기술

(1) 평가 개념 및 목적과 관련 정책

평가를 실시하기 전에 언어치료사는 평가를 실시하는 목적, 평가의 개념 및 정
의, 평가 유형, 영유아 선별, 평가, 사정과 관련된 정부 및 공공기관의 정책, 영유아
조기 선별, 평가, 사정에 대한 기본 지식을 갖춰야 한다. 특히 영유아기에 대한 발
달적 이해를 기반으로 조기 선별이나 평가가 갖는 의미와 중요성에 대해 잘 알고
있어야 한다.

(2) 평가 방법에 대한 이해

언어치료사는 영유아 의사소통 평가에 활용되고 있는 다양한 평가 방법과 실시 절차에 대한 지식과 기술을 갖추어야 한다. 또한 각각의 평가 방법에 대한 강약점을 이해하여 적절한 평가 방법을 선택할 수 있는 준비를 갖추어야 한다. 영유아기에 사용할 수 있는 규준참조검사와 준거참조검사는 물론 행동관찰이나 보호자 면담 등의 절차를 활용한 평가 절차나 일과기반 평가나 놀이기반 평가와 같은 대안적 평가 절차에 대해서도 지식을 갖추어 평가 목적에 맞는 적절한 방법을 결정할 수 있어야 한다.

(3) 결과 해석과 관련된 지식

평가를 실시하는 것도 중요하나 얻어진 평가 결과를 해석하는 것은 더욱 중요하다. 평가 결과 해석을 위해서는 통계적인 기초 지식은 물론 언어 및 의사소통 발달에 대한 지식도 중요하다. 통계적 기초 지식은 규준참조검사 결과를 해석할 때 필수적이며, 언어나 의사소통 발달 자료는 행동 관찰이나 보호자 면담과 같이 비공식적 평가 결과를 해석할 때 활용한다. 영유아의 언어 및 의사소통 문제는 다른 발달장애와 함께 동반되어 나타날 수도 있으므로 평가 결과를 통해 임상적 결과를 도출하기 위해서는 언어 및 의사소통은 물론 인지나 사회성, 신체 · 운동과 같은 다른 영역 발달에 대한 지식도 요구된다.

(4) 협력적 팀 접근을 위한 지식

영유아 조기중재는 영유아가 생활하는 자연스러운 환경 내에서 제공되어야 하며 이를 위해서는 무엇보다 협력적 팀 접근을 강조한다. 특히 영유아기의 의사소통발달은 다른 발달과 밀접하게 관련되므로 언어치료사 단독으로 평가를 실시하는 것보다는 각 발달 영역의 전문가들이 협력하여 평가를 진행하는 것이 바람직하다. 협력적 팀 접근 평가를 진행하기 위해서 언어치료사는 협력적 평가모형과 관련 전문 분야에 대한 지식을 갖추어야 하며, 부모는 물론 다른 전문가에게 상담 또는 자문하는 기술을 갖추어야 한다. 또한 적절한 소통을 위해서는 영유아 발달 전반에 걸친 이해가 요구된다.

3. 평가 과정

평가는 보통 선별, 사전평가, 평가 실시, 결과 해석, 보고서 작성의 절차로 진행된다. 그러나 반드시 이러한 절차에 따라 진행되어야 하는 것은 아니며 평가 목적이나 상황에 따라 달라질 수 있다. 예를 들어, 일반적으로 언어치료 현장에서는 부모 또는 양육자가 영유아의 언어 또는 의사소통발달지체를 의심하여 평가를 받으러 오는 경우가 대부분이기 때문에 첫 번째 선별의 절차는 생략되는 경우가 많다. 다음에서는 각각의 절차에 대해 구체적으로 살펴보도록 하겠다.

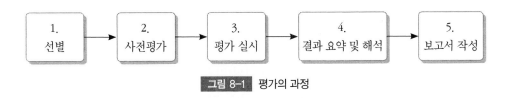

그림 8-1 평가의 과정

1) 선별

(1) 선별평가의 실시

선별은 보다 정확하고 자세한 평가가 필요한 대상을 확인하는 절차로, 언어치료사에 의해 실시되기도 하나 영유아와 많은 시간을 보내는 부모나 양육자, 또는 어린이집이나 유치원 교사가 실시할 수 있다. 특히 나이가 어린 영유아들은 낯선 상황에서 행동이 많이 제한되므로 선별평가를 실시할 때 반드시 자연스러운 환경 내에서의 활동이 포함되도록 강조된다(Lynch & Hanson, 2004). 따라서 영유아와 많은 시간을 보내는 가족이나 어린이집 선생님을 평가자로 포함하는 것이 바람직할 수 있다.

선별평가는 선별을 목적으로 개발된 간단한 체크리스트를 사용하거나 간단한 면담 또는 행동 관찰 절차를 활용하여 실시한다. 국내 영유아를 대상으로 표준화된 검사 중에서 한국형 의사소통 및 상징행동 척도(K CSBS DP)의 영유아 체크리스트(ITC)와 영유아 언어발달검사(SELSI), 한국형 맥아더-베이츠 의사소통발달검사(K M-B CDI) 축약판, 한국형 영유아 언어 및 의사소통발달선별검사(K-SNAP)는 선별을 목적으로 사용할 수 있다. 이외에도 영유아용 발달검사인 한국형 영유아 발달선별검사(K-DST)나 영아선별교육진단검사(DEP), 한국형 아동발달검사(K-CDI), 한국형 영유아 발달선별검사(K-CDR) 등의 언어 또는 의사소통 영역을 사용할 수도 있다. 이 검사 도구들은 제9장에서 자세히 소개하도록 하겠다.

선별평가를 통해서 언어 또는 의사소통발달지체 또는 장애가 의심되면 바로 진단평가 과정으로 의뢰를 해야 한다. 이때 영유아가 다른 영역의 발달 문제를 동반하지 않고 순수하게 언어 또는 의사소통 발달에만 문제를 보이는지 혹은 다른 발달지연도 의심되는지를 명확히 하는 것이 좋다. 그에 따라 영유아가 받을 수 있는 법적 혜택이나 서비스, 중재 접근 등은 물론 발달의 예후가 달라지기 때문이다. 영유아의 발달은 환경에 의해 영향을 받을 수 있으므로 혹시 영유아의 발달 문제가 환경적 문제로 인한 것이라고 판단될 때에는 가족 또는 환경 평가 역시 의뢰할 수 있어야 한다.

어린이집이나 발달센터에서 조기중재 팀의 일원으로 참여하는 언어치료사는 조기교육을 받는 영유아 중에서 언어나 의사소통 발달 문제가 의심되는 영유아를 선별하는 역할을 담당하여야 한다. 지역별로 육아종합지원센터나 교육지원센터를 중심으로 어린이집이나 유치원에서 보육 또는 교육을 받는 영유아들의 발달 선별검사를 실시하는 경우가 증가하고 있다. 이때 언어치료사가 선별검사의 일원으로 참여하여 선별평가를 실시할 수도 있다.

다른 전문가나 가족에 의해 언어발달이 느리다는 이유로 평가나 중재에 의뢰된 영유아 중에는 자폐스펙트럼장애와 같이 다른 발달장애를 동반하는 경우가 많다. 따라서 의사소통 평가에 의뢰되거나 치료를 하고 있는 영유아가 다른 발달장애를 동반하는지 선별할 수 있는 준비도 갖추어야 할 것이다.

(2) 선별평가 결과 전달 및 후속 과정

평가자는 선별평가의 결과를 보호자에게 전달하며 동시에 후속 과정을 안내해야 한다. [그림 8-2]에 제시된 것처럼, 선별평가의 결과는 전형적 발달로 확인된 경우와 전형적 발달을 보이지 않는 경우로 나누어 처리할 수 있다. 먼저, 전형적 발달을 보이는 것으로 확인된 경우에는 정기적으로 발달을 모니터하도록 권고한다. 선별평가 결과는 특정 시점에서의 수행 결과만을 보여 주는 것이므로 시간이 경과됨에

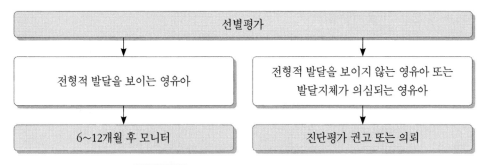

```
┌─────────────────────────────────────────────────────────────┐
│                        선별평가                                │
└─────────────────────────────────────────────────────────────┘
        │                                    │
        ▼                                    ▼
┌──────────────────────┐          ┌──────────────────────────┐
│ 전형적 발달을 보이는 영유아 │          │ 전형적 발달을 보이지 않는 영유아 또는 │
│                      │          │   발달지체가 의심되는 영유아    │
└──────────────────────┘          └──────────────────────────┘
        │                                    │
        ▼                                    ▼
┌──────────────────────┐          ┌──────────────────────────┐
│   6~12개월 후 모니터     │          │   진단평가 권고 또는 의뢰     │
└──────────────────────┘          └──────────────────────────┘
```

그림 8-2 선별평가 결과에 따른 후속 평가 과정

따라 발달이 어떻게 진행되는지를 지속적으로 모니터하는 것이 중요하다. 선별평가 결과에서는 문제가 없는 것으로 나왔지만 발달 문제가 의심되거나 염려가 계속되는 경우에도 진단평가를 받도록 권유한다. 선별평가를 통해 전형적 발달을 보이지 않거나 발달지체가 의심되는 경우에는 필수적으로 진단평가를 권고하거나 의뢰한다. 영유아가 특별 서비스 대상인지의 여부는 법에서 제정된 기준이나 학문 분야에서 사용하는 기준 등에 따라 달라질 수 있다. 혹은 지방자치단체별로 별도의 기준을 가지고 있을 수 있다. 이러한 다양한 기준을 잘 숙지하고 있으면 지원이 필요한 영유아를 확인하고 적절한 도움을 제공할 수 있을 것이다.

2) 사전평가

선별평가를 통해 진단평가에 의뢰된 경우에는 먼저 평가를 진행하기 전에 사전평가를 진행한다. 사전평가는 평가를 실시하기 전에 평가를 계획하기 위한 정보를 수집하고, 평가를 계획하는 과정을 말한다. 전통적인 평가에서는 사전평가 절차가 강조되지 않았으나 최근 많은 연구자는 영유아 의사소통 평가 절차에 사전평가 절차를 포함하도록 권고하고 있다(Barrera & Corso, 2002; Crais, Roy, & Free, 2006).

평가를 위한 정보 수집 시, 주로 양육자 또는 가족과의 면담을 통해 평가 목적이 무엇인지 확인하고, 무엇을 평가할 것이며, 어떠한 절차로 평가를 실시할 것인지를 결정한다. 양육자나 가족이 요구하는 정보를 확인하는 것도 이 과정의 주요 목적이 된다(Boone & Crais, 2001). 언어치료사는 양육자나 가족이 무엇을 원하고, 어떠한 정보를 필요로 하는지와 양육자나 가족이 평가에서 담당해야 하는 역할에 대해 결

〈표 8-3〉 평가 계획을 위한 질문

질문	목적	내용
왜?	평가 목적	• 진단평가 대상자 선별(선별) • 장애 판별(진단평가) • 중재(치료교육) 계획 • 중재(치료교육) 효과 모니터링
누가?	평가자	• 언어치료사, 조기중재팀, 가족 등
언제?	평가 시기	• 평가일, 평가 시간
어디서?	평가 장소	• 가정, 기관, 가정과 기관, 지역사회
무엇을?	평가 내용 또는 영역	• 영유아 영역: 의사소통기능, 의사소통수단, 발성 및 말소리 산출 능력, 언어이해, 언어표현, 삼킴, 놀이 • 가족 영역: 가족의 요구, 우선순위, 자원, 영유아와 가족 구성원 간의 상호작용, 가정 환경 등
어떻게?	평가 방법	• 표준화 검사, 관찰, 보호자 면담 등

정한다. 다른 조기중재 전문가들과 협력하여 평가를 진행하는 경우에는 사전 회의를 통해 함께 평가 계획을 수립하는 것도 이 과정에 포함된다.

수집된 자료를 토대로 평가 계획을 수립할 때에는 다음과 같이 육하원칙에 근거하여 중요한 요소를 확인하고 점검하는 것도 좋은 방법이 될 수 있다. 즉, '왜' 평가를 하고자 하는가, '누가' 평가를 실시할 것인가, '언제' '어디서' 평가를 실시할 것인가, '무엇을' 평가할 것인가, 그리고 '어떻게' 평가할 것인가에 대한 답을 찾도록 한다.

(1) 왜 평가하는가

'왜 평가하는가'는 평가 목적과 관련된 질문이다. 평가 목적에는 이미 앞에서 설명한 바와 같이 의사소통장애 여부 판별, 중재 계획을 위한 현행 수행 수준 파악, 중재를 통한 변화 확인, 앞으로의 변화 예측 등이 포함된다. 평가 목적에 따라 평가 절차도 달라질 수 있으므로 먼저 평가 목적을 분명히 하는 것이 중요하다. 예를 들어, 문제 확인 또는 판별을 목적으로 하는 경우에는 영유아의 평가 결과를 소속 연령 집단의 수행 결과와 비교하여 해석하는 것이 중요하다. 따라서 이때 연령에 대한 규준을 제공하는 표준화 검사 활용이 기본이 된다. 반면, 중재 계획이나 실시를 목적으로 하는 경우에는 영유아의 강약점은 물론 실제적인 의사소통 수행 능력을 파악하는 데 주안점을 둔다. 따라서 자연스러운 상황에서의 행동 관찰이나 일과기반 평가 혹은 놀이기반 평가 같은 대안적 평가 방법이 적극 활용되어야 할 것이다. 이러한 평가 절차는 제9장에서 자세히 소개할 것이다.

(2) 누가 평가하는가

'누가 평가하는가'는 평가자와 관련된 질문이다. 대부분의 경우 의사소통 평가의 주체는 언어치료사가 되지만 반드시 언어치료사가 직접 평가를 실시해야 하는 것은 아니며, 가족이나 다른 조기중재 전문가들을 통해 간접적으로 평가를 실시할 수도 있다. 조기중재에서는 가족참여와 전문가 간의 협력적 팀 접근을 강조하기 때문에 평가에서도 반드시 가족참여를 고려하여야 하며, 가능한 한 다른 전문가와의 협력적 접근을 통해 영유아 발달을 통합적으로 평가하는 것이 필요하다.

(3) 언제 평가하는가

'언제 평가하는가'는 평가 시간과 관련된 질문이다. 영유아의 신체 상태는 평가 결과에 중요한 영향을 미칠 수 있다. 따라서 평가 시간은 영유아가 가장 활동적일 수 있는 시간대로 결정한다. 양육자에게 미리 조사하여 낮잠 시간 등과 같이 영유아의 활동성이 떨어지는 시간은 피하는 것이 좋다.

(4) 어디서 평가하는가

'어디서 평가하는가'는 평가 장소와 관련된 질문이다. 조기중재 서비스전달모형은 크게 '가정중심(home-based)' '기관중심(center-based)' '가정과 기관 혼합'의 세 모형으로 구분된다. 가정중심 모형은 조기중재자가 영유아의 집을 찾아가 집에서 중재를 제공하는 모형이며, 기관중심 모형은 반대로 영유아가 기관을 방문하여 중재를 제공받는 모형이다. 각각이 갖는 장점을 〈표 8-4〉에 비교하여 제시하였다. 평가 장소는 서비스전달모형을 고려하여 결정하되, 영유아가 가장 많은 시간을 보내는 환경에서의 행동을 평가할 수 있도록 고려한다. 기관이 아닌 장소에서의 행동을 평가하고자 할 때, 평가자가 직접 영유아의 해당 장소를 방문할 수도 있지만, 이것이 여의치 않은 경우에는 양육자 보고를 참조하거나 가정에서의 행동을 동영상으로 촬영하여 평가할 수 있다.

〈표 8-4〉 가정중심과 기관중심 평가의 비교

가정중심 평가	기관중심 평가
• 영유아와 가족의 자연스러운 모습을 관찰할 수 있다. • 부모와 영유아의 자연스럽고 일상적인 상호작용 행동을 관찰할 수 있다. • 신체적으로 취약한 영유아에게는 검사 장소로의 이동 부담을 경감시킨다. • 부모 이외의 다른 가족 구성원에 대한 정보 수집이 용이하다. • 가정의 물리적 환경에 대한 정보도 얻을 수 있다.	• 여러 전문가가 협력하여 평가를 진행할 때 유리하다. • 평가 시 검사 도구와 같은 물리적 지원이 용이하다. • 기관에서 보내는 시간이 많은 영유아에게는 기관이 일상적이고 자연스러운 환경이 된다. • 가족 외의 또래나 다른 사람들과의 상호작용을 관찰하는 데 용이하다.

(5) 무엇을 평가하는가

'무엇을 평가하는가'는 평가 영역 또는 내용과 관련된 질문이다. 의도적 의사소통 행동의 빈도와 기능, 의사소통수단, 발성 및 말소리 산출 능력, 언어이해, 언어표현, 삼킴, 놀이 등과 같이 영유아의 의사소통행동과 관련된 내용은 물론 가족의 요구, 우선순위, 자원, 영유아와 가족 구성원 간의 상호작용, 가정 환경 등과 같은 가족 요인도 평가에 포함된다. 평가 내용은 영유아가 언어이전 의사소통기에 있는지

〈표 8-5〉 영유아 의사소통 평가 영역

영유아	가족
• 의도적 의사소통행동 • 의도적 의사소통기능 • 의사소통수단: 몸짓, 발성, 구어 • 말운동 및 삼킴 능력 • 조음 능력: 음소 및 음절 목록 • 수용언어 • 표현언어 • 상징놀이	• 가족의 우선순위 • 가족의 자원 • 가정의 물리적 환경 • 양육자와의 애착 • 양육자의 상호작용 • 양육자의 언어 사용 • 양육자의 언어전략 사용
• 인지발달 • 신체 · 운동발달 • 사회 · 정서발달 • 청력	

혹은 언어적 의사소통기로 전환하였는지에 따라 달라질 수 있다. 평가 내용 및 영역은 제10장에서 자세히 설명하도록 하겠다.

(6) 어떻게 평가하는가

'어떻게 평가하는가'는 평가 방법과 관련된 질문이다. 영유아 의사소통 평가에는 공식평가(또는 형식적 평가, formal assessment)와 비공식평가(비형식적 평가, informal assessment) 절차가 모두 활용된다. 공식평가는 검사를 통해서 영유아의 행동을 측정하는 방법으로 주로 표준화 검사를 활용하여 평가한다. 반면, 비공식평가는 검사를 통해서 행동을 측정하기보다는 영유아의 실제 행동 수행을 질적 또는 양적으로 기술하는 방법으로 주로 관찰이나 보호자 면담 절차를 활용한다.

어떠한 평가 방법을 사용할 것인가 역시 평가 목적에 따라 달라질 수 있다. 일반적으로 의사소통발달이 전형적으로 이루어지고 있는지의 여부를 결정하기 위한 목적으로 평가를 진행할 때에는 영유아의 수행을 같은 연령의 또래 집단과 비교할 수 있는 공식평가 절차가 유용하다. 반면, 중재를 계획하거나 중재를 통한 변화를 확인하기 위한 목적으로 평가를 진행할 때에는 비공식평가 절차가 중재 내용에 맞게 평가 내용과 절차를 결정할 수 있으므로 더 적절할 수 있다. 평가자는 한 가지 방법만을 고집하지 말고 영유아의 개인별 특성이나 상황에 맞게 적용할 수 있도록 다양한 평가 절차를 활용할 수 있어야 한다. 평가 절차와 관련된 내용은 제9장에서 더 자세히 다루도록 하겠다.

3) 평가 실시

사전평가를 통해 수립한 계획에 따라 평가를 실시한다. 사전평가를 통해 영유아에게 평가를 진행할 최적의 시간을 결정하였겠지만, 영유아의 신체나 기분 상태는 상황에 따라 달라질 수 있으므로 영유아가 평가를 받기에 좋은 상태에 있는지 다시 확인한다.

평가 진행에 앞서 보호자에게 평가가 어떠한 과정을 통해 진행될 것인가를 먼저 설명한다. 만약 사전평가가 별도로 진행되지 않았다면 기본 정보를 수집하고 그 정보를 토대로 무엇을, 어떻게 평가할 것인지를 이때 결정한다. 그리고 보호자에게 평가 진행 절차와 보호자가 어떻게 평가에 협력해야 하는가를 안내한다.

영유아 평가의 상당 부분은 보호자와의 면담 형식을 통해 진행한다. 보호자는 많은 시간을 영유아와 함께 보내며, 자연스러운 상황에서의 영유아 행동에 대한 정보를 제공할 수 있으므로 평가에 반드시 포함한다. 보호자 면담은 보호자를 대상으로 개발된 도구를 사용하여 진행할 수 있으며, 평가자가 필요한 내용을 결정하여 진행할 수도 있다. 보호자를 대상으로 면담을 진행할 때에는 얻고자 하는 정보가 무엇인지 보호자가 잘 이해할 수 있도록 쉽게 설명하는 것이 중요하다.

평가 실시 전에 영유아와 친밀감(라포, rapport)을 형성하는 것도 중요하다. 영유아들은 낯선 사람이나 상황에서는 평소와 같이 행동하지 않는 경우가 대부분이므로 신뢰로운 결과를 얻기 어렵다. 때문에 어린 영유아를 대상으로 평가할 때에는 평가 실시에 앞서 친밀감 형성을 위한 별도의 회기를 갖도록 권고하기도 한다. 임상 현장에서는 시간적 제약으로 인하여 친밀감 형성에 충분한 시간을 할애하지 못하는 경우가 많다. 그러나 중요한 점은 평가를 끝내는 것이 아니라 정확한 결과를 얻는 것임을 잊지 말아야 한다.

사전평가 절차를 통해 계획된 절차에 따라 평가를 실시한다. 검사가 시작된 후에도 영유아의 상태를 고려하여 평가 순서나 속도를 조절한다. 구조화된 절차와 자연스러운 절차를 잘 조합하여 놀이를 하듯 자연스럽게 평가를 진행하는 것이 중요하다. 이는 표준화 검사 평가자의 역량에 달려 있다. 가장 좋은 평가 도구는 '잘 훈련된 평가자'이다. 좋은 평가자가 되기 위해서는 지식을 기반으로 많은 훈련과 경험을 거쳐야 할 것이다.

평가가 끝난 후에는 보호자에게 간단히 결과를 요약하여 설명하고 이후의 과정을 안내한다. 평가 중에 관찰된 행동이 평상시 영유아의 전형적 행동을 대표해 주는가를 보호자에게 확인하는 것도 잊지 말아야 한다.

4) 결과 해석

정확하게 검사를 실시하고 관찰 자료를 수집하는 것도 중요하지만 얻어진 정보를 정확하게 해석하지 못한다면 의미가 없을 것이다. 평가 결과를 해석할 때에는 사용한 평가 절차가 규준을 가지고 있는지의 여부에 따라 달라질 수 있다. 일반적으로 규준참조검사의 평가 결과는 등가연령이나 발달연령, 혹은 표준점수에 기초하여 해석하며, 그 외 규준이 마련되어 있지 않은 비공식 검사나 관찰 결과 등은 발달 자료 등을 기반으로 해석한다.

(1) 등가연령 또는 발달연령에 따른 해석

등가연령(equivalent age) 또는 **발달연령**(developmental age)을 활용하는 방법은 영유아의 수행이 발달적으로는 어느 연령대에 해당하는지를 측정하고 이를 생활연령과 비교하여 해석하는 방법이다. 보통 발달연령이 생활연령보다 1년 이상 지체되면 발달이 지연된 것으로 보는데, 영유아 시기는 발달의 폭이 큰 시기이므로 6개월 이상 지체되는 경우를 의미 있게 해석하기도 한다. 발달연령이나 등가연령에 기초하여 해석하는 방법은 다음과 같은 점으로 인해 주의가 요구된다. 첫째, 특정 연령을 대표하는 행동을 말하기 어렵다는 점이다. 즉, 대부분의 영유아는 1세를 전후하여 첫 낱말을 산출하나 모든 영유아가 1세에 첫 낱말을 산출하는 것은 아니다. 따라서 첫 낱말을 산출한다고 해서 발달연령이 1세라고 판단할 수는 없다. 둘째, 연령 간의 차이가 모두 동일한 의미를 갖지 않는다는 점이다. 예를 들어, 3세인 영유아가 발달연령이 2세인 경우와 7세인 유아가 발달연령이 6세인 경우 모두 1년 지체된 것으로 수치상으로는 지체 정도가 같다. 그러나 나이가 어릴수록 발달 속도나 폭이 크기 때문에 두 영유아의 지체 정도를 동일하게 보는 것은 무리가 있다. 따라서 이보다는 표준점수 등을 통해 영유아가 속한 집단 내에서의 상대적 위치를 파악하여 수행 결과를 해석하는 것이 권장된다.

(2) 표준점수에 근거한 해석

영유아 수행 결과를 준거집단에서의 기준과 비교하는 대표적인 방법으로, 점수를 정규분포화한 후 분포 내에서의 위치를 파악하는 방법이다. 평균과 표준편차를 기반으로 한 백분위수, T점수, Z점수 등은 대표적인 표준점수로 볼 수 있다. **평균**(mean)은 집단을 구성하는 각 사례의 점수를 합한 값을 총 사례수로 나누어 구한 값으로 집단을 대표하는 측정치 중 하나이다. **표준편차**(standard deviation)는 평균을 중심으로 각 사례의 점수들이 얼마나 흩어져 있는가를 보여 주는 측정치로 각 사례 점수들이 평균과 갖는 차이값을 제곱하여 더한 후 총 사례수로 나누어 측정한다. 제

2장에서 설명하였듯이, 보통 평균을 중심으로 ±1 표준편차 이내를 평균 범위로 보는데, 전체 자료 중 68%가 포함된다. 많은 표준화 검사는 −1 표준편차에서 −2 표준편차 사이(약2.24~16% 사이)를 발달지체 위험군, −2 표준편차 이하에 해당하는 경우(약 2.24% 이하)를 발달장애 또는 발달지체 기준으로 제시하고 있다. T점수는 평균이 50, 표준편차는 10인 표준점수로 40~60이 ±1 표준편차 이내에 해당하며, 30~40이 −1~−2 표준편차 사이, 30 미만이 −2 표준편차 이하에 해당한다. Z점수는 평균이 0, 표준편차는 1인 표준점수로 −1에서 1 사이가 ±1 표준편차 이내에 해당하며, −1~−2 사이가 −1 표준편차에서 −2 표준편차 사이, −2 미만이 −2 표준편차 이하에 해당한다.

백분위수(percentile)는 비교집단에서의 상대적 순위를 나타내는 통계치 중 하나로 점수를 일련의 순서로 나열하였을 때 가장 높은 순위를 100 백분위수, 가장 낮은 위치를 1 백분위수로 본다. 보통 10 백분위수 이하에 해당하는 경우에 발달지체로 보며, 25 백분위수 이하에 해당하는 경우에는 발달지체 위험군으로 파악한다.

이상의 내용은 제2장의 [그림 2-1]을 참조하면 이해가 용이하다.

(3) 발달적 준거에 기초한 해석

준거참조검사는 검사 결과를 비교하여 해석할 수 있는 규준이 마련되어 있지 않기 때문에 규준참조검사에 비해 결과 해석이 쉽지 않다. 때문에 간혹 관찰된 행동을 요약만 하고 요약된 내용이 갖는 의미는 해석하지 않은 보고서를 볼 수 있다. 보통 관찰이나 비공식평가를 통해 얻어진 결과는 선행 문헌에서 보고된 발달 자료와 비교하여 해석하는 경우가 일반적이다. 유사한 도구를 사용한 연구 결과가 있다면 연구 결과에서 보고된 결과를 준거로 해석할 수도 있다. 그러나 이 경우 표준화된 절차를 통해 얻어진 결과가 아니므로 결과 해석에 조심하여야 한다.

규준참조검사는 동일한 규준에 근거하여 결과를 해석하므로 평가자의 역량에 큰 영향을 받지 않지만, 준거참조검사의 경우에는 평가자마다 관찰된 행동을 해석하는 데 필요한 지식이나 경험 수준이 다를 뿐 아니라 얻어진 결과를 기존의 지식이나 경험과 통합하여 해석하는 능력에서도 차이가 있기 때문에 평가자의 역량에 의한 영향이 크다. 수집된 자료를 기반으로 결과를 정확하고 의미 있게 해석하기 위해서는 관련 지식과 많은 훈련이 요구된다.

5) 보고서 작성

평가의 마무리는 평가보고서 작성을 통해 이루어진다. 보고서 작성은 다음과 같은 의미를 갖는다. 첫째, 평가자로 하여금 평가 과정을 통해 얻어진 결과를 요약하고 종합하는 기능을 한다. 평가자는 보고서를 작성하는 과정을 통해서 여러 절차를 통해 얻어진 결과를 통합적으로 정리하게 된다. 둘째, 보호자는 물론 다른 전문가들에게 평가 결과를 전달하는 역할을 한다. 보호자나 다른 전문가들은 보고서를 통해서 영유아의 의사소통발달을 자세히 이해할 수 있게 된다. 셋째, 서비스 전달 대상 여부의 근거 자료가 된다. 영유아가 국가나 사회가 제공하는 서비스의 대상이 되는지 여부를 확인하게 하는 근거 자료가 된다. 넷째, 중재 계획의 근거 자료가 된다. 중재자는 평가보고서를 통해 영유아의 강약점을 파악하고 적절한 중재 계획을 수립하게 된다. 마지막으로, 중재 후의 변화나 중재 프로그램의 효과를 평가하는 자료가 된다. 중재 전과 중재 후의 평가보고서를 비교함으로써 중재를 통한 영유아 또는 가족의 변화를 살펴볼 수 있으며, 나아가 중재 프로그램이 효과적이었는지를 평가할 수 있다.

일반적으로 보고서에는 기본정보, 배경정보, 평가 방법, 평가 결과, 요약 및 임상적 진단, 제언을 포함하도록 권고한다. 다음에서는 진단을 목적으로 한 평가보고서를 기준으로 평가보고서에 포함되어야 하는 내용을 요소별로 간단히 살펴보도록 하겠다.

(1) 기본정보

기본정보에는 평가대상자와 평가자 정보를 기록한다. 평가대상자 정보에는 영유아의 이름, 생년월일, 성별, 보호자, 주소나 전화번호와 같은 연락처, 진단명 또는 치료 및 교육 배치 상태, 의뢰 사유 등을 기록하며, 평가자 정보에는 평가자명과 평가일을 기록한다.

(2) 배경정보

배경정보는 영유아와 관련된 사례사를 기록하는 것으로, 출생력과 병력(의학적 정보), 발달력, 교육 및 치료력의 세 가지 내용을 중심으로 기록한다. 출생력에는 출생 시 몸무게와 재태기간, 기타 출산 시 특이점을, 병력에는 질병의 종류와 치료 내용을 기술한다. 발달력에는 중요한 발달지표들을 수행한 시기를 기록하며, 치료 및 교육력에는 영유아가 받았던 치료나 교육 내용을 기술한다. 배경정보를 기술할 때는 해당 정보가 누구로부터 혹은 무엇으로부터 얻은 자료인지를 명시하도록 한다.

(3) 평가 방법

어떠한 방법으로 평가를 실시했는지를 기술한다. 검사 도구를 사용한 경우에는 검사 도구 명칭도 함께 제시한다. 보고서를 읽는 사람이 사용된 도구가 필요한 경우 쉽게 찾아볼 수 있도록 영문 약어가 아닌 검사 도구의 완전한 명칭을 기록한다. 저자나 출판연도, 출판사 등이 포함된 참고문헌 기록방식으로 제시하는 것도 사용된 도구를 파악하는 데 도움이 될 수 있다.

관찰을 실시한 경우에는 누가, 언제, 어디에서 실시했으며, 어떠한 행동을 관찰했는지를 기록한다. 면담을 통해 평가를 실시한 경우에는 누구를 면담했으며, 면담 대상자와 영유아와의 관계, 면담 내용을 기록한다. 환경 평가를 실시한 경우에는 어떠한 도구를 사용했는지 또는 언제, 어떠한 내용을 어떤 목적으로 측정했는지를 기록한다.

(4) 평가 결과

평가 결과는 평가 도구 또는 방법, 발달 또는 의사소통 영역, 영유아의 환경 또는 문맥의 세 가지 형식 중 하나로 서술할 수 있다(Wolery, 2004). 첫 번째 평가 도구 또는 방법에 따른 결과 서술 방법은 평가 시 사용한 평가 도구나 절차별로 결과를 서술하는 것이다. 예를 들어, K CSBS DP 행동샘플검사, K M-B CDI 등과 같이 사용된 검사별로 결과를 제시하는 것이다. 이 경우는 사용된 검사가 서로 다른 영역을 평가하는 경우에는 괜찮으나 같은 영역을 평가할 때, 특히 두 검사 결과가 서로 다른 결과를 보여 줄 때에는 평가 결과를 통합하거나 어떠한 결과를 받아들일지 결정하는 데 어려울 수 있다. 이 방법으로 결과를 제시할 때에는 사용된 검사나 결과 측

예측 요인	원점수	표준점수*	백분위수**	관심대상 여부
정서 및 시선	8			
의사소통	6			
몸짓	8			
사회적 영역		22	9	37	아님
말소리	5			
낱말	0			
발화적 영역		5	4	2	관심대상
이해	4			
사물 사용	7			
상징적 영역		11	6	9	관심대상
총점		38	81	10	관심대상

* 표준점수는 총점의 경우 평균 100, 표준편차 15이며(86~115 평균 범위, 85 이하는 평균 이하, 115 초과는 평균 이상을 의미), 그 외의 점수는 평균이 10, 표준편차 3(8~13 평균 범위, 7 이하는 평균 이하, 13 초과는 평균 이상을 의미)임. 평균에서 1.25 표준편차 이하에 해당하는 경우(총점은 81 미만, 그 외 점수는 7 미만)는 '관심대상'에 해당함.

** 백분위수는 비교집단 내에서 순서를 표시하는 수치로 최저는 1 백분위수, 최고는 100 백분위수로 표현됨. 10 백분위수 이하에 해당하는 경우는 '관심대상'에 해당함.

그림 8-3 K CSBS DP 결과 요약표 예

정치에 필요한 정보를 제공해 주는 것이 결과를 이해하는 데 도움이 된다. 예를 들어, K CSBS DP 행동샘플검사를 사용한 경우 '이 검사는 12~24개월 사이 영아의 의사소통과 상징행동 발달을 평가하는 검사로, 초기 사회적 의사소통발달과 의사소통적 몸짓, 말소리와 낱말, 언어이해와 사물을 이용한 상징발달을 평가한다'라고 검사를 설명해 준다. [그림 8-3]에 제시한 바와 같이, 결과를 표로 요약해서 제시하는 것이 도움이 되는데, 이때 검사 규준에서 사용된 통계치를 표 아래에 주를 달아 설명해 주면 이해에 도움이 된다.

두 번째 방법인 발달 또는 의사소통 영역에 따라 결과를 서술하는 방법은 다양한 절차로 평가된 결과들을 영역별로 통합하여 결과를 서술하는 것이다. 예를 들어, 구어와 비구어 의사소통으로 구분하거나 수용언어와 표현언어, 또는 의사소통의 사용, 내용, 형식으로 나누어 작성하는 것이 이에 해당한다. 유사한 영역을 평가하는 도구가 여러 개 포함된 경우에는 각 절차로부터 얻어진 결과를 통합하여 서술하기 때문에 앞에서 서술한 측정 도구나 평가 방법에 따라 기술하는 것보다 더 통합된 결과를 제공할 수 있다. 그러나 하나의 검사 결과를 검사에서 측정하는 내용에 따라 여러 부분으로 나누어 제시한다는 점은 적절하지 않을 수 있다.

마지막 방법은 환경 또는 문맥에 따라 결과를 서술하는 방법으로, 영유아가 주로 생활하는 환경이나 문맥을 중심으로 결과를 요약하는 것이다. 즉, 가정이나 어린이집과 같이 생활 환경을 중심으로 하거나 어린이집의 간식시간, 놀이시간 등 특정 활동 문맥을 중심으로 영유아의 의사소통행동을 요약하는 것이다. 각 장소나 상황에서 영유아가 독립적으로 수행한 기술과 그러한 기술을 사용한 조건, 도움이나 수정이 필요했던 기술과 도움이나 수정의 내용 및 정도, 영유아가 수행하지는 못하지만 발달적으로나 기능적으로 영유아에게 필요한 기술, 중재를 계획할 때 필요한 요소들을 기록한다.

첫 번째와 두 번째 방법은 공식 또는 비공식평가 절차를 통해 얻어진 결과를 기술할 때 유용한 방법으로, 영유아의 문제 확인을 위한 진단평가나 중재 계획을 위한 평가보고서 작성 모두에 활용할 수 있다. 반면, 마지막 방법은 비공식적인 관찰이나 면담 절차를 통해 얻어진 결과를 기술할 때 적절하며, 영유아의 실제적인 의사소통 능력을 파악하는 데 도움이 되므로 기능적이고 실제적인 중재 목표를 결정할 때 적용할 수 있을 것이다.

(5) 요약 및 임상적 진단

요약에서는 평가를 통해서 얻어진 결과를 요약해서 제공한다. 주로 영유아의 의사소통 능력과 도움이 필요한 영역을 중심으로 요약한다. 간혹 결과에서 제시된 내용을 그대로 요약에 옮겨 온 경우를 보게 되는데, 가급적 결과에서 제시된 내용을 그대로 복사해 오지 말고 임상적 진단과 추후 제언에 필요한 내용을 포함하되 간략하게 통합해서 요약하도록 한다.

요약의 말미에는 평가 결과를 근거로 임상적 진단을 내리도록 한다. 먼저 '언어발달지체' 혹은 '의사소통장애' 등과 같이 의사소통장애명을 쓰도록 하며, 동반장애가 있다면 '발달지체를 동반한 언어발달지체'와 같이 동반장애를 병기하여 명시하도록 한다. 소아정신의학자나 소아발달전문가와 같은 전문가에게서 진단을 받은 경우에는 해당 장애명을 병기하여도 큰 문제가 없으나 언어치료사가 평가 중 관찰된 내용에 근거하여 특정 발달장애가 의심된다면 'R/O'와 같은 약어를 써서 제시한다. R/O 는 '배제하다'라는 의미의 영어 'rule out'의 약어로 해당 문제가 의심되니 확인을 통 해 배제해야 함을 의미한다.

(6) 제언

제언 부분에서는 평가 결과를 기반으로 보호자나 다른 전문가에게 추후 진행 방 향에 대한 의견을 제공한다. 주로 추가 평가가 필요한지, 혹은 중재가 제공되어야 하는지를 쓰도록 하며, 중재가 제공될 때에는 중재가 제공되어야 할 빈도나 주로 중 점을 두어야 하는 영역과 목표 행동, 중재가 제공될 환경 또는 상황, 중재 전략 등에 대해서 구체적으로 서술하는 것이 좋다.

〈표 8-6〉 의사소통 평가보고서 포함 내용

- 기본정보 기록: 영유아의 이름, 생년월일, 진단명, 연락처, 검사일, 검사자 이름 등
- 배경정보 기록: 출생력, 병력, 발달력, 진단력, 교육 및 치료력 등
- 평가 중 태도: 검사에 대한 관심, 수행 시 태도, 기타 행동 특성
- 평가 방법: 검사 도구 명칭(약어가 아닌 완전한 형태로 기술)
- 평가 결과 및 결과 해석: 정량적, 정성적 기술
- 요약: 결과에서 서술한 내용을 요약해서 기술
- 임상적 진단: 의사소통장애명과 동반장애 기술
- 제언: 치료 여부 및 빈도, 치료 방향
- 날짜 및 서명

4. 협력적 팀 접근과 의사소통 평가

1) 협력적 접근을 통한 평가모형

이미 여러 번 반복하였듯이, 영유아기의 언어나 의사소통 발달은 인지나 사회성 과 같은 다른 영역의 발달과 영향을 주고받을 뿐 아니라, 영유아기의 언어 및 의사 소통 문제는 다른 영역의 발달 문제와 공존해서 나타나는 경우가 많다. 따라서 가급

적이면 언어 및 의사소통 영역만이 아니라 각 분야 전문가와의 협력적 접근을 통해 평가를 진행하는 것이 이상적이다.

보통 협력적 팀 접근은 보통 다학문적(multidisciplinary), 간학문적(inter-disciplinary), 초학문적(transdisciplinary) 접근의 세 가지 모형으로 구분되는데(Orelove & Sobsey, 1996), 이러한 팀 접근 모형은 영유아 평가에도 적용할 수 있다. 먼저, **다학문적 팀 접근**은 여러 전문가가 각기 개별적인 절차에 의해 평가를 진행하고 팀의 리더가 이를 종합하는 방식이다. 간혹 평가에 참여한 전문가가 다른 전문가와 개별적으로 의사소통하거나 평가 결과를 참조하기도 한다. 흔히 종합병원과 같은 곳에서 전문의가 필요한 평가를 의뢰하면 해당 전문가들이 각자의 스케줄에 따라 평가를 진행한 후 보고서를 작성하고, 이를 다시 전문의가 차트나 컴퓨터 시스템을 통해 결과를 열람하여 통합하는 방식을 예로 들 수 있다. 다학문적 팀 접근은 시간적으로나 물리적으로 여러 전문가가 함께 모이기 어려운 세팅에서 적용할 수 있으나, 여러 전문가가 함께 평가 계획을 수립하거나 결과를 논의하는 공식적 절차가 없기 때문에 협력적 접근에 제약이 있을 수 있다. **간학문적 팀 접근**은 여러 전문가가 각기 개별적인 절차에 의해 평가를 진행한다는 점에서는 다학문적 접근과 유사하나, 평가가 진행된 후에는 팀 구성원이 회의를 통해 평가 결과를 통합하고, 그 결과를 기반으로 중재 방향을 함께 결정한다는 점에서 차이를 갖는다. 즉, 사전에 따로 회의를 통해 평가를 계획하지는 않으나, 평가가 진행된 후 결과를 통합하기 위해 사후 회의를 진행한다. 보통 병원이나 복지관 등에서 평가 결과를 종합하기 위해 진행하는 사례회의(case conference)가 이에 해당한다. 다학문적 접근에 비해서 여러 전문가가 평가 결과에 대한 의견을 나누고 통합적으로 결과를 수렴한다는 점에서 진일보한 협력적 모형이라 할 수 있다. **초학문적 팀 접근**은 평가를 계획하는 것에서부터 평가 진행, 결과 통합까지 여러 전문가가 함께 결정하고 진행하는 모형을 말한다. 즉, 여러 전문가가 사전 회의를 통해서 어떠한 내용과 절차로 평가를 진행할 것인지를 결정하고, 평가가 진행된 후에는 사후 회의를 통해 평가 결과를 논의하여 통합적으로 결과를 도출한다. 평가 진행은 사전 회의에서 결정된 사항에 따라 각 전문가가 개별적으로 진행할 수도 있으나 여러 전문가가 동시에 평가를 진행하기도 한다. 제9장에서 소개할 예정인 초학문적 놀이기반 평가는 초학문적 팀 접근을 영유아 평가에 적용한 대표적 형태로 고려할 수 있다.

어떠한 협력적 모형에 근거하여 평가를 진행할 것인가는 각 기관별 상황을 고려하여 결정하여야 한다. 어떠한 전문가들이 함께 일을 하는지, 전문가들이 평가 계획이나 결과를 취합하기 위해 시간 조정은 가능한지 등은 협력적 모형 결정에 매우 중요한 요소가 된다.

2) 관련 전문가 및 역할

협력적 접근을 기반으로 한 영유아 평가에는 언어 및 의사소통 전문가인 언어치료사를 비롯하여 발달 및 전문가(어린이집 교사, 유아교사, 유아특수교사, 심리학자), 의료전문가(의사, 간호사, 물리치료사, 작업치료사), 기타 전문가(사회복지사, 청능사) 등의 전문가들이 참여할 수 있다. 각 전문가가 평가에서 담당할 수 있는 역할은 다음과 같다.

- 언어 및 의사소통 전문가: 언어치료사(언어병리학자)가 포함된다. 영유아의 말과 언어를 포함한 의사소통 기술, 의사소통에 요구되는 사회적 상호작용 기술, 삼킴기능, 초기 문해발달, 언어 및 의사소통 발달에 영향을 미치는 양육자 및 가족의 행동 등을 평가한다.
- 심리 또는 교육 전문가: 보육교사, 유아교사, 유아특수교사, 심리학자가 포함된다. 사회성, 운동기능, 의사소통 기술, 자조기술, 인지, 행동 기술 등 영유아의 발달 정도를 확인하고, 적절한 교육적 배치와 그에 따른 교육 또는 특수교육적 요구를 확인한다. 또한 영유아 지원과 관련된 가족 자원이나 요구도 평가한다.
- 의료 관련 전문가: 의사나 간호사를 비롯하여 물리치료사, 작업치료사, 청능사 등이 포함된다. 의사 또는 간호사는 영유아의 신체적 또는 정신적 건강 상태를 평가하며, 물리치료사는 영유아의 감각 및 신경 발달과 대근육 운동 능력을, 작업치료사는 영유아의 일상생활기능(Activities of Daily Living: ADL)과 감각 및 소근육 운동 능력을 평가한다.
- 기타 전문가: 행정 전문가나 사회복지사, 영양사 등도 평가에 포함될 수 있다. 행정 전문가나 사회복지사는 영유아에 영향을 미칠 수 있는 가족 및 사회환경적 측면을, 영양사는 영유아의 건강과 영양 상태를 평가한다.

3) 원형평가

원형평가(arena assessment)는 여러 분야의 전문가들이 동시에 평가를 실시하는 것으로 초학문적 팀 접근 평가모형의 하나이다. [그림 8-4]에 제시한 것처럼, 여러 명의 전문가가 원형 경기장의 관객과 같이 에워싼 형태로 평가대상을 동시에 관찰하며 평가하기 때문에 원형평가라고 명명되었다.

원형평가를 위해서는 다음과 같은 네 가지 요소를 갖추어야 한다. 첫째, 평가에 참여하는 전문가들이 평가에서 어떠한 역할을 담당할 것인지에 대해 논의되어야 한다. 이를 위해서는 전문가들이 서로의 전문성에 대해 이해하는 것이 필요하며, 영유아의 문제를 효과적으로 평가하기 위하여 서로 어떻게 역할 분담을 할 것인지를 협력적으로 결정하여야 한다. 특히 역할 분담 시 누가 영유아의 행동을 유도할 촉진자(facilitator)가 될 것인지를 결정하는 것이 중요하다. 촉진자는 영유아와 상호작용 경험이 많고 잘 훈련된 사람으로, 영유아의 주된 발달 문제를 고려하여 결정한다. 한 사람의 전문가가 촉진자가 될 수도 있으나 평가에 참여하는 전문가들이 번갈아 가며 촉진자의 역할을 담당할 수 있다. 둘째, 평가팀 구성원의 역할이 분담되면 각각 수행할 역할에 대한 공식적인 훈련이 이루어져야 한다. 훈련을 통해 실제 평가

그림 8-4   원형평가의 실제

〈표 8-7〉 원형평가 방식을 통한 협력적 평가 절차

첫째, 평가팀 구성원의 역할 분담 및 결정
둘째, 평가팀 구성원 훈련 및 협력적 평가 실시
셋째, 평가 결과 종합 및 해석, 보고서 작성
넷째, 추후관리

상황에서 서로 어떻게 협력할 것인가를 조율한다. 셋째, 평가는 실시하는 것에서 끝나는 것이 아니라 평가 과정을 통해 얻어진 결과를 종합하고 해석하는 모든 과정이 포함된다. 따라서 평가팀원들이 평가 후에 각자 평가한 내용을 공유하고, 종합하여 통일성 있는 결과를 도출해야 한다. 평가보고서 작성 방식에 대한 논의도 이때 진행한다. 마지막으로, 평가 후에 양육자에게 적절한 상담을 제공하는 것뿐만 아니라 추후관리(follow-up)를 위한 계획을 수립한다.

이 장을 공부한 후……

- 선별, 평가, 사정 개념과 이를 토대로 영유아 의사소통 평가 목적을 이해한다.

- 영유아 의사소통 평가를 위해 언어치료사가 가져야 할 기본 지식과 기술을 이해한다.

- 의사소통 평가 과정과 각 과정별로 갖추어야 할 기본 지식과 기술을 확인한다.

- 협력적 팀 접근을 통한 평가모형과 참여 전문가의 역할을 이해한다.

- 협력적 팀 접근을 통한 의사소통 평가 실제로서 원형평가 모형을 이해한다.

제9장

영유아 의사소통 평가 방법

　제8장에서 영유아 의사소통 평가에 요구되는 기본적인 개념과 과정을 살펴보았다. 이 장에서는 영유아의 언어와 의사소통을 평가하는 데 활용할 수 있는 평가 방법을 자세히 소개하고자 한다.

　각 영유아의 의사소통행동을 평가하는 데 적절한 방법을 선택하기 위해서 평가자는 다양한 평가 방법에 대한 지식을 갖추어야 한다. 가급적 두 가지 이상의 방법을 통해 평가하도록 계획하며, 평가자가 영유아의 행동을 직접검사 또는 관찰하는 것과 양육자의 보고를 통해 평가하는 절차가 모두 포함되도록 고려해야 한다. 다음에서는 영유아 언어 및 의사소통 평가에서 활용할 수 있는 평가 방법 및 절차에 대해 살펴보도록 하겠다.

1. 평가 방법

　영유아 언어 및 의사소통 평가 방법은 실시 방법에 따라 직접검사, 보호자 면담, 행동관찰 등으로 구분하며, 사용하는 방법이나 도구가 표준화되었는가의 여부에 따라 공식평가와 비공식평가로 구분할 수도 있다.

1) 공식평가와 비공식평가

(1) 공식평가

　공식평가(또는 형식적 평가, formal assessment)는 이미 정해져 있는 평가 도구나 절차를 활용하여 평가하는 방법이다. 공식평가에는 직접검사나 행동관찰, 면담 등 여러 형식이 있을 수 있으나 그중에서도 도구와 절차가 이미 결정되어 있는 표준화 검사로 대표된다. **표준화 검사**(standardized test)는 검사의 실시와 채점 그리고 결과의 해석이 동일하도록 모든 절차와 방법을 일정하게 만들어 놓은 검사이다. 검사를 해석할 수 있도록 표본 집단의 점수를 기초로 규준을 갖추고 있어 **규준참조검사**(norm-referenced test)라 하기도 한다.

　　표준화 검사는 평가 대상의 행동발달을 잘 알고 있는 사람을 대상으로 면담을 하거나 혹은 직접 설문에 응답하게 하는 형식을 갖추기도 하며, 검사자가 평가대상을 직접 검사하는 직접검사 형식을 갖추고 있다. 이 중에서 직접검사의 경우는 나이가 어린 영유아들에게 사용할 때 다음과 같은 몇 가지 제한점을 고려해야 한다(Rossetti, 2001). 첫째, 영유아들은 검사 지시를 이해하지 못하거나 지시를 잘 따르지 않아서 검사에 적절히 응하지 못하는 경우가 많다. 따라서 실제로 할 수 있는 행동들도 수행하지 못하는 것으로 평가될 수 있다. 둘째, 영유아들은 검사요강의 채점 기준에 나와 있는 것처럼 정확하게 반응하지 않는 경우가 많다. 예를 들어, 목표 그림을 정확하게 가리켜야 정답으로 채점될 수 있는데 그림을 가리키지 않고 쳐다만 보는 경우에 영유아의 행동을 정반응으로 보아야 하는지 결정하기 어렵다. 셋째, 직접검사 형식의 표준화 검사 결과가 이후의 발달을 정확히 예측해 주지 못한다는 점이다. 일부 연구에서는 영유아기의 규준참조검사가 3세 이후의 수행 결과와 유의한 상관을 보이지 않았으며, 나이가 어릴수록 예측타당도가 낮다고 보고한 바 있다. 낮은 예측타당도는 상대적으로 개인차가 큰 영유아 시기의 발달적 특성이 반영된 것일 수 있으나 검사를 통해 영유아의 행동이 신뢰롭게 측정되지 않았기 때문일 수도 있다. 마지막으로, 의사소통 능력 중심의 평가가 용이하지 않다. 영유아 시기 중 언어이전 의사소통기에서 언어적 의사소통으로의 전환기는 비언어적인 의사소통 행동이 평가의 주요 부분을 차지한다. 몸짓이나 발성과 같은 비언어적 행동은 언어에 비해 규칙성이나 일관성이 부족하므로 정해진 방식의 반응을 유도하는 것이 상대적으로 쉽지 않다. 이러한 제한점으로 인해서 영유아기의 표준화 검사는 검사 절차가 엄격히 구조화된 직접검사 형식보다는 양육자 보고 방법이나 관찰 방법을 활용한다. SELSI나 K M-B CDI, K-SNAP, K CSBS DP 양육자검사 등 우리나라 영유아를 대상으로 표준화된 영유아기 언어 및 의사소통 검사는 대부분 양육자 보고를 통한 절차를 활용하고 있으며, 영유아의 평가자가 직접검사를 실시하도록 하는 K CSBS DP 행동샘플검사도 영유아의 행동관찰을 기반으로 한다. 표준화 검사의 장점은 평가대상자가 속한 집단의 규준을 제공함으로써 같은 연령의 또래집단과 수행을 비교할 수 있다는 점이다. 따라서 영유아의 발달이 전형적으로 이루어지고 있는지의 여부를 결정할 때 유용하게 활용된다.

(2) 비공식평가

비공식평가(비형식적 평가, informal assessment)는 표준화되어 있는 도구나 절차를 통해서 행동을 측정하기보다는 검사자가 평가 목적에 따라 자율적으로 절차를 정하여 평가를 실시한 후 행동을 질적 또는 양적으로 기술하는 방법이다. 주로 검사 도구를 활용하는 공식평가에 비하여 양육자 면담 방식이나 행동을 관찰하는 방식이 활용된다.

비공식평가는 앞에서 제시한 직접검사 형식의 표준화 검사가 갖는 제한점을 많이 해결해 준다. 즉, 규준에 비추어 해석하지 않으므로 반드시 정해진 검사 도구를 활용하지 않아도 되며, 정해진 절차를 엄격히 따를 필요가 없다. 따라서 나이가 어려서 검사 지시를 따르기 어려운 영유아의 행동을 유도하는 데 적합하며, 반드시 정해진 방식으로 반응할 것을 요구하지 않으므로 영유아의 반응 양식을 고려하여 목표행동 수행 여부를 판단할 수 있다. 무엇보다 검사 도구를 사용한 평가는 측정하기 어려운 세세한 기능까지도 평가할 수 있으며, 일상적이고 자연스러운 환경 내에서 평가를 실시함으로써 실제 의사소통 환경에서의 기능적인 의사소통 능력을 평가하는 데 용이하다(Bailey & Wolery, 1989).

그러나 비공식평가가 반드시 장점만 있는 것은 아니다. 정해져 있는 도구와 절차에 따라 평가를 실시하면 되는 표준화 검사에 비해, 비공식평가는 평가자가 준비해야 하는 것이 많다. 특히 정해진 절차 없이 자연스러운 상황에서의 행동을 관찰하는 경우에는 원하는 행동을 쉽게 관찰하기 어려울 수 있으며, 행동을 기록하거나 측정하는 데 시간과 노력이 많이 요구된다. 뿐만 아니라 특정 집단을 대상으로 한 규준이 따로 없으므로 결과를 해석하는 데에도 어려움이 있을 수 있다. 따라서 비공식평가를 계획하고 실시하기 위해서는 해당 분야에 대한 해박한 지식이 요구되며 또한 많은 훈련이 선행되어야 한다.

2) 평가 방법에 따른 구분

(1) 직접검사

직접검사는 평가자가 영유아의 행동을 검사 도구를 활용하여 검사하는 방법을 말한다. 검사 도구는 평가자의 목적에 따라 비공식적으로 만들어 활용할 수도 있으나 대부분 이미 전문가에 의해 개발된 표준화 검사를 사용한다.

직접검사의 장단점은 공식적 평가가 갖는 장단점과 거의 일치한다. 즉, 검사 도구나 절차가 마련되어 있어 평가자가 평가 내용이나 절차를 결정해야 하는 부담이 적다. 특히 표준화가 되어 있는 검사는 결과 해석에 대한 기준을 제공해 주므로 해석에 있어서도 편리하다. 때문에 평가 절차를 계획하거나 실시하는 데 많은 시간을 할애하기 어렵거나 영유아 발달에 대한 지식 또는 경험이 부족한 언어치료사들이 활용하기에 적합하며, 영유아의 발달 정도를 또래 발달 자료를 토대로 상대적으로 비교해야 하는 경우에 유용하다.

반면, 직접검사는 나이가 어린 영유아의 경우 검사 지시를 잘 따르지 못하거나 정확한 방식으로 반응해 주지 못하는 경우가 많으므로 실시나 채점이 쉽지 않다. 또한 검사의 목적에 따라 대표적인 항목이나 일반적인 내용을 평가하므로 중재를 계획할 때 세세하고 유용한 정보를 제공하지 못할 수 있다.

(2) 행동관찰

행동관찰은 관찰을 통해 영유아의 행동을 평가하는 방법이다. 직접검사를 통해 평가하기 어려운 세세한 기능까지도 평가할 수 있으며, 일상적이고 자연스러운 환경 내에서 평가를 실시함으로써 실제 의사소통 환경에서의 기능적인 의사소통 능력에 대한 평가도 가능하다(Bailey & Wolery, 1989). 영유아 평가에 적절한 것으로 알려져 있는 놀이기반 평가(play-based assessment)나 일과기반 평가(routine-based assessment), 참 평가(authentic assessment) 등은 행동관찰을 기반으로 하는 경우가 대부분이다. 행동관찰은 공식평가 절차와 비공식평가 절차 모두로 진행할 수 있다. 그러나 공식평가 절차를 통해 진행하는 경우에도 상대적으로 실시나 채점 절차가 엄격하게 결정되어 있는 직접검사에 비해서는 융통성 있게 적용할 수 있다.

행동관찰은 **자연적 관찰**(natural observation)과 **구조화된 관찰**(structured observation)로 구분할 수 있다. 자연적 관찰은 인위적인 통제 없이 자연스러운 상황에서 행동을 관찰하는 방법으로, 평가자가 관찰 상황에 직접 참여하여 평가대상자와 상호작용하며 관찰하거나 혹은 다른 사람과 상호작용하는 모습을 관찰자의 관점에서 관찰할 수 있다. 반면, 구조화된 관찰은 관찰하고자 하는 행동을 유도할 수 있도록 상황을 구조화하여 관찰하는 방법이다. 구조화된 절차 역시 검사자가 직접 관찰 상황에 참여하여 유도할 수도 있고, 상황만 구조화한 후 직접 참여하지는 않고 관찰자의 관점에서만 관찰할 수도 있다.

행동관찰을 실시하기 위해서는 행동표본을 수집하는 것에서부터 평가하고자 하는 행동의 측정, 결과 및 해석까지 시간과 노력이 많이 요구된다. 뿐만 아니라 정확한 관찰과 결과 해석을 위해서는 해당 분야에 대한 해박한 지식과 많은 경험을 요구한다. 때문에 숙달된 전문가와 초보 평가자가 동일한 대상자의 행동을 관찰하고도 다른 결과를 도출하기 쉽다. 행동관찰은 영유아에 대한 많은 정보를 제공하나, 신뢰롭고 타당한 결과를 얻기 위해서는 많은 훈련이 선행되어야 할 것이다.

(3) 양육자 면담

양육자 보고를 통한 평가는 평가자가 양육자에게 필요한 내용에 대해 면담 형식이나 혹은 양육자 면담 절차로 개발된 표준화된 도구 또는 체크리스트에 양육자가 직접 응답하게 하는 평가 절차이다. 양육자 면담은 관찰 대신 양육자나 보호자를 통해 영아 행동발달에 대한 정보를 수집할 수 있다. 양육자들은 영아와 많은 시간을 함께 보내기 때문에 자연스러운 환경에서 영아의 행동을 관찰할 수 있으며, 이는 보고된 정보의 타당도를 증가시킨다. 더욱이 양육자 면담을 통해 평가를 진행하는 동안 양육자는 전문가와 의견을 공유하고, 전문가로부터 필요한 정보를 얻는 기회를 가질 수 있다. 또한 영유아 발달에서 중요한 행동이나 발달에 대해 이해하고, 이를 기반으로 영유아의 강약점이나 요구에 대해 생각하도록 도울 수 있다. 선행연구들에서는 부모를 포함한 양육자들이야말로 신뢰할 수 있는 정보제공자이며, 영유아 능력과 발달에 대해 정확하게 설명하고 묘사할 수 있다고 보고한 바 있다(Crais, Douglas, & Campbell, 2004; Dale, 1991; Squires, Potter, Bricker, & Lamorey, 1998). 따라서 나이가 어린 영유아들이나 장애가 심하여 직접검사 형식의 공식검사 실시가 용이하지 않은 경우에는 양육자 보고 형식의 평가가 유용하게 사용될 수 있다. 하지만 그럼에도 불구하고 여전히 양육자가 신뢰롭게 영유아의 행동을 보고하는가는 평가의 주요 이슈가 되고 있으며, 더불어 평가자가 영유아의 행동을 직접적으로 관찰할 기회를 갖지 못한다는 점은 제한점으로 고려된다. 따라서 두 가지 평가 절차를 모두 활용하여 각각의 평가 절차가 갖는 제한점들을 상호 보완하는 것이 적절할 것이다.

앞에서도 서술한 바와 같이, 국내 영유아들을 대상으로 개발된 표준화 검사들 중에서 SELSI나 K M-B CDI, K-SNAP, K CSBS DP의 양육자검사는 양육자의 보고를

〈표 9-1〉 직접검사, 행동관찰, 양육자 면담 절차의 장점과 제한점

절차	장점	제한점
직접 검사	• 검사 도구나 절차가 마련되어 있어 사용이 용이하다. • 표준화 검사의 경우 해당 연령의 수행 결과와 비교할 수 있다. 따라서 장애 여부나 정도를 결정할 때 유용하게 활용될 수 있다. • 다른 전문가들과 평가 결과에 대해 의사소통할 때 용이하다.	• 나이가 어린 영유아의 경우 정해진 절차에 따라 검사 실시 및 채점이 어려울 수 있다. • 검사의 목적에 따라 대표적인 항목들을 통해 의사소통 능력을 평가하므로 실제 의사소통 능력을 정확하게 반영하지 못하며, 중재를 계획할 때 유용한 정보를 제공하지 못할 수 있다.
행동 관찰	• 자연스러운 상황에서 영유아의 의사소통 능력을 평가할 수 있다. • 치료가 진행되는 동안 의사소통행동이 어떻게 변화하는가를 평가하는 데 용이하다. • 영유아와 양육자 간의 상호작용이나 영유아의 의사소통에 영향을 미치는 환경적 요인들을 함께 평가할 수 있다.	• 행동표본 결과를 분석하는 데 많은 시간과 노력이 요구된다. • 행동을 유도하고 분석하는 데 많은 훈련이 요구된다. • 수집된 자료를 해석하기 위한 지침이 부족하며, 발달 자료를 준거로 해석하기 위해서는 해당 분야의 많은 지식과 경험을 필요로 한다.
양육자 면담	• 검사 수행이 어려운 영유아들의 평가에 활용할 수 있다. • 대상자에 대해 잘 알고 있는 사람을 평가에 활용할 수 있다. • 시간을 효율적으로 사용할 수 있다.	• 영유아의 행동을 평가자가 직접적으로 관찰하거나 검사하여 측정하지 못한다. • 평가 결과가 양육자의 견해에 지나치게 의존된다.

토대로 영유아의 언어 혹은 의사소통을 평가하는 검사들이다.

〈표 9-1〉에는 앞에서 설명한 직접검사, 행동관찰, 그리고 양육자 면담 절차가 갖는 장점과 제한점을 요약하여 제시하였다.

언어와 의사소통 검사는 아니나 영유아 발달을 평가하기 위한 목적으로 개발된 검사는 모두 언어 또는 의사소통 발달을 포함한다. 〈표 9-2〉에는 국내 영유아를 대상으로 표준화된 발달검사 목록을 제시하였다. 이 중 최근에 표준화되어 출판된 한국형 베일리 영유아 발달검사 III(K-Bayley-III)는 영유아 발달검사로는 드물게 검사자의 직접검사 형식을 갖추고 있다. 한국형 덴버발달선별검사(K-DDST) 역시 직접검사를 실시하나 선별을 목적으로 개발된 검사이므로 검사 결과를 통해 얻을 수 있는 발달 정보 수준에 차이가 있다. 그 외 국가에서 영유아 발달검진을 목적으로 개발한 K-DST를 포함한 다른 검사들은 대부분 양육자 면담이나 직접 응답을 통해 영유아의 행동발달을 평가하도록 고안되어 있다.

2. 표준화 검사

1) 표준화 검사 평가 기초

표준화 검사는 검사의 실시와 채점 그리고 결과 해석을 위한 규준까지 마련되어 있으므로 상대적으로 실시나 해석이 용이하다. 그러나 나이가 어린 영유아들은 검사 지시를 이해하지 못하거나 검사자의 지시에 따라 검사 수행을 하지 못하는 경우가 많기 때문에 표준화 검사로 신뢰로운 결과를 얻기가 쉽지 않다. 뿐만 아니라 영유아 시기는 몸짓이나 발성과 같은 비언어적 의사소통행동 평가가 중요한데 이러한 비언어적 행동은 언어에 비하여 규칙성이나 일관성이 부족하기 때문에 표준화

〈표 9-2〉 영유아 대상 국내 표준화 언어 및 의사소통검사

검사 도구명		대상연령	평가 내용	평가 방법
영유아 언어발달검사 (SELSI; 김영태 외, 2003)		5~36개월	• 수용 및 표현 언어	부모 보고
한국형 맥아더-베이츠 의사소통발달검사 (K M-B CDI; 배소영, 곽금주, 2011)		영유아용: 9~17개월 유아용: 18~36개월	• 영유아용: 표현 및 수용 어휘, 의사소통의도, 제스처와 놀이 • 유아용: 표현어휘, 문법과 문장	부모 보고
한국형 영유아 언어 및 의사소통발달선별검사 (K-SNAP; 배소영, 윤효진, 설아영, 2017)		6~36개월	• 발성과 제스처, 단어 및 의미 사용, 문장과 문법 사용, 화용	부모 보고
한국형 의사소통 및 상징행동 척도 (K CSBS DP; 이윤경, 이효주, 최지은, 2019)	영유아 체크리스트(Infant-Toddler Checklist: ITC)	6~24개월	3 구성영역, 7 세부요인 • 사회적: 정서와 시선, 의사소통, 몸짓 • 발화적: 말소리, 말소리 목록, 낱말, 낱말조합 • 상징적: 이해, 사물 사용/상징 놀이	부모 보고
	양육자보고검사 (Caregiver Questionnaire)			
	행동샘플검사 (Behavior Sample)	12~24개월		행동표본 관찰

검사로 평가하기가 쉽지 않다. 그러나 이러한 제한점에도 불구하고 표준화 검사는 대상자의 수행을 동일 연령 집단의 수행과 비교 가능하게 하여 발달이 전형적으로 이루어지고 있는지의 여부를 결정할 때 유용하게 활용된다. 따라서 언어치료사는 영유아용으로 표준화되어 있는 검사들에 대한 정보를 바탕으로 평가 목적과 대상의 성격을 고려하여 적절한 표준화 검사를 선택하여 사용할 수 있어야 한다.

우리나라에도 0~3세 사이의 영유아를 대상으로 SELSI를 비롯하며 K M-B CDI, K-SNAP 그리고 K CSBS DP까지 언어 및 의사소통 검사와 발달검사들이 표준화되어 있다. 〈표 9-3〉에 우리나라 영유아를 대상으로 표준화되어 있는 언어 및 의사소통 검사와 발달검사를 제시하였다. 이 중 K CSBS DP의 행동샘플검사를 제외한 다른 검사들은 어린 영유아들에게 직접검사를 실시하는 것의 제한점으로 인해 양육자 보고나 면담 형식을 갖추고 있다. 양육자 보고나 면담 형식의 평가는 특히 나이

〈표 9-3〉 영유아용 발달검사

평가 도구명	대상 연령	평가 영역	검사 설명
한국형 베일리 영유아 발달검사 III (K-Bayley-III)	생후 16일~ 42개월	인지, 언어, 운동, 사회 · 정서, 적응행동	직접검사, 양육자 보고
한국형 영유아 발달선별검사 (K-DST)	4~71개월	대근육 운동, 소근육 운동, 인지, 언어, 사회성, 자조, 추가질문	영유아 건강검진 검사로 사용 중
한국형 부모 작성형 유아모니터링체계(K-ASQ)	4~48개월	의사소통, 큰 운동, 작은 운동, 문제해결, 개인-사회성	양육자 보고 발달체크리스트
영아선별교육진단검사 (DEP)	0~36개월	대근육 운동, 소근육 운동, 의사소통, 사회 · 정서, 인지, 기본생활	양육자 보고
한국형 아동발달검사 (K-CDI)	15개월~ 6세	자조행동, 대근육 운동, 소근육 운동, 표현언어, 이해언어, 글자와 숫자, 문제항목	양육자 보고
한국형 영유아 발달선별검사 (K-CDR-R)	0~6세	사회성, 자조행동, 대근육 운동, 소근육 운동, 언어	관찰, 양육자 보고
한국형 덴버발달선별검사 II (K-DDST-II)	0~5세	개인성/사회성, 미세운동/적응성, 언어, 전체 운동	직접검사, 양육자 보고
사회성숙도검사	0~30세	자조, 이동, 작업, 의사소통, 자기관리, 사회화	관찰, 양육자 보고

가 어린 영유아나 장애가 심하여 공식검사 실시가 용이하지 않은 아동에게 유용하게 사용될 수 있지만 평가자가 영유아의 행동을 직접 관찰할 수 있는 기회를 갖지 못하므로 반드시 행동관찰을 병행하도록 하여야 할 것이다.

2) 영유아 언어 및 의사소통 검사

(1) 영유아 언어발달검사(Sequenced Language Scale for Infants: SELSI)

① 검사 배경 및 목적
영유아의 언어발달 정도를 평가하기 위한 목적으로, 김영태, 김경희, 윤혜련, 김화수(2003)에 의해 개발된 영유아용 언어발달검사이다. 전형적 발달 영유아의 언어발달 정도 평가, 언어장애 영유아의 조기 선별, 언어발달의 지체 여부 판단, 문제 영역 파악을 목적으로 한다.

② 검사 대상 및 구성
5~36개월의 영유아를 평가한다. 수용언어와 표현언어 두 영역에 각각 56개 문항씩 총 112개의 문항으로 구성되어 있으며, 4~23개월은 2개월 간격, 24~35개월은 3개월 간격으로 나뉘어 총 14개 단계로 구성되어 있다. 각 단계에는 4개의 문항이 포함되어 있다. 영유아의 인지 능력과 관련되는 의미론적 언어 능력, 언어학적 지식과 관련되는 구문론적 언어 능력, 사회적 상호작용 능력과 관련되는 화용론적 언어 능력, 조음 및 운율을 두루 평가할 수 있도록 배치되어 있다.

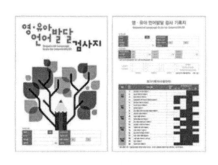

그림 9-1 영유아 언어발달검사(SELSI)

출처: 김영태, 김경희, 윤혜련, 김화수(2003).

③ 검사 방법

양육자와의 면담이나 보고를 통해 평가를 진행한다. 언어장애가 의심되는 영유아는 반드시 언어치료사가 직접 양육자 면담을 통해 평가하도록 권고되어 있다. 검사는 기초선과 최고 한계선 개념을 적용하였다. 영유아의 생활연령이 속한 연령단계보다 두 단계 낮은 단계의 첫 문항부터 시작하며, 연속해서 8개 문항을 정반응하는 경우를 기초선으로, 8개 문항을 틀리는 경우를 최고한계선으로 한다.

④ 채점 및 해석

문항별로 정반응한 것은 1점, 오반응한 것은 0점으로 채점한다. 반응 빈도에 기초한 평가가 아니므로 한 번이라도 유사한 행동을 보인 경우에는 정반응으로 평가한다. 채점된 점수를 합산하고 월령별로 제시된 규준에 근거하여 통합언어, 수용언어, 표현언어 발달연령을 측정한다. 언어발달연령이 해당 생활연령의 평균점수로부터 −1 표준편차 이상에 해당하는 경우에는 정상 발달, −1 표준편차와 −2 표준편차 사이에 해당하는 경우에는 약간 지체(혹은 유의 요망), −2 표준편차 이하에 해당하는 경우에는 언어발달지체로 판정한다.

⑤ 검사 표준화

336명을 대상으로 한 문항 개발과 1,005명을 대상으로 표준화 작업을 실시하였다. 문항내적일치도와 재검사 신뢰도를 통해 신뢰도가, 난이도와 변별도를 통해 타당도가 보고되어 있다.

(2) 한국형 맥아더-베이츠 의사소통발달검사(Korean MacArthur-Bates Communicative Developmental Inventory: K M-B CDI)

① 검사 배경 및 목적

Fenson 등(2007)에 의해 개발된 검사를 배소영과 곽금주(2011)가 한국형으로 수정하여 표준화한 검사이다. 영유아

그림 9-2 한국형 맥아더-베이츠 의사소통발달검사(K M-B CDI)
출처: 배소영, 곽금주(2011).

의 초기 어휘발달 및 의사소통행동 평가를 목적으로 한다.

② 검사 대상 및 구성

8~36개월의 영유아를 대상으로 한다. 8~17개월의 영유아용과 18~36개월의 유아용으로 구분되어 있다. 영유아용 검사는 18개 범주의 어휘 284개와 제스처, 놀이를 평가하며, 유아용은 24개 범주의 어휘 641개와 문법, 문장 평가 항목으로 구성되어 있다.

③ 검사 방법

양육자가 모든 항목에 직접 체크하도록 한다. 어휘의 경우 표현하는 어휘가 50개 이상일 때 이해어휘는 평가하지 않는다.

④ 채점 및 해석

어휘는 항목당 1점을, 의사소통행동은 가끔 1점, 자주 2점, 안함 0점으로 채점한다. 각 영역별 점수를 성별과 월령에 따른 규준에 의거해 백분위수로 환산하여 제공한다. 검사 결과 10 백분위수 미만일 경우에는 적신호, 25 백분위수 미만일 경우에는 지속적인 모니터링 필요로 해석한다.

⑤ 검사 표준화

영유아 563명, 유아 1,138명을 대상으로 어휘 영역을, 142명을 대상으로 몸짓과 놀이를, 332명을 대상으로 문법 영역을 표준화하였다. 내용타당도, 공인타당도를 통한 타당도와 문항내적일치도를 통한 신뢰도가 보고되어 있다.

〈표 9-4〉 K M-B CDI 구성과 평가 내용

구분	검사 연령	평가 내용
영유아용	8~17개월	어휘이해 · 표현력, 제스처, 놀이
유아용	18~36개월	어휘이해 · 표현력, 문법과 문장

(3) 한국형 의사소통 및 상징행동 척도(Korean Communication and Symbolic
　　Behavior Scale Developmental Profile: K CSBS DP)

① 검사 배경 및 목적

K CSBS DP는 Wetherby와 Prizant(2002)에 의해 개발된 영유아용 의사소통검사
로, 이윤경, 이효주, 최지은에 의해 한국형으로 표준화가 완료되었으며 출판 중에
있다. 영유아의 의사소통행동과 상징 능력을 평가하고, 발달지체 혹은 장애와 고위
험군 영유아를 선별 및 확인하며, 중재를 통해 영유아의 사회적 의사소통, 표현언
어, 상징기능이 어떻게 변화하였는지를 확인하기 위한 목적을 갖는다.

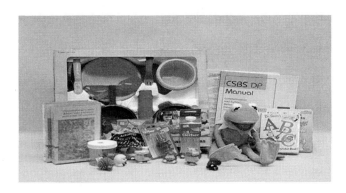

그림 9-3 한국형 의사소통 및 상징행동 척도(K CSBS DP)

출처: 이윤경, 이효주, 최지은(출판 중).

② 검사 대상 및 구성

6~24개월의 전형적 발달은 물론 의사소통발달이 이 연령대에 속하는 영유아들
을 대상으로 한다. 선별검사인 ITC(Infant-Toddler Checklist)와 진단검사인 행동샘플
검사(Behavior Sample), 양육자보고검사(Caregiver Questionnaire)의 세 검사로 구성되
어 있으며, ITC를 활용한 선별 평가(1단계), ITC를 통하여 발달위험으로 선별된 영유
아를 대상으로 행동샘플검사와 양육자보고검사의 두 검사를 통해 진단평가(2단계)
하는 두 단계로 실시하도록 고안되어 있다([그림 9-4] 참조). ITC, 양육자보고검사와
행동샘플검사는 공통적으로 사회적, 발화적, 상징적인 3 구성영역(composite)과 정
서 및 시선 사용, 의도적 의사소통행동, 몸짓, 말소리, 낱말, 언어이해, 사물 사용 놀

이의 7 세부요인(cluster)을 평가하도록 구성되어 있다. 세 검사는 평가 방법과 문항 수에서만 차이를 갖는다. 세 검사의 구성영역별 문항 수와 점수 분포는 〈표 9-5〉와 같다.

③ 검사 방법

선별검사인 ITC와 양육자보고검사는 양육자 보고 또는 면담 형식으로 검사를 실시하며, 행동샘플검사는 네 가지의 반구조화된 의사소통행동 유도 절차와 소꿉놀이 및 책 읽기 활동을 통해 영유아의 행동표본을 표집하고 관찰하도록 구성되어 있다.

④ 채점 및 해석

각 문항별로 측정된 원점수에 가중치를 주어 점수를 산출한다. 〈표 9-5〉에 K CSBS DP 세 검사의 문항 수와 점수체계를 제시하였다. 측정된 점수는 합산하여 총점과 3 구성영역 점수, 7 세부요인 점수를 산출하고, 총점은 평균 100, 표준편차 15인 지수와 백분위수로 환산하여 해석하며, 3 구성영역과 7 세부요인은 평균 10, 표준편차 3인 표준점수와 백분위를 산출한다.

⑤ 검사 표준화

ITC와 양육자보고검사는 각각 826명과 771명, 행동샘플검사는 303명을 대상으로 표준화가 진행되었다. 국내 영유아를 대상으로 한 예비검사를 통하여 문항의 내적일치도, 재검사신뢰도, SELSI와의 공인타당도, 확인적 요인분석을 통한 구성타당

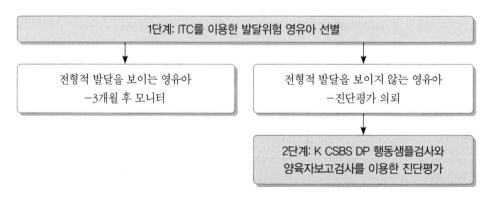

그림 9-4 K CSBS DP의 두 단계 평가 절차

〈표 9-5〉 K CSBS DP의 ITC, 양육자보고검사, 행동샘플검사의 문항 수와 점수 분포

구성영역	세부요인	ITC		양육자보고검사(CQ)		행동샘플검사(BS)	
		문항 수	점수범위	문항 수	점수범위	문항 수	점수범위
사회적	정서 및 시선	4	0~8	8	0~16	3	0~17
	의사소통	4	0~8	10	0~20	4	0~24
	몸짓	5	0~10	2	0~12	2	0~22
발화적	말소리(음소)	3	0~8	4	0~16	2	0~26
	낱말	2	0~6	4	0~26	4	0~28
상징적	이해	2	0~6	4	0~26	1	0~24
	사물 사용(놀이)	4	0~11	9	0~27	4	0~29
	전체	24	57	41	143	20	170

도, 기타 연령 집단에 따른 차이 검정을 통해 발달적 타당도가 보고되었다(이윤경, 이효주, 최지은, 2018).

(4) 한국형 영유아 언어 및 의사소통발달선별검사(Korean adaptation of the LENA™ Developmental Snapshot: K-SNAP)

① 검사 배경 및 목적

영유아의 언어 및 의사소통 발달 문제를 선별하기 위한 목적으로 Gilkerson, Richards, Greenwood와 Montgomery(2014)에 의해 개발된 검사를 한국형으로 수정하여 표준화한 검사이다. 부모교육 및 중재를 위한 기초 자료나 언어 및 의사소통 발달의 모니터링 및 추적관찰을 위한 목적으로 사용할 수 있다.

그림 9-5　영유아 언어 및 의사소통발달선별검사(K-SNAP)

출처: 배소영, 윤효진, 설아영(2017).

② 검사 대상 및 구성

6~36개월까지의 영유아를 대상으로 한다. 52문항으로 이루어져 있으며, 발성과 몸짓, 단어 및 의미 사용, 문장과 문법 사용 정도, 다양한 의사소통 상황에서 화용적

으로 어떻게 상호작용하는지 살펴보는 문항들로 구성되어 있다.

③ 검사 방법

양육자나 부모 보고형 설문 형식으로 진행된다. 52문항에 대해 양육자가 '예, 아니요' 중 하나를 택하여 답하도록 한다. 1번 문항부터 시작하며 연속해서 5개의 문항에 '아니요'가 나오면 중단한다.

④ 채점 및 해석

측정된 점수를 표준점수와 백분위수로 환산하며, 또래보다 느림(위험군), 또래보다 조금 느림(관심군), 또래 수준, 또래보다 조금 빠름, 또래보다 빠름으로 해석한다.

⑤ 검사 표준화

우리나라 영유아 1,452명을 대상으로 표준화되어 있으며, 문항내적일치도와 재검사 신뢰도, K M-B CDI 축약판과의 공인타당도가 보고되어 있다.

3) 영유아 발달검사

(1) 한국형 베일리 영유아 발달검사 Ⅲ(Korean Bayley Scale of Infant Development: K-Bayley-Ⅲ)

① 검사 배경 및 목적

1969년에 베일리(Nancy Bayley)에 의해 개발된 발달 검사 도구로, 직접검사 형식으로 영유아 발달을 살펴보는 대표적인 영유아용 발달검사이다. 1993년에 2판이, 2006년에 3판이 출판되었다. 우리나라에서는 박혜원과 조복희(2006)에 의해 2판이, 방희정, 남민, 이순행(2019)에 의해 3판이 표준화되어 출판되었다.

② 검사 대상 및 구성

K-Bayley-Ⅲ는 생후 16일~42개월 15일의 영유아를 대상으로 한다. K-BSID-Ⅱ는 인지발달, 동작발달, 행동발달의 세 가지 척도로 구성되었으나 새로 표준화된

K-Bayley-III는 다섯 가지 발달 영역(인지, 언어, 운동, 사회-정서, 적응행동)을 16개의 하위검사(인지, 수용언어, 표현언어, 소근육 운동, 대근육 운동, 사회-정서, 의사소통, 학령 전 학업 기능, 자기 주도, 놀이 및 여가, 사회성, 지역사회 이용, 가정생활, 건강과 안전, 자조기술, 운동 기술)로 평가하도록 구성되어 있다.

③ 검사 방법

12개월 이하는 약 50분, 13개월 이상은 약 90분이 소요된다. 다섯 가지 발달 영역(인지, 언어, 운동, 사회-정서, 적응행동) 중 인지, 언어, 운동 발달검사는 검사자가 직접 영유아를 평가하며, 사회-정서와 적응행동 발달검사는 주양육자의 보고를 통해 평가하도록 하였다. 검사자가 직접 실시하는 인지, 언어, 운동 발달검사의 경우에는 연령별 시작 문항에서 연속해서 3문항 정반응을 보이는 경우를 기저선, 연속해서 5문항 오반응을 보이는 경우를 최고한계선으로 설정한다. 주양육자가 평가하도록 되어 있는 사회-정서 발달검사는 0~5점까지 6점 척도로 평정하며, 적응행동 발달검사는 0~3까지 4점 척도로 평정하도록 되어 있다. 그 외 행동관찰지는 검사자와 양육자가 모두 평정하여 검사 결과를 해석할 때 참고 자료로 활용하도록 하였다.

④ 채점 및 해석

K-Bayley-III는 결과 해석을 위해 척도점수, 발달지수, 백분위점수, 발달월령의 네 가지 유형의 규준 점수를 제공한다. 다섯 가지 하위검사 모두 신뢰구간을 제공하고 있으며, 인지, 언어, 운동 발달 영역은 발달월령도 함께 제공한다.

⑤ 검사 표준화

K-Bayley-III는 총 1,700여 명의 영유아를 대상으로 표준화가 완료되었으며, 문항의 내적일관성과 측정의 표준오차 및 신뢰구간, 검사-재검사 신뢰도, 검사자 간 일치도 등을 통해 신뢰도가 보고되었으며, 전문가의 내용타당도와 검사 하위 항목 간의 상관 분석을 통한 구인타당도, K-Bayley-III 일부 하위검사들이 각각 K-WPPSI, K M-B CDI, 자폐아행동체크리스트, K-SMS 등과의 공인타당도가 보고되었다. 또한 미숙아나 언어지연, 자폐스펙트럼장애집단 등을 대상으로 변별 보고되었다.

그림 9-6 한국형 베일리 영유아 발달검사 Ⅲ(K-Bayley-Ⅲ)

출처: 방희정, 남민, 이순행(2019).

(2) 한국형 덴버발달선별검사 Ⅱ(The Korean Denver Developmental Screening Test-Ⅱ: K-DDST-Ⅱ)

① 검사 배경 및 목적

Frankenburg와 Dodds(1967)에 의해 개발된 대표적인 발달선별검사로, 신희선, 한경자, 오가실, 오진주, 하미나(2002)에 의해 한국형으로 표준화되었다. 영아기에서 학령전기 유아를 대상으로 발달장애를 선별하고, 확인된 고위험 영유아를 추적 관찰하는 목적으로 사용할 수 있다.

그림 9-7 한국형 덴버발달선별검사Ⅱ (K-DDST-Ⅱ)

출처: 신희선, 한경자, 오가실, 오진주, 하미나(2002).

② 검사 대상 및 구성

1개월에서 6세 사이의 영유아 발달을 평가한다. 개인 · 사회성 발달(22문항), 미세 운동 및 적응 발달(27문항), 언어발달(34문항), 운동발달(27문항)의 네 가지 발달 영역에 걸쳐 총 110문항으로 구성되어 있다. 3세까지는 1개월을 단위로 구분하며, 3~6세까지는 6개월로 구분하였다.

③ 검사 방법

검사지에 영유아의 연령선을 긋고 연령선에 해당하는 항목을 중심으로 평가를 진행한다. 실시 결과를 '통과(P)' '실패(F)' '기회없음(NO)' 또는 '거부(R)'로 표시하며, 각 검사 영역별로 통과(P)에 해당하는 문항과 실패(F)에 해당하는 문항이 각각 3개씩 나올 때까지 검사한다.

④ 채점 및 해석

검사 결과에 나타나는 지연된 항목 수를 기준으로 하여 이상(Abnormal), 의문(Questionable), 검사 불능(Untestable), 정상(Normal)으로 해석한다.

⑤ 검사 표준화

서울에 거주하는 영유아 2,140명을 대상으로 표준화되었으며, 관찰자 간 신뢰도, 베일리 영유아 발달검사 II 및 고대-비네 지능검사 결과와의 공인타당도가 보고되어 있다.

(3) 한국형 영유아 발달선별검사(Korean Developmental Screening Test for Infants & Children: K-DST)

① 검사 배경 및 목적

2008년부터 시작된 영유아 건강검진의 평가 도구로 활용할 목적으로 보건복지부와 질병관리본부의 지원하에 대한소아과학회, 대한소아재활·발달의학회, 대한소아청소년정신의학회와 심리학 등 관련 분야의 전문가들이 함께 우리나라 영유아의 특성에 맞게 개발한 검사이다. 이 도구는 영유아 건강검진에서 사용하기 위한 목적으로 개발되었으나, 무료로 배포되어 의료기관이나 영유아 보육기관 등에서도 영유아의 발달 선별을 목적으로 사용할 수 있게 하였다.

② 검사 대상 및 구성

4~71개월 사이의 영유아를 대상으로 하며 20개의 연령 집단용으로 검사가 구분되어 있다. 모든 연령 집단의 검사는 공통적으로 대근육 운동, 소근육 운동, 인지,

언어, 사회성, 자조 등 총 여섯 가지의 발달 영역을 평가하며, 각 영역당 8문항으로 구성되어 있다. 단, 자조 영역은 일정한 발달 기술을 획득한 후 발달되는 특성을 지니고 있어, 18개월 이후의 영유아만 평가한다.

③ 검사 방법

K-DST의 실시와 검사 결과의 해석은 기본 자격을 갖춘 검사자, 즉 소정의 교육을 이수한 영유아 건강검진의와 소아청소년과 전문의, 재활의학과 전문의, 정신건강의학과 전문의 및 발달장애 관련 전문가(임상심리전문가, 발달심리전문가 등)에 의해 실시하도록 되어 있다. 영유아의 발달 과정 전반에 대한 관찰 및 보고가 가능한 부모 혹은 보호자가 직접 작성하도록 하며, 평가자는 보호자가 작성한 내용을 바탕으로 영유아의 발달 상태를 종합적으로 평가한다. K-DST는 인쇄된 검사지를 이용해 평가할 수도 있으며, 컴퓨터를 이용해 온라인으로 평가를 진행할 수도 있다. 온라인 평가의 경우, '건강iN(http://hi.nhis.or.kr)' 사이트에 접속해 영유아발달선별검사지를 작성해 저장하면, 평가자가 해당 검사지를 온라인으로 확인하여 발달 상태를 평가한다.

④ 채점 및 해석

각 문항별로 묻는 내용에 대해 '전혀 할 수 없다' (0점), '하지 못하는 편이다' (1점), '할 수 있는 편이다'(2점), '잘할 수 있다'(3점)의 4점 척도로 채점하게 되어 있다. 영역별로 합산된 점수는 절단점(cut-off score)에 근거하여 빠른 수준, 또래 수준, 추적검사 필요, 심화평가 필요의 네 가지로 해석한다.

⑤ 검사 표준화

전국 3,282명의 영유아를 대상으로 표준화되어 있으며, 문항내적일치도, 재검사신뢰도, 확인적 요인 분석을 통한 구성타당도가 보고되어 있다.

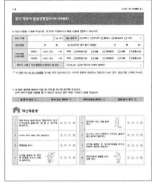

그림 9-8 한국형 영유아 발달선별검사(K-DST)

출처: 국민건강보험공단 '건강iN' 홈페이지(http://hi.nhis.or.kr).

(4) 영아선별교육진단검사(Developmental assessment for the Early intervention Program Planning: DEP)

① 검사 배경 및 목적

장혜성, 서소정, 하지영(2008)에 의해 장애위험 가능성이 있는 영아를 조기에 선별하고, 발달수준을 파악해서 개별화교육프로그램(IEP)을 실행하기 위한 교육진단검사 도구로, 객관적이고 체계적인 정보를 제공하기 위한 목적으로 개발되었다.

그림 9-9 영아선별교육진단검사(DEP)

출처: 장혜성, 서소정, 하지영(2008).

② 검사 대상 및 내용

0~36개월 사이에 있는 영아를 대상으로 한다. 여섯 가지 발달 영역(대근육 운동, 소근육 운동, 의사소통, 사회·정서, 인지, 기본생활)을 평가하도록 구성되어 있다.

③ 검사 방법

부모, 양육자, 교사가 직접 관찰해서 수행 여부를 검사할 수 있으며, 대상 영아를 관찰한 경험이 없는 제3의 평가자가 부모, 양육자, 교사를 대상으로 면접 질문을 통해 검사할 수 있다.

④ 채점 및 해석

DEP는 영역별 발달수준을 파악할 수 있는 표준점수와 백분위수를 측정하며, 이를 토대로 영유아 발달수준을 매우 느림, 느림, 보통, 빠름, 매우 빠름의 다섯 가지로 해석한다.

⑤ 검사 표준화

총 861명을 대상으로 표준화되어 있으며, 문항내적일치도, 재검사신뢰도, K-ASQ와의 공인타당도가 보고되어 있다.

(5) 한국형 아동발달검사(Korean-Child Development Inventory: K-CDI)

① 검사 배경 및 목적

Irenton(1992)이 개정 출판한 Child Development Inventory를 김정미와 신희선 (2006)이 한국 아동들을 대상으로 표준화한 발달 체크리스트이다. 발달상의 문제를 조기에 선별하는 데 목적으로 두고 있는 검사이다. 이 검사는 아동의 발달 정도를 파악하고, 정상범위에 속하는 여부를 사정함으로써, 보육 및 유아교육기관에서 각 아동의 발달에 적합한 개별적 교육 지침을 세우는 준거로 활용될 수 있다.

② 검사 대상 및 내용

15개월에서 만 6세 사이 아동을 대상으로 한다. 발달 상태를 측정하는 8개 하위 발달척도(사회성, 자조행동, 대근육 운동, 소근육 운동, 표현언어, 언어이해, 글자, 숫자)와 전체발달 영역 그리고 부가적인 정보를 제공해 주는 문제항목 영역으로 구성되어 있어 아동에 대한 심도 있는 발달적 정보를 얻을 수 있다.

그림 9-10 한국형 아동발달검사(K-CDI)

출처: 김정미, 신희선(2006).

③ 검사 방법

주양육자가 직접 검사문항을 읽고 체크하게 하는 방식으로 평가한다. 총 300문항을 체크해야 하며, 약

30~40분 정도 소요된다.

④ 채점 및 해석

발달연령과 발달범위(정상발달, 경계선발달, 약간 지연된발달 범위)를 토대로 결과를 해석한다.

⑤ 검사 표준화

1,443명의 아동을 대상으로 표준화하였으며, 내적일치도와 검사-재검사 신뢰도를 통해 신뢰도가, 발달 영역 간의 상관분석, 캐롤라이나 교육과정 검사 및 웩슬러 유아용 지능검사(K-WPPSI)와의 공인타당도가 보고되어 있다.

3. 행동관찰 평가

1) 행동관찰

행동관찰을 통한 평가는 많은 훈련과 경험을 요구하나 직접검사로는 확인하기 어려운 정보를 제공해 준다. 따라서 언어치료사, 특히 영유아를 대상으로 언어평가와 치료를 제공하는 언어치료사는 행동관찰을 위한 기본 지식을 갖추어야 하며, 이를 토대로 많은 훈련을 거쳐야 한다.

행동관찰을 통한 평가를 효과적으로 수행하기 위해서 평가자는 다음과 같은 세가지 준비를 갖추어야 한다. 첫째, 영유아의 행동표본을 효과적으로 수집할 수 있는 준비를 갖추어야 한다. 평가자는 영유아의 행동을 객관적으로 관찰하는 관찰자 역할만을 담당할 수 있으나, 많은 경우에는 직접 상호작용하여 원하는 행동표본을 유도하는 역할까지 담당한다. 평가자가 직접 상호작용 상대자가 되어 행동표본을 유도할 때에는 영유아의 행동을 자연스럽게 유도할 수 있어야 하며, 직접 상호작용에 참여하지 않더라도 적절한 행동표본이 얻어질 수 있도록 상황을 만들어야 한다. 둘째, 관찰을 통해 목표행동을 분석하고 측정할 수 있는 역량을 갖추어야 한다. 즉, 관찰하고자 하는 행동을 적절한 방법으로 정확하게 관찰할 수 있는 준비를 갖추어야

〈표 9-6〉 관찰 평가에서 평가자의 역할과 준비

역할	준비
행동표본 수집자의 역할	• 평가 목적에 맞는 적절한 행동표본 유도 기술
행동 분석 및 측정 역할	• 행동 분석 및 측정 기술
분석 결과 해석자의 역할	• 영유아 발달에 대한 지식 • 기타 결과 해석을 위해 필요한 준거 활용 방법

한다. 이를 위해서는 다양한 관찰 방법에 대한 지식을 갖추고 체계적인 훈련도 받아야 한다. 마지막으로, 관찰을 통해 얻어진 자료를 적절하게 해석할 수 있는 준비를 갖추어야 한다. K CSBS DP의 행동샘플검사처럼 규준을 가지고 있는 표준화된 행동관찰검사도 있으나, 대부분의 경우 행동관찰은 영유아 행동발달 자료를 준거로 하여 해석하는 경우가 대부분이다. 따라서 행동관찰을 통해 얻어진 결과를 해석하기 위해서는 영유아 발달에 대한 지식을 충분히 갖추어야 하며, 나아가 이를 기반으로 관찰된 행동의 의미를 해석할 수 있는 준비를 갖추어야 한다.

2) 행동관찰 절차

행동관찰을 통해 영유아의 행동을 평가하기 위해서는 많은 훈련이 요구되나, 그에 앞서 어떠한 과정을 통해 행동관찰 평가를 진행해야 할 것인지에 대한 이해가 선행되어야 한다. 행동관찰 평가의 절차는 [그림 9-11]에 제시된 바와 같이 행동표본 수집, 행동 전사, 분석 및 측정, 결과 요약 및 해석의 네 단계로 정리해 볼 수 있다. 다음은 각각의 절차에서 수행해야 할 내용들에 대해 자세히 살펴보도록 하겠다.

행동표본 수집   행동 전사   분석 및 측정   결과 요약 및 해석

그림 9-11   행동관찰을 통한 평가 과정

(1) 행동표본 수집

관찰 평가를 실시하기 위한 첫 단계는 행동표본을 수집하는 것이다. 행동표본을 수집할 때에는 고려할 점이 많으나 그중에서도 가장 중요한 점은 대표성 있는 행동표본을 수집해야 한다는 것이다. 체계적인 과정을 통해 관찰 평가를 진행하더라도 관찰한 행동이 대표성 있는 표본이 아닌 경우에는 잘못된 결과를 도출하게 되며, 투자한 많은 노력이 헛수고가 되어 버린다. 따라서 평가자는 영유아의 대표적인 행동을 수집하기 위한 절차에 대해 숙지하고 이를 체득하여야 한다.

대표성 있는 행동표본을 수집하기 위해서는 여러 요인이 고려되어야 한다. 먼저, 행동표본의 길이와 다양성이다. 짧은 표본보다는 긴 행동표본이, 하나의 표본보다는 여러 개의 표본이 영유아 행동을 더 대표해 줄 것이다. 경우에 따라서는 한 번에 긴 표본을 수집하는 것보다 짧은 표본을 반복적으로 수집하는 것이 좋을 수 있다. 보통 연구를 목적으로 하는 경우에는 10분 정도의 표본을 분석하는 경우가 많으나 대표성 있는 행동 분석을 위해서는 표본의 길이가 길수록 좋다.

둘째, 행동표본을 수집하는 상황이다. 자연스러운 상황에서 표본을 수집할 것인지 혹은 구조화된 상황에서 표본을 수집할 것인지를 고려한다. 자연적 상황에서의 관찰은 영유아의 자연스런 행동을 살펴볼 수 있지만 관찰에 시간이 많이 소요되며, 경우에 따라서는 영유아가 관찰하고자 하는 행동을 하지 않아서 오랜 시간을 관찰했음에도 불구하고 목표행동을 관찰하지 못할 수도 있다. 반면, 구조화된 상황에서의 관찰은 상대적으로 원하는 행동을 관찰하는 데에는 용이하나 자연스러운 행동을 관찰할 수 있는 기회는 제한된다. 따라서 자연스런 상호작용 중에 특정 행동을 유도하는 구조화된 절차를 자연스럽게 포함시켜 관찰을 진행하는 것이 최상이라 할 수 있다. 자연스러운 상황에서 행동을 관찰할 때에는 영유아가 주로 생활하는 환경인 가정이나 어린이집 환경이 포함될 수 있도록 고려한다.

셋째, 영유아와 **상호작용 상대자**이다. 영유아의 행동은 상호작용 상대자에 따라 달라진다. 특히 나이가 어리거나 낯가림이 심한 영유아의 경우에는 낯선 사람과는 상호작용을 거의 시도하려 하지 않는다. 따라서 평상시처럼 자연스러운 영유아의 행동을 유도하기 위해서는 상호작용 상대자 선택도 신중하게 고려되어야 한다. 평가자가 직접 상호작용 상대자로 참여하는 경우에는 반드시 양육자와의 상호작용 행동도 함께 수집하는 것이 좋으며, 양육자만 상호작용 상대자로 참여하는 경우에는 미리 행동표본의 수집 목적에 따라 양육자에게 상호작용 지침을 안내한다. 영아기를 지나서 유아기로 접어든 경우에는 또래와의 상호작용도 매우 중요하므로 또래와의 상호작용 표본도 수집될 수 있도록 고려한다.

넷째, 행동표본 수집 시 활용할 자료와 활동이다. 영유아의 행동은 어떠한 활동을 통해 얻어졌는지에 따라 달라진다. 따라서 자료와 활동은 평가 목적에 따라 신중하게 결정한다. 평상시 영유아의 활동을 관찰하기 위해서는 영유아가 익숙하거나 친숙한 자료와 활동을 활용한다. 행동을 유도하기 위한 자료에 영유아가 평소 자주 가지고 노는 장난감이나 사물을 포함하는 것도 좋은 방법이다. 반면, 상징놀이와 같은 특정 행동을 관찰하기 위한 목적이라면 해당 활동을 관찰하기 좋은 활동을 포함

〈표 9-7〉 행동표본 수집을 위한 고려 사항

고려 사항	세부 내용
행동표본의 길이	• 하나의 긴 표본 • 반복적으로 측정된 여러 개의 표본
행동표본 수집 상황	• 자연적 상황과 구조화된 상황 • 가정과 어린이집
상호작용 상대자	• 친숙한 사람과 낯선 사람 • 성인과 또래
활동 및 자료	• 친숙한 자료 및 활동과 친숙하지 않은 자료 및 활동 • 책과 놀이

〈표 9-8〉 행동표본 수집을 위한 지침

- 최소 두 가지 이상의 다양한 의사소통 상황에서 의사소통행동이 표집되도록 한다. 특히 영유아가 긴장하지 않는 자연스러운 의사소통 환경 내에서의 행동표본이 반드시 포함되도록 한다.
- 가족과 같이 친숙한 사람과의 상호작용 행동표본이 포함되도록 한다. 어린이집에 다니는 영유아는 또래와의 상호작용도 포함되도록 고려한다.
- 행동표본을 수집할 때에는 영유아가 좋아하는 활동과 자료를 포함하도록 한다.
- 질문이나 지시하는 말을 최소화하고 영유아가 개시하는 행동과 언어표현에 자연스럽게 반응해 주어 자발적 행동이 관찰될 수 있도록 한다.
- 제한된 행동만을 반복하는 경우에는 적절한 행동을 모델링할 수 있으나 무리하게 유도하거나 지시하지 않는다.

하는 것이 필요하다. 자료가 제한되는 경우 동일한 활동만을 반복할 수 있으므로 두 가지 이상의 장난감이나 동화책이 포함되도록 한다.

〈표 9-7〉에는 행동표본 수집을 위해 고려해야 할 사항을, 〈표 9-8〉에는 행동표본 수집을 위한 지침을 제시하였다.

(2) 행동 기록 및 전사

① 녹음 및 녹화

영유아 의사소통 평가는 구어는 물론 비구어적 행동을 평가하여야 하므로 녹화는 필수적이다. 스마트폰의 녹화 기능을 이용해서도 녹화는 가능하나 대부분의 스마트폰 녹화기능은 녹화 범위가 제한되므로 가능한 한 캠코더를 이용하는 것이 좋다. 영유아의 경우에는 움직임이 많기 때문에 카메라의 앵글을 벗어나는 경우가 흔하다. 원격으로 카메라를 조정할 수 있는 장비를 이용하는 것이 좋겠지만 이러한 장비를 갖추기 어려우므로 대신 카메라를 두 대 정도 설치해 놓거나 보조자의 도움을 받아 녹화한다. 영유아가 녹화하는 것을 의식하는 경우에는 자연스러운 행동표본 수집에 영향을 받을 수 있다. 이러한 점도 녹화 시 유의해야 한다.

녹화와 더불어 녹음용 MP3를 사용하여 소리 녹음도 병행한다. 캠코더만으로도 녹화와 함께 소리 녹음이 가능하나 음질이 좋지 않아 정확한 소리를 확인하기 어려운 경우가 있다. 따라서 핀마이크가 연결된 녹음기를 영유아에게 부착하여 음성 자료는 별도로 녹음하는 것이 좋다. 평가자가 상호작용 상대자로 참여하지 않는 경우에는 녹화를 하면서 동시에 기록지에 기록을 병행하는 것도 좋다.

② 행동 전사

행동표본은 분석을 위해 전사한다. 표본을 전사할 때에는 의도적 의사소통행동을 중심으로 전사를 한다. 영유아의 행동은 물론 상호작용 상황(맥락)과 상호작용 상대자의 행동을 모두 전사하도록 한다. 영유아는 언어보다 비언어적 요소로 의사소통하는 경우가 많기 때문에 언어는 물론 몸짓이나 시선, 표정, 발성과 비언어적 요소도 가급적 자세히 기록한다. 상호작용 상대자의 행동도 언어는 물론 비언어적 요소까지 자세히 기록한다.

영유아의 의사소통행동은 행동을 단위로 하므로 행동을 단위로 구분하여 기록한다. 다음은 행동 단위 구분의 지침이다.

첫째, 상대방과 행동 차례가 바뀌었을 때 구분한다. 상대방을 향해 행동을 개시한 후 상대방의 행동을 기다리는 경우 혹은 반대로 상대방이 개시한 행동에 대해 반응하였을 경우에 행동 차례가 바뀐 것으로 간주한다.

둘째, 의사소통 의도에 변화가 있는 경우 행동을 나눈다. 의사소통 의도는 다른 사람을 향해 나타낸 행동이다. 이때 하나의 의도를 표시하기 위해 여러 행동이 동시에 사용되었다면 하나의 행동으로 구분한다. 예를 들어, 발성을 하면서 동시에 손을 내밀어 요구하기를 하는 경우와 같이 둘 이상의 행동을 통해 하나의 의도를 표시했을 때에는 행동을 구분하지 않는다.

셋째, 이어지는 행동이라 하더라도 각기 다른 의도가 표현되었거나 행동의 대상이 바뀌었을 때에는 구분하여 전사한다. 예를 들어, 엄마가 장난감을 내밀자 머리를 흔들며 손으로 밀어내고(거부하기) 다른 장난감을 손가락으로 가리키는(사물 요구하기) 행동을 연속해서 하는 경우에는 각기 다른 행동으로 구분한다.

넷째, 의도가 표현되지 않은 행동의 경우도 흐름 파악에 중요한 경우 전사한다. 이 경우 행동이 계속 이어지다가 중간에 멈춤이 발생하거나 놀이 주제나 활동이 바뀌는 경우에는 구분해서 전사한다.

다섯째, 언어는 물론 비언어적 음성 자료도 모두 전사한다. 언어 또는 비언어적 음성 자료는 따옴표와 같은 기호를 사용해서 표시한다. 영유아가 산출한 소리가 최대한 그대로 전사될 수 있도록 한다.

행동을 진사할 때 〈표 9-9〉와 같은 전사기록지를 사용하면 도움이 된다. 기록지에는 반드시 시간을 표시한다. 〈표 9-9〉의 기록지 첫 번째 칸의 숫자는 10초 단위의 시간 간격을 의미하며, 두 번째 칸에 기록된 숫자는 행동이 발생한 시간을 분과 초(분:초)로 표시한 것이다. 행동이 길게 유지된 경우에는 시작 시간과 끝나는 시간을 같이 기록하여 행동의 발생 여부만이 아니라 유지된 시간까지 파악될 수 있도록 한다. 다음에는 활동이 이루어지는 맥락적 정보와 영유아의 행동, 상대자의 행동을 기록하는 칸들로 구분되어 있다. 상황이나 상대자 행동, 영유아 행동 간의 인과적 관계를 파악할 수 있도록 시간적 순서에 따라 기록이 구분될 수 있도록 하는 것이 좋다.

〈표 9-9〉 행동 전사의 예

구간	시간	상황(맥락)	영유아의 행동	상대자의 행동
1		평가자가 태엽장난감의 태엽을 감아 책상에 놓음		
	0:07~09		태엽장난감의 움직임을 바라보고 있음	
2		태엽장난감이 멈춤		
	0:15~16		멈춘 장난감을 잠시 바라보다 평가자를 바라봄	평가자는 계속 영유아를 바라보고 있음
3	0:22		평가자를 바라보며 손가락으로 장난감을 가리킴	
				평가자가 "또?" 하며 태엽장난감을 집어 다시 태엽을 감음
	0:26~27		평가자가 태엽 감는 모습을 바라봄	
4				평가자가 장난감을 책상에 내려놓음
	0:31		평가자가 장난감을 책상에 놓을 때 시선을 장난감의 움직임에 따라 움직임	
	0:32~33	태엽장난감이 움직임	움직이는 모습을 계속 바라보고 있음	
		장난감이 다시 멈춤		
5	0:45~46		바로 장난감을 집어서 태엽을 감으려고 시도함	
	0:47		잘 안 되자 몸을 돌려 장난감을 평가자에게 내밀며(시선은 평가자를 향함) "이거."라고 말함	
				영유아가 내민 장난감을 받으며 "이거?" 하고 반복함
6	0:50		평가자를 바라보며 고개를 끄덕임	
				평가자가 태엽장난감을 다시 돌려서 감아 줌

(3) 분석 및 측정

전사된 자료를 기반으로 행동을 전사하고 측정한다. 어떤 행동을 분석할 것인가는 평가 목적이나 영유아의 발달수준을 고려하여 결정한다. 〈표 9-10〉에는 행동표본 분석에 포함할 수 있는 행동의 목록을 의사소통발달에 따라 언어이전 의사소통기와 언어적 의사소통기로 구분하여 제시하였다. 각각의 행동에 대한 구체적 행동 측정치는 제10장 '의사소통 평가 실제' 부분에서 자세히 다룰 것이다.

〈표 9-10〉 행동표본 분석 행동 목록

언어이전 의사소통기	• 의사소통의도 및 기능 • 의사소통수단 • 수용언어 • 발성 및 말소리 산출	• 말 운동 및 섭식 • 상징놀이 또는 인지발달 • 사회 · 정서 행동
언어적 의사소통기	• 의사소통수단(구어와 비구어 비율) • 의도적 의사소통행동과 기능 • 수용언어 • 표현언어(의미, 문법) • 말소리 산출	

영유아의 행동 측정에는 빈도나 지속시간, 강도 등과 같이 양적 측정 방법을 활용할 수 있다. 먼저, 빈도기록법은 목표행동이 출현한 횟수를 기록하는 방법이다. 몸짓이나 낱말 사용 등은 빈도로 측정할 수 있다. 매 행동이 출현할 때마다 기록하는 것이 어려울 때에는 관찰 시간을 일정한 간격으로 나누어 각 구간별로 행동의 출현 여부를 기록하는 등간기록법을 활용할 수 있다. [그림 9-12]에는 등간기록법을 이용한 빈도기록지의 예시를 제시하였다. 해당 시간 간격에 행동 출현 여부만을 기록할 수

시간 구분 목표행동	1분						2분						3분						4분					
	1초	2초	3초	4초	5초	6초	1초	2초	3초	4초	5초	6초	1초	2초	3초	4초	5초	6초	1초	2초	3초	4초	5초	6초

그림 9-12 등간기록지

시도	시작 시간	종료 시간	지속 시간	시도	시작 시간	종료 시간	지속 시간

그림 9-13　지속시간기록지

번호	선행사건	행동	후속결과

그림 9-14　ABC 분석 방법을 이용한 행동분석기록지

도 있으며, 행동이 출현할 때마다 모든 빈도를 기록할 수도 있다.

지속시간기록법은 목표행동이 유지된 시간을 기록하는 방법이다. 상대방을 응시한 시간이나 함께 놀이에 참여한 시간 등은 지속시간으로 측정할 수 있다. [그림 9-13]과 같은 기록지 형식을 활용할 수 있다.

또한 양적 평가는 아니나 중요한 행동을 기술적으로 기록하는 일화기록법 (anecdotal method)도 활용할 수 있다. 일화기록법은 영유아의 말과 행동, 몸짓, 얼굴 표정, 주변인의 반응 등을 발생한 순서에 따라 기술적으로 기록하는 방법을 말한다. 일화기록법은 양적으로 측정하기 어려운 내용을 이해하는 데 도움이 되지만 상황에 따라 행동이 달라질 수 있으므로 일화기록을 통해 얻어진 결과를 일반화하기 위해서는 오랜 시간의 관찰이 요구된다. 양적 관찰 방법과 병행하는 것이 효과적이다. 응용행동분석(Applied Behavior Analysis: ABA)의 기능분석에서 선행사건 (Antecedent), 행동(Behavior), 후속결과(Consequence)를 분석하는 ABC 분석 방법을 이용하여 정리해 보는 것도 영유아의 행동을 이해하고 추후 중재하는 데 시사점을 줄 수 있을 것이다.

(4) 결과 요약 및 해석

관찰한 내용은 측정 내용별로 요약한다. 양적 측정 결과는 측정된 자료의 평균치를 산출한다. 빈도의 경우에는 전체 빈도나 분당 산출된 빈도를, 지속시간은 행동 시도별 지속시간을 측정한다. 그 외 다른 측정치들도 그에 적절한 방식으로 결과를 요약한다. 일화적 기록을 통해 관찰된 내용은 빈번하게 관찰된 행동을 중심으로 기술적으로 요약하여 정리한다. 평가의 목적 중 하나는 대상자의 수행 결과를 기반으로 의사를 결정하는 데 있다. 따라서 평가대상자의 수행을 정확히 평가하여 요약하는 것만큼 요약된 결과를 정확히 해석하는 것이 중요하다.

관찰 방법은 K CSBS DP 행동샘플검사와 같이 표준화 검사가 아닌 경우에는 발달이나 관련 자료를 준거로 하여 해석하여야 한다. 평가자는 발달 자료나 영유아의 이전 행동을 기반으로 평가자가 설정한 기준을 준거로 결과를 해석할 수 있어야 한다. 그러나 발달 자료 혹은 관련 논문과 같은 자료를 준거로 해석할 때에는 준거로 활용하고자 하는 자료가 평가자가 행동을 관찰한 상황이나 조건 측면에서 어떠한 차이가 있는지를 고려하여 해석하는 것이 중요하다. 간혹 동일한 행동을 측정하였다는 이유만으로 행동표본이 수집된 조건이나 측정 기준이 다른 자료들을 마치 규준 자료와 비교하듯이 직접적으로 비교하여 해석하는 경우를 볼 수 있다. 이는 평가자의 수행을 잘못 해석하는 결과를 초래한다. 자료들을 비교하되 행동표본을 수집하는 과정이나 측정 방식에서 갖는 차이가 비롯할 수 있는 차이를 고려하는 것이 중요하다.

4. 대안적 평가모형

표준화 검사나 행동관찰 방법은 가장 기본적인 평가 방법이나, 이외에도 영유아 의사소통행동 평가에 활용할 수 있는 다른 대안적인 평가모형들이 있다. 이 모형들은 대부분 구조화된 절차보다는 행동관찰이나 양육자 보고 방법을 활용하며, 영유아의 실제적이며 기능적인 의사소통 능력 평가를 특히 강조한다. 이 부분에서는 영유아 의사소통을 평가하기 위한 대안적 평가모형들에 대해 소개하도록 하겠다.

1) 놀이기반 평가

놀이기반 평가는 놀이 활동을 통해 영유아의 의사소통행동을 평가하는 방법이다. 놀이는 영유아의 자연스러운 행동을 유도하여 자연스러우면서도 세부적인 행동을 관찰할 수 있도록 하며, 중재에도 유용한 정보를 준다. 또한 놀이 과정을 통해 언어 및 의사소통은 물론 인지, 사회·정서, 운동 등 전반적인 행동발달을 관찰할 수 있다. 놀이기반 평가는 언어치료사가 영유아와 직접 놀이를 실시하며 의사소통행동을 평가하기도 하며, 양육자에게 영유아와 놀이를 실시하게 하고 언어치료사는 이를 관찰하여 평가를 진행하기도 한다. 또는 심리평가자나 놀이치료사와 같이 다른 영역의 전문가들이 동시에 놀이를 기반으로 평가를 진행하기도 하는데, 이때는 각각의 전문가들이 번갈아 가며 영유아와 놀이를 진행하면서 영유아의 행동을 촉진하는 역할을 담당하며, 놀이에 직접 참여하지 않는 다른 전문가들은 이를 관찰함으로써 자신이 담당하는 영역을 평가한다.

대부분의 놀이기반 평가는 자유놀이와 구조화된 놀이 절차 모두를 포함하여 영유아의 행동을 평가한다. Linder(1993)가 개발한 상호교류적 놀이기반 평가(Transactional Play-Based Assessment-2: TPBA-2)는 놀이기반 평가의 대표적 절차로 소개된다. 상호교류적 놀이기반 평가는 다음 부분에서 별도로 설명하도록 하겠다.

2) 상호교류적 놀이기반 평가

상호교류적 놀이기반 평가(Transdisciplinary Play-Based Assessment-2: TPBA-2; Linder et al., 2008)는 제8장에서 소개한 원형평가 형식에 놀이를 통한 평가 절차를 접목한 형태의 평가모형이다. 이미 서술하였듯이, 놀이는 영유아들의 자연스러운 행동을 살펴볼 수 있을 뿐 아니라 의사소통은 물론 운동, 인지, 사회성 등 주요 발달 영역에서의 발달을 살펴볼 수 있는 통로라 할 수 있다. Casby(1992)는 놀이를 기반으로 한 평가는 영유아의 발달 상태를 파악하여 중재 활동을 계획하고 실행하는 데 유용한 절차라고 강조하였다. 이러한 맥락에서 영유아 평가에서 놀이의 중요성이 강조되고 있다.

상호교류적 놀이기반 평가는 총 6단계로 진행되는데, 평가자, 부모, 또래 등과 구조화된 놀이와 비구조화된 놀이를 진행하고, 이를 통해 의사소통 및 언어는 물론 인

〈표 9-11〉 상호교류적 놀이기반 평가(TPBA-2)의 절차 및 내용

구분	내용
평가대상	• 영아부터 6세까지의 유아 • 장애아는 물론 장애위험 영유아나 비장애 영유아에게도 활용할 수 있다.
평가자	• 영유아 발달과 관련한 지식을 가진 사람은 모두 참여가 가능하다. • 부모도 반드시 평가에 포함한다.
부모 참여	• 부모는 평가의 대상이 될 수 있으며 동시에 한 사람의 평가자가 될 수 있다. 주로 영유아의 출생력이나 발달력과 같은 사례정보를 제공하며, 놀이의 촉진자 역할을 담당할 수 있다.
놀이 결정	• 영유아에게 적절한 놀이를 결정한다. • 영유아들이 사물 탐색 및 조작 능력을 관찰할 수 있으며, 문제해결이나 의사소통, 언어, 사회, 정서 발달을 관찰할 수 있는 놀이나 장난감을 선택한다.
실시 절차	• 1단계: 구조화되지 않은 자연스런 촉진. 영유아가 놀이를 주도하게 하며, 촉진자는 영유아의 주도를 자연스럽게 따라 준다. • 2단계: 구조화된 촉진. 촉진자가 주도하며 특정 놀이 활동에 영유아가 참여하도록 지시한다. • 3단계: 영유아-영유아 상호작용. 1단계와 마찬가지로 구조화되지 않은 놀이를 진행하며 또래를 놀이 상대로 포함한다. • 4단계: 양육자-영유아 상호작용. 양육자가 놀이 상대로 참여한다. 평상시와 같이 자연스럽게 영유아와 놀이를 진행하게 한다. • 5단계: 신체놀이. 몸을 움직여 자연스런 놀이를 진행한다. 점차 구조화된 형태로 놀이 형태를 변화시켜 간다. • 6단계: 간식 먹기
평가 내용	• 인지: 놀이 범주, 주의력, 사물 사용, 상징놀이, 모방, 문제해결, 변별/분류, 일대일 대응, 순서 맞추기 능력, 그림 그리기 능력 • 의사소통과 언어: 의사소통 양식, 화용 능력, 음운 능력, 의미와 구문 표현, 언어이해, 구강운동, 기타 • 사회 · 정서: 기질, 동기, 부모와의 사회적 상호작용, 촉진자와의 사회적 상호작용, 역할놀이, 유머와 사회적 관습, 또래와의 사회적 상호작용 • 감각운동: 일반적 움직임, 근육 긴장/강도/지구력, 감각자극에 대한 반응, 놀이 자세, 놀이 중 움직임, 다른 발달적 성취, 조작, 운동 계획

지, 사회성, 정서, 감각운동 발달을 평가하도록 고안되어 있다. 6세 이하의 영유아에게 실시할 수 있으며, 기능적이고, 자연스럽고, 전체적이고, 역동적이며, 초학문적인 상황에서 평가할 수 있다는 장점을 갖는다. 상호교류적 놀이기반 평가는 특히 중재가 필요한 영역이나 중재 목표를 결정할 때 적절하며, 진전평가와 중재 활동의 효과를 확인하는 데 유용하게 활용할 수 있다. 상호교류적 놀이기반 평가의 실시 절차 및 평가 내용은 〈표 9-11〉에 제시하였다.

3) 일과기반 평가

일과기반 평가(routine-based assessment)는 영유아가 항상 반복적으로 행하는 일과를 중심으로 의사소통행동을 평가하는 방법이다. 먼저, 양육자나 가족을 대상으로 영유아가 자주 반복하는 일과를 조사한다. 그리고 각각의 일과 중에 영유아의 참여 수준이나 독립적 수행 정도, 영유아에게 필요한 행동 목록, 기타 의사소통은 물론 사회적 기술 등의 목록을 작성한다. 일과기반 평가는 가족과의 면담을 기반으로 하기 때문에 가족참여를 촉진하는 효과도 가질 수 있다.

일과기반 평가는 다음과 같은 세 단계를 통해 실시한다. 첫 번째 단계에서는 가족을 대상으로 일과 관련 면담을 진행한다. 가족을 대상으로 영유아가 매일의 일과를 어떻게 보내는지 확인하고, 각각의 일과 중에 영유아가 가족과 어떻게 상호작용하는지 질문한다. 가족에게 일주일 동안 영유아의 스케줄표를 작성하게 하는 방법을 활용할 수 있다.

두 번째 단계에서는 가족이 주로 관심을 갖는 일과 목록을 확인한다. 면담이나 스케줄표 작성을 통해 확인된 일과 중에서 영유아에게 중요하다고 고려되는 일과를 선택하게 한다. 영유아가 자주 반복하는 일과를 선택하도록 할 수도 있다. 가족이 관심을 갖는 일과가 선택되면 그 일과에서 영유아의 참여 정도, 영유아가 자발적으로 수행할 수 있는 행동, 영유아가 잘 하지 못하는 행동, 영유아가 수행하기를 바라는 행동 등의 목록을 작성하게 한다.

마지막 단계에서는 행동 목록 중에서 우선순위를 확인한다. 영유아가 행동 목록이 정리되면 그 안에서 우선적으로 중재에 포함하기를 원하는 행동 순서로 우선순위를 결정한다.

〈표 9–12〉 일과기반 평가 절차

1. 일과 확인을 위한 면담: 일주일 동안 반복되는 일과 확인. 스케줄표 작성
2. 관심 일과 확인: 확인된 일과 중에서 가족이 관심을 갖는 일과 확인. 각 일과 내에서 영유아가 스스로 수행할 수 있는 행동과 수행이 어려운 행동, 수행하기를 원하는 행동 목록 확인
3. 우선순위 결정: 행동 목록 중에서 우선적으로 중재에 포함되기를 원하는 행동 순서로 순위 결정

4) 참 평가

참 평가(authentic assessment)는 영유아가 필수적인 지식이나 기술을 실제 상황에 적용할 수 있는지를 평가하는 방법이다. 영유아에게 필요한 지식이나 기능을 평가할 때 그 지식과 기능이 적용될 수 있는 실제 상황과 유사한 맥락에서 평가하도록 강조한다.

Bagnato와 Yeh Ho(2006)나 Morris(2001)는 참 평가의 요소로 다음과 같은 내용을 제시하였다. 첫째, 체계적 관찰을 통하여 시간 경과에 따른 발달적 변화를 지속적으로 평가하여야 한다. 둘째, 매일의 일과 중에 나타난 자연스러운 행동을 평가하여야 한다. 셋째, 영유아와 친숙하면서도 영유아에 대해 잘 알고 있는 사람이 평가에 포함되어야 한다. 따라서 영유아와 함께 생활하는 양육자는 반드시 포함되어야 한다. 넷째, 평가가 중재 과정의 일부로 포함되어야 한다. 다섯째, 가족 및 다른 전문가들과 협력적 절차를 통해 평가가 진행되어야 한다. 이상과 같은 내용을 확인하기 위한 질문 목록을 〈표 9–13〉에 제시하였다.

〈표 9–13〉 참 평가를 위한 질문 목록

1. 전문가나 가족이 영유아를 이해할 수 있는 절차로 고안되었는가?
2. 자연스러운 행동을 평가하는가?
3. 영유아가 실제 할 수 있는 것을 평가하는가?
4. 학습 과정의 일부로 평가가 이루어지는가?
5. 가족 및 여러 전문가의 협력적 과정을 통해 평가가 이루어지는가?

5) 역동적 평가

역동적 평가(dynamic assessment)는 영유아의 현재 수행 수준만이 아니라 잠재 능력까지 평가하는 것을 강조하는 평가모형이다. 영유아가 특정 행동을 수행하지 못하였을 때 평가자는 이를 수행하는 데 도움이 되는 단서나 촉진과 같은 도움을 제공하고 다시 수행할 수 있는 기회를 제공한다. 평가자가 제공한 도움이나 단서를 통해 영유아가 해당 목표행동을 수행할 수 있게 되는 경우에 이는 아직 완전하게 습득되지는 않았으나 영유아의 잠재 수준에는 존재하는 행동으로 파악할 수 있다. Vygotsky에 의해 제안된 근접발달영역(ZPD)의 개념은 역동적 평가를 이해하는 데 도움이 된다. [그림 9-15]에서 잠재 수준, 즉 근접발달영역에 있는 행동들은 그렇지 못한 행동들에 비해 중재 효과가 빠르게 나타날 수 있으므로 우선적인 중재 목표로 고려할 수 있다.

역동적 평가는 영유아가 자발적으로 수행하지 못한 행동에 대해 단서나 촉진과 같은 도움을 제공하거나 '평가-중재-평가'와 같은 시도 중재(trial intervention) 절차를 통해 평가할 수 있다. 이러한 절차는 영유아가 수행하지 못한 행동이 특정 행동이 잠재 영역에 있으나 스스로 수행할 수 있을 정도로 완전히 습득되지 않은 것인지 혹은 아직 학습 경험이 없었기 때문에 수행하지 못하는 것인지를 구별할 수 있게 도와준다.

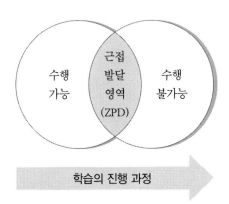

그림 9-15 근접발달영역(ZPD)과 학습 진행 과정

이 장을 공부한 후……

● 공식평가와 비공식평가의 개념과 강약점을 이해한다.

● 영유아 의사소통 평가에서 직접검사, 행동관찰, 양육자 면담 절차가 갖는 강약점을 이해한다.

● 국내 영유아를 대상으로 표준화되어 있는 영유아 언어 및 의사소통 검사 목록과 각 검사의 방법 및 해석 방법을 이해한다.

● 행동관찰을 통한 영유아 의사소통 평가 절차와 절차 단계별로 갖추어야 할 지식과 기술을 이해한다.

● 영유아 의사소통 평가에 활용할 수 있는 대안적 평가모형에 대해 이해한다.

제10장

의사소통 평가 실제

제8장에서 6하원칙에 기초하여 영유아의 의사소통 평가를 계획하는 과정을 살펴 보았다. 여섯 가지 질문 모두 평가를 계획하고 실시하는 과정에서 중요하게 고려해 야 하겠지만, 그중에서도 가장 중요한 질문은 '무엇을 평가할 것인가'와 '어떻게 평 가할 것인가'일 것이다. '무엇을 평가할 것인가'는 평가 영역과 관련되며, '어떻게 평 가할 것인가'는 평가 절차 또는 방법과 관련된다. 이 장에서는 평가 영역을 중심으 로 어떠한 방법을 통해 평가할 것인가를 자세히 살펴보도록 하겠다.

1. 영유아 의사소통 평가 영역

영유아 시기는 언어발달 시기를 중심으로 볼 때, 언어이전 의사소통기에서부터 초기 문장습득기를 포함한다. 따라서 언어치료사는 언어이전 단계의 의사소통발달 에서부터 초기 문장습득기까지의 의사소통발달을 고려하여 평가 영역을 결정하여 야 한다.

미국언어청각협회(2008)에서는 0~3세 영유아 평가 영역으로 청각, 인지 및 운동 기술, 정서 및 사회적 기술, 섭식 및 삼킴, 구강운동, 초기 말소리 발달, 의사소통기 능, 의사소통수단, 언어이해, 낱말 산출 및 조합, 문법발달, 놀이, 초기 문해, 부모- 영유아 상호작용, 환경적 요인 등을 포함하였으며, Crais(2011)는 미국언어청각협회 에서 제시한 평가 영역들과 더불어 가족 관련 요인도 평가에 포함하여야 한다고 하 였다. 이 장에서는 가족을 제외한 영유아의 의사소통 평가에 중점을 두었으며, 영유 아 평가 영역으로 의사소통기능, 의사소통수단, 낱말 산출과 낱말조합, 문법발달과 같은 의사소통 측면과 사회 · 정서 기능이나 놀이 등과 같이 의사소통발달과 밀접한 영역의 발달 평가를 포함하였다. 〈표 10-1〉에는 앞에서 제시된 여러 평가 영역을 요약하여 제시하였다. 각각의 영역별로 구체적으로 무엇을, 어떻게 측정하고 평가 해야 하는지는 다음 부분에서 더 자세히 살펴보도록 하겠다.

〈표 10-1〉 영유아 의사소통 평가 영역

의사소통 영역		관련 영역
의도적 의사소통	• 의도적 의사소통행동 및 기능 • 의사소통수단	• 상징놀이 • 인지 • 운동기능 • 사회 · 정서발달
말소리 산출	• 말소리 산출 • 말 운동 및 섭식 발달	
언어	• 수용언어 • 표현언어	

2. 의도적 의사소통행동

의도적 의사소통행동은 초기 의사소통발달의 이정표이고, 영유아의 이후 언어발달을 예측할 수 있게 할 뿐 아니라 언어발달지체를 나타내는 지표가 된다. 따라서 언어이전 의사소통 단계에서부터 언어를 통한 초기 의사소통발달 단계에 있는 영유아들의 의사소통발달 평가에서 중요하게 고려해야 한다.

의도적 의사소통행동은 의사소통의도의 유무, 행동의 빈도, 기능, 표현 수단을 중심으로 평가한다.

〈표 10-2〉 의도적 의사소통행동 평가 내용 및 절차

영역	행동관찰 측정치	평가 방법	
		공식평가	비공식평가
의사소통 의도	• 의도의 유무 • 분당 출현 빈도	• K CSBS DP 행동표본 검사 • K CSBS DP 양육자보 고검사 • K M-B CDI	• 행동관찰 • 양육자 면담
의사소통 기능	• 기능 유형별 빈도(주된 기능) • 의사소통기능의 유형 수(다양도)		
의사소통 수단	• 유형별 빈도(주된 수단) • 의사소통수단의 유형 수(다양도)		

1) 의사소통행동의 빈도

의도적 의사소통행동(intentional communication behaviors)이란 영유아가 상대방에게 전달한 의도를 담은 행동을 말한다. 이는 영유아의 의도를 상대방이 파악하는 의사소통 효과는 가지나 그 의도가 영유아에 의해 분명하게 전달되었는지는 명확하지 않은 전의도적 의사소통행동(preintentional communication behaviors)과는 구분된다(이윤경, 이효주, 2016b). 제4장 영유아 의사소통발달에서 소개한 Bates, Camaioni와 Volterra(1975)의 이론에서 설명한 언향적 행동은 전의도적 행동으로 볼 수 있으며, 언표내적 행동을 의도적 의사소통행동으로 볼 수 있다. 언향적 행동과 언표내적 행동은 모두 영유아의 의도가 담긴 행동이기는 하나 그 의도를 상대방에게 전달하였는지에 따라 각각으로 구분된다.

의도적 의사소통행동은 행동의 출현 여부와 사용 빈도로 평가하며, 순차적으로 각각이 어떠한 의사소통 기능과 수단을 통해 표현되었는지를 평가한다. 의사소통행동 빈도는 K CSBS DP와 같은 표준화된 검사 도구를 사용하거나 자연스러운 상황에서 영유아의 행동을 관찰하는 방법으로 평가할 수 있다. 먼저 K CSBS DP는 반구조화된 절차를 통해 영유아의 행동을 관찰하거나 혹은 양육자 보고를 통해 영유아의 의사소통발달을 평가한다. 이 중 행동샘플검사는 행동관찰을 통해 영유아의 의사소통행동 빈도를 측정한다. 검사에 포함된 여섯 가지의 유도 절차에서 영유아가 보인 의사소통행동을 각 유도 절차별로 최대 0~3회까지 측정한다. 따라서 측정될 수 있는 의도적 의사소통행동의 빈도는 최저 0에서 최고 18회까지의 범위를 갖는다. 측정된 수치는 월령 범위로 제시된 규준에 비추어 해석할 수 있다. K CSBS DP에서는 영유아가 보인 의사소통행동을 모두 측정하는 것이 아니고 주어진 의사소통 기회 내에서 최대 3회까지만 측정하므로 의도를 매우 빈번하게 보이는 영유아와 꼭 필요한 정도만을 보이는 영유아를 민감하게 구분하지 못한다. 따라서 빈도를 정확하게 평가해야만 한다면 자연스런 상황에서의 행동표본을 분석하여 보완하는 것이 필요하다.

K CSBS DP와 같은 표준화 검사를 이용하기 어려울 때에는 행동관찰이나 양육자 면담과 같은 비공식평가 절차를 활용한다. 행동관찰은 자연스런 놀이 상황에서 영유아 행동표본을 수집하여 의사소통행동의 빈도를 측정한다. 양육자 면담을 하는

경우에는 영유아에게서 의사소통행동이 관찰되는지, 만약 관찰된다면 어느 정도 빈도인지를 질문하면 된다. 의사소통행동이 무엇인지를 양육자가 이해할 수 있도록 예를 들어 질문하는 것이 중요하다. 행동관찰과 양육자 면담 결과를 통해 측정된 자료는 발달 자료를 준거로 하여 해석한다. 의사소통행동 발달 자료는 보통 10분의 행동표본을 기준으로 제시되는 경우가 많으며, 보통 분당 영유아가 보인 의사소통행동 빈도로 측정한다. 선행 연구에서는 대체로 12개월경에는 분당 1회 정도, 18개월 전후에는 2회 내외, 그리고 24개월 전후에는 3~5회 정도의 빈도를 보인다고 보고된다(이윤경, 이효주, 2016b). Yoder, Warren과 McCathren(1998)은 언어이전 의사소통기에 있는 영유아들은 자유놀이 상황에서 최소한 5분에 1회의 의사소통행동을 보여야 하며, 이보다 적은 경우에는 추후 언어발달지체의 위험이 크다고 보고하였다. 이러한 연구 결과들은 측정된 결과를 해석하는 준거로 활용할 수 있다.

2) 의사소통행동의 기능

의사소통행동 빈도와 더불어 의사소통행동의 기능도 발달의 주요 지표가 된다. 의사소통행동의 기능은 영유아가 나타낸 기능의 유형 수와 유형별 빈도로 측정할 수 있다. 즉, 기능의 유형 수는 영유아가 보인 의사소통행동 유형이 몇 가지인지로 측정된다. 보통 월령이 증가함에 따라 영유아가 보이는 의사소통행동의 다양성은 증가하며, 가장 많이 사용하는 유형도 변화한다. 따라서 몇 가지 유형을 보이는지, 그리고 어떠한 유형을 가장 많이 사용하는지는 발달을 보여 주는 지표가 될 수 있다. 발달 초기에는 다른 사람의 행동을 조절하기 위한 행동통제 기능이 주로 사용되나 언어습득이 이루어지면서 다른 사람의 관심을 제3의 사물이나 사건으로 유도하는 공동주의 기능 사용이 증가한다(이윤경, 이효주, 2016b; Wetherby et al., 1988).

의사소통행동 유형 수나 기능별 빈도는 의사소통행동 빈도와 마찬가지로 K CSBS DP와 같은 표준화 검사 도구를 사용하거나 자연스러운 상황에서 영유아의 행동을 관찰하는 방법으로 평가할 수 있다. K CSBS DP는 의사소통행동의 기능을 〈표 10-3〉에 제시된 것과 같이 행동통제, 사회적 상호작용, 공동주의 기능의 세 범주로 나누어 평가한다. K CSBS DP의 행동샘플검사와 양육자보고검사는 영유아가 어떠한 의사소통기능 범주를 보이는지를 평가한다.

K CSBS DP와 같은 표준화 검사를 이용하기 어려울 때에는 행동관찰이나 양육자 면담과 같은 비공식평가 절차를 활용한다. 행동관찰과 양육자 면담 실시 및 해석 절차는 제9장에서 설명한 절차와 동일하게 진행한다. 즉, 행동관찰은 자연스런 놀이 상황에서 영유아의 행동표본을 수집하여 영유아가 보인 의사소통행동의 기능을 측정하며, 양육자 면담은 양육자에게 각각의 의사소통기능을 설명해 주어 영유아가 해당 기능의 의사소통행동을 보이는지, 만약 보인다면 어느 정도의 빈도를 나타내는지 질문하여 평가한다. 평가 시 〈표 10-3〉에 제시된 의사소통행동 기능 범주와 하위 기능 유형에 대한 조작적 정의를 참조하기 바란다.

〈표 10-3〉 의사소통행동의 기능 범주와 하위 기능 유형

의사소통 기능 범주	정의	하위 의사소통기능
행동통제	특정 결과를 얻기 위해 다른 사람의 행동을 조절하려는 행동. 다른 사람으로 하여금 무언가를 하도록 하거나 혹은 중단하도록 하는 것을 목표로 함	• 사물/행동 요구: 타인으로 하여금 원하는 사물이나 행동을 요구하여 이를 수행하도록 유도하는 행동 • 사물/행동 거부: 원하지 않는 사물을 거부하여 행동을 그만 두게 유도하는 행동
사회적 상호작용	타인의 주의를 자기 자신에게로 유도하거나, 유지하려는 행동. 다른 사람이 자기를 보게 하거나, 자기에게 관심을 갖게 하는 것을 목표로 함	• 사회적 일상 요구: 게임과 같은 사회적 상호작용 수행을 시작하거나 계속하도록 요구하는 행동 • 안정 요구: 곤란하거나 좌절의 순간에 평안을 구하는 행동 • 관심 요구: 다른 사람과 사회적 상호작용을 시작하기 위해 관심을 유도하는 행동 • 허락 요구: 어떤 행동에 대한 다른 사람의 허락을 구하는 행동
공동주의	다른 사람의 관심을 제3의 사물이나 사건으로 유도하는 행동. 성인으로 하여금 다른 사물이나 사건에 주의를 기울이게 하는 것을 목표로 함	• 사물/행동 언급: 제3의 사물이나 사건을 언급하여 다른 사람의 관심을 유도하는 행동 • 정보 요구: 사물, 사건이나 이전의 표현에 대한 정보, 설명, 혹은 명료화를 요구하여 상대방의 관심을 유도 • 기타

출처: 이윤경, 이효주, 최지은(2019).

3) 의사소통행동의 수단

의사소통행동의 수단, 즉 의사소통수단은 영유아가 사용하는 의사소통수단의 유형과 주된 의사소통수단이 무엇인지를 통해 평가한다. 의사소통수단에는 몸짓, 발성, 얼굴 표정 등과 같은 비언어적 수단과 언어적 기호체계를 통한 언어적 수단이 포함된다. 일반적으로 영유아들은 첫 낱말을 산출하기 전인 8~12개월 정도까지는 몸짓이나 발성과 같은 비언어적 수단을 주된 의사소통수단으로 하다가 12~18개월에 첫 낱말을 산출하면서 점차 언어적 수단으로 이를 대체해 나간다. 그러나 대부분의 영유아는 첫 낱말을 산출한 이후에도 제한된 언어 능력으로 인해 의사소통 상황에서는 언어보다는 몸짓이나 발성과 같은 비언어적 수단을 주된 의사소통수단으로 사용한다. 언어적 수단이 주된 의사소통수단으로 자리 잡는 것은 18~24개월 정도가 되어야 가능해진다(이윤경, 이효주, 2016b).

의사소통수단을 평가하는 것은 언어이전 의사소통기의 영유아나 의사소통 결함 위험군 아동들에게 중요하다. 발달에 지연을 보이는 아동들과 자폐스펙트럼장애 아동(Zwaigenbaum et al., 2005)을 대상으로 초기 비언어적 의사소통수단 사용이 이후의 언어발달과 관련된다는 것은 꾸준히 입증되어 왔다. '말 늦은 영유아'로 확인되어 온 영유아들에게서 몸짓 사용이 이후 언어발달이 또래 수준을 따라잡을 것인가를 예측 가능토록 했다(홍경훈, 김영태, 2005; Thal, Tobias, & Morrison, 1991).

의사소통수단도 표준화된 검사 도구를 사용하거나 관찰 또는 양육자 보고와 같은 비공식평가 절차로 평가할 수 있다. 표준화 검사 중에서는 K CSBS DP와 K M-B CDI가 사용 가능하다. K CSBS DP와 K M-B CDI는 모두 공통적으로 영유아가 사용하는 의사소통 몸짓의 유형을 평가하는데, K CSBS DP의 행동샘플검사와 양육자보고검사는 공통적으로 영유아기에 일반적으로 관찰되는 관습적 몸짓 중에서 영유아가 사용하는 몸짓 유형과 이를 원거리에서 사용하는지의 여부를 측정하며, K M-B CDI는 양육자 보고 방법을 통해 영유아기에 출현하는 의사소통 몸짓의 유형을 측정한다. K CSBS DP나 K M-B CDI는 영유아가 보이는 의사소통 몸짓의 유형은 파악할 수 있게 해 주나 유형별 빈도는 측정하지 않으므로 각각의 몸짓이 이제 막 출현하기 시작한 것인지 혹은 의사소통을 목적으로 활발하게 사용되는지에 대한 정보는 제공하지 않는다. 따라서 필요하다면 행동표본 분석을 통해 이를 보완하

〈표 10-4〉 의사소통수단 유형

수단	정의
몸짓	• 의사소통 의도를 전달하기 위한 행동으로, 손이나 머리의 움직임을 동반하는 경우만을 포함 • 주기, 손 뻗기, 보여 주기, 가리키기, 손 흔들기, 고개 끄덕이기, 고개 젓기 등
발성	• 의사소통 의도를 전달하기 위해 산출한 소리로, 전사 가능한 모음이나 자음이 포함되어야 함. 웃음, 울기, 하품과 같이 전사가 불가능한 소리는 분석에서 제외
몸짓 동반 발성	• 의도를 전달하기 위하여 몸짓과 발성을 동시에 혹은 연속해서 사용하는 경우
몸짓 동반 언어	• 의도를 전달하기 위하여 몸짓과 언어를 동시에 혹은 연속해서 사용하는 경우
언어	• 의도를 전달하기 위하여 언어를 사용한 경우. 성인 언어 형태는 아니더라도 영유아가 특정 대상을 지칭하기 위하여 일관되고 특정하게 사용한 형태(유아어)는 언어로 포함

출처: 이윤경, 이효주, 최지은(2019).

는 것이 좋다.

표준화 검사를 이용하기 어려울 때에는 마찬가지로 행동관찰이나 양육자 면담과 같은 비공식평가 절차를 활용한다. 행동관찰과 양육자 면담 실시 및 해석은 의도적 의사소통행동이나 기능 평가 부분에서 설명한 절차와 동일하게 진행한다. 즉, 행동관찰은 영유아 행동표본에서 영유아가 보인 의사소통행동이 어떠한 수단으로 사용되었는지를 측정하며, 양육자 면담은 양육자에게 각각의 수단을 설명해 주어 영유아가 어떤 수단을 주로 사용하는지, 그 빈도는 어느 정도인지를 질문하여 평가한다. 〈표 10-4〉에 제시된 의사소통수단에 대한 조작적 정의를 평가 시 참조할 수 있다.

의사소통수단 중에서도 의사소통 몸짓은 언어적 수단과 더불어 영유아기의 의사소통발달에 대한 풍부한 정보를 전달한다. 따라서 의사소통 몸짓에 대해서는 더 자세히 분석해 볼 수 있다. 의사소통 몸짓 발달 연구에서는 의사소통 몸짓을 그 목적이나 형태에 따라 지시적, 표상적, 관습적 몸짓으로 구분하기도 한다(이윤경, 전진아, 이지영, 2014; Iverson & Thal, 1998). 제4장에서 설명한 것처럼, 일반적으로 영유아들이 초기에 보이는 몸짓은 지시적 몸짓의 형태이며, 관습적 몸짓이나 표상적 몸짓은 이보다 약간 뒤늦게 발달하는 것으로 보고된다. 따라서 몸짓 유형을 유형에 따라 범주화하여 살펴보는 것도 의사소통발달을 이해하는 데 도움이 될 수 있다. 의사소통 몸짓에 대한 유형별 정의는 〈표 10-5〉를 참조하기 바란다.

〈표 10-5〉 의사소통 몸짓의 유형

유형	조작적 정의	세부 행동
지시적 몸짓	사물 또는 사건을 지시하거나 또는 주의를 끌기 위한 몸짓. 주로 원하는 것을 표시하거나 주의를 끄는 행동	• 보여 주기: 다른 사람의 시야로 사물을 제시하여 보여 줌 • 가리키기: 관심 있는 대상을 집게손가락으로 가리킴 • 주기: 다른 사람에게 사물을 내밀어서 줌 • 뻗기: 원하는 것을 표시하기 위해 손이나 팔을 뻗음 • 손 내밀기: 원하는 사물을 달라는 표현으로 손바닥을 위로 하여 내밈 • 기타: 앞에 제시한 행동 외에 지시하거나 주의를 끌기 위한 몸짓
표상적 몸짓	몸짓을 통해 대상이나 행동을 상징적으로 표현하는 몸짓	• 사물 사용: 컵을 이용하여 마시는 척하는 것과 같이 사물을 이용한 상징행동 • 사물 미사용: 새를 표현하기 위해 손을 옆으로 뻗어 퍼덕이는 것과 같이 사물을 이용하지 않은 상징적 몸짓
관습적 몸짓	몸짓의 형태와 의미가 문화적으로 정의된 몸짓	• 인사하기: 머리를 숙여 인사함 • 바이바이 하기: 헤어질 때 손을 옆으로 흔들어 인사함 • 고개를 반복해서 끄덕이기: 동의를 표현하기 위해 고개를 반복해서 끄덕임 • 고개 가로젓기: 거부 또는 부정을 표현하기 위해 머리를 가로저음 • 손 가로젓기: 거부 또는 부정을 표현하기 위해 손을 가로저음 • 기타: 앞에 제시한 행동 외에 관습적 형태의 몸짓

출처: 이윤경, 전진아, 이지영(2014).

3. 말소리 산출과 구강운동 발달

1) 말소리 산출

영유아 시기의 말소리 산출 능력은 언어표현이 시작되기 전부터 발달하기 시작하며, 이후 표현언어발달에 중요한 영향을 미친다. 영유아들이 발성을 얼마나 많이 보이는지, 발성에 포함된 음소목록이나 음절구조들은 어떠한지 등은 영유아의 현재 말 발달에 대한 정보를 제공해 주며 이후의 언어발달을 예측할 수 있게 한다. Paul과 Jennings(1992)는 24개월까지 자음이 포함된 낱말을 산출하지 못하는 것은 언어발달지체를 나타내는 것일 수 있다고 하였으며, Carson, Klee, Carson과 Hime(2003)은 2세에 음운론적 발달이 지연되어 있는 경우 3세에 언어장애를 보일 확률이 높다고 보고하였다. 이처럼 영유아기의 말소리 산출 발달은 말 늦은 영유아와 같이 언어발달이 지연된 영유아를 조기에 확인할 수 있게 하며 이후의 언어발달 가능성을 예측하게 하므로 평가 영역으로 포함해야 한다.

말소리 산출 역시 표준화된 검사 도구를 사용하거나 관찰 또는 양육자 보고와 같은 비공식평가 절차를 통해 평가할 수 있다. 우리나라 아동들을 대상으로 표준화되어 있는 조음음운 검사 도구에는 아동용 조음음운검사(Assessment of Phonology & Articulation for Children: APAC; 김민정, 배소영, 박창일, 2007)나 우리말 조음음운검사(Urimal Test of Articulation and Phonology: U-TAP; 김영태, 신문자, 2005)가 있다. APAC은 2세 6개월부터 6세 5개월까지의 아동을 대상으로 표준화되어 있으며, 낱말과 연결 발화 수준에서 자음정확도(Percentage of Correct Consonants: PCC)와 오류 패턴을 분석한 후 아동이 또래 수준에서 어느 정도 떨어져 있는지 살펴본다. U-TAP도 APAC과 마찬가지로 낱말과 대화 상황에서 조음음운발달이 어떻게 나타나는지 확인하는 검사 도구라고 할 수 있다. 이 두 검사는 모두 낱말 또는 문장 산출이 어느 정도 가능해야 실시할 수 있기 때문에 영유아의 말소리 산출 평가에 사용하기에는 제한점이 있다.

K CSBS DP나 SELSI와 같은 영유아용 의사소통 또는 언어 검사도 말소리 산출 발달을 평가하는 항목을 포함하고 있다. K CSBS DP는 한국어의 말소리를 8개의 자음

〈표 10-6〉 말소리 산출 평가 내용 및 절차

영역	행동관찰 측정치	평가 방법	
		공식평가	비공식평가
발성 빈도	• 말소리가 포함된 발성의 빈도	• K CSBS DP 행동샘플검사	
말소리	• 말소리(자음 및 모음)의 빈도 • 말소리(자음 및 모음)의 다양도	• K CSBS DP 양육자보고검사 • SELSI	• 행동표본 또는 말표본 분석 • 양육자 면담
음절구조	• 고빈도 음절구조 • 음절구조의 유형 수(다양도)	• U-TAP(2세 후반) • APAC(2세 후반)	

군으로 구분하여 어떠한 유형의 자음이 출현하였는가를 측정하며, 여섯 가지의 유도 활동 중에서 자음이 포함된 음절이 출현한 경우를 측정한다. K CSBS DP는 영유아가 산출한 말소리의 유형이나 자음이 포함된 음절구조 산출 여부를 평가할 수 있게는 하나, 의사소통행동 평가와 마찬가지로 이제 막 출현하기 시작한 말소리와 빈번하게 산출하는 말소리 평가는 어렵다. 또한 자음이 포함된 음절 산출 여부는 확인해 주나, 어떠한 음절구조들을 산출하는지, 어떠한 음절구조를 가장 빈번하게 산출하는지는 확인이 어렵다. 따라서 이러한 부분은 행동표본 분석을 통해 평가하도록 한다. SELSI의 경우도 영유아 시기의 음운발달을 대표할 수 있는 몇 개의 문항으로 말소리 산출 발달을 평가한다. 4~24개월까지 포함된 음운 관련 문항은 모두 7개인데, 모두 말소리나 억양과 같은 음운적 정보를 변별하는 항목들로 구성되어 있어서 산출과 관련된 부분을 평가하는 데에는 제한이 있다.

　말소리 산출 평가도 표준화 검사를 이용하기 어려울 때에는 마찬가지로 행동관찰이나 양육자 면담과 같은 비공식평가 절차를 활용한다. 행동관찰 절차에서는 영유아에게서 얻은 행동표본 또는 말표본에서 말소리가 포함된 발성의 비율이나 영유아가 산출한 말소리(자음 및 모음) 및 음절 유형을 측정한다. 면담 절차를 통해서는 양육자에게 영유아의 발성에 포함된 말소리나 말소리가 포함된 발성 비율, 음절형태 등을 질문하여 평가한다. 양육자에게 말소리나 음절구조 등에 대해 설명해 주어 답변을 돕는다. 영유아가 산출한 발성이나 말소리 등을 그대로 표현해 보도록 요구하는 것도 한 방법이 될 수 있다.

2) 구강운동과 섭식 능력

말소리 산출은 입술이나 혀, 구개 등과 같은 구강구조의 적절한 움직임을 기반으로 한다. 때문에 기질적 또는 기능적 원인으로 인해 구강운동 능력에 제한이 있는 경우 말소리 산출 발달에 어려움을 동반하게 되며, 이후의 언어발달에까지 부정적인 영향을 미칠 수 있다(Da Nobrega, Boiron, Henrot, & Saliba, 2004). 그러나 말소리 산출이나 언어발달에 문제를 갖는 영유아들이 모두 구강구조나 기능에 문제를 동반하는 것은 아니므로 말소리 산출이나 언어발달이 지연된 경우 구강 구조나 기능에 문제를 동반하는 것은 아닌지 점검이 필요하다.

말소리 산출에 관여하는 구강구조는 섭식이나 삼킴에도 중요한 기능을 담당한다. 구강운동기능이 제한되거나 발달이 지연된 영유아들은 말소리 산출뿐만 아니라 섭식이나 삼킴 문제를 동반하기도 한다. 따라서 영유아의 섭식 및 삼킴 행동 발달은 구강운동발달을 살펴보는 통로가 될 수 있다. 섭식 및 삼킴에 문제를 보이는 영유아는 이후 말소리 산출과 언어발달지체의 위험이 크므로 관심 깊게 지켜보아야 한다(Hawdon, Beauregard, Slattery, & Kennedy, 2000; Selly et al., 2001).

구강운동과 섭식 능력 역시 표준화 검사 도구를 사용하거나 관찰 또는 양육자 면담과 같은 비공식평가 절차로 평가할 수 있다. 우리나라에는 현재 조음기관 구조·기능 선별검사(Speech Mechanism Screening Test: SMST; 신문자, 김재옥, 이수복, 이소연, 2010)가 개발되어 있으나, 18세에서 59세까지의 성인을 대상으로 하기 때문에 검사자의 지시를 따르거나 행동을 모방하기 어려운 어린 영유아들에게는 실시가 어렵다. 외국에는 구강운동평가(Oral Motor Assessment; Sleight & Niman, 1984)나 취학전 영유아 구강운동검사(Preschool Oral Motor Examination; Sheppard, 1987), 말 산출 이전 평가 척도(Pre-Speech Assessment Scale; Morris, 1982), 캐롤라이나 특수 영유아 교육과정(The Carolina Curriculum for infants and toddlers with special need; Johnson-Martin, Attermeier, & Hacker, 2004) 등과 같이 영유아들의 구강기능이나 섭식 능력을 평가하는 데 사용할 수 있는 검사들이 다수 개발되어 있다. 구강운동이나 섭식 능력은 말이나 언어적 영향을 받지 않는 영역이므로 외국의 영유아를 대상으로 개발되어 있는 이러한 검사들을 준거참조검사 형태로 활용하는 것도 대안이 될 수 있다.

　　다른 영역과 마찬가지로 검사자가 영유아의 구강운동이나 섭식행동을 직접 관찰하거나 양육자의 보고를 통해 정보를 수집하는 것도 평가자가 활용할 수 있는 평가절차가 된다. 관찰 또는 양육자 면담을 통해 구강운동이나 섭식행동을 평가할 때 중요한 점은 어떠한 정보를 수집해야 하는지 결정하는 것이다. 섭식과 관련한 사회적, 의학적, 발달적 사례력, 섭식 과정에서 영유아가 보이는 태도, 구강구조의 감각반응, 섭식이 이루어지는 동안 전반적인 근긴장도, 자세, 움직임, 몸의 안정성, 섭식전후의 호흡 패턴, 원시 반사와 입술, 뺨, 혀, 턱 등의 구강구조 및 기능, 병이나 컵, 빨대로 마시기 등의 기능, 섭식이 가능한 음식의 유형 등이 주요 평가 내용이 된다. 평가자는 다양한 섭식 및 삼킴 행동을 유도할 수 있는 간식을 준비한 후 영유아에게 먹게 하여 섭식 및 삼킴 행동을 관찰해서 구강운동발달을 평가할 수 있다. 간식을 사용하여 섭식 및 삼킴 행동을 관찰할 때에는 사전에 양육자에게 해당 간식을 먹여도 좋은지 반드시 확인하도록 한다. 또는 양육자에게 관련된 질문을 제공하여 구강

〈표 10-7〉 섭식 및 삼킴 평가 내용 및 절차

영역	평가 내용	평가 절차	
		공식평가	비공식 평가
발달력	• 섭식과 관련한 사회적, 의학적, 발달적 사례력	• 조음기관 구조 · 기능 선별검사(SMST) • 구강운동평가(Oral Motor Assessment) • 취학전 영유아 구강운동검사(Preschool Oral Motor Examination) • 말 산출 이전 평가 척도(Pre-Speech Assessment Scale) • 캐롤라이나 특수 영유아 교육과정(The Carolina Curriculum for infants and toddlers with special need)	• 행동관찰 • 양육자 면담
감각 반응 및 통합	• 섭식 중 행동이나 감각적 반응		
자세	• 섭식 중 자세와 움직임, 전반적인 근 긴장도, 몸의 안정성		
호흡 기능	• 섭식 전후 호흡 패턴		
구강 구조 및 기능	• 입술, 뺨, 혀, 턱 등의 구강구조 기능 평가		
반사행동	• 섭식과 관련된 반사행동 • 빨기반사, 찾기반사, 물기반사		
섭식	• 병으로 마시기, 컵으로 마시기, 빨대로 마시기 등		
삼킴	• 먹는 음식, 음식을 먹는 동안의 구강기능		

운동기능이나 삼킴 및 섭식 발달에 대한 정보를 수집할 수도 있다. 평가 항목은 〈표 10-7〉의 내용을 참조하여 결정한다.

4. 수용 및 표현 언어

1) 수용언어

영유아들은 대체로 1세를 전후하여 첫 낱말을 산출하나, 수용언어 능력은 이보다 약간 먼저 발달한다고 알려져 있다. 8~12개월경의 영유아는 특정 맥락에서 몇 개의 낱말을 이해하기 시작하며, 첫 낱말을 산출하는 12개월경에는 맥락적 도움 없이 낱말을 이해하기 시작한다. 18개월경에는 간단한 질문이나 '눈, 코, 머리'와 같이 신체 부위를 지칭하는 낱말들을 이해한다. 그리고 두 낱말조합을 이해하기도 한다. 생애 초기의 2년 동안의 언어이해 기술은 이후의 전형적, 비전형적 이해와 표현 능력을 예측할 수 있게 한다(Lyytinen, Poikkeus, Laakso, Eklund, & Lyytinen, 2001; Wetherby, Goldstein, Cleary, Allen, & Kublin, 2003).

영유아의 수용언어 능력은 K M-B CDI, SELSI, K CSBS DP의 양육자보고검사와 같은 표준화 검사 도구를 사용해서 평가할 수 있다. K M-B CDI나 K CSBS DP는 주로 어휘를 중심으로 이해 능력을 평가한다. 영유아 어휘검사로 잘 알려진 K M-B CDI는 8~17개월까지의 영유아용과 18~36개월까지의 유아용으로 구성되어 있으며, 양육자 보고를 통해서 어휘표현과 이해를 평가한다. 8~17개월까지의 영유아용은 284개, 18~36개월까지의 유아용은 641개의 낱말을 포함하는데, 18개월 이후의 유아의 경우 이해 어휘를 신뢰롭게 평가할 수 없으므로 8~17개월까지의 영유아용에서만 이해 어휘를 체크하도록 권장한다. K CSBS DP의 양육자 체크리스트는 50개 미만의 낱말목록만을 포함하기 때문에 아직 언어표현을 시작하지 않았거나 막 표현을 시작한 영유아에게 적합하다. SELSI는 어휘를 중심으로 이해 능력을 평가하는 K M-B CDI나 K CSBS DP와는 달리 사물 이름, 동사, 가족 명칭, 얼굴과 신체 부위, 대명사 등과 같은 어휘이해 항목과 소유자-소유 의미, 부정 서술문, 연속적인 지시 문장 등과 같이 구문 수준에서 이해를 평가하는 항목을 포함하고 있다.

〈표 10-8〉 수용언어 평가 내용 및 절차

영역	행동관찰 측정치	평가 방법	
		공식평가	비공식평가
낱말	• 이해하는 낱말의 수 • 의미범주별 이해 • 품사에 따른 이해	• K M-B CDI • K CSBS DP • SELSI • PRES(2세 이후)	• 행동 표본분석 • 비공식 검사-지시 따르기 • 양육자 면담
포함된 정보에 따른 지시 따르기	• 지시 대상의 수에 따른 이해 • 지시 행동의 수에 따른 이해		
의미관계	• 다양한 의미관계 이해		
구문구조	• 다양한 구문구조 이해 • 문법형태소 이해		

표준화 검사만이 아니라 자연스러운 상황이나 구조화된 상황에서 영유아의 행동을 직접적으로 관찰하거나 양육자 보고를 통해서도 수용언어 능력을 평가할 수 있다. 보통 수용언어 평가 절차로 그림을 가리키게 하거나 행동을 수행하는 방식 등을 활용한다. 영유아는 아직 그림 상징을 잘 이해하지 못하는 경우가 많기 때문에 명사는 특정 사물이나 대상을 가리키거나 가져오게 하고, 동사는 특정 행동을 수행하게 하여 평가할 수 있다. 그러나 이렇게 직접 행동을 수행하게 하여 평가할 수 있는 어휘는 제한될 뿐 아니라 영유아가 아직 어리기 때문에 지시를 잘 따르지 않아 정확한 평가가 어려울 수 있으므로 양육자 보고를 보완 절차로 활용하는 것이 좋다. 〈표 10-8〉은 관찰이나 비공식검사 혹은 양육자 보고를 통해 수용언어를 평가할 때 참조할 수 있다.

2) 표현언어

표현언어는 수용언어에 비해 직접 관찰할 수 있으므로 평가가 상대적으로 쉬울 수 있다. 앞에서도 서술하였듯이, 일반적으로 영유아들은 첫돌을 즈음하여 첫 낱말을 산출하기 시작하며, 18개월 즈음에 약 20~50개의 낱말을 산출한다. 영유아의 초기 낱말습득은 감각이나 인지발달과 같은 개인 내적 발달은 물론 영유아의 초기 경험이나 양육자로부터 입력되는 언어자극 등과 같이 환경적 영향을 받는다. 대부분의 영유아는 두 돌 경에 50개의 낱말을 산출할 수 있기 때문에 이때까지도 표현하는 낱말이 50개 미만인 경우에는 말 늦은 영유아, 혹은 언어발달지체로 간주된다(Hadley, 2006; Rescorla, 2013). 표현어휘는 초기 영유아의 언어표현발달을 보여 주는 주요 요소이나, 18~20개월 정도까지는 언어표현을 시작했더라도 아직 불완전한 언어 능력으로 인해 비언어적 의사소통에 많이 의존한다. 따라서 이 시기에 언어발달지체가 의심되는 경우 표현어휘와 더불어 몸짓이나 발성 등을 사용한 의사소통 행동이나 말소리 발달, 상징놀이 발달 등을 함께 평가하는 것이 중요하다.

표현어휘가 50개 내외가 되면 영유아들은 낱말을 조합하여 표현하기 시작한다. 모든 전형적 발달을 하는 영유아가 24개월경에 낱말을 조합하는 것은 아니나, 대부분의 영유아는 18~24개월 사이에 낱말조합을 시작하기 때문에 낱말조합 여부나 형태를 평가하는 것은 언어발달 수준을 확인하고 이후 발달을 예측하는 데 중요하다(McCathren, Yoder, & Warren, 1999).

영유아가 산출한 두 낱말조합은 세 낱말조합으로 확장되며, 점차 문장의 형식을 갖춰 간다. 영유아가 산출한 표현이 세 낱말이 조합된 형식이 대부분을 차지하게 되면 문장산출기에 접어든 것으로 볼 수 있다. 대부분의 영유아는 2, 3세가 되면 문장산출기로 접어든다. 영유아는 서술어를 중심으로 주어와 목적어 등 문장을 구성하는 문장 구조들을 산출하기 시작하며, 조사나 문장어미와 같은 문법형태소를 사용하기 시작한다. 이 시기에는 문법발달이 영유아의 전반적 언어발달에 대한 통찰력을 제공하므로 문법발달에 대한 평가는 매우 중요하다 할 수 있다.

표현어휘는 수용어휘와 마찬가지로 표준화 검사를 사용하여 평가할 수 있다. 영유아용으로 표준화 검사들은 대부분 어휘를 중심으로 표현어휘를 평가한다. K M-B CDI나 K CSBS DP 양육자보고검사에 포함된 표현어휘목록으로 평가할 수 있다. K CSBS DP의 양육자보고검사에 포함된 어휘의 수는 많지 않기 때문에 18개월 미만에 사용하면 좋으며, 그 이상의 경우에는 K M-B CDI를 사용한다. 국내에는 많이 알려지지 않았지만 LDS(Language Development Survey; Rescorla, 1989)도 양육자 보고 형식으로 영유아의 표현어휘를 평가할 수 있는 도구로 잘 알려져 있다.

K M-B CDI의 유아용과 SELSI는 어휘 이외에 낱말조합이나 문장표현 등을 평가하는 항목을 포함하고 있다. K M-B CDI는 어휘 범주로 끝맺는말(어말어미), 조사, 연결하는말(접속사 또는 연결어미), 돕는말(보조용언)을 포함하고 있으며, 영유아가

〈표 10-9〉 표현어휘 평가 내용 및 절차

영역	측정치	평가 방법	
		공식평가	비공식평가
낱말	• 표현 낱말 수(TNW, NDW) • 의미 범주, 품사에 따른 빈도 • 어휘다양도	• K M−B CDI • K CSBS DP • SELSI • REVT	• 행동 또는 언어 표본 분석 • 양육자 면담
낱말조합	• 낱말조합 비율 • 낱말조합 유형 수 • 낱말조합 유형별 빈도		
문장 표현	• 평균발화길이 • 구문구조 유형 수 • 구문구조 유형별 비율 • 문법형태소 유형 수 • 문법형태소 유형별 비율		

표현하는 문장 수준과 조사 사용, 문법 오류 등을 평가하도록 되어 있다. SELSI는 22개월 이후의 평가 문항으로, 두세 낱말조합이나 조사 사용, 부사와 형용사가 사용된 세 낱말 문장, 간단한 복문 등의 문항을 포함하고 있다.

영유아가 산출한 자발적 발화를 분석하는 것은 표준화 검사 사용에 비해 영유아의 표현어휘를 자세하게 파악할 수 있도록 돕는다. 자유놀이나 영유아와 양육자의 자연스런 상호작용 중에 발화를 수집하고, 수집된 자료에서 표현 낱말의 수나 낱말 유형, 어휘다양도를 측정하여 어휘표현 능력을 평가하며, 낱말조합 비율과 낱말조합의 유형 수, 문장 산출 비율과 문장 구조의 유형 수, 그리고 형태소 유형 수 등을 측정하여 문장표현 능력을 살펴볼 수 있다. 〈표 10-9〉에 표현언어 평가 내용 및 절차를 제시하였다.

5. 관련 영역

1) 듣기

영유아는 양육자나 주변 사람들로부터 입력되는 언어자극을 수용하고 모방하는 과정을 통해 언어를 습득한다. 때문에 난청이나 농과 같이 선천적으로 청력에 손실이 있거나 듣기에 어려움을 갖는 경우 언어습득 및 발달에도 장애를 갖게 된다. 따라서 영유아기에 언어발달이 지연되거나 지연이 의심되는 경우 청력 문제로 인한 것은 아닌지 확인하는 것이 필요하다. 만약 청력손실이 있는 경우에는 청능사에게 의뢰하여 최대한 빠른 시기에 보청기와 같은 보장구를 착용하게 하고, 청능훈련을 통해 듣기 능력을 향상시켜야만 이로 인한 언어장애를 예방할 수 있다.

청력손실은 조기에 발견할수록 문제를 예방하는 지름길이 된다. 따라서 신생아 시기의 청력 선별을 강조한다. 또한 선천적으로 청력에 문제를 갖지 않은 경우에도

〈표 10-10〉 영유아의 듣기행동발달

월령	듣기행동발달
0~3개월	• 큰 소리에 놀라는 반응을 보인다. • 소리가 나는 쪽으로 머리를 돌린다. • 중요하고 의미가 있는 소리에 관심을 갖고 주의를 기울인다. • 익숙한 소리에 선택적으로 반응한다.
4~6개월	• 자기 목소리를 듣고 반복한다. • 몇몇 소리를 변별하기 시작한다. • 소리를 듣기 위하여 딸랑이와 같은 장난감을 흔든다. • 소리 나는 장난감에 관심을 보인다.
6~9개월	• 여러 곳에서 나는 소리에 반응한다(고개를 돌리거나 얼굴 표정이 변한다). • 이름을 부르면 쳐다본다. • 옹알이가 증가한다. • 옹알이로 다른 사람과 차례를 주고받는다.
10~12개월	• 몇몇 이해하는 낱말이 생긴다(해당 사물을 바라보거나 가리킨다). • 말소리(자음과 모음)가 다양해진다. • 양육자나 다른 사람이 낸 소리를 모방한다.

만성적 중이염과 같은 후천적 질병으로 인해 청력손실을 가질 수 있다. 영유아들은 청력에 문제가 있는 경우에도 이를 잘 알아차리지 못하고 알리지도 못한다. 따라서 듣기행동에 변화가 있는 경우에는 주기적으로 청력을 검사하는 것이 좋다.

전문적인 청력검사는 청능사가 해야 하나, 언어치료사는 언어발달이 지연된 영유아가 청력 문제를 동반하는지를 선별하여 위험 영유아를 청능사에게 의뢰할 수 있어야 한다. 〈표 10-10〉에 제시한 초기 듣기행동발달 자료는 언어치료사들이 영유아의 청력 문제를 선별할 때 참조할 수 있다.

2) 상징놀이

영유아 시기의 상징놀이 발달은 언어 및 의사소통은 물론 전반적 발달과 밀접한 관계를 갖는다. 초학문적 놀이기반 평가(TPBA-2)를 개발한 Linder 등(2008)은 놀이만을 통해서도 언어 및 의사소통은 물론 인지, 사회성, 신체·운동 등 영유아의 전반적 발달을 평가할 수 있다고 하였다. 또한 놀이 평가 결과는 영유아 발달에 대한 정보를 제공하며 발달 영역 간의 강점과 필요성을 확인하게 해 주며, 중재 맥락에서 활용할 놀이나 활동에 대한 정보를 제공한다.

특히 상징놀이는 언어와 '상징성'을 가지고 있다는 점에서 공통된다. 때문에 상징놀이 발달과 언어발달과의 관계는 특히 강조된다. McCune-Nicilich와 Bruskin(1982)은 단일상징행동도식이 관찰되는 13~20개월경에는 첫 낱말이 산출되고, 낱말조합이 이루어지는 20~24개월 사이에는 놀이에서 단일상징행동도식이 결합된 복합상징행동이 관찰되기 시작한다고 하였다. 또 구문, 형태론적 규칙을 학습하기 시작하는 28개월경에는 논리적으로 연결된 상징행동이 관찰된다고 보고하였다. 영유아의 상징놀이 수준은 이후의 언어 능력을 예측하게 한다. Kelly와 Dale(1989)의 연구에서는 낱말을 아직 표현하지 못하는 영유아는 나이에 비해 낮은 수준의 상징놀이를 보인 반면, 한 낱말을 사용할 수 있었던 영유아는 다양한 상징놀이를 수행하였다고 보고하였다. 최윤지와 이윤경(2011)도 상징놀이 발달이 초기 어휘습득 및 사용과 유의한 상관관계를 보인다고 보고하였다.

영유아의 놀이발달은 여러 표준화된 평가 도구를 통해서 평가할 수 있다. K CSBS DP와 K M-B CDI는 놀이발달을 평가 항목에 포함하고 있다. K CSBS DP는 영유아가 보인 행동도식의 수준을 평가하는 항목을 포함하고 있으며, K M-B CDI의 영유아용도 놀이행동의 목록을 제시하여 놀이를 평가하도록 한다. 그러나 두 검사 모두 상징놀이 발달에 대한 제한된 정보만을 제공한다. 국내에는 소개되어 있지 않으나, Carpenter 놀이척도(Carpenter's Play Scale), Casby 놀이척도(Casby's Play Scale), McCune 놀이척도(McCune's system), Westby 놀이척도(Westby, 2000) 등을 이용하여 상징놀이 발달을 평가해 볼 수 있다.

놀이 평가는 대부분 표준화 검사가 아니라 놀이행동을 관찰함으로써 평가할 수 있다. 놀이 분석 시 다양한 놀이 발달 분석표를 활용할 수 있다. 국내에서는 김영태(2002)가 제시한 놀이 분석표나 최윤지와 이윤경(2011)이 소개한 Casby 놀이분석표도 분석 지침과 발달지표를 제공해 주므로 자연스러운 상황에서 얻은 놀이행동표본을 결과를 분석하고 해석할 때 활용할 수 있다.

3) 인지

인지발달도 언어발달에 영향을 미치는 가장 중요한 부분 중 하나로 인지발달과 언어발달은 깊은 관계를 갖는다. 인지발달이 느린 영유아는 대부분 언어발달도 지체되는 경우가 많으며, 말 늦은 영유아와 같이 언어발달지체가 주문제인 영유아도 대부분 제한된 언어 능력으로 인하여 인지발달에 영향을 받게 된다.

언어발달이 지연된 영유아의 인지발달을 파악하는 것은 다음과 같은 두 가지 점에서 중요하다. 첫째, 영유아에게 제공될 중재 프로그램을 결정할 때 중요하다. 말 늦은 영유아와 같이 인지발달에서는 특별한 문제없이 언어발달만 문제가 있다면 언어 및 의사소통 중재만 제공하면 되나, 혹시라도 인지발달 문제를 동반하는 경우에는 더 포괄적인 관점에서의 도움이 필요할 수 있다. 둘째, 인지적 강약점을 파악하는 것은 의사소통 및 언어 목표를 결정하거나 중재를 제공할 때 도움이 된다. 의사소통과 언어 기술 습득에는 영유아의 인지 능력이 중요한 영향을 미친다. 따라서 영유아의 인지적 강약점에 대한 정보는 의사소통 및 언어 중재를 계획할 때에도 매우 중요한 정보가 될 수 있다.

영유아의 인지발달은 특정 인지발달이론에 기초하여 평가할 수도 있고, 경험적으로 보고된 인지발달 행동지표를 중심으로 평가할 수 있다. 전자의 경우 Piaget의 인지발달이론을 기반으로 감각운동기의 주요 인지 기술인 대상영속성, 인과관계, 수단-목적, 공간관계, 모방, 상징 등을 중심으로 평가하는데, Uzgiris-Hunt 척도 (U-H Scales; Uzgiris & Hunt, 1975)를 예로 들 수 있다. 이 검사 도구는 Piaget 이론을 기반으로 개발된 대표적 검사 도구로, 1~24개월 사이의 영유아의 인지발달을 평가한다. 총 6개의 하위척도로 구성되어 있는데, 척도 I은 시각 추적과 사물 영속성 발달, 척도 II는 원하는 것을 얻기 위한 수단 발달, 척도 IIIa는 음성 모방 발달, 척도 IIIb는 몸짓 모방 발달, 척도 IV는 조작적 인과성 발달, 척도 V는 공간 내에서 사물관계 구성 발달, 척도 VI는 사물과 관련된 도식 발달을 평가한다. 인지 기술을 살필 수 있는 위와 같은 요소들을 관찰하여 평가 해석과 중재 계획에 반영하는 것이 중요하다. 의사소통검사로 알려진 EASIC-III(Evaluating Acquired Skills in Communication-III; Riley, 1984)의 언어이전단계검사도 감각자극, 사물 개념, 수단-목적관계, 동작 모방, 짝짓기, 거부나 요구 표현, 이해와 몸짓 표현, 사회성 등 감각운동기의 인지 기술과 관련된 항목을 포함한다.

U-H Scales와 EASIC-III가 주로 Piaget의 감각운동기 기술을 중심으로 인지발달을 평가한다면, 영유아기 인지발달의 주요 행동지표를 중심으로 인지발달을 평가하기도 한다. 대표적으로 영유아 발달 평가로 잘 알려져 있는 베일리 영유아 발달검사 III(Bayley Scale for Infant Development: BSID-III; Bayley, 2006)는 구조화된 검사

〈표 10-11〉 인지 영역 평가 내용 및 절차

영역	측정치	평가 방법	
		공식평가	비공식평가
감각운동기의 주요 인지 기술	• 대상영속성 • 인과관계 • 수단-목적 • 공간관계 • 모방 • 상징	• U-H Scales • EASIC-III	• 놀이행동관찰
인지 기술	• Piaget의 인지발달을 포함한 영유아 주요 인지발달지표	• K-Bayley-III • K-DST • DEP • K-CDI	

절차를 통해 영유아기의 인지발달을 평가한다. 현재 우리나라 영유아를 대상으로 K-Bayley-III가 표준화되어 출판되었다. 이외에도 양육자 보고를 통해 영유아 발달을 평가하는 K-DST, DEP, K-CDI 등과 같은 영유아 발달검사들은 인지발달 영역을 포함하고 있다. 이 검사들은 비교적 용이하게 영유아의 인지발달을 평가할 수 있으므로 언어치료사들이 쉽게 사용할 수 있다. 놀이행동관찰을 통해 행동도식발달을 살펴보거나 사물을 다루는 방법을 확인하는 것도 인지발달을 파악하는 한 방법이 될 수 있다.

4) 사회 · 정서

사회 · 정서발달도 역시 영유아기의 의사소통 및 언어 발달과 밀접하게 관련된다. 사회적 발달을 주문제로 하는 자폐스펙트럼장애 아동들은 생애 초기부터 의사소통과 언어 발달 문제를 동반한다. Howline과 Moore(1997)는 자폐스펙트럼장애 아동들이 부모에 의해 진단에 의뢰된 사유에서 언어발달지체였던 경우가 전체 의뢰 대상 중 절반 이상을 차지하였다고 보고하였다. 자폐스펙트럼장애 외에도 정서 및 행동 발달장애를 갖는 아동들은 상대적으로 의사소통이나 언어 문제를 동반하는 경우가 많다. 반대로 의사소통이나 언어 발달에 주문제를 갖는 경우도 사회 · 정서발달에 부정적 영향을 미친다. 의사소통이 어려우면 사회적 관계나 정서표현에서도 소극적인 태도를 갖게 되어 사회 · 정서발달에 부정적 영향을 미치게 된다. 이러한 이유로 영유아 시기의 정서 및 사회적 발달의 중요성은 더욱 강조되고 있다(Guralnick, 2005).

사회 · 정서발달도 인지발달과 마찬가지로 다음과 같은 두 가지 점에서 관련 영역의 평가로 고려해야 한다. 첫째, 언어발달지체가 사회 · 정서발달과 동반된 것인지를 확인해야 한다. 혹시라도 사회 · 정서 문제를 동반하는 경우에는 언어 및 의사소통 중재만이 아니라 사회 · 정서 문제를 도울 수 있는 전문가와 협력적으로 서비스를 제공해야 한다. 둘째, 영유아의 사회 · 정서의 강약점을 고려한 중재를 계획한다. 영유아는 타인과의 사회적 상호작용을 통해서 언어를 배우며, 언어를 통해서 사회적 관계를 형성해 간다. 따라서 의사소통 및 언어 중재가 영유아의 사회 · 정서발달에 미치는 영향을 고려하여 중재를 제공할 수 있어야 한다.

사회 · 정서발달은 영유아들의 발달을 평가하기 위해 개발된 DEP이나 K-DST, K-CDI 등과 같은 체크리스트 형식의 여러 발달 척도를 사용하여 쉽게 평가할 수 있다. 영유아 의사소통검사인 K CSBS DP의 행동샘플검사와 양육자보고검사는 사회적 상호작용에 중요한 시선 사용이나 긍정적 정서를 평가하는 항목을 포함하므로 제한적이기는 하나 사회 · 정서발달을 살펴볼 수 있다. K-Bayley-III에 사회 · 정서발달을 평가하는 하위검사를 포함하였으므로 이 검사를 활용할 수도 있다.

표준화된 검사만이 아니라 영유아의 놀이나 양육자와의 상호작용 행동을 통해서도 사회 · 정서발달을 관찰할 수 있다. 제7장에서 소개한 Ainsworth의 낯선상황실험 절차를 이용하여 영유아와 양육자 간의 애착관계를 살펴볼 수 있다. 영유아를 대상으로 초기 의사소통행동을 평가할 때에는 영유아와 양육자 간의 애착관계를 고려해야 하며, 중재 접근에서도 고려할 필요가 있다.

영유아 기질이나 양육자 성격 검사 결과도 참고할 수 있다. 영유아 기질검사는 몇몇 연구를 통해 국내에 소개되어 있는 Infant Behavior Questionnaire(IBQ; 위영희, 1994), Toddler Temperament Scale(TTS; 백경숙, 1996), 국내 영유아를 대상으로 표준화되어 있는 한국형 영유아 기질 및 비전형 행동 척도(Korean-Temperament and Atypical Behavior Scale: K-TABS; 김정미, 김효창, 조윤경, 2013) 등을 활용하여 평가할 수 있다. 영유아의 기질에 대한 지식과 해당 검사들에 대한 훈련을 받았다면 언어치료사가 검사를 실시해도 좋으나 그렇지 않은 경우에는 임상심리나 발달심리 전문가에게 의뢰하여 평가하는 것이 필요하다. 양육자의 성격이나 태도에 대한 정보도 도움이 될 수 있으므로 필요한 경우에는 심리검사자에게 검사를 의뢰하도록 한다.

5) 신체 · 운동

신체 · 운동발달도 의사소통 및 언어 발달과 서로 영향을 주고받으므로 신체 · 운동발달에 대한 정보도 포함한다. 앞에서 소개한 K-Bayley-III나 DEP, K-CDI 등은 모두 신체 · 운동발달 척도를 포함하고 있다. K-Bayley-III는 검사자가 직접 공식검사를 사용하여 영유아를 평가해야 하기 때문에 검사에 대한 교육과 훈련이 선행되어야 한다. 반면, DEP이나 K-CDI 등은 양육자 보고 형식으로 평가할 수 있으므로 상대적으로 쉽게 영유아의 운동발달에 대한 정보를 얻을 수 있다.

언어치료사는 앞과 같은 검사 도구를 사용하는 것뿐만 아니라 관찰이나 양육자 보고를 통해서도 정보를 얻을 수 있다. 앉기를 몇 개월에 했는지, 서기를 몇 개월에 했는지 등을 양육자에게 물어보아 영유아의 운동발달에 대한 정보를 얻을 수 있으며, 만약 더 자세한 평가가 필요하다면 해당 분야의 전문가에게 평가를 의뢰하는 것이 바람직하다.

이 장을 공부한 후······

- 의사소통발달 수준에 따라 영유아 의사소통 평가에서 고려해야 할 평가 영역을 이해한다.

- 초기 의도적 의사소통발달 평가에 포함하여야 하는 내용과 그에 대한 평가 방법을 확인한다.

- 말소리 산출과 구강운동발달 평가에 포함하여야 하는 내용과 그에 대한 평가 방법을 이해한다.

- 첫 낱말 산출에서 문장산출기까지 수용 및 표현 언어발달 평가에 포함하여야 하는 내용과 평가 절차를 확인한다.

- 영유아 의사소통발달과 밀접하게 관련되는 듣기, 상징놀이, 인지, 사회·정서, 신체·운동 발달 평가 방법을 이해한다.

제11장

영유아 의사소통 중재 개관

1. 조기중재 원칙과 기본 지식

제1장에서 조기중재의 중요성에 대해 이미 소개하였다. 조기중재는 장애 및 장애 위험 영유아들의 발달을 촉진함으로써 추후 장애의 가능성을 최소화하고, 그 가족으로 하여금 영유아들의 발달 문제에 적절히 대처하도록 돕는다. 나아가 영유아의 장애가 심화되는 것을 미연에 예방함으로써 추후 이들에 대한 사회 국가적인 책임을 경감시키는 효과를 갖는다.

조기중재의 효과는 언어 및 의사소통 측면에서도 예외는 아니다. 중재가 조기에 이루어질수록 중재 효과가 커지며 언어 및 의사소통 발달에 대한 긍정적인 예후를 가질 수 있다(Moeller, 2000; Rossetti, 2001). 특히 언어 및 의사소통 발달은 영유아의 인지나 사회적 발달에 미치는 영향이 크기 때문에 조기중재의 중요성이 더 크다. 의사소통 중재는 또래관계와 정서 및 행동 발달에 긍정적인 영향을 주고, 후일의 학업 성취에 결정적인 역할을 한다. 나아가 부모나 양육자들에게 영유아의 언어 및 의사소통 발달을 돕는 올바른 방법을 알려 주어 발달 초기부터 언어 및 의사소통 발달에 적절한 가정 환경을 만들어 주며, 이를 통해 영유아의 발달을 더욱 촉진하는 효과를 갖는다(Rossetti, 2001; McCathren, Warren, & Yoder, 1996). 따라서 영유아 의사소통장애와 장애위험 영유아들을 조기에 진단하고 적절한 조기중재를 제공하는 것은 영유아 발달 문제 예방과 촉진 모두의 측면에서 매우 중요하다고 할 수 있다.

이 장에서는 영유아 의사소통 중재를 제공하기 위해 필요한 기본적인 내용을 개관하고자 한다. 먼저, 조기중재의 원칙과 관련 지식을 소개하고, 조기중재 서비스전달모형과 각 서비스전달모형 내에서 언어치료사의 역할을 살펴보고자 한다. 그리고 의사소통 중재 계획 절차와 협력적 접근을 통한 중재 모형을 차례로 살펴볼 것이다.

1) 영유아 조기중재 원칙

미국언어청각협회(ASHA, 2008)에서는 특수아동 조기교육의 중재에 기반하여 영유아 조기 의사소통 중재의 원칙을 다음과 같이 네 가지로 제시하였다.

첫째, 의사소통장애 조기중재는 가족중심 서비스이어야 하며, 문화적으로나 언어적으로 적절하여야 한다. 영유아 의사소통 중재는 영유아 발달을 촉진하는 것은 물론 이를 위한 가족의 능력을 강화하는 것에도 주요 목표를 두어야 한다. 따라서 중재를 계획하고 실시할 때 반드시 가족을 참여시켜야 하며, 영유아의 강점과 요구, 학습 스타일만이 아니라 가족의 문화나 환경, 가족이 갖는 자원과 우선순위 등이 함께 고려되어야 한다. 효과적인 가족참여는 전문가와 가족 간의 긴밀한 협조를 통해 가능하다.

둘째, 조기중재는 영유아 발달을 지원할 뿐만 아니라 자연스러운 환경으로의 참여를 촉진할 수 있어야 한다. 조기중재는 이론적으로나 경험적으로 입증된 발달모형에 근거하여야 하며, 실제적인 사회문화적 맥락 안에서 제공되어야 한다. 의사소통 능력은 다른 사람과의 상호작용을 통해 습득된다. 따라서 궁극적인 조기 의사소통 중재는 실제 경험을 제공하고 의사소통의 성취감을 경험할 수 있는 자연스러운 맥락 안에서 이루어져야 한다. 영유아가 기능적인 의사소통 기술을 습득하고 습득한 기술을 매일 자연스러운 맥락으로 일반화시킬 때 참다운 학습이 가능하다.

셋째, 영유아 조기중재는 여러 전문가 간의 팀 접근을 기반으로 협력적이며 통합적으로 제공되어야 한다. 영유아 발달은 발달 영역별로 독립적으로 이루어지지 않고, 영역 간에 서로 영향을 주고받으며 이루어진다. 의사소통 조기중재가 필요한 영유아는 의사소통 이외에 다른 영역의 발달에서도 어려움을 갖는 경우가 많다. 따라서 영유아에게 제공되는 조기중재는 여러 영역의 발달을 촉진하는 포괄적인 것이어야 한다. 언어치료사는 영유아나 가족에게 서비스를 제공하는 여러 전문가 중 한 사람임을 인식하고 다른 전문가들과 다학문적, 간학문적, 초학문적 팀 접근을 통해 영유아에게 최상의 실제를 제공하여야 한다.

마지막으로, 근거기반의 중재를 제공하여야 한다. 근거기반의 중재란 의사소통발달장애 영유아에 대한 치료 및 교육 접근은 연구를 통해 검증된 절차와 방법을 통해 실시해야 한다는 것이다. 근거는 내적 근거(internal evidence)와 외적 근거(external evidence)로 구분할 수 있다. 내적 근거는 임상가의 견해, 전문가 또는 대상자 및 그 가족의 관점이나 가치, 공공 정책 등이 될 수 있으며, 외적 근거는 전문 학술지에 수록된 경험적 연구들에 의해 발견된 내용을 근거로 하는 것이다. 여러 학술 단체나 기관에서 근거의 수준을 제시했는데, 대체로 전문가의 개인적 경험에 의해 얻어진 내적 근거보다는 연구를 통해 얻어진 결과, 즉 외적 근거에 더 높은 가치를 부여하였다. 외적 근거 중에서도 통제집단이 있는 무선설계를 가장 높은 수준의 근거로 평가하며, 무선설계가 아닌 경우나 통제집단이 없는 경우는 상대적으로 근거 수준이 낮은 것으로 평가한다. box 11-2에는 미국예방서비스위원회에서 제시한 근거기반 실제의 기준을 제시하였다.

---

box 11-1

영유아 의사소통 조기중재 원칙

- 가족중심 서비스이어야 하며, 문화적으로나 언어적으로 가족에게 적합한 것이어야 한다.
- 조기중재는 영유아의 발달을 지원하고 자연스러운 환경으로의 참여를 촉진하여야 한다.
- 조기중재는 포괄적이어야 하고, 여러 전문가가 참여한 팀 접근이어야 하며, 이러한 전문가들의 참여가 조화를 이루어야 한다.
- 근거기반의 중재가 되어야 한다.

---

box 11-2

근거기반 실제 위계(The United States Preventive Services Task Force: USPSTF; 1988)

수준 I: 적어도 하나의 잘 설계된 무선통제집단 실험으로부터 얻어진 결과

수준 II-1: 무선통제 되지 않았으나 잘 설계된 통제집단 실험으로부터 얻어진 결과

수준 II-2: 잘 설계된 코호트 연구에서 얻어진 결과. 하나 이상의 센터나 연구 그룹에서 얻어진 결과여야 함

수준 II-3: 중재 여부와는 관계없이 중다시간연속법을 통해 얻어진 결과. 또는 통제되지 않은 실험을 통해 얻어진 결과

수준 III: 전문가의 임상 경험이나 임상 사례, 또는 위원회 보고서를 통해 얻어진 견해

2) 조기중재를 위한 지식과 기술

(1) 미국언어청각협회의 지침

　미국언어청각협회(2008)에서는 0~3세 영유아 의사소통 중재 지침에서 언어치료사가 담당해야 하는 주요 역할을 예방, 언어 및 의사소통장애 선별, 평가, 사정, 언어 및 의사소통 중재 계획 및 실시, 가족과 조기중재 팀 구성원 자문, 협력적 서비스 제공, 전환 계획, 권리 옹호, 조기중재 분야 지식 발전을 위한 기여의 여덟 가지로 제시하였으며, 각각을 위해 언어치료사가 갖추어야 할 기본 지식과 기술을 나열하였다. 언어 및 의사소통 중재 계획 및 실시와 관련하여 언어치료사가 갖추어야 할 지식과 기술은 다음과 같다.

① 언어 및 의사소통 중재 관련 지식

- 개별화가족지원계획(IFSP) 절차와 구성 요소
- 의사소통 이외에 다른 문제를 가진 영유아의 의뢰
- 영유아 발달과 가족의 관심사에 대한 지속적인 모니터링
- 0~3세 영유아들에게 적절한 보완대체의사소통(Augmentative and Alternative Communication: AAC)체계와 AAC의 효과 평가
- 자연스러운 의사소통 맥락 내에서 발달적으로 적절한 학습 목표 수립
- 프로그램 계획에 가족 교육 포함
- 단일대상설계와 같이 과학적인 중재 변화 평가 방법
- 가정과 지역사회와 같이 자연스러운 환경 내에서의 중재 제공 근거
- 근거기반의 의사소통 및 언어 중재 접근과 전략
- 영유아 참여와 상호작용을 촉진하기 위한 전략
- 문화적이고 개인적인 특성을 고려한 학습 환경 확인 방법
- 가족이나 양육자가 매일의 일상과 활동을 통해 영유아 발달을 지원하도록 돕는 방법
- 의사소통, 놀이, 참여, 독립성, 가족 구성원의 소속감 촉진
- 보조공학(ATs) 및 보완대체의사소통(AAC)체계가 영유아의 발화와 언어발달, 매일의 일상과 활동 참여에 미치는 영향

② 언어 및 의사소통 중재 관련 기술

- 진단 및 프로그램 계획 목적의 IFSP 팀 구성원과의 효과적인 의사소통 기술
- 공식 및 비공식 절차 사용을 통한 강점 및 요구 정리
- 역동적 평가를 통한 중재에 효과적인 맥락 확인
- 진단, IFSP, 평가(모니터링) 기술
- 기초선 기능 확인과 변화 확인 기술
- 목표를 결정할 때 가족이나 양육자의 우선순위 고려
- 중재 계획 및 변화 모니터를 위한 가족 또는 양육자, 다른 팀 구성원과의 협력
- 매일의 일상과 활동, 장소에 적합하고 의미 있는 목표 수립
- 영유아, 가족, 양육자의 우선순위와 일치되는 근거기반의 중재 확인
- 영유아의 의사소통, 청각, 말, 언어, 초기 문해, 섭식, 삼킴 영역에 적절한 중재 전략을 선택 및 적용
- 가족의 우선순위, 관심사, 요구를 충족시키고 문화적, 언어적으로도 적절한 중재 전략 선택 및 적용
- 가족이나 양육자를 통한 중재 시 필요한 정보와 도움 제공
- 의사소통이나 참여를 촉진하기 위한 환경 구조화
- 보조공학 기기 및 체계 적용, 매일의 일상과 활동에서 의사소통과 참여 증진
- 중재 시 치료 반응 및 결과 확인
- 영유아 및 가족의 요구 변화에 따라 중재 결과와 전략 수정

〈표 11-1〉 영유아 중재 관련 지식 및 기술

	지식	기술
IFSP	• 개별화가족지원계획(IFSP) 절차와 구성 요소에 대한 지식	• IFSP 실행을 위한 효과적인 의사소통 • 공식 및 비공식 평가를 통한 강점과 요구 파악 • 진단, IFSP, 평가 자료를 적절히 기술하는 능력
중재 목표 수립	• 자연스러운 의사소통 맥락 내에서 발달적으로 적절한 학습 목표 수립	• 평가 결과에 기초하여 목표 수립. 매일의 일상과 활동, 장소와 통합 • 역동적 평가와 대안적 평가 모형을 통한 영유아 현행 수행 평가

가족참여	• 프로그램 계획에 가족 교육에 대한 부분을 포함할 준비	• 목표 결정 시 가족이나 양육자의 우선순위 고려 • 영유아, 가족, 양육자의 우선순위와 일치되는 근거기반 중재 확인
	• 가족이나 양육자가 매일의 일상과 활동을 통해 영유아의 발달을 성공적으로 지원해 줄 수 있는 능력	• 중재 계획과 중재를 통한 변화의 모니터링을 위해 가족이나 양육자, 다른 팀 구성원과의 협력 방법 • 가족의 우선순위, 관심사, 요구를 충족시키고 문화적, 언어적 특성에 적절한 중재 전략 선택 및 적용 • 가족이나 양육자 참여에 필요한 정보와 도움 제공
팀 접근		• 영유아 의사소통, 청각, 말, 언어, 초기 문해, 섭식, 삼킴 영역에 적절한 중재 전략 선택 • 중재자 및 다른 팀 구성원과의 협력
환경 내 중재	• 가정과 지역사회와 같이 자연스러운 환경 내에서 중재를 제공할 수 있는 근거 • 문화적, 개인적 특성을 고려한 학습 환경 확인 방법	• 의사소통이나 참여를 촉진하기 위한 환경 구조화
중재 전략	• 근거기반의 의사소통 및 언어 중재 접근과 전략 • 영유아 참여와 상호작용을 촉진하기 위한 전략	
보완대체 의사소통과 보조공학	• 0~3세 영유아들에게 적절한 보완대체 의사소통(AAC)체계와 AAC의 효과 평가 • 보조공학(ATs) 및 보완대체의사소통(AAC)체계가 영유아 언어발달, 매일의 일상과 활동 참여에 미칠 수 있는 영향	• 보조공학 기기, 체계를 적용해서 매일의 일상과 활동에서 의사소통과 참여 촉진
중재 모니터링	• 영유아 발달과 가족의 관심사에 대한 지속적인 모니터링 • 단일대상설계와 같이 중재를 통한 변화를 평가하는 것과 관련된 지식	• 기초선 기능 확인과 변화 기술 • 치료에 대한 반응 결과를 기술하기 위해 중재 활동에서 수행을 추적 • 영유아와 가족 모두의 지속적으로 변화하는 요구 충족을 위해 중재 결과와 전략 수정
의뢰	• 의사소통 이외의 다른 문제를 가진 영유아를 다른 전문가나 기관에 의뢰하는 데 요구되는 기준	

(2) 관련 지식과 기술

관련 지식과 기술은 세부 내용을 중심으로 개별화가족지원계획(IFSP), 중재 목표 수립, 가족참여, 팀 접근, 환경 내 중재, 중재 전략, 보완대체의사소통체계와 보조공학, 모니터링, 기타의 아홉 가지로 유목화하였다.

① 개별화가족지원계획

개별화가족지원계획(IFSP)과 관련된 지식은 교육적 상황에서 영유아에게 중재 서비스를 제공하는 언어치료사가 갖추어야 할 지식 중 하나이다. 「장애인 등에 대한 특수교육법」에서는 0~3세 장애 영아 또는 장애위험 영아에게 특수교육 및 관련 서비스를 제공할 때 IFSP를 작성할 것을 요구한다. 이를 위한 실제적인 기술로 IFSP의 구성 요소와 절차에 대한 지식 및 수행 기술, IFSP 팀과 상호작용할 때 필요한 의사소통하는 기술, IFSP와 평가 자료를 적절히 기술하는 기술 등이 요구된다.

② 가족참여

가족참여는 영유아 조기중재의 핵심적 부분 중 하나이다. 따라서 조기중재자로서 언어치료사는 프로그램 계획에 가족 교육에 대한 부분이나 가족 또는 양육자를 통해 매일의 일상과 활동에서 영유아의 발달을 성공적으로 지원하는 데 필요한 지식을 갖추어야 한다. 이를 위하여 중재 목표 결정 시 양육자의 우선순위를 고려하거나 영유아, 가족, 양육자의 우선순위와 일치되는 근거기반의 중재를 확인하는 것, 중재를 계획하고 중재를 통한 변화를 모니터링할 때 가족과 협력하는 것 등의 기술이 요구된다.

③ 팀 접근

영유아 시기는 발달 영역 간의 상호교류적 영향이 큰 시기로, 여러 영역의 전문가들의 협력적 팀 접근은 영유아의 발달을 촉진하기 위한 조기중재의 필수적 요소라 할 수 있다. 조기중재자로서 언어치료사는 효과적이며 효율적인 팀 접근을 위해 다른 전문가 및 구성원과 협력하는 데 요구되는 지식과 기술을 갖추어야 한다.

④ 환경 내 중재

자연스런 환경 내 중재 역시 영유아 조기중재의 핵심적 요소이다. 조기중재자로서 언어치료사는 가정과 지역사회와 같이 자연스러운 환경 내에서 중재를 제공할 수 있는 근거와 관련 지식을 갖추어야 한다. 영유아를 가정이나 어린이집 등과 같이 기본적인 생활 환경으로부터 풀아웃(pull-out)하지 않고, 중재자가 영유아가 속한 환경으로 풀인(pull-in)하여 중재를 제공하는 데 필요한 근거나 지식을 갖추는 것이 요구된다. 가족의 문화적이고 개인적인 특성을 고려하여 학습 환경을 조성하거나 영유아의 의사소통 능력을 촉진하기 위한 환경 구조화 등도 이와 관련된 중요한 기술이라 할 수 있다.

⑤ 중재 목표 수립

적절한 중재 목표를 수립하는 것은 중재자에게 가장 중요한 과업일 것이다. 영유아 및 가족을 위한 중재 목표 수립을 위해서는 자연스러운 의사소통 맥락 내에서 발달적으로 적절한 목표 수립과 관련된 지식이 요구된다. 평가 결과에 기초하여 목표를 수립하고, 이를 매일의 일상적인 활동이나 장소와 통합하는 기술이 매우 중요하다. 또한 적절한 목표 수립을 위해서는 단지 현재 수행 수준만이 아닌 잠재적 능력까지 평가하는 역동적 평가 절차를 활용하는 것도 중요하다.

⑥ 중재 전략

목표 수립 후에는 적절한 방법이나 전략을 사용하여 중재하여야 한다. 중재 방법이나 전략은 중재 목표는 물론 대상자가 가진 문제나 여러 특성을 고려하여 결정해야 한다. 여러 문헌을 통해 근거기반의 의사소통 및 언어 중재 전략으로 소개된 중재 전략에 대한 지식을 갖추어야 하며, 더 나아가서는 새롭게 소개되는 중재 전략들을 새로운 근거기반의 중재법으로 결정하는 데 필요한 지식을 갖추어야 한다. 특히 영유아 시기의 발달적 특성을 고려하여 영유아 참여와 상호작용을 촉진하기 위한 전략들에 대한 지식을 갖추어야 한다.

⑦ 중재 모니터링

중재를 계획하고 실시하는 것과 함께 중재 과정을 모니터링하는 것은 성공적인 중재 제공을 위해 매우 중요한 부분이다. 중재가 제공되는 동안 지속적인 모니터링을 통해 중재 계획이 적절하였는가를 확인하여야 영유아와 가족에게 적절한 중재가 제공될 수 있도록 계획 내용을 수정해 나갈 수 있다. 이를 위하여 언어치료사는 영유아 발달과 가족의 관심사에 대해 지속적으로 모니터링해 나가는 것은 물론 단일대상설계와 같이 과학적으로 중재를 통한 변화를 평가하는 방법에 대한 지식을 갖추어야 한다. 기초선 기능을 확인하고 변화를 기술하거나 치료에 대한 반응이나 결과 기술, 영유아와 가족 모두의 요구를 충족시키기 위해 중재 결과와 전략을 수정하는 기술 등이 요구된다.

⑧ 보완대체의사소통과 보조공학

테크놀로지가 발달함에 따라 이를 활용하여 의사소통을 돕거나 중재를 촉진하는 보완대체의사소통 또는 보조공학이 차지하는 중요성도 점차 커지고 있다. 언어치료사는 영유아에게 적절한 보완대체의사소통체계와 보조공학에 대한 지식과 보완대체의사소통체계가 영유아의 발화와 언어발달, 매일의 일상과 활동 참여에 미칠 수 있는 영향에 대한 지식을 갖추어야 한다. 나아가서는 매일의 일상과 활동에서의 의사소통과 참여를 증가시키기 위해 보조공학이나 보완대체의사소통체계를 적용하는 실제적 기술을 갖추어야 한다.

⑨ 의뢰

언어치료사는 영유아기에 발생할 수 있는 여러 발달장애의 유형에 대한 지식이나 진단 기준에 대한 지식을 갖추어서 의사소통 이외의 다른 문제를 가진 영유아들을 다른 전문가나 기관에 의뢰할 수 있는 준비를 갖추어야 한다. 대부분의 발달장애 영유아에게 가장 먼저 확인되는 것이 언어나 의사소통 발달에서의 지연이다. 때문에 영유아 시기에 다른 전문가보다 언어치료사를 먼저 찾는 경우가 많다. 이 영유아들 중에서 다른 발달장애가 의심되는 경우 다른 발달전문가에게 의뢰하여 필요한 도움을 제공할 수 있도록 하는 것이 영유아는 물론 가족을 위하는 길이다. 이를 위해서는 언어 및 의사소통은 물론 다른 영역의 발달과 영유아기에 관찰될 수 있는 영유아기 발달장애나 진단기준 등에 대한 지식을 갖추어야 할 것이다.

2. 조기중재 서비스전달모형

서비스전달모형이란 말 그대로 '서비스 전달과 관련된 모형'을 말한다. 이 책에서는 전달하고자 하는 서비스의 내용이 의사소통 중재이므로 의사소통 중재를 영유아나 가족에게 전달하는 체계나 그와 관련된 모형에 국한한다.

일반적으로 0~3세 영유아들을 대상으로 하는 조기중재에서 서비스전달모형은 서비스 제공자, 장소, 서비스 내용 등을 기준으로 구분할 수 있으나, 그중 서비스가 제공되는 장소를 중심으로 가정중심 서비스 전달모형과 기관중심 서비스 전달모형 그리고 이 두 가지가 종합된 가정-기관 혼합 서비스 전달모형으로 구분하는 경우가 일반적이다. 보통 나이가 아주 어리거나 장애가 심하여 기관에서 서비스를 받기 힘든 영유아의 경우에는 가정을 기반으로 서비스를 전달하며, 영유아의 준비도에 따라 점차 기관 중심의 전달체계로 전환한다. 다음은 각각의 전달 모형에 대해 더 자세히 살펴보도록 하겠다.

1) 가정중심 서비스전달모형

가정중심 서비스전달모형은 서비스가 가정에서 제공되는 형태를 말한다. 일반적으로 가정중심 서비스전달모형은 나이가 어린 영유아나 장애가 심하여 이동이 용이하지 않은 아동들을 대상으로 한다.

앞에서도 계속 강조한 것처럼 영유아 의사소통 중재에서는 가족중심의 중재와 자연스러운 환경 내에서의 의사소통 능력 향상을 강조한다. 아이들은 자연스러운 상황에서 상호작용을 통해 의사소통 기술을 배운다. 영유아에게 가장 자연스러운 환경은 가정이므로 가정에서 제공되는 가정중심 서비스전달모형은 영유아 조기중재는 물론 영유아 의사소통 중재에서도 매우 중요한 모형으로 고려된다.

가정중심 서비스전달모형은 다음과 같은 점에서 장점을 찾을 수 있다. 첫째, 자연스러운 환경 내에서 의사소통 중재는 자연스러운 의사소통행동 습득을 촉진한다. 가정중심 서비스는 영유아에게 가장 자연스러운 환경인 가정 내에서 필요한 내용을 습득하고, 습득한 내용을 쉽게 환경 내에서 적용하도록 하는 데 도움이 된다. 둘째, 익숙한 환경 내에서 중재가 이루어지기 때문에 영유아가 중재 환경에 쉽게 적응한다. 아직 나이가 어려 새로운 환경에 적응하는 것이 어려운 영유아들에게 낯선 환경에 적응해야 하는 부담을 경감시킨다. 셋째, 가족 구성원의 참여를 촉진할 수 있다. 가정에서 서비스를 제공함으로써 가족이 자연스럽게 중재 과정에 관심을 갖도록 하며, 가족 구성원에게 중재를 관찰할 수 있는 기회를 제공하여 영유아의 의사소통발달을 촉진하는 적절한 방법을 습득하도록 돕는다. 넷째, 기관 방문에 따른 시간적, 경제적 비용 절감의 효과를 갖는다. 마지막으로, 영유아가 신체 또는 건강상의 문제가 있는 경우에 이동의 부담이 줄어든다.

그러나 다음과 같은 점은 가정중심 서비스전달모형의 제한점으로 고려될 수 있다. 첫째, 영유아들은 또래와의 상호작용이나 또래 모방을 통해 학습한다. 가정중심 서비스는 영유아들로 하여금 또래와의 상호작용 기회를 제한하여 이로 인해 또래와의 상호작용을 통한 학습 기회가 줄어든다. 둘째, 중재에 적합한 환경이 제공되지 않을 수 있다. 물리적 환경이 교육을 위해 최적화되어 있지 않으며, 교육 자료를 활용하는 데에도 어려움이 있다. 또한 영유아들은 자신이 원래 생활하는 환경에 있기 때문에 중재 상황이라는 인식이 없어 행동통제에 어려움이 있을 수 있다. 셋째, 가족에게는 시간적, 경제적 비용 절감의 효과가 있으나 역으로 중재자의 입장에서는 각 가정을 직접 찾아다녀야 하므로 시간적, 경제적 소모가 많다. 넷째, 중재자의 가정 방문을 통해 가족만의 공간이나 시간이 침해됨으로써 가족의 부담이 가중될 수 있다. 다섯째, 너무 편안한 상황으로 인해 '전문가'의 역할이 무시될 수 있으며, 다양한 전문가가 필요로 할 때 자율적인 방문에 제한을 받을 수 있다.

2) 기관중심 서비스전달모형

기관중심 서비스전달모형은 언어치료가 발달센터나 어린이집, 유치원 등과 같이 가정 이외의 여러 전문 기관에서 제공되는 형태를 말한다. 여기에는 개인 언어치료실에서부터 발달센터, 어린이집, 유치원이나 학교, 특수 영유아 조기교실, 유아 특수학교, 병원이나 시설 등 다양한 형태의 기관이 포함된다. 〈표 11-2〉에 기관중심 서비스전달모형을 소개하였다.

기관중심 서비스는 가정중심 서비스와 마찬가지로 몇 가지 장점과 제한점을 갖

〈표 11-2〉 기관중심 서비스전달모형의 유형

어린이집 또는 유치원, 발달센터	발달센터나 어린이집 또는 유치원과 같이 장애, 비장애 구분 없이 보육 · 교육 제공
장애 영유아 통합 어린이집	장애와 비장애를 통합하여 보육 · 교육 제공
일반학교 특수 영유아반	장애 영유아를 위해 일반 학교 병설 유치원에 설치된 유아 특수학급
특수영유아 조기교실 또는 유아 특수학교	장애 영유아 또는 장애위험 영유아들만을 대상으로 유아특수교육 목적의 사설 또는 공립 교육기관
병원 또는 시설 내	병원에 입원하거나 시설에서 보호받음

는다. 장점으로는 첫째, 또래와의 상호작용 기회가 증가한다. 영유아들이 나이가 들어가면서 또래가 갖는 중요성은 점차 증가한다. 가정에서는 또래와 만날 기회가 거의 없으나 기관에서는 또래들과의 상호작용 기회가 증가하며 이를 통한 학습의 기회도 증가한다. 둘째, 양육자는 물론 영유아가 여러 전문적 서비스를 받기에 용이하다. 대부분의 보육 및 교육 기관이나 발달센터에는 영유아 발달과 관련된 전문가들이 많다. 기관에서 서비스를 받는 경우에는 여러 전문가가 협력적으로 접근하기에 용이하며, 영유아나 가족이 다양한 서비스를 받기에도 용이한 점이 있다. 셋째, 양육자가 다른 영유아 부모 또는 보호자들과 정보를 공유할 수 있다. 부모나 보호자들은 전문가는 물론 다른 부모나 보호자로부터 많은 정보를 얻는다. 기관에서 서비스를 받는 경우 같은 기관에서 서비스를 받는 다른 부모 또는 보호자들과의 자연스런 만남이 증가하고 다양한 모임에 참여할 수 있게 되며, 여러 정보를 얻을 수 있는 또 다른 기회를 얻게 된다. 또한 각 기관에서 부모나 보호자들을 위해 게시판 등을 통해 게시하는 정보를 통해서도 여러 유용한 정보를 얻을 수 있게 된다. 넷째, 환경적 측면에서 치료사가 중재를 제공하기에 적절하다. 각 기관은 치료나 교육을 제공하기에 적합한 환경을 구성하고 있으며, 치료 및 자료를 구비하고 있기 때문에 중재제공에 용이하다.

　반면, 기관중심 서비스는 부모나 보호자들이 기관을 방문해야 하기 때문에 어려움을 가질 수 있다. 특히 아이가 어리거나 장애가 심할 때 이동의 도움이 없이는 기관 방문에 어려움이 있을 수 있다. 또한 부모나 보호자에게는 기관을 오가는 것으로 인해 시간적, 경제적 부담이 있을 수 있다. 서비스를 제공받고 있는 영유아에게 형제나 자매가 있는 경우에는 다른 형제나 자매를 챙길 수 있는 기회가 제한될 수 있다는 점도 단점이 될 수 있다. 가정중심 서비스에 비해 전문가의 스케줄이 여유가 없어 상담 기회나 협력적 기회가 제한된다는 점도 제한점이 될 수 있다. 기관중심 서비스는 가정중심 서비스에 비해 치료사가 여러 명의 영유아에게 서비스를 제공하기 때문에 각 영유아나 가족에게 정해진 시간 내에 서비스를 제공해야 한다. 때문에 양육자가 원하는 만큼 충분한 상담을 제공하기가 여의치 않을 수 있다. 이러한 점은 기관중심 서비스의 제한점이 될 수 있다. 가정중심 서비스와 기관중심 서비스가 갖는 장단점은 〈표 11-3〉에 요약하였다.

〈표 11-3〉 서비스전달모형 비교

	가정중심 서비스전달모형	기관중심 서비스전달모형
장점	• 자연스러운 환경 내에서 의사소통 중재가 이루어지기 때문에 자연스럽게 의사소통행동을 습득할 수 있다. • 영유아가 중재 환경에 쉽게 적응한다. • 가족 구성원의 참여를 독려할 수 있다. • 기관 방문에 따른 시간적, 경제적 비용 절감의 효과를 갖는다. • 영유아가 신체 또는 건강상의 문제가 있는 경우 이동의 부담이 줄어든다.	• 또래와의 상호작용과 또래를 통한 학습 기회를 제공한다. • 치료사가 치료를 제공하기에 환경적으로 편리하다. 치료를 제공하기에 적합한 환경을 구성할 수 있으며, 치료에 필요한 여러 자료를 쉽게 활용할 수 있다. • 다른 부모 또는 보호자들과 관계를 형성하고 정보를 공유할 수 있는 기회를 제공한다. • 다른 발달 프로그램을 병행하기에 적합하다. • 사회적 통합 측면에서 장점이 있다.
제한점	• 또래와의 상호작용 기회를 제한한다. • 중재에 적합한 환경이 제공되지 않을 수 있다. • 가족에게는 시간적, 경제적 비용 절감의 효과가 역으로 중재자의 입장에서는 시간적, 경제적 소모가 많다는 단점이 된다. • 가족의 부담이 가중될 수 있다. • 사회적으로 고립될 수 있다	• 영유아가 너무 어리거나 장애가 심할 때 이동의 도움이 없이는 기관 방문에 어려움이 있을 수 있다. • 부모에게는 시간적, 경제적 부담이 될 수 있다. • 전문가의 스케줄로 인해 부모 또는 보호자와의 상담이나 협력이 제한된다.

앞에서도 서술하였듯이, 기관중심 서비스는 여러 형태의 기관에서 제공될 수 있다. 중재를 제공할 기관을 선정할 때에는 영유아들이 **최소제한환경**(Least Restrictive Environment: LRE)에서 서비스를 제공받아야 한다는 원칙을 기억해야 한다. 최소제한환경은 주류화(mainstreaming) 원리에 기반을 두는 개념으로, 장애 아동들이 장애 정도를 고려하였을 때 최소한으로 제한된 환경, 즉 또래 일반 아동들이 교육받는 환경으로부터 최소로 분리된 환경에 배치되어 치료 또는 교육을 받아야 함을 강조한다.

3) 가정과 기관 혼합 서비스전달모형

가정과 기관 혼합 서비스전달모형은 두 가지를 혼합해서 적용하는 것이다. 즉, 영유아나 가족의 상황을 고려하여 프로그램의 일부는 가정에서, 일부는 기관에서 받는 것이다. 영유아가 어릴수록 가정중심의 서비스를 근간으로 하고, 나이가 들어갈수록 기관에서 제공하는 서비스를 늘려 간다. 일반적으로 영유아가 1세가 되기 이전에는 가정중심, 1세 이후에는 점진적으로 기관중심의 서비스가 제공되는 것이 좋다고 제안되나, 특정 연령을 기준으로 하기보다는 영유아나 가정의 상황을 고려하여 결정하는 것이 더 적절하다.

4) 신생아 집중치료실(NICU)

언어치료사에게 특별한 서비스전달모형 중 하나가 신생아 집중치료실이다. 신생아 **집중치료실**(Neonate Intensive Care Unit: NICU)은 미숙아나 고위험 상태의 신생아를 집중적으로 보살피고 치료하기 위해 설치된 특수 치료실이다. 의학의 발달은 과거에는 생존이 불가능하였던 신생아나 영유아들의 생존율을 높이는 데 기여하였으나, 역설적이게도 이것은 발달장애 위험 영유아를 증가시키는 원인이 되었다. 따라서 최근에는 고위험 영유아들의 건강이 어느 정도 확보된 이후 이 영유아들이 정상적으로 잘 발달될 수 있도록 돕는 것으로 관심의 방향이 점차 전환되고 있다.

신생아 집중치료실은 조산아나 저체중아와 같은 미숙아나 의학적 질병 상태에 있는 영유아를 집중적으로 관리하고 치료하는 곳이다. 주로 의학적 서비스를 제공

〈표 11-4〉 신생아 집중치료실(NICU)에서 언어치료사의 역할

1. 의사소통과 삼킴 및 섭식 평가
2. 신경 발달, 의사소통, 인지, 섭식 등을 평가
3. 도구를 이용한 섭식 및 삼킴 평가
4. 의사소통과 섭식 및 삼킴 중재
5. 의사소통발달, 섭식과 삼킴 등에 대해 부모와 양육자, 관련 전문가 교육 및 상담, 자문
6. 가족 및 관련 전문가와의 협력적 접근
7. 영유아 및 가족 보호를 위한 결정
8. 기타 위험요인 관리
9. 전환 계획 및 추후관리
10. 영유아 및 가족을 위한 공중 보건 교육과 옹호 활동에 참여
11. 태아와 신생아 발달 및 치료 효과에 대한 기초 및 임상 연구 수행

출처: ASHA (2008).

하나, 언어치료사를 비롯한 조기중재 전문가들이 참여하여 이후 발달적으로 가질수 있는 문제를 예방한다. 미국언어청각협회(2008)에서는 신생아 집중치료실에서 언어치료사가 담당해야 하는 역할에 대한 지침을 제공하였는데, 영유아와 그 가족을 대상으로 의사소통, 인지, 섭식, 삼킴과 관련된 서비스 제공, 양육자-영유아 상호작용 기술이나 환경 조성에 대해 가족과 다른 전문가들에게 교육 또는 자문을 제공하는 것 등을 주된 역할로 제시하고 있다. 신생아 집중치료실에서 언어치료사가 담당할 수 있는 역할을 〈표 11-4〉에 제시하였다.

3. 개별화가족지원계획과 개별화교육프로그램

특수교육 지원체계 안에서 영유아에게 언어치료를 제공하거나 교육 전문가들과 협력적으로 일하기 위해서는 개별화가족지원계획과 개별화교육프로그램에 대한 이해가 요구된다. 다음에서는 각각에 대해 설명하도록 하겠다.

1) 개별화가족지원계획

0~3세 영유아 중재 계획은 개별화 가족지원계획을 기반으로 한다. 개별화가족지원계획(IFSP)은 가족의 맥락 내에서 영유아 발달을 지원하기 위한 포괄적인 서비스 계획이다. 개별화교육프로그램(IEP)과 유사하나 영유아에게만 중점을 두지 않고 가족참여를 기반으로 가족 맥락 안에서 중재를 계획한다는 점에서 차이가 있다. 따라서 개별화가족지원계획을 수립하기 위해서는 가족의 관심사와 우선순위, 그리고 가족의 자원에 대한 정보를 반드시 포함해야 한다.

우리나라 「장애인 등에 대한 특수교육법」(2007)에는 개별화가족지원계획에 다음과 같은 사항을 반드시 포함하여야 한다고 명시하고 있다.

- **현행 수행 수준**: 영유아의 신체, 인지, 사회, 정서, 의사소통, 적응발달의 현행 수행 수준을 포함하여야 한다. 각 발달 영역에 대한 현행 수행 수준은 객관적 정보에 기초하여 작성하여야 한다.
- **영유아 발달에 대한 가족의 자원, 우선순위, 관심사**: 개별화가족지원계획은 영유아 발달을 촉진하기 위한 가족참여를 강조한다. 따라서 영유아 발달과 관련하여 가족이 갖는 관심사나 우선순위, 나아가서는 가족이 갖고 있는 자원들에 대한 정보를 포함한다.
- **영유아와 가족을 위한 중재 목표, 진전 정도를 평가하기 위한 준거와 절차, 일정, 중재 목표나 서비스의 수정 또는 개정 필요 여부**: 영유아만을 위한 목표가 아니라 가족을 대상으로 한 목표가 수립되어야 하며, 중재를 통해 진전 사항을 평가하기 위한 평가 일정 및 목표 준거를 포함해야 한다. 또한 평가를 통해 중재의 효과성을 검토하고 필요한 경우 중재 계획을 수정하기 위한 내용도 계획에 포함되어야 한다.
- **영유아나 가족을 위한 중재 목표 달성을 위해 필요한 조기중재 서비스**: 서비스 전달 빈도와 강도, 방법, 그리고 조기중재 서비스를 제공하는 환경과 자연적인 환경이 아닌 곳에서 제공되는 서비스 범위, 서비스 장소, 비용 지불 방법 등에 대해서도 기술한다.
- **관련 서비스**: 영유아에게 필요한 의료 및 기타 서비스는 무엇인지, 서비스 비용

지불을 위한 자원이나 공적 또는 사적 자원을 통해 서비스를 확보하는 데 취해야 할 절차는 무엇인지를 기술한다.

- 서비스 개시와 종결 일자: 개별화가족지원계획을 수립한 후 가급적 빠른 시기에 서비스를 개시하도록 하며, 서비스를 시작하는 날과 종결하는 날짜를 기록해야 한다.
- 서비스 조정자 이름과 전문 영역: 서비스 조정자는 개별화가족지원계획을 위해 구성된 전문가와 팀 구성원을 조정하는 역할을 한다. 조정자는 항상 정해져 있는 것이 아니라 영유아와 그 가족을 위해 구성된 개별화가족지원계획 팀 구성원 중에서 한 명을 선임한다. 영유아가 갖는 주된 문제와 가장 밀접한 분야의 전문가가 담당하는 것이 좋다.
- 유치원 또는 어린이집으로의 전환 계획: 각각의 치료 서비스와 교육은 영유아 및 가족이 연속된 삶의 과정에 잘 적응할 수 있도록 돕는 것에 그 목적이 있다. 현재 영유아의 발달을 돕는 것도 중요하나 앞으로 진행되는 과정에 필요한 부분들을 미리 준비시키는 것이 중요하다. 그러므로 영유아 다음 과정으로의 전환 계획을 수립하고, 미리 그에 맞게 준비하는 것이 필요하다.

2) 개별화교육프로그램과 개별화치료계획

「장애인 등에 대한 특수교육법」에서는 3세 미만의 영유아들에게는 개별화가족지원계획을 수립하도록 되어 있으나 그보다 나이가 많은 유아 및 아동들에게는 개별화교육프로그램을 작성하도록 되어 있다. 개별화교육프로그램(IEP)은 교육대상 아동의 장애 유형 및 장애 특성을 고려하여 개별적으로 수립하는 교육 프로그램을 말한다. 특수아동들은 발달상 개인차로 인해 일반적인 교육과정으로는 그들의 다양한 필요를 충족시킬 수 없으므로 교육을 계획하고 실시함에 있어 개별 아동의 발달에 적절한 프로그램을 계획하고, 그에 따라 교육을 실행하도록 한다. 우리나라 「장애인 등에 대한 특수교육법」에서는 개별화교육프로그램에 기본정보, 현행 수행 수준, 교육목표, 교육내용, 교육방법, 특수교육 관련 서비스, 평가 계획을 포함하도록 명시하였다.

개별화교육프로그램은 개별화가족지원계획과 대부분의 내용이 일치하나, 다음과 같은 몇 가지 측면에서 차이를 갖는다. 첫째, 3세 미만의 영유아 중재에서는 가족참여를 강조하기 때문에 개별화가족지원계획에서는 가족과 관련된 부분, 즉 가족의 관심사, 우선순위, 자원을 필수 항목으로 포함한다. 반면, 개별화교육프로그램에서는 아동들만을 대상으로 교육 계획을 수립한다는 점에서 차이를 갖는다. 둘째, 영유아 시기는 다른 시기에 비해 발달 영역들이 밀접하게 연관되어 발달되기 때문에 여러 발달 영역 전문가들의 협력적 접근을 강조하며, 전문가들의 협력을 조정하는 역할을 담당하는 서비스 조정자를 결정하도록 되어 있다.

개별화치료계획(ITP)은 언어치료사들이 대상자들을 위해 작성하는 치료계획으로, 개별화교육프로그램과 유사하게 언어치료 혹은 의사소통 중재 대상의 장애 유형 및 장애 특성을 고려하여 개별적으로 수립하는 치료계획을 말한다. 언어치료사가 어린이집이나 유치원, 혹은 학교와 같은 교육 세팅에서 언어치료 서비스를 제공하게 되면 자연스럽게 교사 및 다른 전문가들과 함께 개별화가족지원계획 또는 개별화교육프로그램 팀의 일원으로 영유아를 위한 지원 또는 교육계획을 수립할 수 있다. 그러나 교육 세팅이 아닌 병원과 같은 의학적 세팅이나 개인 언어치료실이나 복지관 등에서 언어치료를 제공할 때에는 개별화치료계획을 수립한다. 개별화치료계획에는 개별화교육프로그램과 마찬가지로 대상자 정보와 의사소통 영역의 현재 수행 수준, 장단기 목표, 중재 활동 및 전략, 강화 계획, 평가 계획 및 결과 등을 포함한다. 그러나 언어 또는 의사소통 영역에 국한된 프로그램이기 때문에 관련 서비스와 관련된 내용은 포함하지 않는다.

4. 의사소통 중재 계획

앞에서 개별화가족지원계획, 개별화교육프로그램, 개별화치료계획의 정의와 포함되어야 할 요소들을 살펴보았다. 이 세 가지 중 무엇이 되었든 언어치료사가 중요하게 계획해야 하는 부분은 각각의 목적에 맞게 의사소통 중재를 계획해야 한다는 점이다. 의사소통 중재 계획에는 중재 목표, 중재자, 중재 상황, 중재 활동, 중재 접근법, 중재 효과 평가가 반드시 포함되어야 한다.

1) 중재 목표의 결정

(1) 중재 접근법과 중재 목표의 결정

중재 목표는 영유아에 대한 중재 접근법에 따라 달라질 수 있다. 일반적으로 의사소통 중재 접근법에는 발달적 접근과 기능적 접근 그리고 생태학적 접근이 포함된다.

발달적 접근(developmental approach)은 의사소통장애 영유아들이 느리기는 하지만 전형적 발달 순서에 따라 발달이 진행된다고 가정한다. 따라서 일반 영유아들의 발달 순서를 기초로 하여 발달적으로 다음에 수행해야 하는 내용을 중재 목표로 결정한다. 발달적 접근에 기초할 때, 첫째, 상대적으로 영유아들의 발달이 지연된 영역을 결정하고 이 영역을 중심으로 목표를 수립한다. 둘째, 특정 발달 영역에 국한되지 않도록 다양한 영역의 목표를 수립한다. 발달적 접근을 따를 때 언어치료사를 비롯한 많은 중재자가 특정 상업화된 교육과정이나 검사에서 제시된 순서에 근거하는 경우가 많다. 그러나 검사 항목들은 교육을 목적으로 개발된 것이 아니며, 검사에서 인접 항목들이 유사한 기술들을 다루는 것도 아니다. 검사 항목의 순서가 반드시 치료 순서에서도 최적의 순서는 아니며, 항목들 간의 간극도 큰 편이다. 따라서 표준화된 검사 결과나 교육과정을 토대로 목표를 수립할 때 세심한 조정이 요구된다.

기능적 접근(functional approach)은 발달적 순서와 상관없이 대상자의 연령이나 환경 내에서의 독립성을 증진시키는 데 필요한 내용을 중심으로 목표를 수립한다. 즉, 발달 순서를 따르기보다는 영유아가 현재 자신의 나이에 적합한 활동에 참여하고 독립성을 유지하는 데 필요한 기술 중재를 강조한다. 예를 들어, 발달 순서에 따라 언어 형식을 가르치기보다는 영유아가 자주 접하는 상황에서 필요한 언어적 표현이나 의사소통 기술을 중재하는 것이다. 기능적 접근을 위해서는 어떠한 것이 영유아에게 필요한가를 결정해야 하며, 의사소통 평가도 이를 확인할 수 있는 절차로 계획되어야 한다. 제9장에서 소개한 평가모형 중에서 일과기반 평가나 참 평가 등은 영유아에게 필요한 기능적 기술들을 확인하는데 효과적일 것이다.

생태학적 접근(ecological approach)은 기능적 접근의 확장된 개념으로, 영유아가 속한 환경을 고려한 의사소통 중재를 강조한다. 이를 위해서는 먼저 영유아의 행동을 각 영유아가 주로 접하는 환경을 파악한다. 그리고 각각의 환경 내에서 영유아가 반복적으로 수행하는 일과를 조사한다. 그리고 각각의 환경에서 중요한 기술들을 확인하여 중재를 계획한다. 실제 의사소통 상황에서 요구되는 기술을 중심으로 목표를 수립한다는 점에서는 기능적 접근과 유사하나, 기능적 접근에서는 주로 영유아에게 기능적 기술을 가르치는 것에 중점을 두는 반면, 생태학적 접근에서는 영유아가 적절히 기능할 수 있도록 환경을 재구조화하거나 가족은 물론 주변 사람들의 행동을 변화시키는 것과 같이 더 포괄적인 접근을 강조한다는 점에서 차이가 있다. 보통은 장애가 심한 나이가 많은 아동의 중재 접근으로 고려되나, 나이가 어린 영유아에게도 적용할 수 있는 접근이라 할 수 있다.

일반적으로 장애나 발달지체가 심하지 않은 경우에는 발달적 접근을 따르나, 장애 정도가 심하여 학습이 어려운 경우에는 기능적 접근이나 생태학적 접근에 근거하여 중재 목표를 수립하는 것이 좋다.

(2) 평가 결과 요약을 통한 목표행동 확인

중재 목표를 결정하기 위해서 가장 먼저 수행해야 하는 일은 평가 내용을 요약하여 영유아의 강약점을 파악하고 이를 목표 형식으로 서술하는 것이다. 중재 목표 결정은 평가 결과에 기초해야 하나, 실제에 있어서는 평가 결과와 연관되지 않는 경우도 흔히 볼 수 있다. [그림 11-1]에 제시한 평가 영역별 강약점 요약표는 평가 결과를 영역별로 일목요연하게 정리하도록 하여 중재 목표를 결정할 때 유용하게 사용

평가 영역	강점	약점	중재 목표
의도적 의사소통			
비언어적 의사소통 수단			
말소리 산출			
수용언어			
표현언어			
의사소통 관련 발달			

그림 11-1 평가 영역별 강약점 요약표

할 수 있다. 목표를 수립할 때 꼭 약점이나 못하는 것에만 집중하지 않고 영유아가
강점을 보이는 부분을 고려하여 수립한다. 평가 영역은 평가대상의 의사소통 수준
에 따라 더 세분화할 수도 있고, 더 단순화할 수도 있다.

(3) 습득목표와 일반화목표

평가 결과를 요약한 후 목표를 수립한다. 앞에서 목표 수립 시 약점만이 아니라
강점도 고려하여야 한다고 강조하였다. 중재자들은 주로 영유아가 아직 습득하지
못한 행동을 중재하는 것에 중점을 두는 경우가 많은데, 중재 목표는 반드시 새로운
기술을 가르치는 것만이 아니라 이미 습득했으나 아직 드물게 사용하거나 제한된
상황에서만 사용하는 행동들을 더 자주, 다양한 상황에서 사용하도록 하는 것도 중
요하다. 영유아가 행동 목록에는 아직 없는 새로운 기술을 가르치는 것과 관련된 목
표를 **습득목표**, 행동을 보이기는 하지만 간헐적으로 보이는 행동의 빈도를 증가시키
거나 습득한 행동을 다른 상황이나 대상에게 적용하는 것과 관련된 목표는 **일반화목
표**로 정의된다. 나이가 어리거나 장애가 심한 아동들은 습득된 행동을 일반화하여
적용하는 것이 어렵다. 따라서 중재 목표 수립 시 이미 습득한 행동을 다른 상황이
나 대상, 자극에 일반화하는 것도 반드시 고려해야 한다. 〈표 11-5〉에는 일반화목
표에 대한 설명과 각각에 대한 예시를 제시하였다.

〈표 11-5〉 일반화목표의 정의와 예시

구분	정의	예시
상황일반화	특정 상황에서 습득한 목표를 다른 상황에 적용하는 것이다.	영유아가 치료실의 구조화된 상황에서 습득한 목표행동을 가정에서의 유사한 상황에 적용한다.
대상일반화	특정 대상과의 상호작용을 통해 습득한 행동을 다른 대상에게 적용하는 것이다.	영유아가 언어치료사를 대상으로 학습한 행동을 양육자나 다른 가족에게 적용한다.
자극일반화	특정 자극물을 통해 습득하거나 특정 자극 형태로 습득한 행동을 다른 자극에 적용하여 수행하는 것이다.	영유아가 실물 자료를 이용해 습득한 행동(또는 특정 자극 형태로 습득한 행동)을 그림 자료를 이용한 활동 중에 적용한다.

(4) 중재 목표 기술

앞의 과정을 통해 중재 내용이 결정되면 이를 장단기 목표로 구분하여 서술한다. **장기목표**(long term goal)는 중재 기간 동안에 영유아에게 성취하게 할 궁극적 목표를 말한다. 기간이 모두 동일한 것은 아니며 영유아에 맞게 결정하나, 보통 1년 정도를 기준으로 하는 경우가 흔하다. **단기목표**(short term objects)는 장기목표를 작은 목표로 세분화한 것을 말한다. 장기적인 목표만을 설정하였을 경우 목표에 도달하기가 어렵게 느껴질 수 있으므로 이를 작은 목표로 나누어 보다 쉽게 목표에 도달할 수 있도록 돕는 것이다. 장기목표는 과제분석을 통해 단기목표로 세분화한다. **과제분석**(task analysis)이란 말 그대로 장기목표를 구성하는 작은 목표, 즉 단기목표로 세분화하는 과정이다. Wolery, Bayley와 Sugai(1988)는 중재 목표를 기술하는 과정을 다음과 같이 5단계로 설명하였다.

- 1단계: 장기목표를 명확히 하고 관련 자료를 찾아본다.
- 2단계: 장기목표를 구성하는 작은 행동 단위로 세분화, 즉 과제분석을 실시한다. 과제분석은 다음과 같은 방식으로 수행할 수 있다. ① 해당 목표행동을 수행하는 사람과 그 사람의 행동을 관찰하여 그 과정을 단계별로 기록한다. ② 중재자 본인이 목표행동을 수행해 보고 단계를 기술해 본다. ③ 중재자가 해당 목표행동을 논리적으로 사고하고 단계를 기술해 본다. ④ 목표행동을 수행하는 데 제공될 수 있는 도움을 수준별로 기술해 본다. 완전한 신체적 촉진, 부분적 신체적 촉진, 자발적 수행 등과 같이 도움의 수준을 점차 줄여가는 형태로 과제분석을 할 수 있다.
- 3단계: 2단계를 거쳐 나열된 목표에서 불필요하거나 지나치게 세부적으로 기술된 내용은 제거한다.
- 4단계: 중재를 위한 단계로 나열한다.
- 5단계: 목표 수행에 필요한 선수 기술이 있다면 이를 포함한다.

장단기목표를 결정했으면 이를 목표 기술 형식에 맞게 서술한다. 장단기목표는 목표행동, 조건 그리고 준거가 포함되도록 기술한다. 목표행동은 중재를 통해 수행하도록 할 행동을 말하며, 조건은 어떤 상황에서 목표행동 수행을 측정할 것인지 그

리고 준거는 목표행동이 학습되었다고 간주할 수준을 말한다. 이 세 가지는 목표를
계획할 때 미리 계획하여야 한다.

2) 중재 활동 및 절차 결정

목표가 결정된 후에는 해당 목표를 어떠한 활동과 절차로 중재할 것인가를 결정
한다. 중재 활동과 절차를 결정하기 위해서는 몇 가지 요소를 고려한다. 첫째, 중재
활동은 목표에 적합해야 하며 중재 목표를 성취하는 데 효과적이어야 한다. 따라서
중재 목표가 무엇인가에 따라 중재 활동이나 절차는 달라질 것이다. 중재 영역에 따
른 중재 활동이나 절차는 제13장에서 자세히 소개하도록 하겠다.

둘째, 영유아의 발달수준이나 생활연령, 관심사 등을 고려하여 결정한다. 중재 활
동과 절차를 결정할 때에는 중재 목표만을 고려하는 경우가 있다. 이러한 요소는 영
유아가 활동에 참여하도록 동기를 형성하는 데 중요하다. 활동에 영유아가 자발적
이고 즐겁게 참여할 수 있도록 하려면 무엇보다 영유아의 발달수준이나 관심사를
고려해야만 할 것이다. 자폐스펙트럼장애 중재 프로그램으로 잘 알려져 있는 중심
축반응훈련(Pivotal Response Training: PRT; Koegel & Koegel, 2006)에서는 아동의 동
기를 증가시키기 위한 절차로 중재 초기에 장난감이나 여러 자료가 비치된 장소에
아동을 입실시켜 아동이 어떠한 장난감이나 활동에 관심을 보이는지를 확인하는 절
차를 포함하고 있다. 이 절차를 통해 아동이 관심을 보인 자료나 활동을 파악하고
이를 중재에 활용함으로써 동기를 증가를 증가시킨다. 이와 같은 절차는 영유아 중
재 활동을 결정할 때에도 고려해 볼 수 있다.

셋째, 중재 활동을 결정할 때에는 중재 서비스가 어떠한 상황에서, 누구에 의해
제공될 것인가를 고려한다. 앞에서 영유아 서비스전달모형에서 의사소통 중재가
가정을 중심으로 제공될 수도 있으며, 기관중심, 또는 가정과 기관이 혼합된 모형으
로 제공될 수도 있다고 소개하였다. 또한 기관중심으로 제공되는 경우에 영유아를
언어치료실과 같이 주된 환경에서 분리한 풀아웃 상황에서 중재가 제공될 수도 있
고, 가정이나 어린이집, 장애 영유아 조기교실과 같이 영유아가 생활하거나 교육받
는 환경으로 치료사가 풀인하여 중재가 제공될 수도 있다. 중재도 언어치료사가 직
접 제공할 수도 있으나, 가족이나 교사와 같이 다른 전문가에 의해 제공될 수도 있

다. 중재 활동이나 절차도 이에 따라 달라져야 할 것이다.

넷째, 지나치게 구조화된 상황보다는 자연스러운 맥락을 활용한 중재 활동이 될수 있도록 한다. 영유아들은 주변의 환경과 자연스러운 상호작용을 통해 의사소통기술을 습득한다. 특히 다른 사람과의 상호작용이나 대화에 참여하는 것은 의사소통발달에 매우 중요하다. Rossetti(2001)는 언어발달지체 영유아에게 가장 효과적인중재 전략은 대화를 지속하는 것이라고 강조하였다. 너무 기계적이고 구조화된 절차보다는 놀이와 같은 자연스러운 활동 속에서 제공될 수 있도록 고려한다.

3) 중재 접근법 결정

어떠한 중재 전략을 사용하여 중재를 실시할 것인가는 중재 계획은 물론 실시하는 과정에서 모두 중요하다. 중재 방법 역시 영유아의 발달적 특성이나 중재 목표,상황 등을 고려하여 결정하여야 한다. 모든 영유아나 가족에게 효과적인 중재 방법은 없으며, 효과가 있다 하더라도 동일한 효과를 보이는 것도 아니다(ASHA, 2008).

일반적으로 의사소통 중재 방법은 중재자가 목표 행동과 활동을 결정하고, 행동주의 원리에 입각하여 목표행동을 교수하는 **직접적 접근법**(directive approach)과 영유아와 중재자 간의 자연스런 상호작용 중에 영유아가 개시한 행동에 중재자가 반응해 주는 것을 강조하는 **반응적 접근법**(responsive approach), 그리고 이 두 가지 접근법의 장점을 혼합한 **혼합적 접근법**(blended approach)으로 구분한다. 영유아 의사소통 중재에 어떠한 중재 접근이 더 효과적인지는 연구자들의 주된 관심사 중 하나이나 이에 대한 통일된 결론이나 자료는 없다(McCauley, Fey, & Gilliam, 2006). 그러나 대체로 직접적 접근법은 영유아가 습득하고 있지 못한 새로운 행동을 중재할 때적합하며, 반응적 접근법은 이미 습득하기 시작한 행동을 중재하거나 혹은 이미 습득된 행동을 사용하게 하는 데 더 적합하다고 제안된다(Wolery & Sainato, 1996). 앞에서 이미 강조하였듯이 모든 영유아나 가족에게 효과적인 중재 방법은 없으며, 영유아의 발달적 특성이나 중재 목표, 상황 등을 고려하여 중재 방법이 결정되어야 한다. 따라서 중재자는 영유아에게 효과적인 중재 방법을 결정하기 위하여 각각의 중재 접근법의 이론적 배경이나 절차는 물론 중재 접근법 간의 강약점에 대해 숙지하여야 한다. 각각의 중재법에 대해서는 제12장에서 더 자세히 소개하도록 하겠다.

4) 중재 모니터링 계획

(1) 중재 모니터링 목적 및 계획

현장에서는 뚜렷한 구분 없이 평가라는 말로 통칭되는 경우가 일반적이나, 제8장에서 진단을 목적으로 하는 경우에는 평가, 중재를 목적으로 하는 경우에는 사정으로 지칭된다고 설명하였다. 중재를 목적으로 평가를 실시할 때에도 중재를 계획하기 위해 실시하는 평가와 달리 중재가 진행되는 동안 중재대상의 행동이 어떻게 달라지는가를 확인하기 위해서 실시하는 평가는 중재 모니터링(monitoring)이라는 용어를 사용하기도 한다.

Wolery(2004)는 중재 모니터링의 목적을 다음과 같이 세 가지로 정리하였다. 첫째, 초기 평가 결과를 통해 얻은 결과가 타당한지를 확인하는 것을 목적으로 한다. 영유아의 행동은 계속 변화하므로 사정이나 평가를 통한 결정이 잘못된 것은 아닌지를 지속적으로 확인하여야 한다. 둘째, 중재를 통해 진전 과정을 기록한다. 중재를 통해 목표행동에 진전이 있는지, 진전이 있다면 어떠한 양상으로 진행되는지를 파악하는 것이 그 목적이라 할 수 있다. 셋째, 수립한 계획을 수정하거나 변경할 것인지를 결정하기 위한 목적으로 실시한다.

중재 모니터링 역시 중재를 계획하는 단계에서 결정한다. 보통 「장애인 등에 대한 특수교육법」에서는 개별화가족지원계획이나 개별화교육프로그램을 연간으로 계획하도록 권고하며 모니터링도 이를 기반으로 계획하도록 제안한다. 하지만 영유아기는 발달이 매우 빠르게 이루어질 뿐만 아니라 영유아의 발달 속도에 따라 가족의 요구도 달라지기 때문에 더 짧은 주기를 단위로 모니터링을 계획하는 것이 필요하다.

모니터링을 계획할 때에는 다음과 같은 다섯 가지가 결정되어야 한다(Wolery, 2004). 첫째, 어떤 정보를 수집할 것인지, 둘째, 누가 정보를 수집할 것인지, 셋째, 어떠한 상황에서 정보를 수집할 것인지, 넷째, 얼마나 자주 정보를 수집할 것인지, 다섯째, 수집된 정보를 누가 분석할 것인지를 결정한다.

(2) 중재 모니터링 방법

중재를 통한 진전을 모니터링하기 위해서는 중재한 내용을 중심으로 변화를 확인해야 한다. 간혹 표준화 검사를 통해서 중재를 통한 진전을 보고하는 경우가 있는데, 표준화 검사에서 측정하는 내용이 중재 내용과 반드시 일치하는 것은 아니므로 적절하다고 보기 어렵다. 그보다는 목표행동의 변화를 관찰을 통해 평가하던가, 중재한 내용을 중심으로 고안된 비공식적 평가들을 활용하는 것이 적합하다고 할 수 있다.

중재 모니터링에는 주로 관찰 방법이 활용되는데, 목표행동의 변화를 일화적 기술 방법을 통해 기술하거나 체계적인 기록 방법을 통해 변화를 측정하는 방법을 활용할 수 있다. 대상자의 변화를 글로 기술하는 일화적 기록 방법을 사용하는 경우에는 매 회기마다 영유아가 보인 행동을 기록하고 이를 기반으로 중재 전과 후의 변화를 기술한다. 매 회기마다 기록하지 않고 몇 가지 지점을 결정하여 주요 변화를 포트폴리오 방식으로 평가하여 요약할 수도 있다. 관찰할 내용을 리커트(likert) 척도 형식을 이용하여 평정하는 방법을 사용할 수도 있다.

최근에는 중재를 통한 변화를 객관적인 자료에 근거하여 제시하는 것을 강조하므로 관찰된 내용을 일화적으로 기록하기보다는 양적 측정 방법에 기반하여 측정하는 것을 권장한다. 목표행동은 행동의 발생빈도나 비율, 지속시간, 지연시간, 강도 등 여러 방법으로 측정할 수 있다.

양적 관찰법은 관찰 시간 전체에 걸쳐 목표한 행동이 발생할 때마다 측정하는 **사건기록법**(event recording)과 관찰 시간을 일정한 간격으로 나누어 각 구간마다 목표행동의 발생 여부를 기록하는 **등간기록법**(interval recording)으로 나눌 수 있다. 사건기록법은 목표행동이 얼마나 자주 발생하는가에 대한 정보를 제공해 주지만 기록에 시간이 많이 걸리고 정확한 기록이 어려울 수 있다. 반면, 등간기록법은 사건기록법에 비해 시간이 짧게 걸리고 측정의 신뢰도도 높으나 목표 행동의 발생빈도를 정확하게 제공하지는 않는다. 발생빈도에 대한 정확한 정보가 필요한 경우에는 사건기록법을 활용하나 정확한 빈도보다는 목표행동의 발생 분포를 파악하고자 할 때에는 등간기록법만으로도 충분하다. 두 방법의 장단점을 고려하여 측정하고자 하는 목표행동에 맞는 방법을 선택하는 것이 좋다. 각각의 기록 방법에 대해서는 제9장의 '행동관찰 평가' 부분에서 자세히 서술하였으니 참고하기 바란다.

(3) 중다기초선설계를 통한 중재 효과 평가

중재 효과는 관찰된 내용을 요약하여 확인할 수 있으나 단일대상연구방법론을 적용해서 보다 체계적으로 확인할 수도 있다. 단일대상연구방법론의 여러 설계법 중에서도 중다기초선설계는 내적 및 외적 타당도를 갖춘 설계 방법으로, 중재 효과를 평가하는 데 적합하다. 중다기초선설계(multiple-baseline design)는 몇 가지 다른 목표행동 또는 동일한 목표행동을 몇몇 자극 조건에서 반복적으로 측정하여 기초선 자료를 수집하고, 안정된 기초선 자료가 수집되면 목표 기준(criteria)에 도달할 때까지 중재를 실시한다. 중재를 도입한 목표가 미리 정해 놓은 목표 기준에 도달하는 동안에 중재를 도입하지 않은 다른 목표의 기초선 자료들이 변화 없이 유지되는 경우 중재 효과가 있었다고 간주한다(Paul, 2007). 중다기초선설계는 중재한 목표 행동이 중재하지 않은 다른 행동에 비해 더 향상되었음을 보여 주기 때문에 언어치료의 결과를 평가하는 데 효과적으로 활용할 수 있다.

중재의 효과를 평가하기 위한 중다기초선설계의 첫 번째 단계는 평가 자료에 기초하여 중재 목표를 정의하는 것이다. Fey(1986)는 이 단계에서 중재 목표는 물론 일반화목표와 통제목표를 함께 수립하도록 권유한다. 일반화목표는 중재 목표와 유사한 행동들로, 중재 효과가 목표와 유사한 행동들에게까지 일반화되는가를 평가할 수 있게 한다. 통제목표는 목표행동과 전혀 다른 행동들로, 목표행동에 대한 중재 시 통제목표가 변화하지 않고 그대로 남아 있으면 목표행동의 변화가 중재를 통한 것임을 확인할 수 있게 한다.

목표를 수립한 다음에는 목표행동에 대한 기초선 자료를 수집한다. 기초선(baseline)이란 중재가 제공되기 전에 목표행동에 대한 수행 자료를 의미한다. 즉, 중재 없이 현재의 상태를 그대로 유지하면서 목표행동과 관련된 자료를 수집하는 것이다(이소현, 박은혜, 김영태, 2000). 기초선 자료 수집은 중재 효과를 평가하는 데 중요한 의미를 지닌다. 즉, 언어치료사가 중재 목표로 한 행동의 중재 전 자료를 수집함으로써 중재 후의 변화를 평가할 수 있는 근거를 마련할 수 있다. 또한 기초선 자료 수집 기간을 통해 치료 수행과 환경에 대한 부가적 정보를 얻을 수 있는 기회를 마련할 수 있다. 예를 들어, 언어치료사가 기초선 자료를 수집하는 동안 영유아의 수행 수준이 불안정하다면 영유아의 수행에 영향을 미치는 요인들을 찾아내서 그것이 중재에 미치는 효과를 미리 통제할 수 있다. 일반적으로 기초선 자료가 안정

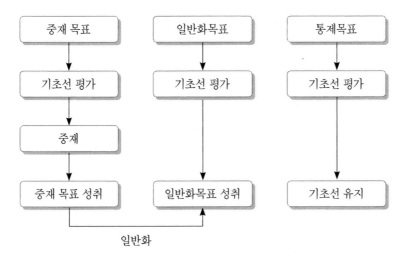

그림 11-2   중다기초선중재설계를 통한 치료 효과 평가

출처: Fey (1986)에서 인용.

성을 보이면 중재를 시작하는데, 어느 정도를 안정된 기초선 자료로 볼 것인가는 중
재를 계획할 때 미리 결정하여야 한다.

기초선 자료 수집이 끝나면 중재를 실시한다. 중재는 목표행동에 대해서만 실시
하며, 일반화목표나 통제목표는 중재 효과를 검증하기 위한 자료로 활용하는 것이
므로 중재를 실시하지 않는다. 영유아의 수행 결과가 치료 전에 미리 결정해 놓은
목표 수준에 도달하면 중재를 종결한다.

중다기초선설계의 마지막 과정은 목표행동 및 통제목표에서의 수행을 통해 중
재 효과를 평가하는 것이다. 중재 평가는 기초선 단계에서 사용한 것과 동일한 절차
를 통해 실시하여야만 중재 전과 후의 변화 내용을 비교할 수 있다. 평가 결과, 중재
목표와 일반화목표는 목표 수준에 맞게 변화하였으나 통제목표는 변화가 없었다면
중재가 영유아에게 효과적이었다고 판단할 수 있다.

5. 협력적 접근을 통한 중재

협력적 접근은 영유아 조기중재의 네 가지 원칙 중 하나이다. 영유아만이 아니라
모든 의사소통장애인에게 제공되는 중재는 여러 전문가의 협력적 접근이 필수적이

다. 영유아기는 특히 다른 발달기에 비해 여러 발달 영역이 서로 밀접하게 연관을 맺고 발달되기 때문에 협력적 접근이 강조된다.

관련 전문가 간에 효과적인 협력적 접근을 위해서는 함께 협력해야 하는 전문가들의 역할과 협력적 접근 모형을 이해하는 것이 중요하다. 영유아 조기중재에서 언어치료사가 협력해야 하는 전문가와 이들과 협력적 접근을 할 때 적용할 수 있는 모형은 제8장 '협력적 접근을 통한 평가모형' 부분에서 설명하였다. 따라서 이 장에서는 중재를 중심으로 언어치료사가 협력해야 하는 전문가와 그들의 역할, 그리고 중재에서의 협력적 접근 모형을 설명하도록 하겠다.

1) 관련 전문가 및 역할

영유아 조기중재 팀의 구성원은 평가를 위해 구성된 전문가들과 다르지 않다. 다음에 제시된 모든 전문가가 반드시 팀을 구성해야 하는 것은 아니며, 영유아의 문제나 가족의 요구를 고려하여 필요한 전문가들이 협력적 팀의 일원으로 참여한다.

- 언어치료사(언어병리학자): 영유아가 또래 및 가족 구성원과의 상호작용 맥락 안에서 효과적으로 의사소통할 수 있도록 말과 언어를 포함한 의사소통 기술을 중재하고, 삼킴기능이나 초기 문해발달을 촉진하는 역할을 담당한다.
- 유아특수교사: 평가를 통해 영유아 발달과 교육적 요구를 확인하고, 특별한 교육적 접근을 통해 장애 또는 장애위험 영유아에게 사회성, 운동 기술, 의사소통 기술, 자조기술, 인지, 행동 기술의 발달을 촉진한다.
- 보육교사 또는 유아교사: 장애 또는 장애위험 영유아가 일반 보육 및 교육 상황에서 적응하는 것을 도우며 사회성, 운동 기술, 의사소통 기술, 자조기술, 인지, 행동발달을 돕는 역할을 담당한다.
- 심리학자: 영유아와 가족을 대상으로 발달 및 심리 평가를 실시하여 문제를 확인하며, 필요한 심리적 중재를 제공한다.
- 물리치료사: 장애 또는 장애위험 영유아의 감각 및 신경 발달과 대근육 운동 능력을 평가하고 중재를 통해 발달을 촉진하는 역할을 담당한다.
- 작업치료사: 장애 또는 장애위험 영유아의 일상생활기능 향상과 감각 및 소근육

운동 능력을 통해 뇌 발달을 촉진하는 역할을 한다.

- 의사: 건강적인 측면을 평가하고 영유아가 최적의 건강을 유지하고 성장할 수 있도록 의학적 서비스를 제공한다. 주로 소아발달, 소아청소년정신의학, 재활 의학 전문의 등이 참여한다.
- 간호사: 장애 또는 장애위험 영유아가 최적의 건강과 발달 상태를 유지할 수 있도록 의료적 서비스를 제공하고, 가족이 자녀의 장애로 인한 삶의 변화에 적응할 수 있도록 돕는다.
- 청능사: 청각적인 결함을 지닌 장애 영유아를 발견하고 청각 문제가 있는 영유아에게 청능훈련 및 관련 서비스를 제공한다.
- 사회복지사: 장애 영유아와 그 가족의 삶의 질을 향상시키기 위해 사회적 지원망을 확충하고 도움을 제공하는 역할을 담당한다.
- 영양사: 영유아가 발달상 적합한 영양 서비스를 제공받아 최대한의 건강과 영양 상태를 유지할 수 있도록 돕는다.

2) 협력적 팀 접근 모형

제8장에서 이미 소개하였듯이, 전문가 간의 협력적 팀 접근 모형은 다학문적, 간학문적, 초학문적 접근의 세 가지 모형으로 구분된다.

(1) 다학문적 팀 접근법

다학문적(multidisciplinary) 팀 접근법은 여러 전문가가 각기 개별적인 스케줄과 절차에 의해 영유아 및 가족을 평가하고 중재한다. 그 절차는 [그림 11-3]과 같다. 먼저, 서비스 조정자(coordinator) 역할을 담당하는 전문가가 관련된 전문가에게 평가를 의뢰하면 각각의 전문가가 개별적으로 스케줄을 결정하고 사정평가를 실시한다. 각 전문가는 평가 결과를 보고서 형태로 작성하며, 서비스 조정자는 여러 전문가에 의해 작성된 평가보고서를 종합하여 중재 여부나 방향을 결정하며, 평가와 마찬가지로 각 전문가가 독립적으로 서비스를 제공한다. 조정자의 역할은 고정되어 있지 않고 필요에 의해 결정되나, 대체로 의학적 세팅에서는 의사가, 교육 세팅에서는 교사가, 복지 세팅에서는 사회복지사가 조정자 역할을 담당한다. 다학문적 팀 접

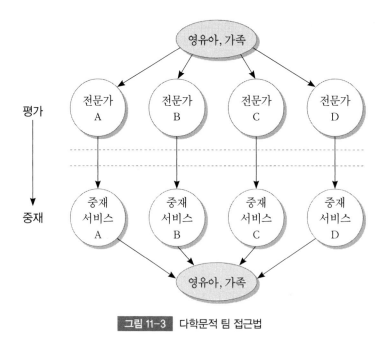

그림 11-3 다학문적 팀 접근법

근법에서는 팀 구성원 간의 공식적인 의사소통이나 의사결정 과정이 존재하지 않기 때문에 진단이나 중재를 위한 의사결정이 여러 전문가의 통합적인 논의를 통해 결정되지 않는다는 점은 제한점으로 고려된다.

(2) 간학문적 팀 접근법

간학문적(interdisciplinary) 팀 접근법은 다학문적 팀 접근법과 마찬가지로 서비스 조정자에 의해 각각의 전문가에게 평가가 의뢰되면 각각의 전문가는 각기 개별적으로 스케줄을 결정하여 사정평가를 실시한다. 그러나 다학문적 팀 접근법에서는 전문가들이 평가 결과를 보고서로 작성한 후 이를 서비스 조정자가 통합하는 반면, 간학문적 팀 접근법에서는 사례 회의를 통해 전문가들이 평가 결과를 서로 나누고 논의하면서 종합적인 의견을 도출하며, 이렇게 종합된 평가 결과를 기반으로 중재 방향을 결정한다는 점에서 차이를 갖는다([그림 11-4] 참조).

간학문적 팀 접근법은 팀 구성원들이 사례회의 형식의 팀 미팅을 통해 서로 의견을 교류한다는 점에서 다학문적 팀 접근법에 비해 협력적 측면에서 더 진전된 모형이라 볼 수 있다. 그러나 여전히 각각의 전문가에 의해 개별적으로 제공되는 서비스 형태에 기반을 두고 있으며, 가족을 팀의 구성원으로 참여시키기는 하지만 서비스

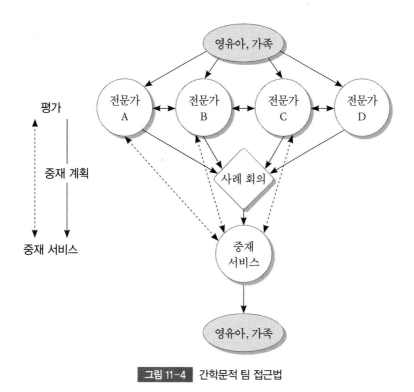

그림 11-4 간학문적 팀 접근법

제공의 주체적 역할을 부여하지는 않는다는 점은 여전히 제한점으로 고려된다.

(3) 초학문적 팀 접근법

초학문적(transdisciplinary) 팀 접근법은 평가에서부터 중재에 이르기까지 관련 전문가들이 하나의 팀을 이루어 함께 결정하고 실시한다. 즉, 영유아가 평가에 의뢰되면 여러 전문가가 함께 평가를 계획하고 실시하며, 평가 결과를 종합하여 서비스 제공 여부나 방향을 결정한다. 중재를 실시하는 과정에 있어서도 중재 계획을 함께 수립하고, 각각의 전문가가 서비스 제공 시 어떠한 역할을 담당할지를 함께 결정한다([그림 11-5] 참조). 가족도 팀의 일원으로서 단지 수동적인 역할만을 담당하는 것이 아니라 평가나 중재를 실시하는 모든 과정에서 전문가들과 동등하게 참여하여 적극적인 역할을 담당한다. 초학문적 접근법은 영유아나 가족을 중심으로 볼 때 매우 이상적인 모형이기는 하지만 현실적인 측면에서 이 모형대로 적용하기 위해서는 많은 노력이 요구된다.

〈표 11-6〉에는 세 가지 팀 접근 모형을 세부적으로 비교하여 제시하였다.

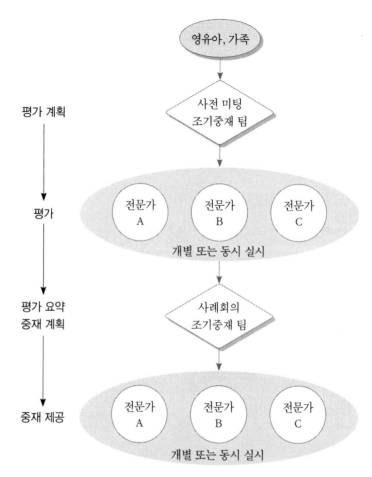

평가 계획

평가

평가 요약
중재 계획

중재 제공

그림 11-5 초학문적 팀 접근법

〈표 11-6〉 팀 접근 모형의 비교

	다학문적 팀 접근	간학문적 팀 접근	초학문적 팀 접근
평가	팀 구성원 각자에 의한 개별적 사정평가	팀 구성원 각자에 의한 개별적 사정평가	팀 구성원과 가족이 함께 전반적 발달에 대한 포괄적 진단 사정평가
보호자 참여	보호자가 개별적으로 팀 구성원과 만남	보호자가 팀 또는 팀 대표와 만남	보호자가 팀의 구성원으로 적극적으로 참여
서비스 계획 개발	팀 구성원이 각자의 분야에 대해 개별적으로 서비스 계획	팀 구성원이 각자의 분야에 대해 서비스 계획	팀 구성원과 보호자가 가족의 우선순위와 욕구, 자원에 기초하여 서비스 계획

서비스 계획 책임	팀 구성원 각자가 자신의 분야에 대해 책임을 짐	팀 구성원은 정보 교환 및 계획 중 자기 분야에 대해 책임을 짐	팀 구성원은 계획을 실행하는 데 공동 책임을 짐
서비스 계획 실행	팀 구성원이 자신의 분야와 관련된 서비스 실행	팀 구성원은 자신의 분야와 관련된 서비스를 실행하며 가능한 한 타 분야의 서비스에 협력함	주 서비스 제공자는 가족과 함께 계획 실행
의사소통 통로	비공식적 통로	특정 사례에 대한 정기적인 팀 미팅	정보, 지식, 기술 등을 공유하고 전달할 수 있도록 정기적인 팀 미팅
지침이 되는 철학	팀 구성원이 타 분야의 중요성 인식	팀 구성원 각자가 전체 서비스의 일부를 계획하고 실행	팀 구성원이 일원화된 서비스 계획 및 실행
인적자원 개발	각자 분야 내에서 독립적으로 개발	각자의 전문 분야와 다른 분야에서 개발	전문 분야 간의 일원화된 서비스 제공에 필요한 상호학습, 인격 개발

출처: Orelove & Sobsey (1996).

이 장을 공부한 후……

● 조기중재 원칙과 조기중재를 위해 요구되는 지식 및 기술을 이해한다.

● 조기중재 서비스전달모형과 각 모형 내에서 언어치료사의 역할을 이해한다.

● 개별화가족지원계획, 개별화교육프로그램, 개별화치료계획의 정의와 각각에 포함되어 야 하는 내용을 이해한다.

● 의사소통 중재 계획 절차와 각 절차별로 요구되는 세부 지식 및 기술을 이해한다.

● 조기중재에서의 협력적 접근 모형과 조기중재 팀 일원으로서 언어치료사의 역할을 이 해한다.

제12장

의사소통 중재 접근법

의사소통 중재 접근법은 여러 방식으로 범주화할 수 있으나, 흔히 중재자가 중재를 주도하는 직접적 중재 접근법과 영유아가 주도하는 행동에 반응해 줌으로써 중재를 제공하는 반응적 중재 접근법, 그리고 이 두 가지를 혼합한 형태의 혼합 중재 접근법으로 세분화한다. 다음에서 각각에 대해 자세히 살펴보도록 하겠다.

1. 직접적 중재 접근법

1) 직접적 중재 접근법의 기본 원리

직접적 중재 접근법은 일반적으로 **직접적 교수법**(directive instruction)으로 알려져 있으며, 중재 목표와 자료, 활동 등을 중재자가 결정하고, 이를 체계적인 과정을 통해 교수하는 것을 강조하는 중재 접근법이다. 중재자가 중재 활동을 주도하고 구조화된 절차를 통해 실행하기 때문에 언어병리학에서는 **치료자 중심법** 또는 구조화된 접근법 등으로 명명하기도 한다.

직접적 중재 접근법은 행동주의 원리 중 '자극-반응-보상(S-R-R)'의 관계로 행동 형성을 설명하는 Skinner의 조작적 조건화이론에 기초한다. 조작적 조건화는 개인이 특정 자극에 대해 반응을 보이면 그 행동에 대해 결과, 즉 보상을 제공하여 반응으로 나타낸 행동을 유지하거나 소멸시킬 수 있다고 설명한다. 보통 반응으로 나타난 행동이 앞으로도 계속 유지되기를 원하는 경우에는 강화(reinforcement)를 제공하며, 행동 반응을 원하지 않는 행동인 경우에는 벌(punishment)을 제공하여 그 행동을 소멸시키거나 감소시킨다는 것이다.

이러한 중재 원리는 **응용행동분석**(ABA) 이론으로 발전하여 발달장애 아동의 문제행동 중재를 중심으로 인지나 언어, 의사소통 등 다양한 행동발달 영역에서 중재 원리로 활용되고 있다. 응용행동분석은 **기능적 행동 평가**(functional behavior assessment)를 통해 선행요인과 후속결과가 행동에 미치는 영향을 확인하고, 이를 조정함으로써 행동을 중재한다. 선행요인은 목표행동을 유도하기 위한 자극이나 단서, 촉진과 같은 유도 전략들을 포함하며, 후속결과는 행동이 나타난 후에 이를 증가시키거나 감소시키기 위한 목적으로 제공되는 보상 전략이 포함된다. 따라서 영유아에게서 목표행동을 유도하기 위하여 어떠한 자극을 어떻게 제시할 것인지, 그리고 목표행동이 나타났을 때 이를 유지하기 위하여 어떠한 강화를 제공할 것인지가 중재의 주안점이 된다. 직접적 중재 접근법에서는 이러한 행동주의 전략을 통해 중재를 제공한다.

2) 직접적 중재 전략

(1) 목표행동 유도 전략

앞에서도 설명한 것처럼, 직접적 중재 접근법에서는 대상자의 행동을 유도하기 위하여 적절한 자극을 선택한 후 이를 목표 준거에 도달할 때까지 반복적으로 제공한다. 중재자가 목표행동을 습득하기 쉽게 과제분석을 통해 작은 목표로 세분화하며, 각각의 작은 목표를 순차적으로 중재에 도입하여 궁극적으로 최종 목표에 도달하도록 한다. 대상자가 미리 정해 놓은 습득 준거에 도달할 때까지 반복적으로 중재를 제공하기 때문에 새로운 기술의 습득 효과가 좋다. 그러나 대상자의 학습 동기에 대한 고려가 부족하며, 구조화된 절차를 통해 중재를 제공하므로 대상자를 수동적으로 만들고, 구조화된 상황에서 중재를 진행하여 습득된 기술이 자연스러운 상황에 일반화하여 적용되지 않는다는 점은 주요 제한점으로 고려된다.

직접적 중재 접근법에서는 목표행동을 유도하기 위하여 단서 또는 촉진과 같은 전략이 활용한다. 단서와 촉진은 자극 제시와 대상자의 반응 사이에 제공되는 것으로, 대상자가 목표행동을 수행하도록 제공되는 일종의 '도움'이라 할 수 있다. 단서(cue)는 일종의 힌트로, 대상자가 목표행동을 수행하는 데 도움이 되나 목표행동을 이끌지는 않고 스스로 해결할 수 있도록 돕는 역할을 한다. 예를 들어, 원하는 물건을 손을 내밀어 요구하는 행동을 유도할 때 영유아에게 '손'을 보여 주며 목표행동이 손을 내미는 것과 관련된다는 것을 알려 주는 것이다. 언어적, 시각적, 음성적 등 여러 가지 양식으로 제공할 수 있다. 촉진(prompt)은 단서에 비해 보다 직접적으로 대상자가 목표행동을 할 수 있도록 단계적으로 제공되는 도움의 형태를 말한다. 앞의 상황을 예로 들면, 영유아에게 먼저 손등을 두드리고, 손바닥을 위로 향하게 손

〈표 12-1〉 단서와 촉진을 통한 목표행동 유도

	정의	예
단서	대상자가 스스로 목표행동을 할 수 있도록 중재자에 의해 제공된 힌트	'우유'라는 표현을 유도하기 위하여 '소'나 '우유병' 그림을 보여 준다.
촉진	대상자로부터 목표행동을 유도하기 위하여 중재자에 의해 단계적으로 제공되는 도움. 직접적으로 목표행동을 유도	손 내밀어 요구하기 행동을 유도할 때, '영유아의 손등 건드리기-손을 올려 주기-손바닥을 위로 돌려 주기'를 순차적으로 실시한다.

을 돌려주며, 최종적으로는 손바닥을 위로 하여 앞으로 내밀도록 도와준다. 단서와 마찬가지로 언어적, 신체적 등 다양한 양식으로 제공 가능하다. 각각에 대한 정의와 예는 〈표 12-1〉에 제시하였다.

(2) 목표행동 유지 전략

대상자의 행동을 유도하기 위해 제공되는 단서와 촉진과는 달리 대상자가 보인 행동에 대해 제공되는 것이 강화 또는 벌이다.

① 강화와 강화 계획

강화는 중재자의 유도에 의해 대상자가 적절한 행동을 보였을 때 이를 유지하거나 증가시키고자 하는 목적으로 제공되는 것을 말하며, 행동을 증가 또는 유지시키기 위한 목적으로 제공되는 것을 강화물(reinforcer)이라고 한다. 강화물에는 일차강화물과 이차강화물이 있다. 일차강화물은 생리적인 요구를 충족시키는 형태로, 조건화되지 않고도 강화물로 작동하는 것을 말한다. 배가 고플 때 제공되는 음식물을 예로 들 수 있다. 반면, 이차강화물은 일차 강화물과 함께 제공되어 강화물로 기능하게 된 형태로 조건강화물이라 칭해지기도 한다. 칭찬이나 관심과 같은 사회적 강화물이나 돈이나 쿠폰 같이 자기가 원하는 강화물로 바꾸어 보상을 받을 수 있는 토큰 강화물이 포함된다. 보통 나이가 어리거나 장애가 심할수록 일차강화물을 활용하며, 반대로 나이가 많거나 장애가 심하지 않은 경우에는 이차강화물을 활용한다.

강화는 강화물을 제공하는 방식에 따라 정적강화와 부적강화로 나뉜다. 정적강화(positive reinforcement)는 원하는 것을 제공하여 목표행동을 증가시키는 것으로, 영유아가 손을 내밀어 원하는 물건을 요구할 때 영유아가 원하는 물건을 바로 손에 올려 주어 목표행동을 강화하는 것을 예로 들 수 있다. 반면, **부적강화**(negative reinforcement)는 강화물을 제거함으로써 목표행동을 증가시키는 방법으로, 영유아가 손을 내밀어 달라고 하지 않으면 주었던 물건을 뺏어서 손을 내미는 행동을 유지하도록 하는 것이 예가 된다. 정적강화와 부적강화는 모두 대상자의 행동을 증가 또는 지속시키고자 하는 것에 목적을 둔다는 점에서는 공통되며, 정적강화는 원하는 강화물을 제공함으로써, 부적강화는 강화물을 제거함으로써 행동을 증가 또는 지속시킨다는 점에서 차이가 있다.

강화가 제공되는 규칙에 따라 학습이 달라지므로 강화는 체계적인 계획을 통해서 제공되어야 한다. 목표행동이 나타날 때마다 강화를 제공하면 학습을 빠르게 하므로 행동 형성 초기에는 원하는 목표행동이 나타날 때마다 강화를 제공한다. 그러나 강화가 주어지지 않아도 습득한 행동을 유지하도록 하는 것이 학습의 궁극적 목표이므로 강화는 서서히 소거해 간다. 따라서 어느 정도 목표행동이 안정되게 나타나기 시작하면 강화를 서서히 줄여 주는데, 처음에는 매 두 번째 행동에 강화를 주는 것처럼 고정 간격이나 비율로 강화를 제공하다가 차츰 연속해서 두 번 주었다가 다시 연속해서 세 번은 주지 않는 것처럼 강화를 제공하는 간격이나 비율에 변화를 준다. 이런 경우 학습자는 언제 강화가 제공될지 몰라서 계속 긴장하고 목표행동을 수행하게 되며 어느 순간에 강화가 소거되어도 이를 의식하지 않고 목표행동을 수행하게 된다. 무엇을 강화물로 사용할 것이며, 어떠한 방식으로 강화물을 제공하고 소거할 것인가를 체계적으로 계획하는 것을 **강화계획**이라 한다.

촉진이나 강화 등의 전략을 기반으로 한 행동형성법과 용암법도 직접적 중재 접근법에서 활용되는 중재 전략들로 고려할 수 있다. **형성법**(shaping)은 행동조성법 또는 점진적 접근 등으로 설명되는데, 목표행동의 근사치에 대해 강화함으로써 점진적으로 목표에 도달하도록 하는 전략을 말한다. 예를 들어, 손 내밀어 요구하기를 목표로 할 때 처음에는 손을 앞으로 뻗기만 하여도 강화를 주다가 점차 손을 앞으로 뻗어 손바닥 펼치기, 손바닥 내밀어 요구하기로 목표행동에 가까운 행동을 강화해 간다. **용암법**(fading)은 영어 그대로 페이딩이라고 하기도 하고, 용멸법 또는 소멸법이라고 하기도 한다. 이는 목표행동을 수행하도록 제공하였던 촉진, 단서와 같은 도움을 점차적으로 제거하여 궁극적으로 도움 없이 수행하도록 하는 절차를 말한다. 앞에서 예로 들은 손 내밀어 요구하기의 경우, 처음에는 영유아의 손을 잡아 내밀도록 완전한 도움을 주었다면 그다음엔 손을 잡아 올리기만 하고, 점차적으로 손을 앞으로 당기기, 손등을 건드려 주기, 손을 가리키기, 손을 쳐다보기 등으로 신체적 촉진을 제거해 가는 것이다. 이와 같은 전략들은 중재 과정에서 다양하게 적용될 수 있다.

② 벌과 긍정적 행동지원

벌은 대상자가 보인 행동이 부적절하거나 중재자가 원하는 행동이 아닐 때 이를 감소시키거나 중단시키고자 하는 목적으로 제공된다. 벌에는 신체적, 언어적 벌과 더불어 타임아웃이나 소거도 포함된다. 타임아웃(time out)은 대상자에게 제공되는 강화물에 접근할 수 있는 기회로부터 일시적으로 배제하는 것이다. 예를 들어, 영유아가 간식시간에 음식을 먹으며 장난을 치면 간식 먹는 상황에서 잠시 떨어져 있게 한다. 여기서 중요한 점은 영유아가 간식을 먹기 싫어서 장난을 치는 경우에는

〈표 12-2〉 강화와 벌을 통한 목표행동 유지 전략

	정의	예
강화	• 대상자의 반응이 중재자가 목표로 하거나 바람직한 행동이었을 때 이를 유지하거나 증가시키고자 하는 목적으로 제공 • 정적강화: 원하는 것을 제공하여 목표행동을 증가시킴 • 부적강화: 혐오 또는 회피 조건을 제거함으로써 목표행동을 증가시킴	• 영유아가 손을 내밀어 원하는 물건을 요구함(목표행동) • 영유아가 원하는 물건을 바로 손에 올려 줌(정적강화) • 영유아가 손을 내밀어 달라고 하지 않으면 주었던 물건을 뺏어서 손 내미는 행동을 유지시킴(부적강화)
벌	• 대상자의 반응이 중재자가 목표로 하지 않거나 바람직하지 않은 행동이었을 때 이를 감소시키거나 중단시키는 목적으로 제공 • 언어적 벌과 신체적 벌: 언어적으로나 신체적 벌을 가하여 행동을 감소시키고자 함. 최근의 중재 접근법에서는 사용을 권장하지 않음 • 타임아웃: 강화물로 접근할 수 있는 기회 배제 • 소거: 강화물을 제거	• 영유아가 원하는 것을 얻고자 울며 떼씀(바람직하지 않은 행동) • 울지 말라고 야단치거나(언어적 벌) 손을 들고 있게 함(신체적 벌) • 울음을 멈추지 않자 엉덩이를 때려 줌(신체적 벌) • 혼자 방에 들어가 생각할 시간을 갖게 하여 주변 사람으로부터 고립시킴(타임아웃) • 울음 소리를 듣지 못하는 것처럼 행동하여 관심을 제거(소거)

간식 상황에서 배제하는 것이 오히려 간식을 먹지 않고 장난을 치는 부적절한 행동을 강화하는 것이 된다. 따라서 부적절한 행동을 감소시키고자 제공한 타임아웃이 오히려 행동을 강화하는 반대 효과를 갖지 않도록 세심히 고려해야 한다. 소거(extinction)는 강화물을 제거하여 부적절한 행동을 감소시키는 방법으로, 강화물 제공 기회를 배제하는 타임아웃과 차이가 있다. 예를 들어, 영유아가 중재자의 관심을 끌기 위해 소리를 지르는 경우 중재자가 일부러 못들은 척 행동하여 '관심'을 제공하지 않는 것이다. 소거는 이처럼 관심을 끌기 위한 행동에 제공되는 경우가 많기 때문에 '무시'로 표현되기도 한다. 소거가 적용되는 경우 대상자들은 일시적으로 부적절한 행동을 증가시키기도 한다. 이를 '소거 폭발'이라고 한다. 즉, 앞의 예에서 영유아가 소리 지르는 것을 중재자가 못들은 척하면 영유아는 더 크게 소리를 지르는 것이다. 이때 중재자가 일관되게 소거를 적용하는 것이 중요하다. 영유아가 계속 더 크게 소리를 지를까 봐 관심을 보이면 영유아의 소리 지르는 행동을 오히려 강화해 주는 결과를 초래한다.

최근의 **긍정적 행동지원**(positive behavior support)은 가급적 벌과 같은 부정적인 접근을 사용하기보다는 대상자가 목표행동을 수행할 수 있도록 적절한 지원을 제공하여 바람직한 행동을 유도하고 이를 강화하는 것을 강조한다.

2. 반응적 중재 접근법

1) 반응적 중재 접근법의 기본 원리

반응적 중재(responsive intervention) 접근법은 영유아가 중재자 또는 양육자와 상호작용하는 동안에 영유아가 개시한 행동에 자연스럽게 반응하며 의사소통 능력을 확장하도록 하는 접근법으로 직접적 중재 접근법과는 달리 중재 목표나 자료, 활동을 영유아의 주도에 따라 결정하도록 강조하기 때문에 아동중심 접근법 또는 아동주도 접근법, 자연적 접근법 등으로 명명되기도 한다. 반응적 중재 접근법은 몇 가지 요소를 강조한다. 첫째, 영유아의 주도를 따르며, 둘째, 영유아의 언어적이며 비언어적 개시에 대해 자연적인 반응으로 강화해 주고, 셋째, 의미 있는 피드백을 제공하며, 넷째, 전형적이고 발달적으로 적절한 일과나 활동 중에서 영유아의 행동이나 발화를 아동의 현재 능력보다 약간 더 발전된 상태로 확장해 주고, 다섯째, 중재자만이 아니라 부모를 포함한 가족의 참여를 강조한다(Bricker & Cripe, 1992; Campbell, 2004; Dunst, Hawks, Shields, & Bennis, 2001; Hancock & Kaiser, 2006; Warren & Yoder, 1998; Wilcox & Shannon, 1996, 1998)

반응적 중재 접근법에서는 특히 매일의 반복적인 일과나 활동 속에서 중재가 제공되는 것을 강조하는데, 이를 위해서는 다음과 같은 절차를 따른다. 첫째, 가정이나 기타 여러 공동체에서 발생할 수 있는 학습 기회를 확인하고, 둘째, 부모나 양육자와 함께 반복적인 일과 중에 영유아의 참여나 의사소통에 필요한 행동을 선택한다. 셋째, 영유아가 관심과 동기를 가질 수 있도록 반복적인 일과 속에서 활동이 자연스럽게 배치될 수 있도록 하며, 마지막으로, 학습 기회를 극대화하는 데 필요한 촉진 전략들을 확인한다(ASHA, 2008).

2) 반응적 중재 전략

반응적 중재 접근법에서는 영유아에게 목표행동을 제시하고 이를 따라하도록 유도하기보다는 목표행동을 자연스럽게 모델링하는 것을 강조한다. 보통 아동중심법의 중재 절차로 포함되는 전략들이 여기에 포함된다.

(1) 영유아 행동 반영하기(reflection)

영유아의 행동을 중재자가 모방해서 반영해 주는 전략을 말한다. 예를 들어, 영유아가 물을 쳐다보며 "물!"이라고 하면 중재자는 "물!" 하고 반복해 주는 것이다. 중재자가 반영해 준 행동을 통해서 영유아는 자연스럽게 자기의 행동이 상대방에게 미치는 영향을 이해하고, 상대방과의 상호작용에 참여하게 된다. 언어적 의사소통기에 있는 영유아에게는 물론 아직 언어발달이 이루어지지 않았거나 의도적 행동 목록이 부족한 영유아에게 적용할 수 있다.

(2) 영유아 행동 묘사하기(parallel-talk)

'평행발화'로 흔히 알려져 있는 방법이다. 영유아와 자연스럽게 상호작용하는 동안에 영유아가 하는 행동이나 요구, 기분 등을 중재자가 대신 말로 표현해 주는 기법이다. 예를 들어, 영유아가 자동차를 굴리면 중재자가 옆에서 "자동차, 자동차 굴려!" 하고 영유아의 행동을 언어로 표현해 주는 것이다. 영유아가 자발적으로 언어 표현을 개시하지 않거나 적극적으로 주도 행동을 하지 않는 경우에 적합하다.

(3) 중재자 행동 묘사하기(self-talk)

'혼잣말 기법'으로 알려져 있는 방법이다. 영유아 행동 묘사하기 방법과는 반대로 중재자가 자신의 행동이나 요구, 기분 등을 묘사하는 방법이다. 예를 들어, 중재자가 물을 마시면서 "물 마셔!" 하고 자신의 행동을 언어로 표현하는 것이다. 앞에서 설명한 '영유아 행동 묘사하기'와 마찬가지로 영유아가 자발적으로 언어표현을 개시하지 않거나 적극적으로 주도 행동을 하지 않는 경우에 적합하다.

(4) 의미 확장하기(expansion)

영유아가 한 말이나 행동에 의미를 더하여 모델링하는 방법으로 보통 '확대'로 알려져 있다. 예를 들어, 영유아가 "물!"이라고 하면, "물 마셔요!"라고 해서 '마신다'는 새로운 의미를 첨가하여 확장해 주는 것이다.

(5) 형식 확장하기(extension)

의미 확장이 새로운 의미를 더하는 것인 반면, 내용의 추가 없이 단지 언어의 형식적인 측면만 확장하여 모델링해 주는 방법을 형식 확장이라 한다. 보통 '확장'으로 소개되어 있다. 예를 들어, 영유아가 "물 있어."라고 하면, "물이 있네."라고 조사를 더하여 형식적인 면에서 더 확장된 형태로 들려 주는 것이다. 이 경우 '물이 있다'라는 내용에서 의미적으로 추가된 부분은 없다. 보통 의미 확장은 '확대'로, 형식 확장은 '확장'으로 번역하나 두 낱말의 의미가 비슷하여 혼동되는 경우가 많으므로 이 책에서는 의미 확장과 형식 확장으로 소개하였다.

(6) 분리 후 결합하기(breakdown & build-up)

'분리 후 합성'이라는 용어로 알려져 있다. 발화를 작은 언어적 단위로 나누었다가 다시 처음의 형태로 결합시키는 방법이다. 예를 들어, "아가가 맘마 먹어."라는 발화를 '아가가 먹어' '맘마 먹어' '아가가'와 같이 작은 단위로 나누었다가 '아가가 먹어' '맘마 먹어' '아가가 맘마 먹어'와 같이 다시 완전한 형태로 결합시킨다. 영유아들은 언어를 산출하기 시작하는 초기에는 언어를 덩어리로 인식하고 산출하지만, 점차 발화가 작은 언어적 단위로 구성되고 결합되는 것임을 인식하게 된다. 보통 2세경의 영유아들도 언어가 결합되는 규칙을 이해한다. '분리 후 결합하기'는 영유아들이 결합 규칙을 기반으로 언어를 학습하도록 돕는다.

(7) 고쳐 말하기(recast)

영유아가 틀리거나 정확하지 않은 형식으로 산출한 문장을 정교화하거나 정확하게 수정하여 다시 들려 주는 방법이다. 예를 들어, 영유아가 "선생님이가 안녕 해요."라고 하면, 중재자가 "응, 선생님이 안녕 해요. 선생님이 안녕 했어요."라고 문법적으로 더 완전하고 정교한 형태를 모델링해서 들려 준다. 고쳐 말하기는 언어습득기에 있는 영유아들이 언어 형식을 학습하는 데 도움이 된다.

3. 혼합 중재 접근법

앞에서 소개한 직접적 중재 접근법은 새로운 기술이나 행동을 습득하는 데 효과적이나, 습득한 내용을 기능적이고 상호작용적인 환경으로 일반화하는 데 제한점이 있다고 알려져 있다. 반면, 반응적 중재 접근법은 자연스러운 상황에서 가족과 영유아 간의 상호작용을 통해 중재하는 것을 강조하므로 자연스러운 환경 내에서 학습한 내용을 실제적으로 사용하게 하는 면에서 강점을 가지나, 중재자가 영유아에게 필요한 행동을 체계적으로 가르치는 측면에서는 제한점이 있을 수 있다. 혼합 중재 접근법은 앞서 소개한 두 가지 중재 접근법이 가지고 있는 장점을 혼합하여 고안된 중재 접근법으로 흔히 절충법으로 알려져 있다.

혼합 중재 접근법에 포함된 접근법들은 각각 차별점을 가지나, 대체로 다음과 같은 절차를 따른다. 첫째, 영유아가 의사소통을 개시하고 유지할 수 있도록 환경을 구조화한다. 영유아가 먼저 의사소통을 개시하도록 좋아하는 자료들을 활용하거나 필요한 상황을 만든다. 둘째, 영유아가 행동을 개시하면 중재자는 영유아의 관심사를 따르도록 한다. 셋째, 자연스러운 환경에서 차례 주고받기를 통해 중재를 제공한다. 넷째, 영유아가 선택할 수 있는 기회를 제공한다. 다섯째, 직접적 중재 접근법에서 사용하는 촉진이나 강화와 같은 전략들과 반응적 중재 접근법에서 적용하는 의미 확장하기나 형식 확장하기 등을 혼합적으로 사용한다. 여섯째, 활동 내에서 영유아가 자연스럽게 의사소통을 시도하면 그에 대해 자연스러운 강화를 제공한다. 대체로 자연스러운 상호작용 맥락 안에서 영유아가 먼저 의사소통을 개시할 수 있도록 기회를 제공하며, 영유아의 관심사를 따르도록 하는 점은 반응적 중재 접근법에서 강조하는 부분이며, 환경을 구조화한다는 점이나 촉진이나 강화와 같은 중재 전략들을 사용한다는 점은 직접적 중재 접근법에서 강조되는 부분이다.

중재 효과가 입증되어 있는 중재 접근법 중에서 자연적 언어 패러다임(natural laguage paradigm; Koegel, O'dell, & Koegel, 1987)이나 이를 기반으로 발전된 중심축반응훈련(pivotal response training; Koegel & Koegel, 2006), 우발교수(incidental teaching; Hart & Risley, 1975), 환경중심 언어중재(Milieu Teaching: MT; Kaiser, Hester, & Hancock, 1993; Kaiser, Yoder, & Keetz, 1992) 등은 혼합 중재 접근법으로 분류된다. 이 중에서도 언어 및 의사소통 중재 접근법으로 가장 많이 연구되고 소개된 것이 환경중심 언어중재 접근법일 것이다. 이 중재 접근법은 강화된 환경중심 언어중재(Enhanced Milieu Teaching: EMT; Kaiser, 1993), 언어이전기 환경중심 언어중재(Prelinguistic Milieu Teaching: PMT; Yoder & Warren, 1998, 2001), 부모를 위해 개발된 반응성 언어이전기 환경중심 언어중재(Responsive Prelinguistic Milieu Teaching: RPMT; Yoder & Warren, 2002) 등으로 확장되었다. 다음은 환경중심 언어중재 접근법에 대해 좀더 자세히 설명하도록 하겠다.

1) 환경중심 언어중재

환경중심 언어중재(Milieu Teaching: MT)는 기능적인 의사소통을 자연스럽게 유도할 수 있도록 영유아가 속한 환경에서 영유아의 관심과 흥미에 따라서 언어중재를 하는 포괄적인 중재 접근법으로 다음과 같은 네 가지 절차를 포함한다. 첫째, 영유아가 먼저 의사소통을 개시하도록 환경을 구조화하고 배치한다. 둘째, 영유아의 언어 및 의사소통 발달수준을 고려한 구체적인 목표를 결정한다. 셋째, 영유아가 개시하는 경우 목표 기술 습득을 촉진하도록 반응해 준다. 넷째, 영유아가 의사소통을 개시하면 원하는 것을 제공하거나 상호작용을 유지하여 자연스럽고 연관된 강화를 제공한다. 환경중심 언어중재는 개별적인 의사소통 및 언어 중재는 물론 그룹 상황에서도 효과적으로 적용될 수 있다.

환경중심 언어중재에서는 모델링을 기반으로 시간지연법, 선반응 요구 후시범 기법, 우발학습과 같은 몇 가지 중재 전략이 사용된다. 시간지연(time-delay) 기법은 활동 중에 의사소통 상황을 만든 후 영유아가 의사소통 행동을 개시하도록 잠시 기다려 주는 방법이다. 중재자가 행동을 멈추는 시간지연 기법을 반복적으로 적용하면, 영유아는 이를 자기 행동에 대한 요구로 인식하기 시작한다. 영유아가 행동을 개시하면 중재자는 이를 적절하게 수정하거나 확장해 준다. 요구-모델(mand-model) 기법은 아동에게 목표행동을 먼저 요구한 후 그에 대한 적절한 반응을 모델링하는 방법이다. 단순히 목표행동을 모델링하지 않고 먼저 요구를 하여 영유아가 스스로 반응할 기회를 제공한다. 우발학습(incidental teaching)은 영유아가 일상생활 중에 자연스럽게 학습 기회를 갖는 것처럼 우연적인 상황을 미리 계획하여 이를 의사소통 중재에 활용하는 것이다. 환경중심 언어중재의 세 가지 전략에 대한 정의 및 예를 〈표 12-3〉에 제시하였다.

2) 강화된 환경중심 언어중재

강화된 환경중심 언어중재(Enhanced Milieu Teaching: EMT)는 사회적 상호작용의 관점을 기반으로 환경중심 언어중재 접근법에 반응적 중재(RI)의 모델링 요소를 더한 것이다. 환경 구조화와 반응적 상호작용 전략, 그리고 환경중심 언어중재에서 활용되는 모델링, 요구-모델, 시간지연, 우발학습 전략들을 포함한다. 강화된 환경중심 언어중재에 포함시킨 반응적 중재 전략에는 영유아 주도 따르기, 차례 주고받기를 기반으로 하기, 영유아가 개시한 화제를 따라 주기, 언어적으로는 물론 대화 주제가 관련되도록 모델링하기, 영유아의 의사소통행동 수준 맞추기, 영유아의 발화를 확장하고 반복하기, 영유아의 언어적, 비언어적 의사소통행동에 적절하게 반응해 주기 등을 포함한다. 특히 반응적 중재 요소로 비언어적 모방과 언어적 반응을 포함하였다(Delaney & Kaiser, 2001). **비언어적 모방**(nonverbal mirroring)은 영유아의 비언어

〈표 12-3〉 환경중심 언어중재 전략

	정의	예시
시간지연	의사소통 상황을 만든 후 영유아가 의사소통행동을 개시하도록 잠시 기다려 주는 방법	영유아 앞에서 주스가 담긴 컵을 들고 잠시 기다려 주어 요구하기를 유도한다.
요구-모델	영유아에게 목표행동을 먼저 요구한 후 그에 대한 적절한 반응을 모델링하는 방법	영유아 앞에서 주스가 담긴 컵을 들고 "주세요 해 봐!" 하고 목표행동을 요구한 다음 "주세요!" 하고 목표 형태를 모델링한다.
우발학습	영유아가 일상 생활 중에 자연스럽게 학습 기회를 갖는 것처럼, 우연적인 상황을 미리 계획하여 목표행동을 유도하는 방법	영유아 앞에서 주스를 맛있게 마시는 모습을 보여 주어 자연스럽게 요구하기를 유도한다.

적 행동을 중재자가 따라하는 것으로, 중재자가 영유아들의 비언어적 의사소통행동에 관심을 갖도록 하며, 활동 중에 영유아와 중재자 간의 차례 주고받기와 상호작용을 촉진한다. 언어 반응(verbal responding)은 영유아의 행동에 문맥적으로나 영유아의 관심사에 적절하게 반응해 주는 것으로, 영유아가 언어적 차례 주고받기를 먼저 개시하는 행동을 촉진한다.

3) 언어이전기 환경중심 언어중재

언어이전기 환경중심 언어중재(Prelinguistic Milieu Teaching: PMT)는 환경중심 언어중재 접근법에서 아직 언어를 표현하지 않거나 이제 막 언어표현을 시작하여 표현언어 능력이 매우 제한된 영유아 또는 아동을 대상으로 확장한 프로그램이다. 이 시기의 영유아들은 아직 의사소통의도가 완전히 발달되지 않았을 수 있으므로 언어적 규칙체계 습득에 중점을 두고 중재하는 경우 언어를 의사소통수단으로서가 아니라 단지 언어적 상징체계만을 기계적으로 학습할 수 있다. 언어이전기 환경중심 언어중재에서는 발성, 응시, 몸짓과 같은 비언어적 의사소통수단을 통해 자발적으로 의사소통에 참여하도록 하는 것을 우선적인 목표로 삼는다. 언어이전기 환경중심 언어중재는 자연적인 환경에서 사회적 상호작용을 통해 중재를 제공해야 한다는 환경중심 언어중재의 원리를 따르나, 중재 목표를 언어가 아닌 비언어적 의사소통에 중점을 둔다는 점에서 구별된다. 언어이전기 환경중심 언어중재는 다음과 같은 다섯 단계로 진행된다. 첫째, 의사소통 행동의 문맥 제공을 위해 반복적인 일과(routine) 수립하기, 둘째, 비언어적인 발성 빈도와 자발성 증가시키기, 셋째, 응시 빈도와 자발성 증가시키기, 넷째, 관습적이거나 비관습적인 몸짓 사용 빈도와 자발성 증가시키기, 다섯째, 눈맞춤, 발성, 그리고 몸짓을 결합하여 사용하기이다. 각각의 절차는 〈표 12-4〉에 자세히 요약되어 있다.

〈표 12-4〉 언어이전기 환경중심 언어중재(PMT) 프로그램 절차

1. 의사소통행동의 문맥 제공을 위해 반복적인 일과(routine) 수립하기

A. 영유아의 운동행동을 모방한다.

B. 영유아의 음성행동을 모방한다.

C. 이미 형성되어 있는 영유아의 행동 패턴이나 반복된 일과(routine)를 변형시킨 후 영유아가 다시 차례를 시작하기를 기다린다.

D. 영유아가 재미있어 하거나 흥미를 보일 행동을 수행한다. 영유아가 재미있어 하도록 행동을 멈추었다가 다시 시작하는 행동을 반복한다.

E. 영유아가 반복된 일과의 일부 행동을 수행하면 그 행동을 완전한 일과로 완성해 준다.

2. 비언어적인 발성 빈도와 자발성 증가시키기

A. 영유아가 비언어적인 발성이지만 특정 대상을 참조하는 것이 명확한 경우에는 정확한 언어로 수정해 준다.

B. 음성 놀이 활동 중에 영유아의 목록에 없는 말소리나 낱말을 모델링한다.

C. 음성 놀이 활동 중에 의사소통 의도 표현과 상관없이 영유아의 말소리나 낱말 목록에 있는 말소리를 모델링한다.

D. 영유아가 의사소통 의도를 가지고 산출한 것이 아닌 자발적으로 산출한 말소리나 음절 형태를 모방한다.

E. 영유아가 의사소통 의도를 가지고 산출한 것이 아닌 자발적으로 산출한 말소리나 음절 형태를 가능한 한 정확히 모방한다.

3. 응시 빈도와 자발성 증가시키기

영유아가 사물을 바라보는 경우 반복적인 일과 내에서 의사소통이 필요한 상황 만들기

A. 영유아가 응시하면 원하는 사물이나 행동을 수반된(후속) 결과로 제공한다.

B. 응시행동을 언어적으로 촉진한다.

C. 원하는 사물을 중재자의 얼굴 쪽으로 움직여서 더 확실하게 바라보게 한다.

D. 영유아의 시선 앞쪽에서 중재자의 얼굴을 좌우로 움직여서 영유아의 시선이 따라 움직이게 한다.

E. 영유아가 시선을 따라 움직이면 재미있거나 긍정적인 정서표현으로 분명하게 확인해 준다.

F. 이상의 절차를 실시했는데도 영유아가 목표행동을 수행하지 못하는 경우에는 영유아가 원하는 물건을 주거나 행동을 해 준다.

4. 관습적이거나 비관습적인 몸짓 사용 빈도와 자발성 증가시키기

반복적인 일과 내에서 의사소통이 필요한 상황 만들기

A. 영유아가 몸짓으로 표현하는 경우 원하는 물건이나 행동을 수반된(후속) 결과로 제공한다.

B. "뭐라고?" "뭐 줘?"라고 말하며 이해가 안 되는 표정으로 바라보거나 몸짓을 하여 이해를 못 하는 척 행동한다.

C. 영유아에게 더 분명하게 표현하도록 요구한다(예: "어떤 거?" "어떤 거 줄까?").

D. 영유아에게 특정한 몸짓을 사용하도록 명확하고 직접적으로 요구한다(예: "보여 줘." "나한테 줘.").

E. 적절한 몸짓을 모델링한다.

F. 영유아가 지시를 따르면 몸짓으로 표현한 것을 언어적으로 확인해 준다.

G. 이상의 절차를 실시했는데도 영유아가 목표행동을 수행하지 못하면 원하는 물건을 주거나 행동을 해 준다.

5. 의도적 의사소통행동의 세 요소인 눈맞춤, 발성, 그리고 몸짓을 결합하여 사용하기

A. 영유아가 하나 또는 두 가지의 의사소통행동 요소를 보였다면 두 번째 혹은 세 번째 의사소통 요소를 보이도록 기대를 가지고 기다린다(예: 시간지연법 활용).

B. 영유아가 하나 또는 두 가지의 의사소통행동 요소를 보이고 시간지연법을 활용하여 기다렸음에도 다른 의사소통 요소를 더하지 않는 경우에는 다음과 같이 촉진한다.

- "뭐하고 싶어?"라고 묻거나 다른 형태로 촉진을 하고 기다린다.
- 영유아와 눈맞춤을 하거나 이름을 불러 눈맞춤을 유도한다.
- 영유아가 몸짓으로 표현하도록 모델링하거나 도움을 준다.
- 영유아가 사물이나 속성, 또는 사건에 대한 의사소통행동을 하면 중재자는 낱말 표현으로 그 행동을 수정해 준다.
- 영유아가 보인 의사소통행동에 대해서 비언어적으로 모델링해서는 안 된다.
- 영유아가 목표 요소를 보인 후에는 앞에 제시된 1~4의 목표에서 설명한 것과 같이 즉각적으로 적절한 결과나 언어적 피드백을 제공한다.
- 이상의 절차를 실시했는데도 영유아가 목표행동을 수행하지 못하면 원하는 물건을 주거나 행동을 해 준다.

출처: Warren et al. (2006).

4) 반응성 언어이전기 환경중심 언어중재

반응성 언어이전기 환경중심 언어중재(Responsive Prelinguistic Milieu Teaching: RPMT)
는 부모 교육 및 훈련을 목적으로 개발된 것으로, 반응적 중재 후 전략과 언어이전
기 환경중심 언어중재의 내용을 혼합한 형식이다. 부모를 대상으로 반응적 중재 전
략들을 훈련하며, 이를 기반으로 아동의 언어적 행동은 물론 비언어적 행동에 대해
적절히 반응해 주도록 강조한다.

〈표 12-5〉 의사소통 중재 접근법 비교

	직접적 중재 접근법	반응적 중재 접근법	혼합 중재 접근법
	• 구조적 접근법 • 중재자중심 접근법	• 자연적 접근법 • 아동중심 접근법	• 절충적 접근법
기본 원리	• 중재자의 주도로 중재 • 치료 목표와 자료, 활동을 중재자가 결정 • '자극-반응-강화'의 행동주의 원리에 기반	• 아동의 주도 따르기 • 치료 목표와 자료는 아동의 행동과 관심에 따라 결정 • 반응적 접근 강조	• 직접적 중재 접근법과 반응적 중재 접근법의 원리를 혼합 • 아동이 주도하도록 환경 구조화 강조 • 자연적 강화
중재 전략	• 과제분석을 통한 중재 목표의 세분화 • 적절한 자극을 통한 모델링 제공 • 영유아 반응을 유도하기 위한 단서 또는 촉진 제공 • 적절한 반응에 대해 강화와 같은 피드백(보상) 제공	• 반영하기(reflection) • 영유아 행동 묘사하기 (parallel-talk) • 중재자 행동 묘사하기(self-talk) • 의미 확장하기(expansion) • 형식 확장하기(extension) • 분리 후 결합하기(breakdown & build-up) • 고쳐 말하기(recast)	• 환경중심 언어중재와 모델링, 시간지연법, 요구-모델, 우발학습 • 강화된 환경중심 언어중재 • 언어이전기 환경중심 언어중재와 반응적 언어이전기 환경중심 언어중재 • 기타

5) 놀이중심 중재

놀이는 영유아들의 자연스러운 활동을 통해 의사소통은 물론 운동, 인지, 사회성 등 주요 발달 영역에서의 발달 상황을 살펴볼 수 있는 통로가 되며, 영유아 발달을 촉진하기 위한 주요 중재 활동이 될 수 있다. 중재 활동으로서 놀이가 갖는 장점은 다음과 같다. 첫째, 영유아의 참여 동기를 높인다. 놀이를 좋아하지 않는 영유아는 거의 없다. 따라서 좋아하는 놀이를 기반으로 한 중재는 영유아의 참여 동기를 증가시키는 데 효과적이다. 둘째, 상호작용을 촉진한다. 중재자는 영유아와의 놀이에 참여함으로써 자연스럽게 차례 주고받기와 상호작용의 기회를 가질 수 있다. 셋째, 여러 영역의 발달을 촉진할 수 있다. 놀이를 통해 의사소통은 물론 운동, 인지, 사회성 등 여러 영역의 행동 발달을 촉진할 수 있다. 넷째, 기능적인 행동중재가 가능하다. 목표행동을 반복적으로 연습시키는 구조화된 접근에 비해 놀이는 실제 상호작용 속에서 목표행동을 중재하여 목표행동을 기능적으로 습득하도록 촉진한다. 다섯째, 장소나 상대자에 따른 제약 없이 적용할 수 있다. 놀이는 가정, 어린이집, 치료실 등 장소에 제약 없이 실시할 수 있으며, 중재자는 물론 부모, 형제, 또래 등 여러 대상이 상대자로 참여할 수 있다. 여섯째, 놀이는 아동 주도를 강조하는 반응적 중재 접근법은 물론 직접적 중재 접근법의 활동 맥락으로도 활용할 수 있다. 이외에도 놀이가 갖는 장점은 많다. 따라서 중재자는 영유아의 발달수준에 적합하며 중재 목표를 유도하는 데 적절한 놀이 활동을 중재에 연결할 수 있어야 한다.

6) 상호적 책 읽기를 통한 중재

책은 단순히 재미있는 이야기나 정보를 전달하는 수단 혹은 문해 교육의 목적만이 아니라 의사소통이나 구어 중심의 언어 중재에도 효과적으로 활용될 수 있다. 의사소통이나 언어 중재에서의 책 읽기는 단순히 재미난 이야기를 담고 있는 자료 혹은 문자나 읽기 학습의 대상이 아니라 상호작용의 매개 또는 자료로서의 의미를 갖는다.

상호적 책 읽기(shared book reading)는 책 읽기를 활용한 의사소통 중재 방법 중 하나로, 양육자나 중재자가 책을 읽어 주면 영유아는 그것을 듣는 일반적 형태의 책 읽기 활동이 아니라 책을 매개로 영유아와 양육자 혹은 중재자가 서로 질문하고 대답하며 대화를 주고받는 상호작용 중심의 책 읽기 활동을 말한다(Cole, Maddox, & Lim, 2006). 의사소통이나 언어 중재 활동으로 책 읽기가 갖는 장점은 다음과 같다. 첫째, 쉽게 적용이 가능하며, 아주 어린 영유아부터 비교적 나이가 많은 아동까지 폭넓은 연령에 활용할 수 있다. 즉, 책은 우리 주변에서 쉽게 접할 수 있으며, 아동의 발달수준에 맞는 무수히 많은 책이 있기 때문에 쉽게 적용할 수 있다. 둘째, 의사소통이나 언어 중재에 효과적인 학습 자료를 제공한다. 책은 무수히 많은 주제나 소재를 다루고 있으므로 활동에 따라 다룰 수 있는 주제가 어느 정도 제약이 있는 놀이에 비해 다양한 주제에 따른 의사소통 및 언어 학습을 가능하게 한다. 셋째, 영유아의 흥미 유발에 효과적이다. 책의 종류가 매우 다양하기 때문에 영유아의 관심사에 맞는 책을 선택할 수 있으며 이를 통해 흥미를 유도할 수 있다. 넷째, 다양한 의사소통 및 언어 중재 전략을 적용할 수 있다. 반응적 중재에서부터 직접적 중재까지 중재 접근법에 제약되지 않고 효과적인 중재 자료로 활용할 수 있다. 마지막으로, 책을 매개로 영유아와 양육자 또는 중재자 간의 상호작용을 유도하는 데 용이하다. 특히 상호적 책 읽기를 통한 중재 접근법은 영유아와 양육자 또는 중재자 간의 상호작용을 촉진하는 데 유용하다.

상호적 책 읽기는 다음과 같은 절차를 통해 진행할 수 있다. 먼저, 영유아가 좋아하는 책을 선택하게 한다. 중재자는 영유아가 선택한 책을 함께 본다. 반응적 중재법을 따르는 경우에는 영유아가 책을 볼 때 중재자는 옆에서 영유아가 바라보는 내용을 언급해 주거나 영유아가 개시한 내용을 확장해 주는 등의 반응적 중재 전략을 적용한다. 직접적 중재 접근법을 적용하는 경우에는 중재자가 책을 읽어 주고 영유아에게 해당 내용을 가리키게 하거나 관련된 질문에 답하게 한다. 영유아가 자발적으로 이야기를 하거나 중재자의 질문이나 지시에 반응을 하면 강화를 해 주고, 자발적으로 이야기를 하지 않으면 책의 그림이나 내용을 활용하여 시각적 또는 언어적 촉진을 제공한다. 같은 방식으로 책장을 넘기며 책 읽기를 지속한다.

상호적 책 읽기 활동을 기반으로 하는 PEER(Prompt, Evaluate, Expand, Repeat)는 상호적 책 읽기에 직접적 중재 접근법과 반응적 중재 전략을 접목한 중재 프로그램이다. 이 프로그램에서는 중재자가 영유아와 함께 상호작용적으로 책을 읽으며 관련된 질문을 제공한다. 영유아가 스스로 답을 하지 못하면 문장 완성하기

(completion), 회상하기(recall), 개방적 질문하기(open-ended questions), 의문문 질문하기(wh-questions), 경험과 연관시키기(distancing) 등과 같은 방법으로 촉진(prompt)을 제공한다. 영유아가 자발적으로 혹은 촉진을 통해 답을 하는 경우에는 이에 대해 평가해 주고(evaluate), 이를 더 적절하거나 정교화된 형태로 확장해 준다(expand). 그리고 마지막으로, 중재자가 정교화한 언어 형태나 반응을 따라하도록(repeat) 유도한다(강영희, 홍경훈, 2016; 오영신, 김정미, 이수향, 2008; Whitehurst et al., 1994; Zevenbergen & Whitehurst, 2003).

4. 가족참여와 부모개입 의사소통 중재

1) 조기중재와 가족참여

(1) 가족참여의 중요성

제1장에서 소개한 바와 같이, 조기중재는 다음과 같은 네 가지 원칙을 기반으로 한다. 첫째, 조기중재는 가족중심이어야 하며, 문화적, 언어적 측면을 고려해야 한다. 둘째, 영유아의 발달을 촉진할 뿐 아니라 영유아가 자연적 환경에 참여할 수 있도록 도와야 한다. 셋째, 전문가들 간의 협력적 접근을 기반으로 포괄적이고 협력적인 서비스를 제공한다. 넷째, 중재 효과가 입증된 근거기반의 중재 접근법을 활용해야 한다. 첫 번째 원칙을 비롯하여 조기중재의 네 가지 원칙은 모두 중재가 가족중심이어야 함을 강조한다. 즉, 가정은 영유아에게 가장 자연스러운 환경이므로 자연적 환경에의 참여를 강조하는 두 번째 원칙에도 중요하며, 협력적 접근을 통한 중재를 강조하는 세 번째 원칙에서도 가족은 협력적 접근에 반드시 포함되어야 하므로 중요한 의미를 갖는다. 마지막으로, 근거기반의 중재 접근이어야 한다는 측면에서 가족중심, 또는 부모참여 중재는 영유아 조기중재에서 중재 효과가 많이 보고된 근거기반의 중재라 할 수 있다.

조기중재의 기본 원칙에서 살펴볼 수 있듯이, 가족참여 중재는 영유아 시기에 조기중재의 핵심을 이룬다고 할 수 있다. 가족중심의 중재는 다음과 같은 두 가지 관점에서 지지될 수 있다. 첫째, 영유아는 가족과 가장 많은 시간을 보내기 때문에 영유아와 상호작용할 시간을 많이 가지며, 이로 인해 영유아 발달에 많은 영향을 미치게 된다. 둘째, 가정은 영유아에게 가장 자연스러운 환경이다. 가정 내에서의 의사소통 촉진은 영유아가 자연스러운 의사소통 능력을 습득하는 데 효과적이다. 따라서 가족을 대상으로 영유아 의사소통을 촉진하기 위한 여러 중재를 제공하는 것은 영유아의 의사소통 기술을 신장시키는 데 가장 효과적인 전략 중의 하나가 될 수 있다(Park, 2002).

미국 특수교육학회 내 영유아특수교육학회(The Division for Early Childhood of the Council for Exceptional Children)에서는 가족참여가 이루어져야 할 분야를 다음과 같이 제시하였다. 첫째, 프로그램 자문 및 결정, 둘째, 중재자 채용 및 훈련 평가, 셋째, 가족 간 상호 지원, 넷째, 중재 활동, 다섯째, 기관 내 협력, 여섯째, 법적 활동, 일곱째, 옹호 활동, 여덟째, 정당한 법적 절차의 개발, 마지막으로, 부모를 위한 지도자 훈련 계획이다. 이처럼 다양한 분야에 대한 가족참여는 영유에게는 적절한 치료 및 교육이 제공되도록 하는 것은 물론 나아가 이를 위한 제도 마련이나 사회적 변화에도 긍정적 효과를 가질 것이다.

(2) 가족참여의 효과

가족참여 효과는 영유아는 물론 가족, 나아가서는 사회적인 측면에서 살펴볼 수 있다. 먼저, 가족을 중심으로는 조기중재에 가족이 참여함으로써 가족이 영유아의 발달 과정을 이해하는 데 도움을 받을 수 있으며, 발달 과정에서 영유아가 가질 수 있는 문제를 전문가들과 상담함으로써 효과적으로 대처할 수 있게 된다. 또한 가족참여를 통해 다양한 정보를 얻을 수 있으며, 이를 통해 효과적인 양육 및 교육 기술을 배운다. 나아가 이러한 과정을 통하여 영유아 양육이나 교육에 바람직한 가정 환경을 구성할 수 있다.

가족이나 가정의 변화는 영유아에게도 직접적으로 영향을 미치게 된다. 먼저, 가족참여를 통해 영유아는 적절한 양육과 교육을 제공받게 된다. 가족이 영유아 교육에 참여함으로써 양육이나 교육에 적절한 가정 환경을 구성하게 되고, 이를 통해 영유아는 바람직한 양육과 교육을 제공받을 수 있게 된다. 나아가 양육과 교육의 변화는 궁극적으로 영유아 발달에도 긍정적 영향을 미치게 된다.

마지막으로, 가족참여는 가족의 기능을 강화하여 사회적으로 발생할 수 있는 여

〈표 12-6〉 가족참여가 가족, 영유아, 사회에 미치는 효과

가족	영유아	사회
• 영유아 발달을 이해하는 데 도움이 된다. • 영유아가 가질 수 있는 문제에 효과적으로 대처한다. • 효과적인 양육 및 교육 기술을 배운다. • 바람직한 가정 환경을 구성한다. • 가족 기능이 강화된다.	• 적절한 양육 및 교육을 제공받는다. • 발달 촉진의 효과를 갖는다.	• 가족의 기능 강화를 통한 문제 발생을 예방한다. • 사회적 비용 절감 효과를 갖는다. • 사회 발전에 기여한다.

러 문제를 미연에 예방하는 효과를 갖는다. 적절한 교육을 통한 개입은 이후 발생할 수 있는 경제적, 사회적 부담을 감소시키며 나아가 사회적 제도 및 분위기 혁신을 통해 건강한 사회 발전에 기여한다. 가족참여가 가족이나 영유아, 사회에 미칠 수 있는 효과는 〈표 12-6〉에 제시하였다.

2) 부모개입 의사소통 중재

(1) 부모개입을 통한 조기 의사소통 중재

가족 중에서도 부모가 영유아에게 갖는 영향력은 매우 크며, 이는 언어 및 의사소통 발달 측면에서도 예외는 아니다. 부모가 영유아의 언어 및 의사소통에 미치는 영향은 그동안 많은 문헌을 통해 무수히 강조되어 왔는데(Hart & Risley, 1995; Smith, Landry, & Swank, 2000; Tamis-LeMonda, Bornstein, & Baumwell, 2001), 특히 부모와 영유아의 상호작용의 양이나 반응성(Scheffner et al., 2001; Tamis-LeMonda, Bornstein, & Baumwell, 2001), 상호작용 중의 언어 사용(Hart & Risley, 1995; Hoff & Naigles, 2002), 언어 전략 사용(Smith, Landry, & Swank, 2000)이 영유아 언어발달에 직접적으로 영향을 미친다고 알려져 왔다.

부모가 영유아의 의사소통이나 언어 발달에 미치는 영향이 강조됨에 따라 부모를 영유아 언어 및 의사소통 중재에 포함시키려는 노력이 다양하게 시도되었다. 초기에는 주로 부모에게 영유아 언어 및 의사소통 발달이나 적절한 언어 촉진 방법을

교육하는 데 중점을 두었으나, 조기중재 분야에서 가족참여의 중요성과 자연적 환경 내에서의 중재가 강조됨에 따라 부모를 대상으로 언어 및 의사소통 중재 전략을 훈련하여 일상생활에서 언어 및 의사소통 중재를 직접 진행할 수 있도록 하여 보다 적극적으로 중재에 참여하는 방향으로 발전하였다.

부모개입 중재 효과 역시 많은 연구를 통해 보고되어 왔다. Roberts와 Kaiser (2011)는 1980년대 후반부터 2010년까지 이루어진 부모개입 언어중재 연구 18편에 대한 메타분석을 통해 부모개입 중재가 영유아의 수용 및 표현 언어에 긍정적인 영향을 보였다고 보고하였다. 영유아는 부모와 가장 많은 시간을 보내기 때문에 부모는 영유아와 상호작용할 시간을 많이 가지며, 가정은 영유아에게 가장 자연스러운 환경으로 가정 내에서의 의사소통 촉진은 영유아가 자연스러운 의사소통 능력을 습득하는 데 효과적이다. 따라서 중재자는 영유아 조기 의사소통 중재에 있어 부모개입 의사소통 중재 접근을 적극적으로 활용하여야 할 것이다.

다음에서는 부모개입을 통한 의사소통 중재와 부모훈련 프로그램 계획 및 실시에 대해 더 자세히 살펴보도록 하겠다.

(2) 부모개입 의사소통 중재와 부모훈련 프로그램
① 부모 교육 및 훈련의 결정

부모개입 의사소통 중재를 위해서는 부모 교육과 훈련이 선행되어야 하며, 이를 위해서는 중재에 부모를 참여시키는 수준과 역할을 결정해야 한다. 부모참여 수준과 역할은 중재의 목표는 물론 부모의 역량과 요구에 따라 달라져야 한다. 어떤 부모는 영유아 치료 교육에서 주도적인 역할을 담당하기를 원하는 반면, 어떤 부모는 중재자에게 영유아 치료 교육을 맡기고 자신들은 보조적인 역할만 담당하기를 원할 수 있다. 또한 중재에 적극적이고 주도적으로 참여하고자 하는 경우에도 이러한 역할을 수행할 수 있는 역량이나 준비를 잘 갖추고 있는지의 여부에 따라서 부모개입 형태가 달라져야 할 것이다.

부모개입 정도나 역할이 결정되면 그에 맞게 부모를 대상으로 한 교육이나 훈련이 선행되어야 한다. 최근 영유아 교육 분야에서는 부모교육, 부모훈련, 부모참여를 다음과 같이 다르게 정의한다. **부모교육**(parent education)은 전문가가 부모에게 부모 역할의 지침과 정보를 제공하는 모든 종류의 활동과 경험을 통칭하는 것으로, 부모의 역할과 기능을 원활히 수행할 수 있도록 부모에게 정보나 지식을 전달하고 교수하는 것(Grotberg, 1983)이라고 정의할 수 있다. 주로 강연회나 워크숍 등을 통해서 정보를 제공하거나 특정 기술 또는 태도 등을 가르치는 활동들이 포함될 수 있다(김희진, 2008). **부모훈련**(parent training)은 전문가가 부모를 대상으로 실시한다는 점에서는 부모교육과 유사하나 부모교육이 정보나 지식을 전달하고 제공하는 것에 중점을 둔다면, 부모훈련은 교육받은 내용을 실제 상황에 적용할 수 있도록 훈련하는 것에 중점을 둔다. **부모참여**(parent participation)는 부모가 영유아의 교육과 관련된 일련의 과정에 참여하는 것을 의미한다. 즉, 영유아 교육이나 지원 서비스와 관련된 정책 결정에서부터 영유아 교육이나 관련된 활동을 계획하고 실행하는 데 다양한 형태로 참여하는 것이다. 앞서 부모교육이나 부모훈련에서는 교육의 대상으로서 부모를 보았다면, 부모참여에서는 전문가와 더불어 영유아 서비스에서 적극적인 역할을 담당하는 형태로 부모를 인식한다.

최근의 경향은 부모를 전문가에 의해 교육받아야 하는 대상이 아니라 '동반자로서 함께 이루어 가고 어떤 점에서는 도움을 받을 수 있는 대상'이 되어야 한다는 부모참여의 관점을 강조한다. 그러나 부모가 영유아 교육 또는 중재에 전문가와 동일하게 참여하기 위해서는 영유아 발달이나 교육과정, 또는 관련 정책 등에 대한 이해가 선행되어야 하므로 부모 교육과 훈련 역시 부모참여의 한 과정으로 이해해야 할 것이다(김은설 외, 2009).

영유아 의사소통 중재에서 부모참여를 위해서는 영유아 의사소통발달이나 중재 방법 등에 대한 부모교육 또는 부모훈련이 요구된다. 다음 부분에서는 부모교육과 부모훈련을 계획할 때 고려해야 할 내용을 구체적으로 살펴보도록 하겠다.

② 부모훈련 프로그램의 계획

부모훈련 프로그램을 결정하기 위해서는 훈련의 내용과 형식, 그리고 훈련 효과 평가에 대한 계획이 이루어져야 한다.

- **교육 또는 훈련의 내용 결정**: 부모교육이나 부모훈련의 내용은 부모참여 정도에 따라 달라질 수 있으나 보통 영유아의 의사소통발달, 영유아-부모 상호작용 기술, 언어 사용, 의사소통발달 촉진 전략 등과 관련된 내용들로 구성된다. 이

〈표 12-7〉 부모훈련 프로그램 계획 시 고려사항

구분	내용
부모교육 또는 부모훈련의 내용	• 영유아의 의사소통발달 • 영유아-부모 상호작용 기술 • 언어 사용 • 의사소통발달 촉진 전략
훈련 형식	• 일대일 상담 및 교육 • 소그룹 프로그램 • 대그룹 프로그램
교육 및 훈련 방법	• 강의 • 관찰 및 토론 • 역할극 • 개별 피드백
실시 횟수	• 일회성 • 다회성
효과 평가	• 부모 행동 변화 • 영유아 행동 변화

중에서도 부모들에게 어떠한 의사소통 중재법을 교육할 것인지 결정하는 것이 중요하다. 일반적으로 부모개입 의사소통 중재 프로그램에서는 자연스러운 언어 및 의사소통 중재를 강조하는 반응적 중재 접근법(아동중심적 중재법)이나 반응적 중재에 직접적 중재 전략을 절충시킨 혼합 중재 접근법(절충적 중재법)이 많이 활용되어 왔다. 부모개입 의사소통 중재 접근법으로 유명한 하넨센터의 It Takes Two to Talk(ITTT)는 반응적 중재 접근법을 적용한 대표적인 프로그램이다. Roberts와 Kaiser(2011)가 메타분석을 통해 부모개입 언어중재 효과를 살펴본 연구에서 총 18편의 연구 중 8편이 ITTT를 적용하였을 정도로 효과가 입증되어 있으며, 국내에서도 원정완(2005), 김정미와 이수향(2007), 이금진과 송준만(2008) 등에 의해 프로그램 효과가 보고된 바 있다. 절충적 중재법 중에서 환경중심 언어중재(MT)나 반응성/언어이전기 환경중심 언어중재(RE/PMT)도 부모개입 중재 프로그램으로 많이 적용된다. 박은영, 김삼섭, 조광순(2005)은 국내외에서 부모에 의해 실행된 환경중심 언어중재 연구 13편에 대한

체계적 분석 결과를 보고한 바 있으며, 반응성/언어이전기 환경중심 언어중재법도 부모 중재 효과가 Warren 등(2006)에 의해 보고된 바 있다.

반응적 중재 접근법이나 절충적 중재 접근법에 비해서 직접적 중재 접근법을 적용한 부모개입 의사소통 중재는 상대적으로 많지 않으나, 행동주의 원리를 발달적 접근이나 자연적 중재 접근과 접목한 중재 접근법을 적용한 사례는 다수 존재한다. 덴버조기중재모델(Early Start Denver Modler: ESDM)은 Rogers 등(2012)에 의해 응용행동분석 원리를 관계중심 발달모형에 접목하여 개발한 자폐스펙트럼장애 부모훈련 프로그램으로 효과가 보고되었으며, 그 외 중심축 반응훈련(Pivotal Response Training: PRT) 등도 부모훈련에 적용되어 효과가 보고된 바 있다(Lang, Machalicek, Rispoli, & Regester, 2009).

• **훈련 형식**: 훈련 프로그램은 중재자와 부모가 일대일인 상황이나 소수의 부모를 대상으로 하는 소그룹 형태, 또는 많은 부모를 대상으로 하는 대그룹 형태로 진행할 수 있다. 훈련 형식 역시 부모참여의 정도에 따라 달라진다. 정보 전달을 주목적으로 하는 부모교육의 경우에는 대그룹이나 소그룹 형식이 적절할 것이다. 반면, 부모훈련이나 부모참여의 경우에는 교육받은 내용을 연습하거나 훈련받는 과정이 요구되므로 많은 부모를 대상으로 하는 대그룹 형식보다는 소그룹이나 일대일 형식이 보다 적합할 것이다. 일대일 형식은 영유아나 부모 수준에 맞는 맞춤형 중재가 가능하다는 점에서 장점이 있으나 중재자가 모든 부모를 개별적으로 상대해야 하므로 시간적으로나 경제적으로 부담이 될 수 있다. 소그룹 프로그램은 시간적, 경제적인 측면에서 효율적이며, 부모 간의 정보 교환이나 상호작용 기회를 제공하고, 나아가 역할극이나 토론과 같은 다양한 훈련 방식을 적용할 수 있다는 장점을 갖는다. 하지만 비슷한 관심사나 요구를 가진 부모 집단을 구성하는 것이 어려울 수 있으며, 부모 간의 역동은 프로그램에 긍정적 영향을 줄 수도 있으나 반대로 부정적 영향을 미칠 수도 있다.

• **교육 및 훈련 방법**: 어떠한 방식으로 부모훈련을 진행할 것인가도 프로그램 계획에서 고려하여야 한다. 강의가 기본이 되겠으나 목적에 따라 교육받은 내용에 대한 연습 과정이 요구되기도 한다. 비디오 영상 자료 활용은 교육 및 훈련에 효과가 큰 것으로 알려져 있다. 모델이 되는 교육용 자료를 관찰하는 것은 물

론 참여 부모가 자신의 자녀와 상호작용하는 모습이나 학습한 내용을 실제로 적용하는 모습을 비디오로 촬영하여 모니터링하는 방법은 효과적인 교육 방법이 된다(van Balkom, Verhoeven, van Weerdenburg, & Stoep, 2010). 이외에도 참가자 간의 역할극 등을 이용하는 방법도 교육이나 훈련 방법으로 활용된다.

• 실시 횟수: 교육 실시 횟수는 일회성 교육에서부터 1년 이상의 기간 동안 매주 주기적으로 훈련을 받는 것까지 다양하다. 일회성 프로그램은 시간적 제약이 적어 많은 수의 부모참여를 가능하게 하나 심도 깊은 교육이나 훈련은 어려울 수 있다. 이와는 반대로 다회성 프로그램은 심화된 내용 진행이나 훈련 프로그램에 적합할 수 있으나 지속적인 부모참여가 어려울 수 있다. 따라서 교육 또는 훈련의 목적이나 참가 대상자의 수나 특성을 고려하여 결정하도록 한다.

• 효과 평가: 부모훈련은 일차적으로 훈련이나 교육을 통해 부모 행동이 어떻게 달라졌는가를 평가하나, 부모훈련의 목적이 단지 부모 행동에서의 변화만이 아니라 궁극적으로 영유아의 의사소통 능력을 향상시키고자 함에 있으므로 영유아의 행동도 함께 평가한다. 부모 행동은 교육을 통해 변화된 부분을 부모 스스로 평가하도록 할 수 있으며, 중재자가 부모와 영유아 상호작용 상황을 관찰하는 방식으로 평가할 수도 있다. 평가 내용은 훈련 내용과 관련된 것이어야 한다. 〈표 12-8〉에 양육자의 의사소통 행동이나 양육자와 영유아의 상호작용 행동을 평가할 때 활용할 수 있는 질문 목록을 제시하였다. 이는 평정척도 형식으로 만들어 평가자가 평정하거나 부모가 직접 자기 행동 변화를 체크하도록 하는 데 사용해 볼 수도 있으며, 관찰지 형식으로 바꾸어 평가자가 관찰을 통한 평가에 활용할 수도 있다.

영유아의 행동은 영유아 평가에서 활용되는 표준화 검사나 체크리스트, 행동관찰 방법 등을 통하여 평가할 수 있다. 이때 중요한 점은 중재 내용과 관련된 영역의 행동 변화를 평가하는 것이다. 부모훈련을 통한 부모매개 중재 연구에서 중재를 통해 부모의 행동은 변화하였으나 영유아의 행동은 유의하게 변화하지 않는 경우를 흔히 볼 수 있다. 중재를 통한 변화는 즉각적으로 나타나지 않고 오랜 시간이 걸려 나타날 수도 있다. 따라서 영유아의 행동 변화를 살펴볼 때 살펴보고자 하는 행동의 성격을 고려하는 것이 중요하다.

〈표 12-8〉 양육자-영유아 상호작용에서의 양육자 행동 평가 질문 목록

1. 상호작용 스타일
- 영유아가 의사소통행동을 개시하도록 기다려 주는가?
- 영유아의 의사소통행동에 대해 행동이나 발화로 반응해 주는가?
- 영유아가 관심을 가지는 사물을 함께 바라보는가?
- 영유아와 같은 사물을 바라보면서 주고받기를 하는가?
- 현재 맥락(지금, 여기)과 관련된 이야기를 하는가?
- 영유아와 공동주의를 유지하며 모델링을 해 주는가?
- 영유아의 수준에 맞추어 말하는가?
- 영유아의 발화나 의사소통의도를 정확히 이해하는가?
- 영유아에게 의사소통 기회를 제공하고자 행동을 멈추고 기다려 주는가?
- 영유아가 먼저 행동하기 전에 영유아의 요구를 해결해 주어 의사소통 기회를 제한하지는 않는가?

2. 애착 행동
- 영유아에게 적절한 신체적, 촉각적 자극을 제공하는가?
- 영유아와 상호작용하는 동안 긍정적 정서를 표현하는가?
- 영유아가 불편함을 표현할 때 반응해 주는가?
- 영유아와 눈맞춤을 유지하는가?
- 영유아의 행동에 대해 미소로 반응해 주는가?
- 영유아에게 언어적 자극을 제공할 때 운율적으로 변화를 주는가?
- 영유아의 행동에 즉각적으로 반응해 주는가?
- 영유아의 상호작용 행동을 촉진해 주는가?
- 영유아가 부정적인 신호를 보이는 경우 상호작용 행동에 변화를 주는가?

3. 언어 모델 요인
- 발화 길이를 영유아 수준에 맞춰 주는가?
- 발화의 복잡성을 줄여 주는가?
- 발화를 여러 번 반복해 주는가?
- 발화를 알기 쉽게 바꾸어 주는가?
- 억양을 과장해서 사용하는가?
- 중요한 낱말을 강조해 주는가?
- 구체적이며 사용 빈도가 높은 낱말을 사용하는가?
- 너무 많이 말하거나 일방적으로 말하지는 않는가?
- 질문이나 요구가 너무 많지는 않은가?
- 말의 속도를 천천히 하는가?

4. 중재 전략의 사용

- 양육자 자신의 행동이나 생각을 언어적으로 묘사하는가(중재자 행동 묘사하기)?
- 영유아의 행동이나 느낌을 언어적으로 묘사해 주는가(영유아 행동 묘사하기)?
- 영유아가 산출한 발화를 의미적으로 확장해 주는가(의미 확장하기)?
- 영유아가 산출한 발화를 형식적으로 확장해 주는가(형식 확장하기)?
- 발화를 작은 단위로 나누었다가 다시 결합하여 말하는 전략을 사용하는가(분리 후 결합하기)?
- 영유아가 부정확하게 산출한 발화를 더 정확하고 정교하게 고쳐서 말해 주는가(고쳐 말하기)?

출처: 이윤경(2005)에서 수정 인용함.

(3) Hanen 프로그램

앞에서도 소개하였듯이, 영유아 언어발달 촉진을 목적으로 개발된 부모훈련 프로그램 중 대표적인 프로그램은 Hanen센터에서 개발된 It Takes Two to Talk(ITTT)이다. ITTT는 반응적 중재 접근법을 기반으로 부모에게 영유아와 효과적으로 상호작용하고 언어를 촉진하는 방법을 교수하고 훈련함으로써 영유아의 언어와 의사소통 발달을 돕는다. 이 프로그램은 연구에서는 물론 중재 현장에서도 폭넓게 적용되고 있으므로 이 부분에서 더 자세히 살펴보도록 하겠다.

ITTT는 다음과 같은 세 단계로 구성된다. 첫 번째 단계에서는 3a 방식을 중재한다. 첫 번째 a는 주도 따르기(allow)로, 이를 통해 영유아로 하여금 더 많은 탐구와 학습 기회를 제공하고, 자신감을 가질 수 있게 해 주며, 부모로 하여금 영유아를 이해할 수 있는 기회를 제공한다. 이를 위한 세부 기술로는 영유아의 관심사나 표정, 몸짓을 관찰하고(Observe), 영유아가 먼저 행동하기를 기다려 주며(Wait), 영유아가 말하는 것을 경청하는(Listen) 세 가지 기술을 훈련한다.

두 번째 a는 적응하기(adapt)이다. 영유아와 눈높이를 맞추고 함께 대화차례에 참여하는 것으로, 영유아로 하여금 부모가 자신에게 관심을 갖고 있다는 것을 알게 하고 부모의 말과 행동에 더 관심을 가지게 하도록 돕는다. 이를 위한 세부 기술로는 마주보며 놀기, 영유아의 행동이나 소리를 모방하기, 영유아의 행동이나 느낌 표현해 주기, 발생한 일을 설명해 주기, 대화 유지를 위해 질문하기, 대화차례 주고받기가 포함된다.

세 번째 a는 새로운 경험과 말을 더하기(add)로, 언어행동을 촉진하기 위한 여러 전략을 사용하게 함으로써 영유아의 언어발달을 돕는다. 여기에는 행동과 함께 말하기, 부모가 자기 행동이나 느낌 말하기, 영유아가 한 말을 되풀이한 후 의미적으로 확대해 주기, 중요한 부분을 강조하기, 반복해 주기, 새로운 내용을 더하기와 같이 반응적 중재 접근법에서 활용되는 여러 언어 촉진 전략을 중재한다.

두 번째 단계에서는 첫 번째 단계에서 배운 3a 방법을 게임이나 놀이, 책 읽기, 만들기, 놀이와 같이 자연스럽고 일상적인 상황에 적용하는 방법을 중재한다. 이 단계를 통해 부모는 훈련된 내용을 적용할 수 있게 된다.

마지막 단계에서는 영유아와의 상호작용 중에 직면할 수 있는 여러 문제행동에 대해 생각해 보고 영유아와의 관계 형성을 중심으로 각각의 상황에 대처하는 방법을 모색한다.

〈표 12-9〉에는 ITTT의 프로그램 내용을 제시하였으며, 〈표 12-10〉에는 김정미와 이수향(2007)이 Pepper, Weitzman과 McDade(2004)를 바탕으로 정리한 ITTT의 회기별 주제와 내용을 요약하여 제시하였다.

〈표 12-9〉 It Takes Two to Talk 프로그램의 내용

단계	주요 기술	세부 기술
3a 방법 교수	주도 따르기 (allow)	• 관찰하기(Observe) • 기다리기(Wait) • 들어 주기(Listen)
	적응하기 (adapt)	• 마주보며 놀기 • 영유아의 행동이나 소리를 모방하기 • 영유아의 행동이나 느낌을 표현해 주기 • 발생한 일을 설명해 주기 • 대화 유지를 위해 질문하기 • 대화차례 주고받기
	새로운 경험과 말을 더하기(add)	• 행동과 함께 말하기 • 부모가 자기 행동이나 느낌 말하기(self-talk) • 영유아가 한 말을 되풀이한 후 의미적으로 확대해 주기 • 중요한 부분을 강조하기 • 반복해 주기 • 새로운 내용을 더하기
3a 적용하기	3a 방법으로 놀이하기, 게임 놀이, 음악 놀이, 책 읽기 놀이, 만들기 놀이	

문제해결과 관계 형성		

〈표 12-10〉 It Takes Two to Talk 프로그램의 회기별 주제 및 내용

회기	회기별 주제	회기별 내용
1	영유아가 주도하게 하기	• 상호작용과 의사소통 • 영유아 의사소통기능 및 방법 • 의사소통발달 단계 • 영유아가 주도하게 하기
2	영유아의 주도 따르기	• 차례 바꾸기를 위한 기회 만들기 • 영유아의 의사소통 스타일 • 부모의 역할 • 영유아의 주도 따르기
3	비디오 피드백	• 개별 회기
4	상호작용 유지를 위한 차례 바꾸기	• 영유아의 차례와 부모의 차례 균형 맞추기 • 상호작용을 유지하기 위한 질문 • 상호작용을 유지하기 위한 전략 • 영유아의 차례에 단서 제공하기
5	상호작용에 언어 더하기	• 영유아의 언어 학습에 대한 이해 • 영유아의 의사소통 단계에 따른 언어 더하기 • 부모의 언어 강조하기
6	이해 향상을 위한 언어 더하기	• 영유아의 이해 능력과 사고 기술 향상을 위한 언어 기술 • 영유아에게 유용하고 특별하며 현실적인 의사소통 목표 선정
7	비디오 피드백	• 개별 회기
8	놀이에 적용하기	• 놀이의 중요성 • 영유아 언어발달 향상에 이상적인 맥락 • 놀이발달과 놀이 유형 • 놀이 중 의사소통 목표 결정
9	비디오 피드백	• 개별 회기
10	책 읽기와 음악을 이용한 율동하기	• 책 경험의 중요성과 책 선정하기 • 책 읽기 활동과 대화 • 영유아에게 특별한 책 만들기 • 음악의 가치 • 음악 활동을 통한 상호작용 • 영유아에게 특별한 음악 만들기

출처: 김정미, 이수향(2007)의 내용을 수정함.

이 장을 공부한 후······

● 직접적 중재 접근법의 원리와 주요 중재 전략을 이해한다.

● 반응적 중재 접근법의 원리와 주요 중재 전략을 이해한다.

● 혼합 중재 접근법의 원리와 이에 포함되는 주요 접근 방법을 이해한다.

● 조기중재에서 가족참여의 중요성과 부모개입 중재 방법에 대해 이해한다.

● 부모개입을 통한 의사소통 중재를 계획하고 실시하는 데 필요한 내용을 이해한다.

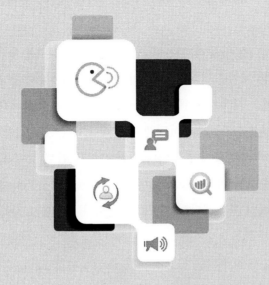

제13장

의사소통 수준별 중재 실제

　제11장과 제12장을 통해 영유아 의사소통 중재의 기본 원리와 중재자가 갖추어야 할 여러 기본 지식을 살펴보았다. 이러한 기본 지식들은 모두 영유아에게 적절한 의사소통 중재를 계획하는 데 필요하겠으나 그럼에도 불구하고 중재자들이 제일 관심을 갖는 부분은 '무엇을' '어떻게' 가르치는가에 있을 것이다. '무엇을'에는 중재 목표가, '어떻게'에는 중재 활동이나 전략 등이 포함될 것이다. 이 장에서는 영유아의 의사소통 중재를 의사소통발달 단계를 기반으로 구분하여 '무엇을'에 해당하는 중재 목표와 '어떻게'에 해당하는 중재 활동이나 전략을 소개하도록 하겠다.

1. 의사소통 중심 중재 모형

　전통적으로 언어치료는 언어적 상징체계를 가르치는 데 중점을 두어 왔다. 그러나 언어적 상징체계를 중심으로 중재한 경우 영유아 또는 아동들이 습득한 언어적 상징체계를 의사소통수단으로 적절하게 사용하지 못하고 실제 의사소통 상황에서는 여전히 어려움을 갖는 경우가 많았다. 이러한 배경하에서 언어적 상징체계를 가르치는 데 주안점을 두는 것 대신에 실제 의사소통 능력을 향상시키는 데 중점을 둔 의사소통 중심 중재가 강조되기 시작하였다.

　의사소통 중심 중재를 강조한 전문가들은 의사소통 중재가 언어발달이 시작된 이후가 아닌 언어이전기부터 시작되어야 한다고 강조한다. Bricker와 Schiefelbusch(1990)는 영유아기의 의사소통 중재를 준비 단계, 상호적 단계, 사회적 의사소통 단계, 상징적 의사소통 단계의 네 단계로 나누어 소개하였는데, 이 중 앞의 세 단계는 모두 언어이전기의 의사소통발달에 초점을 두고 있다. 의사소통 중심 중재를 강조하는 Rossetti(2001)도 0~3세 영유아의 의사소통 중재를 준비 단계, 상호적 관계 수립, 사회적 의사소통 신호 단계, 초기 수용언어 발달 단계, 표현언어발달 단계의 총 다섯 단계로 구분하여 제시하였다. Rossetti(2001)의 모형은 Bricker와 Schiefelbusch(1990)의 마지막 상징적 단계를 각각 수용언어발달 단계와 표현언어발달 단계로 구분한 것 외에는 거의 유사하다.

발달이란 연속적인 과정을 통해 이루어지는 것이기는 하나 발달의 과정 중에 영유아들이 수행해야 할 과업을 보다 일목요연하게 정리하기 위해서는 일련의 단계로 구분하여 살펴보는 것도 의미가 있을 것이다. 이 책에서는 관련 문헌에서 소개된 내용들을 기반으로 영유아기의 의사소통발달을 상호관계 수립, 의도적 의사소통 시작, 언어적 의사소통으로의 전환, 언어적 의사소통의 네 단계로 구분하고 각 시기별로 영유아가 수행해야 할 과업들을 중심으로 목표행동을 정리하였다.

첫 번째 단계는 상호관계 수립 단계로, 의사소통을 위한 사회적 관계 수립을 주된 목표로 한다. 다른 사람과의 의사소통을 위해서 다른 사람과 상호관계를 수립하는 것은 필수 요건이라 할 수 있다. 이 단계의 세부 목표행동으로는 상호작용 상대자에게 관심 갖기, 관심 대상을 주변으로 확대하기, 상대방과 다른 사물 또는 대상에 공동주의하기, 차례 주고받기(turn-taking)에 참여하기 등이 포함된다.

두 번째 단계는 의도적 의사소통 시작 단계로, 자기 행동이 다른 사람들에게 미치는 영향력을 인식하고, 이를 바탕으로 의도적 의사소통행동을 시작하게 되는 것이 주된 목표가 된다. 영유아는 아직 언어적 상징을 습득하기 전이므로 몸짓이나 발성과 같은 비언어적인 수단을 사용해서 다른 사람에게 의도를 전달한다. 이 단계의 세부 목표행동으로는 자기 행동과 다른 사람의 행동 간의 수반적 관계 이해하기, 의도적 의사소통행동 시작하기, 의사소통행동 빈도 증가와 기능 확장하기, 관습적이고 복합적인 수단으로 전달하기 등이 포함된다.

세 번째 단계는 언어적 의사소통으로의 전환 단계로, 이전 단계를 통해 수립된 의도적 의사소통행동을 언어적 수단으로 전환시키는 것이 주된 목표가 된다. 이 단계에서 영유아는 언어적 상징에 대한 이해와 표현이 시작되나 아직은 매우 느린 속도로 진행되며, 대부분의 의사소통은 비언어적 수단을 통해 표현된다. 따라서 비언어적 수단을 통해 시도되는 의사소통행동에 대해 적절히 반응해 주며, 언어적 상징에 대한 이해와 표현 능력을 준비시켜 점차 언어적 행동으로 전환시켜 간다. 이 단계의 세부 목표행동으로 언어이해 측면에서는 언어적 상징 인식하기, 이해 낱말 증가시키기, 운반구 내에서 목표낱말 이해하기 등이 포함되며, 언어표현 측면에서는 말소리와 음절구조 다양화하기, 첫 낱말 표현하기, 의성어와 의태어 표현하기가 포함된다.

마지막 단계인 언어적 의사소통 단계는 언어적 상징체계를 통한 의사소통이 주된 목표가 된다. 표현하는 어휘 수가 50개 전후가 되면 영유아들은 낱말을 두 낱말 이

〈표 13-1〉 의사소통발달 단계에 따른 의사소통 목표 및 세부 목표

단계		의사소통 목표	세부 목표
언어이전 의사소통기	상호관계 수립	의사소통을 위해 다른 사람과 상호관계를 수립하고, 공통된 관심사로 차례 주고받기에 참여한다.	• 상호작용 상대자에게 관심 갖기 • 관심 대상을 주변 사물로 확대하기 • 상대방과 다른 사물 또는 대상에 공동 주의하기 • 공통된 관심사로 차례 주고받기
	의도적 의사소통 시작	다른 사람에게 자기의 의도를 전달하는 의도적 의사소통행동을 시작한다.	• 자기 행동이 상대방에게 미치는 영향 (행동수반력) 이해하기 • 의도적 의사소통행동 시작하기 • 의사소통행동 빈도 증가와 기능 확장하기 • 관습적이고 복합적인 수단으로 전달하기
언어적 의사소통으로의 전환		언어적 상징에 대한 이해 및 표현이 발달되기 시작하며, 이를 기반으로 비언어적 형태로 전달하던 의도를 언어적 수단을 통해 전환한다.	〈이해〉 • 언어적 상징 인식하기 • 이해 낱말 증가시키기 • 운반구 내에서 목표낱말 이해하기 〈표현〉 • 말소리와 음절구조 다양화하기 • 첫 낱말 표현하기 • 의성어와 의태어 표현하기 • 표현 낱말 증가시키기 • 비언어적 수단과 언어를 결합하여 의도 표현하기
언어적 의사소통		언어적 상징체계를 기반으로 한 언어이해와 표현이 가능해지며, 언어가 주된 의사소통수단이 된다.	〈이해〉 • 지시 따르기 • 의미관계에 기초하여 이해하기 • 문법적 정보에 기초하여 이해하기 〈표현〉 • 표현 낱말 증가시키기 • 낱말조합 표현하기 • 문장 표현하기 • 화용언어 사용하기

상 결합하여 표현하게 된다. 이 시기부터는 언어습득 속도가 빨라지며 주된 의사소통수단이 언어적 상징체계로 전환된다. 이 단계의 세부 목표행동으로 언어이해는 지시 따르기, 의미관계에 기초하여 이해하기, 문법적 정보에 기초하여 이해하기가 포함되며, 언어표현 측면에서는 표현 낱말 증가시키기, 낱말조합 표현하기, 문장 표현하기, 화용언어 사용하기가 포함된다.

이상의 내용은 〈표 13-1〉에 제시하였다. 다음 부분에서는 앞서 소개한 여러 의사소통 중심 중재 모형들을 기반으로 각 단계별로 의사소통 중재 목표와 그에 대한 중재 활동을 살펴보도록 하겠다. 각각의 단계는 의사소통발달 순서에 따라 구조화하였으나 실제에서는 영유아의 수행 내용에 따라 융통성 있게 적용할 수 있다. 즉, 영유아의 수행 수준에 따라 시작점을 정하도록 하며, 학습 속도나 패턴에 따라 적절한 목표행동을 결정하면 된다.

또한 제12장에서 소개한 바와 같이 영유아 의사소통 능력은 다양한 중재법을 통해 중재할 수 있다. 이 책에서는 특정 중재법을 따르기보다는 각 단계별 목표를 소개하는 데 주안점을 두었으며, 각각의 목표행동을 유도하기 위한 절차를 서술하였다. 최대한 자연스러운 환경 내에서 적용할 수 있도록 고려하였으나, 각각의 절차가 절대적이지는 않으므로 중재자가 갖는 중재 원칙과 영유아 반응에 따라 변형하여 적용할 수 있다.

2. 상호관계 수립 단계

의사소통을 위해 다른 사람과 상호관계를 수립하고 공통된 관심사로 다른 사람과 차례 주고받기에 참여하는 것을 목표로 한다. 이를 위한 세부 목표로는, 첫째, 상호작용 상대방에게 관심 갖기, 둘째, 관심을 주변 사물로 확장하기, 셋째, 상대방과 다른 사물이나 사건에 공동주의하기, 넷째, 공통된 관심사로 차례 주고받기가 포함된다.

1) 상호작용 상대방에게 관심 갖기

의사소통은 두 사람 이상의 사람이 공동의 관심사에 대해 교환하는 과정이다. 상대방을 의사소통의 상대자로 인식하고, 공동의 관심사를 형성하는 것은 무엇보다 중요하다. 따라서 아직 상대방에게 관심을 보이지 않는 영유아에게는 상호작용 상대자에게 관심을 갖게 하고, 상대방과 공동주의하는 것부터 중재를 시작하여야 한다. 영유아가 중재자 또는 양육자에게 관심을 갖는 것은 상대방과 눈을 맞추고 응시하는 행동을 통해서 시작된다. 이는 다음과 같은 절차로 유도해 볼 수 있다.

- 먼저, 영유아가 좋아하거나 시선을 끌 수 있는 사물을 중재자 얼굴 주변에서 흔들어 주어 자연스럽게 영유아의 시선을 중재자의 얼굴 쪽으로 유도한다.
- 영유아의 시선이 사물로 향하면 사물을 옆으로 살짝 움직여 중재자와 시선을 맞추게 한다. 시선을 맞출 때 얼굴 표정은 즐겁게 하고 약간 과장해서 표현하여 영유아의 시선을 유지할 수 있도록 한다. 영유아가 좋아할 만한 소리를 함께 내주면 좋다.
- 처음에는 사물을 이동하는 시간을 1초 미만으로 짧게 하였다가 사물을 치워도 계속 시선을 유지하면 사물을 얼굴에서 치우고 중재자와 시선을 맞추는 시간을 점차 길게 한다.
- 이상의 과정을 영유아와의 매일 일과 중 발생하는 자연스러운 상호작용 중에 실시한다.

2) 관심을 주변 사물로 확장하기

이전의 과정을 통해 중재자 또는 양육자와 어느 정도 눈맞춤이 가능해지면 이제는 둘 간의 관심을 주변 사물로 이동하는 것을 목표로 한다. 이는 중재 대상자에게 유지되었던 시선을 주변 사물로 이동하는 행동으로 유도할 수 있다.

- 영유아와 눈을 맞춘다. 즐거운 표정과 목소리를 들려 준다.
- 영유아 눈앞에서 다시 영유아가 좋아하거나 시선을 끌 만한 사물을 흔들어 주

다가 흔들어 주던 사물을 옆쪽으로 이동한다. 이때 앞의 단계와 다르게 중재자의 시선을 이동시킨 사물로 함께 이동한다. 처음에는 영유아의 턱을 살짝 잡고 영유아가 이동하는 사물로 얼굴을 돌리도록 신체적 도움을 제공한다.

• 다시 이동시킨 사물을 얼굴 쪽으로 이동시킨다. 마찬가지로 중재자의 시선도 이동하는 사물로 함께 이동하며, 영유아의 시선도 함께하도록 신체적 도움을 제공한다.

• 시선이 처음 위치로 돌아오면 사물을 치우고 중재자는 영유아와 눈을 맞추며 즐거운 얼굴 표정을 보여 준다.

• 중재가 진행되고 영유아의 행동이 어느 정도 형성되면 점차 신체적 도움을 제거하여 영유아 스스로 움직이는 사물을 따라서 시선을 이동할 수 있게 한다.

• 점차 사물의 이동 거리를 확장한다.

• 이상의 과정을 영유아와의 매일 일과 중 발생하는 자연스러운 상호작용 중에 실시한다.

3) 상대방과 다른 사물이나 사건에 공동주의하기

영유아가 중재자와 눈을 맞추고 시선을 사물의 움직임에 따라 움직일 수 있게 되면 이제는 이를 기반으로 다른 사물에 공동주의를 유도할 수 있다. 공동주의는 다른 사람이 개시한 공동주의 행동에 반응하는 행동(Response to Joint Attention: RJA)과 다른 사람의 공동주의를 유도하는 행동(Initiation of Joint Attention: IJA)으로 구분할 수 있는데, 보통 다른 사람이 개시한 공동주의 행동에 반응하는 행동이 공동주의를 개시하는 행동에 비해 먼저 발달한다. 여기에서는 중재자가 개시한 공동주의 행동에 반응하는 행동을 중심으로 유도한다.

• 중재자는 영유아와 눈을 맞춘다. 그리고 영유아 얼굴에서 약간 벗어난 위치에서 사물을 들고 "여기 봐" 혹은 "어!" 하며 사물 쪽으로 고개를 돌린다. 처음에는 영유아의 턱을 살짝 잡고 고개를 사물 쪽으로 함께 돌릴 수 있도록 도움을 준다.

• 중재가 진행되고 영유아의 행동이 어느 정도 형성되면 점차 신체적 도움을 제거하여 영유아 스스로 중재자가 쳐다보는 곳을 함께 바라보게 한다.

- 점차 사물의 위치를 멀리 한다. 사물을 중재자의 손에 닿지 않는 곳까지 이동하면 머리만 돌리지 않고 손으로 가리키는 몸짓을 함께해도 좋다.
- 원거리에 있는 사물을 가리킬 때에는 원격조정기로 조정할 수 있는 인형을 이용하여 영유아의 관심을 유도할 만한 상황을 만드는 것도 효과적이다.
- 이상의 과정을 영유아와의 매일 일과 중 발생하는 자연스러운 상호작용 중에 실시한다.

4) 공통된 관심사로 차례 주고받기

앞선 활동을 통해 영유아가 양육자와 공동주의 행동이 증가하면 그다음에는 이를 기반으로 영유아가 다른 사람과 차례 주고받기에 참여하고, 함께하는 활동의 루틴(순서)을 이해하여 이를 기대하는 행동을 보이는 것을 목표로 할 수 있다. 영유아들은 응시하기나 긍정적 정서표현, 신체 움직임, 상대방의 행동 모방 등과 같은 방식으로 차례 주고받기에 참여할 수 있다. 처음에는 중재자가 영유아의 행동을 모방하여 차례 주고받기를 시작하다가 자연스럽게 서로 차례를 주고받는 형태로 확장해 간다.

- 중재자는 영유아와 가까운 거리를 유지하며, 부드러운 목소리로 상호작용을 시도한다. 영유아의 자세가 중재자를 향하고, 시선을 맞추며, 편안하게 소리를 내고, 긍정적 정서를 표현하면 상호작용의 준비가 되었다는 신호로 받아들여도 좋을 것이다.
- 중재자는 영유아가 먼저 행동을 하거나 소리내기를 기다린다. 영유아가 행동을 하면 중재자는 영유아의 행동을 모방하여 자연스럽게 차례 주고받기가 이루어지도록 한다.
- 영유아가 중재자의 모방 행동을 기대하는 것처럼 보이면 점차 영유아 행동과 모방 행동 간의 간격을 늘리거나 행동을 약간 변화시켜서 모방하여 차례 주고받기를 변화시킨다.
- 이상의 과정을 영유아와의 매일 일과 중 발생하는 자연스러운 상호작용 중에 실시한다.

3. 의도적 의사소통 시작 단계

사회적 의사소통 준비 단계를 통하여 영유아가 관심을 주변 사물이나 대상에게 확장하고, 상대방과 차례 주고받기에 참여할 수 있게 되면 그다음에는 본격적으로 의도적 의사소통행동을 유도하기 위한 절차로 넘어간다.

의도적 의사소통은 영유아가 상대방에게 자신의 의도를 전달하는 행동을 말한다. 의도적 의사소통행동을 수립하기 위한 세부 목표로는, 첫째, 자기 행동이 상대방에게 미치는 행동수반력 이해하기, 둘째, 의도적 의사소통행동 시작하기, 셋째, 의사소통기능 확장하기, 넷째, 관습적이고 복합적인 수단으로 표현하기를 포함한다. 다음에서는 각각에 대해 자세히 소개하도록 하겠다.

1) 행동수반력 이해하기

행동수반력 또는 수반관계(contingency)란 특정 행동 또는 사건에 뒤따른 행동이나 사건 간의 인과적 관계를 말한다. 수반관계 이해를 통해 영유아는 자기 행동이 다른 사람이나 사건에 미치는 영향을 인식하게 된다. 그리고 이는 자기가 원하는 결과에 영향을 미치기 위해 자기 행동을 조절하는 의도적 의사소통행동으로 연결된다.

수반관계를 이해하도록 하려면 영유아의 행동에 일관되게 반응해 주는 것이 중요하다. 수반관계를 이해하지 못하는 영유아는 아직 자기 행동이 다른 사람에게 미치는 영향을 이해하지 못한다. 예를 들어, 영유아가 배가 고파서 울기 시작하자 양육자가 다가와 영유아가 우는 이유를 살핀다. 그리고 영유아가 배가 고픈 것은 아닐까 하여 우유를 준다. 이러한 상황이 자주 반복되다 보면 어느 순간 영유아는 자기의 우는 행동과 양육자가 다가와 우유를 주는 행동 간의 수반관계를 어렴풋이 인식하게 된다. 그리고 이러한 상황이 일관되게 반복되다 보면 울음과 양육자 행동 간의 관계에 확신을 갖게 되고, 양육자에게 배가 고프다는 것을 알리기 위해 울기 시작한다. 의도적 의사소통행동이 시작된 것이다.

영유아의 수반관계 이해는 Piaget 이론 중 감각운동기의 2차 순환반응기에 출현하기 시작하는 인과성에 대한 이해나 Bates, Camaioni와 Volterra(1975)에 의해 소개된 초기 의사소통행동 발달 이론 중 언향적 행동 발달과 관계를 갖는다. 영유아의 인지 및 의사소통 잠재력에 의해 영향을 받으나, 이에 못지않게 양육자가 영유아의 신호에 대해 즉각적이고 일관되게 반응해 주는 것이 중요하다. 영유아가 보내는 신호에 대해 양육자가 즉각적으로 반응해 주지 않거나 일관되지 않게 반응한다면 영유아는 자기 행동과 뒤따른 행동이나 상황과의 수반관계를 이해하는 것이 어려울 것이다.

Klinger와 Dawson(1992)은 모방하기를 활용해 수반관계 이해를 돕는 절차를 다음과 같이 설명하였다.

- 중재자는 영유아가 먼저 행동을 할 때까지 기다리며, 영유아가 행동을 하면 이를 모방한다. 행동을 모방할 때에는 영유아의 시선을 끌도록 행동을 약간 과장한다.
- 영유아는 처음에는 중재자가 자기 행동을 모방하는 것을 인식하지 못한다. 그러나 이러한 상황이 계속 반복되다 보면 어느 순간 중재자가 자기 행동을 따라 하고 있음을 어렴풋이 인식하기 시작한다.
- 영유아가 중재자의 행동을 의식하는 행동이 보이면 중재자는 더욱 확실하게 모방을 해 주어 영유아가 확신할 수 있도록 돕는다.

Klinger와 Dawson(1992)의 절차만이 아니라 여러 사회적 게임 루틴을 이용하여 수반관계 이해를 도울 수 있다. 까꿍 놀이를 예로 들어 설명하면 다음과 같다.

- 영유아 앞에서 손이나 수건으로 얼굴을 가렸다가 치우면서 '까꿍'해 준다.
- 같은 행동을 반복하여 영유아가 까꿍놀이에 대한 루틴이 생기고 영유아가 '까꿍'해 주는 행동을 기다리고 있는 것이 관찰되면 영유아가 신호를 보낼 때까지 '까꿍'해 주는 행동을 지연하기 시작한다. 처음에는 양육자를 촉진자로 참여시켜 영유아가 손을 뻗어 수건을 잡아당기게 하거나 중재자의 손을 두드리도록 도움을 주게 한다. 영유아의 행동 후 중재자는 바로 '까꿍' 하고 반응해 준다.
- 점차 중재자의 도움을 제거해서 영유아 스스로 신호를 보내게 할 수 있다.
- '말타기 놀이' '시소 놀이'와 같은 몸 놀이를 활용하거나 매일 발생하는 다양한 일과를 통해 중재한다.

3. 의도적 의사소통 시작 단계

2) 의도적 의사소통행동 시작하기

자기 행동과 상대방 행동 간의 수반관계를 인식하면 영유아는 상대방에게 영향을 미치기 위하여 자기 행동을 조절할 수 있게 되며, 특정 결과를 얻기 위해 상대방에게 신호를 보내기 시작한다. 영유아의 행동 변화가 확인되면 이제 본격적으로 의도적 의사소통행동을 유도하기 위한 활동을 진행한다.

영유아의 의도적 의사소통행동은 주로 자기의 요구를 성취하기 위하여 다른 사람의 행동을 조절하기 위한 행동통제 기능이 우선적으로 나타난다(이윤경, 이효주, 2016b). 행동통제 기능 중에서도 자기가 원하는 결과를 얻기 위하여 다른 사람의 행동을 조절하는 사물 요구하기나 행동 요구하기가 먼저 관찰된다. 따라서 의도적 의사소통행동은 사물이나 행동 요구하기를 중심으로 유도하는 것이 용이할 것이다.

의도적 의사소통행동은 밥 먹기나 목욕하기, 옷 입기, 장난감 놀이하기 등과 같이 매일 반복되는 일과를 이용하여 영유아에게 필요한 상황을 만들어 중재할 수 있다. 밥 먹기 활동을 예를 들면 다음과 같다.

- 영유아에게 음식을 숟가락으로 떠서 먹여 준다.
- 영유아가 음식을 먹은 후 다음 숟가락을 기다리는 모습이 관찰되면 시간지연법을 활용하여 음식을 바로 주지 않고 잠시 기다린다.
- 영유아가 쳐다보면 "아!" 하며 약간 과장해서 입을 벌려 보여 주고 음식을 먹여 준다.
- 영유아가 다음 숟가락을 기대하고 중재자를 쳐다보면 바로 음식을 주지 않고 잠시 기다린다. 소리는 내지 않고 입만 벌려서 단서를 제공할 수 있다.
- 영유아가 중재자를 쳐다보며 입을 '아' 벌려 음식을 요구하면 음식을 제공한다.
- 자연스런 놀이나 매일 발생하는 다양한 일과를 통해 중재한다.

앞과 같은 절차로 의도적 의사소통행동을 유도하기 위해서는 먼저 영유아가 의사소통 의도를 드러낼 수 있는 반복된 일과, 즉 루틴을 만드는 것이 중요하다. 매일 일상적으로 반복되는 일과를 일정한 순서로 반복하여 영유아로 하여금 예측할 수 있도록 하는 것은 의도적 행동을 유도하는 데 도움이 된다. 앞에 제시된 예에서 영유아는 처음에는 아무런 루틴이 없었으나 음식을 다 먹고 나면 다시 음식을 떠 준다는 루틴을 갖게 되고, 이러한 루틴을 기반으로 다음번에 음식을 달라고 표현하는 의도적 행동을 유도할 수 있는 것이다. 같은 방식으로 옷 입기나 목욕하기와 같은 일과 중에서 영유아의 의도적 행동을 유도할 수 있다.

3) 의사소통기능 확장하기

앞의 과정을 통해서 영유아가 몇 가지 활동을 통해 일관되게 의도적 의사소통행동을 보이면 이제는 의도적 의사소통행동을 다양한 기능으로 표현하도록 유도한다. 다음에는 영유아기에 흔히 관찰되는 의도적 의사소통행동을 행동통제, 사회적 상호작용, 공동주의 기능으로 구분하여 유도 절차를 제시하였다.

(1) 행동통제 기능

행동통제는 특정 결과를 얻기 위해 타인의 행동을 조절하려는 행동으로, 다른 사람이 특정 행동을 하게 하거나 혹은 하던 행동을 중단하게 하는 것을 목표로 하는 행동이다. 다른 사람에게 사물이나 행동을 요구하거나 거부하는 행동이 포함된다.

① 사물 요구하기

사물 요구하기는 원하는 사물을 달라고 요구하는 행동으로 다음과 같은 절차를 통해 유도할 수 있다. 너무 구조화하지 말고 자연스런 놀이 활동이나 상호작용 중에 다음의 절차를 포함시켜 행동을 유도한다.

- 영유아가 원하는 사물을 눈에는 보이나 손이 닿지 않는 곳에 배치해서 유도한다. 사물을 배치할 때 영유아 눈앞에서 사물을 움직이거나 하여 영유아가 사물에 관심을 가질 수 있도록 한다. 투명한 통에 사물을 넣어 놓는 것도 같은 방식이 될 수 있다.
- 영유아가 먹고 싶어 하는 음식을 영유아 눈앞에서 혼자 먹거나 가지고 싶어 하는 사물을 가지고 노는 모습을 보여 주어 사물 요구하기 행동을 유도한다. 이때 영유아가 먹고 싶거나 갖고 싶은 마음이 들도록 행동을 약간 과장하는 것이

행동 유도에 효과적이다.
- 사물 요구하기는 해당 사물과 중재자를 번갈아 바라보기, 혹은 해당 사물 쪽으로 손을 뻗으며 중재자를 바라보거나 소리를 내는 구체적 행동으로 표현하게 한다.
- 이상의 활동을 자연스런 놀이나 매일 발생하는 다양한 일과 중에 응용하여 실시한다.

② 행동 요구하기

행동 요구하기는 다른 사람에게 사물이 아닌 행동을 요구하는 것이다. 주로 도움이 필요한 상황을 만들어 유도한다. K CSBS DP에 포함된 행동 유도 절차는 영유아의 행동 요구하기를 유도하는 데 매우 효과적인 절차들이므로 이 활동들을 응용하면 좋다.

- 태엽장난감과 같이 영유아가 스스로 작동하기 어려운 장난감을 가지고 논다. 장난감이 멈췄을 때 다시 작동하게 해 달라고 행동을 요구할 때까지 기다린다. 이때 영유아가 해당 장난감을 계속 작동시키고 싶은 마음이 들도록 사전에 해당 활동을 재미있게 진행하는 것이 중요하다.
- 비슷한 방식으로 풍선 불어서 날리기, 비눗방울 불기 등의 활동을 활용할 수 있다.
- 행동 요구하기는 해당 사물을 집어서 중재자에게 내밀거나 소리를 내는 구체적 행동으로 표현하게 한다.
- 이상의 활동을 자연스런 놀이나 매일 발생하는 다양한 일과 중에 응용하여 실시한다.

③ 사물이나 행동 거부하기

사물이나 행동 거부하기는 영유아가 자기가 원하지 않는 사물이나 행동을 멈추게 하려는 행동을 말한다. 사물이나 행동 요구하기가 어느 정도 수립이 된 다음 그 활동을 변형시켜서 유도할 수 있다.

- 사물 거부하기는 영유아가 손에 닿지 않는 사물을 요구할 때 그 옆에 있는 다른 사물을 제공하거나 영유아 앞에서 과자나 음료수를 마시기, 과자를 먹을 때 영유아가 과자나 음료수를 요구하면 빈 그릇이나 빈 컵을 제공하기 등을 통해 유도할 수 있다. 다른 사물을 요구하는 행동을 하기 전에 반드시 제공한 사물을 거부하는 행동을 먼저 하게 유도한다.
- 행동 거부하기는 간지럼 태우기나 풍선 바람 빼기와 같은 활동을 통해 유도할 수 있다. '거미가 줄을 타고 올라갑니다'와 같은 동요를 부르다가 마지막에 간지럼을 태우기 시작한다. 영유아가 간지럼 행동을 멈추게 하려는 행동을 보일 때까지 지속한다. 혹은 풍선을 불어서 영유아 얼굴에 대고 바람을 빼는 행동도 같은 방식으로 유도할 수 있다.
- 사물 거부하기나 행동 거부하기 모두 사물이나 중재자를 밀어내며 머리나 손을 흔들거나 소리를 내는 행동으로 표현하게 한다.
- 이상의 활동을 자연스런 놀이나 매일 발생하는 다양한 일과 중에 응용하여 실시한다.

(2) 사회적 상호작용

사회적 상호작용 기능은 다른 사람의 주의를 자기 자신에게로 유도하거나 유지하려는 행동으로, 다른 사람이 자기를 보거나 자기에게 주의를 기울이게 하는 것을 목적으로 한다. 여기에는 상대방의 관심 끌기를 비롯하여 인사하기, 안정 요구하기, 사회적 게임 요구하기 행동 등이 포함된다.

① 관심 끌기

관심 끌기는 다른 사람의 관심을 자기에게 유도하려는 행동을 말한다. 자기에게 다른 사람의 관심을 유도하는 행동은 사회적 상호작용을 시작하는 데 무엇보다 중요한 기능이라 할 수 있다. 관심 끌기도 사물이나 행동 요구하기 행동이 수립된 이후에 하면 좋다.

- 앞에서 제시한 사물 요구하기 절차를 실시한다. 영유아가 사물 요구하기 행동을 할 때 일부러 다른 곳으로 주의를 돌리고 딴청을 한다. 영유아가 관심을 끄는

행동을 하면 반응해 주고, 그다음에 요구하기 행동에 순차적으로 반응해 준다.

- 행동 요구하기 절차도 마찬가지로 응용할 수 있다. 앞에서 제시한 절차에 따라 영유아의 행동 요구하기 행동을 유도하고, 영유아가 행동 요구하기를 하면 일부러 주의를 다른 데로 돌리고 딴청을 한다. 영유아가 관심을 끄는 행동을 하면 반응해 준다.
- 소리를 내며 중재자의 옷이나 몸을 잡아당기거나 중재자의 눈앞에서 손을 흔들거나 얼굴을 내미는 행동으로 표현하게 한다.
- 이상의 활동을 자연스런 놀이나 매일 발생하는 다양한 일과 중에 응용하여 실시한다.

② 인사하기

인사하기는 사람을 알아보았다는 신호이며, 동시에 상호작용을 시작하거나 종결할 때 필수적인 의사소통기능이라 할 수 있다.

- 인사하기는 매일의 일상을 활용한다. 새로운 사람을 만날 때, 활동이 끝날 때 인사를 하도록 루틴을 만든다.
- 구조화된 상황에서는 한 가지 활동이 시작되거나 끝날 때 인사하기로 시작하고 끝내도록 할 수 있으며, 인형놀이나 전화하기 활동 등을 활용할 수도 있다.
- 머리를 숙이거나 손을 흔드는 행동으로 표현하게 한다.
- 이상의 활동을 자연스런 놀이나 매일 발생하는 다양한 일과 중에 응용하여 실시한다.

③ 안정 요구하기

안정 요구하기는 영유아가 피곤하거나 기분이 좋지 않을 때 양육자나 친밀한 성인에게 안정을 구하는 행동을 말한다. 이는 다음과 같은 절차를 통해 유도할 수 있다.

- 인사하기와 마찬가지로 일상의 루틴을 활용한다. 영유아가 피곤하거나 기분이 좋지 않은 상황에서 중재자가 "안아 줘?" 또는 "기분이 안 좋아?" 하며 안아 주고 토닥여 준다. 영유아에게 어느 정도 루틴이 생기면 시간지연법을 활용하여

영유아의 행동을 기대하며 바라보거나 양팔을 넓게 펼쳐 단서를 줌으로써 영
유아의 행동을 유도한다.
- 소리를 내며 중재자의 옷이나 몸을 잡아당기거나 중재자의 눈앞에서 손을 흔
  들거나 얼굴을 내미는 행동으로 표현하게 한다.
- 이상의 활동을 자연스런 놀이나 매일 발생하는 다양한 일과 중에 응용하여 실
  시한다.

④ 사회적 게임 요구하기

사회적 게임 요구하기는 게임과 같은 활동을 통해 사회적 상호작용을 시작하거
나 계속하기 위해 타인의 행동을 유도하는 행위를 말한다. 까꿍 놀이나 말타기 놀
이, 비행기 태우기 놀이 등을 예로 들 수 있다. 이는 다음과 같은 절차로 유도할 수
있다.

- 영유아가 좋아하는 몇 가지 사회적 게임을 반복한다. 어느 정도 사회적 게임에
  대한 루틴이 형성되면, 사회적 게임을 준비하는 자세만 취하고 영유아가 행동
  을 요구할 때까지 기다린다. 기다렸는데도 사회적 게임을 요구하는 행동을 하
  지 않으면 요구하기 행동을 모델링하고 활동을 진행한다. 행동 요구하기 유도
  절차와 마찬가지로 영유아가 사회적 게임을 하고 싶은 마음이 들도록 사전에
  해당 활동을 재미있게 진행하는 것이 필요하다.
- 소리를 내며 중재자의 옷이나 몸을 잡아당기거나 특정 사회적 게임을 요구하
  는 행동으로 표현하게 한다.
- 이상의 활동을 자연스런 놀이나 매일 발생하는 다양한 일과 중에 응용하여 실
  시한다.

(3) 공동주의 기능

공동주의 기능은 다른 사람의 관심을 자기가 관심을 갖는 다른 사물이나 사건으
로 유도하고자 하는 행동을 말한다. 사물 또는 사건 언급하기, 질문하기 등의 의사
소통기능이 포함된다.

① 사물 또는 사건 언급하기

어떤 사물이나 사건으로 다른 사람의 주의를 유도하는 행동으로, 의사소통 주제를 다양한 주제로 확장하는 데 필수적인 기능이다. 언급하기는 다음과 같은 절차로 유도할 수 있다.

- 우발학습 패러다임을 활용하여 유도할 수 있다. 먼저, 사물 언급하기는 뚜껑을 열면 인형이 튀어나오는 것과 같은 장난감을 이용하여 깜짝 놀라거나 재미난 상황을 만들어서 영유아가 다른 사람의 관심을 해당 장난감으로 유도하게 한다. 필요한 경우 양육자를 촉진자로 활용하여 중재자의 관심을 장난감으로 유도하는 행동을 하도록 도움을 준다. 점차 도움을 줄여서 자발적으로 중재자의 관심을 사물로 유도하는 행동을 하게 한다.
- 사건 언급하기도 비슷하게 구조화할 수 있다. 먼저, 물을 담아 놓은 컵을 엎지르는 우발적 사건을 만들어서 영유아의 관심을 유도한다. 영유아가 중재자에게 물이 엎질러진 상황을 알리도록 유도한다.
- 앞의 절차를 원격조종기로 조작하는 인형을 사용하여 영유아의 관심을 끌고 영유아가 중재자의 관심을 움직이는 인형으로 유도하게 하여 사물과 사건 언급하기를 유도할 수 있다.
- 해당 사물이나 사건을 손가락으로 가리키며 중재자와 사물을 번갈아 바라보거나 소리 내는 행동으로 표현하게 한다.
- 이상의 활동을 자연스런 놀이나 매일 발생하는 다양한 일과 중에 응용하여 실시한다.

② 질문하기

질문하기는 영유아가 잘 알지 못하는 사물이나 사건에 대해 질문하는 행동을 말한다. 다음과 같은 절차를 통해 유도할 수 있다.

- 영유아가 보이지 않게 사물을 가리고 혼자 재미있어 하거나 놀라는 행동을 약간 과장해서 보임으로써 질문하기 행동을 유도한다.
- 영유아와 함께 책을 보면서 책의 내용을 표현해 준다. 중간에 영유아가 모르는

그림이 나왔을 때 표현을 하지 않고 기다린다.
- 영유아가 잘 알지 못하는 사물을 주변에 자연스럽게 배치하여 영유아로 하여금 질문하기를 유도할 수도 있다.
- 해당 사물이나 사건을 손가락으로 가리키며 중재자와 사물을 번갈아 바라보거나 소리를 내는 행동으로 표현하게 한다. 영유아가 자발적으로 표현하지 않는 경우 신체적 또는 언어적 도움을 제공하거나 목표행동을 모델링한다.
- 이상의 활동을 자연스런 놀이나 매일 발생하는 다양한 일과 중에 응용하여 실시한다.

〈표 13-2〉 의사소통기능 확장 절차

의사소통 기능	유도 절차	의사소통수단
사물 요구하기	• 영유아 앞에서 영유아가 좋아하는 음식을 혼자 먹음으로써 요구하기 유도 • 영유아가 좋아하는 물건을 눈에 보이나 손이 닿지 않는 곳에 두어 유도	• 사물을 바라보거나 손을 뻗기 • 사물로 손을 뻗으며 양육자 바라보기 • 사물로 손을 뻗으며 양육자와 사물을 번갈아 바라보기
행동 요구하기	• 태엽장난감, 풍선 불어서 날리기, 비눗방울 불기 등과 같이 영유아가 스스로 조작하기 어려운 활동으로 행동 요구 유도	• 사물로 손을 뻗으며 동시에 소리 내기 • 바라보기나 손 뻗기는 사물을 집어서 내밀기, 손가락으로 가리키기 등의 행동으로 대체될 수 있음
사물, 행동 거부하기	• 저항하기 행동이나 사물 또는 음식물을 거부하는 행동 유도하기 • 활동 중지를 요구하게 하기	• 사물이나 중재자를 밀어내기 • 사물이나 중재자를 밀어내며 머리 흔들기 또는 손 가로젓기 • 머리 흔들거나 손 가로젓기로만 표현하기 • 머리 흔들거나 손 가로젓기를 하며 소리 내기
관심 끌기	• 사물(또는 행동) 요구하기 상황을 만들고 일부러 다른 곳으로 주의를 돌려 관심 끌기 행동 유도	• 중재자의 옷이나 몸을 잡아당기기 • 소리를 내며 중재자의 옷이나 몸을 잡아당기기 • 옷을 잡아당기는 행동 대신에 중재자의 눈앞에서 손을 흔들거나 얼굴을 내밀기

인사하기	• 매일의 일상 활용 • 새로운 사람을 만날 때, 활동이 끝날 때 인사를 하도록 유도 • 인형놀이나 전화하기 활동 등을 활용	• 머리를 숙이거나 손을 흔들어 인사하기 • 손 흔들기나 머리 숙여 인사를 하며 함께 소리 내기
안정 요구하기	• 일상의 루틴을 활용 • 영유아가 피곤하거나 기분이 좋지 않은 상황에서 안정 요구하기 유도	• 중재자의 옷이나 몸을 잡아당기기 • 소리를 내며 중재자의 옷이나 몸을 잡아당기기
사회적 게임 요구하기	• 사회적 게임이나 루틴을 요구하게 하거나 이러한 활동을 지속하도록 요구하게 하기	• 옷을 잡아당기는 행동 대신에 중재자를 향해 손을 벌리기(또는 특정 사회적 게임을 요구하는 행동하기)
사물, 사건 언급하기	• 우발적 사건을 만들어 사물이나 사건 언급하기 유도 • 뚜껑을 열면 인형이 튀어나오는 장난감이나 원격조종기로 조작하는 장난감을 활용하여 유도	• 사물이나 사건을 손가락으로 가리키기 • 사물이나 사건을 손가락으로 가리키며 중재자를 바라보기
질문하기	• 사물을 가리고 혼자 재미있어 하거나 놀라는 행동을 하여 질문 유도 • 영유아가 잘 알지 못하는 사물을 배치하거나 그림책 보기	• 사물이나 사건을 손가락으로 가리키며 중재자와 사물을 번갈아 바라보기

4) 관습적이고 복합적인 수단으로 표현하기

영유아가 자신의 의도를 상대방에게 전달하는 의도적 의사소통행동이 증가하고 다양한 기능으로 사용하는 것이 관찰되면 이를 보다 관습적인 형태로 표현하게 해 주는 것을 목표로 한다. 단순한 몸짓으로 의도를 표현하는 영유아는 더 관습적인 몸짓으로 의도를 표현하게 해 주며, 관습적인 몸짓으로 표현하는 영유아는 몸짓과 시선을 함께 쓰거나 소리 내기를 함께 하도록 유도한다. 그리고 점차 몸짓과 더불어 언어를 통한 의도 표현으로 전환되도록 촉진한다.

이 단계의 목표는 앞서 의도적 의사소통기능을 확장하는 목표와 더불어 진행할 수 있으나 아직 의도가 부족한 영유아에게 관습적인 수단을 사용하도록 먼저 유도하는 것은 자칫 기계적인 표현을 유도하는 결과를 가질 수 있다. 따라서 의사소통 의도가 부족한 영유아에게는 먼저 수반관계에 대한 이해와 의도성을 갖도록 하는 것에 중점을 두어야 한다.

의사소통수단에 대한 중재를 계획할 때 제12장의 〈표 12-4〉에 제시한 언어이전기 환경중심 언어중재(PMT) 프로그램 절차를 참고할 수 있다. 언어이전기 환경중심 언어중재는, 첫째, 의사소통행동을 유도하기 위한 반복적인 일과 수립, 둘째, 비언어적인 발성 빈도와 자발성 증가시키기, 셋째, 시선 사용 빈도와 자발성 증가시키기, 넷째, 관습적이거나 비관습적인 몸짓의 사용 빈도와 자발성 증가시키기, 마지막으로, 눈맞춤, 발성, 몸짓의 세 가지 의도적 의사소통행동 요소를 결합하여 사용하기의 다섯 가지 목표를 갖는다. 이 중 첫 번째 의사소통행동 유도를 위한 반복적 일과 수립은 앞의 절차를 통해 소개하였으므로 이 부분에서는 의사소통 유도 절차를 중심으로 소개하도록 하겠다.

(1) 발성 빈도 및 자발성 증가시키기

신생아 시기에는 반사적 소리 내기만 가능하나, 영유아기로 접어들면 자발적인 소리 내기가 가능해진다. 이 시기부터 발성하기(소리 내기)는 언어이전기의 주요 의사소통수단이 된다. 자기가 내는 소리가 다른 사람의 행동에 영향을 미치는 것을 알게 된 영유아는 의도적 의사소통수단으로 소리 내기를 사용할 수 있게 된다.

언어이전기 환경중심 언어중재에서는 발성 빈도와 자발성을 증가시키기 위한 목표를 다음과 같이 제시하였다.

- 영유아가 산출한 발성이 특정 대상을 참조한 것이 명확한 경우에는 정확한 언어로 수정해 준다.
- 음성놀이 활동 중에 영유아의 목록에 없는 말소리나 낱말을 모델링한다.
- 음성놀이 활동 중에 영유아의 말소리나 낱말 목록에 있는 말소리를 의사소통 의도를 담지 않고 모델링한다.
- 영유아가 자발적으로 산출한 말소리나 음절 형태가 의사소통 의도를 가지고 산출하지 않았을 경우에는 영유아가 산출한 말소리를 모방한다.

의사소통수단으로서 발성하기는 영유아와 상호작용하는 동안에 영유아가 내는 소리를 모방하고, 이를 더 명확하게 들려 주는 과정을 통해 촉진할 수 있다. 특정 상황에서 특정 발성 형태를 반복적으로 들려 주는 것도 효과적이다. 예를 들어, 상자 뚜껑을 열 때마다 "우아~" 하고 감탄사를 들려 준다. 양육자나 다른 사람의 주의를 끌고자 할 때에는 "어어!"라는 소리를 내게 한다. 동요 듣기를 할 때 특정 부분에서 같은 소리를 반복해 주는 것도 효과적이다. 동물소리와 같은 의성어나 특정 행동을 묘사하는 의태어도 활용할 수 있다. 의성어나 의태어는 이후 의미 있는 낱말 표현으로 연결될 수 있게 한다.

(2) 시선 사용 빈도 및 자발성 증가시키기

시선은 발성과 더불어 영유아 초기부터 발달하는 중요한 비언어적 수단 중 하나이다. 영유아들은 생후 2개월을 전후해서부터 양육자와 눈맞춤을 시작하며 시선을 교환하기 시작한다. 그리고 점차 시선을 통해 의도를 전달하기 시작한다.

시선은 특히 몸짓이나 발성과 함께 의도를 상대방을 향해 전달하는 강력한 수단이 된다. 몸짓이나 발성만으로 표현하지 않고 시선을 함께 결합하였을 때 영유아들의 의도는 더욱 분명하게 전달된다. 따라서 시선 사용은 초기 의사소통수단 발달에서 중요하게 고려되어야 한다.

시선은 앞서 소개한 사회적 의사소통 수립 단계에서 설명한 절차를 통해 유도할 수 있으며, 언어이전기 환경중심 언어중재에서 소개한 절차를 따를 수도 있다. 환경중심 언어중재에서 소개한 절차는 다음과 같다.

- 영유아가 바라보는 행동을 하는 경우 원하는 사물이나 행동을 수반된(후속) 결과로 제공한다.
- 시선을 사용하도록 언어적으로 촉진한다.
- 원하는 사물을 상대방의 얼굴 쪽으로 움직여서 더 확실하게 바라보게 한다.
- 영유아의 시선 앞쪽에서 중재자의 얼굴을 좌우로 움직여서 영유아가 따라서 보게 한다.
- 영유아가 중재자의 얼굴 움직임에 따라 시선을 이동시키는 경우 재미있거나 즐거운 표정으로 긍정적 피드백을 제공한다.

(3) 관습적 몸짓 사용 빈도와 자발성 증가시키기

몸짓 사용은 발성이나 시선보다 뒤늦게 출현하나 의사소통 의도를 전달하는 확실한 수단이 된다. 의사소통 몸짓은 주로 팔과 손, 그리고 머리 움직임을 중심으로 한 몸짓에 국한한다.

영유아들은 운동 능력도 발달 과정이 있기 때문에 몸짓 사용은 이러한 운동발달과 밀접하게 관련된다. 팔과 손, 머리를 의도적으로 움직이기 위해서는 앉은 자세를 유지할 수 있어야 하는데, 보통 팔로 몸을 지탱하지 않고 팔을 움직이는 것은 6, 7개월은 되어야 가능하다. 손을 뻗거나 손가락으로 가리키는 행동도 이 시기에 관찰되는데, 이는 영유아의 의도 발달과 더불어 신체·운동발달에도 어느 정도 영향을 받는다.

관습적 몸짓의 유형은 의사소통기능에 따라 달라질 수 있으므로 의사소통기능의 다양화와 함께 목표로 설정하고 동시에 중재를 실시할 수 있다. 발성이나 시선 사용과 같이 언어이전기 환경중심 언어중재에서 소개한 절차를 따를 수도 있다. 환경중심 언어중재에서 소개한 절차는 다음과 같다.

- 영유아가 몸짓으로 표현하는 경우 원하는 물건이나 행동을 수반된(후속) 결과로 제공한다. "뭐라고?" "뭐 줘?"라고 말하며 이해가 안 되는 얼굴로 바라보거나 몸짓을 하여 이해를 못하는 것처럼 행동한다.
- 영유아에게 보다 더 분명하게 표현하도록 요구한다(예: "어떤 거?" "어떤 거 줄까?")
- 영유아에게 특정한 몸짓을 사용하도록 명확하게 요구한다(예: "보여 줘." "나한테 줘.")
- 적절한 몸짓을 모델링한다.
- 영유아가 지시를 따르면 몸짓으로 표현한 것을 언어적으로 확인해 준다.

몸짓은 자연스러운 상호작용 중 적절한 모델링을 통해 유도할 수 있다. 중재자는 영유아가 몸짓에 주의를 두고 관찰할 수 있도록 자연스러운 상호작용 중에 적절한 몸짓을 반복적으로 모델링한다. 영유아의 손을 잡고 적절한 몸짓을 하도록 신체적 촉진을 해 주고, 적절한 몸짓을 사용하였을 때에는 약간 과장되게 반응해 주어 몸짓을 계속 사용할 수 있도록 강화해 준다. 영유아가 다양한 기능으로 의사소통 의도를 표현하면 다양한 형태의 관습적 몸짓을 사용하게 하는 것도 중재 목표로 고려할 수 있다.

(4) 세 가지 이상의 의사소통행동 요소를 결합하여 사용하기

영유아들이 단일행동도식을 습득한 후 각각의 단일행동을 결합하여 사용하기 시작하는 것은 발달적으로 행동이 진전된 것을 의미한다. 제6장에서 소개한 Piaget의 인지발달이론도 2차 순환반응기 다음에는 2차 순환반응의 협응기로 전환되는데, 이때는 이전에 습득한 단일행동도식들을 결합해서 나타내게 된다.

의사소통발달의 측면에서도 영유아가 발성, 시선, 몸짓 각각을 의도를 담아 사용하기 시작하면 이제는 이 두 가지를 결합하여 사용하도록 유도한다. 언어이전기 환경중심 언어중재에서는 의사소통수단이 결합된 형태를 다음과 같은 절차를 통해 유도하도록 제시하였다.

- 영유아가 하나 또는 두 가지의 의사소통행동을 보이면 두 번째 혹은 세 번째 의사소통 요소를 보이도록 기대를 가지고 기다린다.
- 영유아가 하나 또는 두 가지의 의사소통행동을 보이고, 시간지연법을 활용하여 자발적 사용 기회를 제공했음에도 다른 의사소통 요소를 더하지 않는 경우에는
  - "뭐하고 싶어?"라고 묻거나 다른 형태로 촉진을 하고 기다린다.
  - 영유아와 눈맞춤을 하거나 눈맞춤을 하도록 이름을 부른다.
  - 영유아가 몸짓으로 표현하도록 모델링하거나 도움을 준다.
  - 영유아가 사물이나 속성, 또는 사건에 대한 의사소통행동을 보이면 중재자는 낱말 표현으로 그 행동을 수정해 준다.

4. 언어적 의사소통으로의 전환

영유아들은 의도적 의사소통행동을 발달시켜 가며, 동시에 언어발달도 시작되어 언어적 수단을 통한 의사소통도 서서히 준비해 간다. 일반적으로 언어적 상징에 대

한 이해는 표현보다 먼저 발달되기 시작한다고 알려져 있다. 영유아들은 같은 맥락에서 반복적으로 사용되는 몇 개의 낱말을 이해하기 시작한다. 초창기에는 낱말의 이름이나 간단한 지시를 문맥에 의존해서 이해하지만 언어이해 능력이 어느 정도 발달되면 문맥적 도움 없이 낱말이나 지시를 이해하게 된다.

언어이해를 시작한 영유아는 돌을 전후하여 첫 낱말을 산출하게 된다. 첫 낱말 산출에는 의도적 의사소통행동의 발달이나 언어적 상징에 대한 이해가 기초가 되며, 이와 더불어 말을 산출하는 발음 능력의 발달도 중요한 토대가 된다.

이 시기에 영유아는 언어적 상징에 대한 이해와 표현을 시작하나 아직은 매우 미흡한 수준이라 여전히 몸짓이나 발성과 같은 비언어적 수단이 주된 의사소통 수단이 된다. 하지만 이때 시작되는 언어적 이해와 표현 발달은 이후 언어적 의사소통의 토대가 되므로 매우 중요하다.

다음에서는 이 시기의 중재 목표를 수용언어와 표현언어로 구분하여 살펴보도록 하겠다.

1) 수용언어

(1) 언어적 상징 인식하기

아직 언어적 상징에 대한 인식이 형성되지 않은 영유아의 경우에는 먼저 1~2개의 낱말 표현을 통해 사물을 지칭하는 언어적 상징이 있음을 인식하도록 하는 것이 필요하다. 이는 다음과 같은 절차를 통해 진행할 수 있다.

- 먼저, 영유아에게 중재할 목표낱말을 선택한다. 영유아가 자주 접하는 대상(예: 엄마, 아빠)이나 사물(예: 맘마)로, 음운적으로 너무 복잡하지 않은 낱말이 적절하다.
- 영유아가 사물 또는 대상과 목표낱말을 연관 지을 수 있도록 해당 사물을 보여 주거나 손으로 가리키면서 이름을 강조해서 들려 준다. 이때 영유아의 관심을 해당 사물이나 대상으로 먼저 유도한다. 영유아가 이름을 들려 준 대상을 바라보면 대상이 사람인 경우에는 재미난 표정을 지어 주고, 사물의 경우에는 영유아 손에 쥐어 주어 강화한다.

- 어느 정도 해당 사물이나 대상에 대한 인식이 생기면 해당 사물이나 대상을 제시하는 거리를 변화시킨다. 중재자는 해당 사물을 가리키며 명명하여 영유아의 공동주의를 유도한다. 필요한 경우 영유아의 머리를 사물 쪽으로 돌리도록 신체적 촉진을 제공한다. 영유아가 사물을 바라보면 해당 사물을 영유아 손에 쥐어 주어 가지고 놀 수 있게 한다.
- 대상영속성 개념이 어느 정도 형성된 영유아에게는 해당 사물을 수건이나 장난감 통 등으로 가려 놓고 찾게 하는 활동을 활용할 수 있다. 몇 개의 낱말을 이해하게 되면 여러 개의 사물 중에서 해당 사물을 찾게 하는 활동으로 확대할 수 있다.
- 의도적 의사소통행동과 마찬가지로 자연스런 놀이나 매일 발생하는 다양한 일과 중에서 절차를 응용하여 실시한다.

(2) 이해 낱말 증가시키기

앞선 과정을 통해 영유아가 들려 준 언어적 상징과 대상을 연결하여 이해하는 것으로 보이면 점차 다른 낱말을 포함하여 이해하는 낱말을 증가시킨다. 한꺼번에 모든 낱말을 포함하지 않고 영유아의 학습 속도를 고려하여 한두 개씩 점진적으로 새로운 낱말을 추가해 간다.

목표낱말은 영유아들이 자주 접하고 사용하는 낱말들을 중심으로 선정한다. 영유아 시기에는 참조하는 대상이 명확한 언어적 상징이 좋다. 예를 들어, 동작을 표현하는 낱말보다는 사물의 이름이 참조하는 바가 더 명확하다. 이와 더불어 자주 사용하는 사물이나 사람, 의도적 의사소통 수립 과정을 통해서 영유아가 자주 의도적 의사소통행동을 보였던 대상, 영유아가 관심을 보이는 사물이나 대상 등도 목표낱말로 우선적으로 고려할 수 있다. 영유아가 자주 의도적 의사소통행동을 보이는 대상은 영유아들이 관심을 갖는 대상이 될 수 있다. 이외에도 영유아들은 인지 능력이 아직 매우 제한되므로 기억하기 쉽도록 언어적으로 복잡하지 않은 낱말이 좋다. 〈표 13-3〉과 〈표 13-4〉에 초기 낱말 이해의 목표낱말을 선택할 때 고려할 사항과 목표 낱말의 예를 제시하였다.

낱말 이해는 앞서 사물의 이름이 있음을 인식하기에서 소개한 중재 절차를 활용한다. 실제 사물을 활용하여 중재하고, 사물로 이해가 가능하면 사진이나 그림 자료

〈표 13-3〉 초기 낱말 이해를 위한 목표낱말 선정 시 고려 사항

- 참조하는 대상이 명확한 낱말
- 영유아가 관심을 갖는 대상이나 활동
- 영유아가 자주 의도적 의사소통행동을 보이는 대상
- 자주 접하고 사용하는 사물이나 자주 만나는 사람들
- 영유아의 관심을 유도하기 좋은 사물이나 대상
- 기억하기 쉽도록 짧고 언어학적으로 단순한 낱말
- 다양한 의사소통 의도와 관련된 표현들

〈표 13-4〉 낱말 이해를 위한 목표낱말의 예

구분	목표낱말의 예
자주 접하고 사용하는 대상, 사물	• 물, 우유, 맘마, 까까, 빵, 밥 • 옷, 모자, 바지, 신, 양말
자주 만나는 사람	• 엄마, 아빠, 아가, 할머니(함미), 할아버지(하비)
영유아가 관심을 갖는 대상이나 활동	• 장난감: 빵빵, 차, 공 • 동물: 멍멍, 야옹, 꼬꼬, 꿀꿀, 음매 등 • 신체 부위: 눈, 코, 입, 귀, 발, 손, 머리 등
자주 하는 활동이나 행동	• 냠냠(먹어), 코(자), 먹어, 업어, 안아, 가, 앉아 등
다양한 의사소통 의도와 관련된 표현	• 안녕, 바이바이, 네, 응, 아니, 또, 아야(아파), 주세요

를 사물과 비교하여 제시해 주어 점차 사진이나 그림 자료로만 제시할 때에도 일반
화하여 이해할 수 있도록 한다.

(3) 운반구 내에서 목표 낱말 이해하기

한 낱말 수준에서 이해하는 낱말이 증가하면 이를 두 개의 낱말이 결합된 구 수준
에서 이해하도록 목표를 설정한다. 아직 낱말이 결합된 표현을 듣고 이해하는 데 어
려울 수 있으므로 주축문법(pivot grammar)의 개념을 기반으로 처음에는 하나의 낱
말이 고정된 운반구(carrier phrase)를 활용하는 것이 좋다. 운반구는 자극 낱말을 포
함한 미리 준비된 문장 형식을 말하는데, "○○ 주세요." "○○ 가져와." 등을 예로
들 수 있다. 두 예 모두 '주세요'나 '가져와'는 고정하고 ○○의 위치에 이전 절차를

통해 학습한 낱말을 위치시켜 구를 만든다. 중재는 다음과 같은 절차로 진행한다.

- 먼저, 중재자가 이미 영유아가 이해한 낱말을 운반구를 사용하여 두 낱말의 구 형태로 들려 준다.
- 영유아가 목표언어를 듣고 적절히 행동으로 수행하지 못하는 경우에는 손가락으로 가리켜 시각적 도움을 제공하며, 적절한 행동으로 수행하면 칭찬해 주어 강화한다.
- 내용어를 바꾸어 이전 목표를 통해 이해한 낱말을 구 수준으로 제공한다. 하나의 운반구로 이해하는 표현이 많아지면 주축이 되는 낱말을 바꾸어 다른 형태의 운반구를 만들어 중재한다.
- 낱말 이해하기 중재와 마찬가지로 너무 구조화한 상황에서 중재하지 말고 가능한 한 자연스러운 상황을 이용하여 중재하는 것이 좋다. 그러나 영유아가 다른 활동이나 상황에 관심을 갖고 있을 때에는 들려 준 언어자극에 주의를 두지 않을 수 있다. 따라서 진행하고 있던 다른 활동에서 확실하게 주의를 전환시킨 후 진행한다.

2) 표현언어

영유아에 따라 개인차는 있으나 표현언어는 첫돌을 즈음하여 수용언어에 비해 약간 뒤늦게 출현한다. 첫 낱말 산출을 위해서는 언어적 상징에 대한 이해나 인지발달과 더불어 말소리 산출 능력이 매우 중요한 역할을 한다. 말소리 산출 능력은 6~8개월 즈음 옹알이가 출현하면서 급속히 발달하기 시작하므로 시기적으로는 먼저 소개한 의도적 의사소통 단계에 해당하나 표현언어와의 관련성을 고려하여 이 단계의 목표로 포함하였다.

(1) 말소리와 음절구조 다양화하기

앞에서 설명하였듯이, 보통 옹알이가 산출되기 시작하면서 말소리 발달이 활발해진다. 옹알이에는 일반적으로 양순파열음 /ㅂ/나 양순비음 /ㅁ/, 치조파열음 /ㄷ/ 등과 같은 자음이 포함되며, CV나 CV가 반복되는 CVCV, CVCVCV 등의 음절구조를 보인다.

　영유아들의 말소리 산출 능력을 향상시키기 위한 중재를 실시할 때에는 지나치게 정확한 산출을 유도하지 않는다. 말소리 산출의 정확도를 증가시키기 위한 활동들은 자칫 말소리 산출 능력이 제한된 영유아들로 하여금 말하는 것을 회피하는 역효과를 초래할 수 있다. 따라서 자연스러운 상호작용 활동 중에 영유아들이 말소리 산출 빈도를 높이고 다양성을 증가시키는 것이 바람직하다.

　말소리 산출 능력을 향상시키기 위한 활동으로는 노래하기, 여러 가지 몸 놀이, 책 보기, 장난감 놀이 등과 같이 영유아들이 좋아하고 일상 중에 자주 반복되는 활동들을 이용할 수 있다. 활동 중에 중재자는 다양한 말소리를 정확히 모델링하고, 영유아에게 말 산출 기회를 제공한다. 그리고 영유아가 산출한 말소리에 반응해 주어 강화해 준다.

　여러 활동 중에서 동요 부르기는 영유아들에게 말소리 산출을 유도하기에 적절하다. 다음은 동요 부르기를 통해 말소리나 특정 음절 구조의 산출 빈도를 증가시키는 절차이다.

- 영유아에게 촉진하고 싶은 말소리나 음절구조가 많이 포함된 노래를 고른다.
- 노래를 부르며 말소리나 음절구조를 강조해서 모델링한다.
- 영유아가 노래에 익숙해지면 함께 노래를 부르다가 특정 말소리나 음절구조 부분은 중재자의 소리를 줄이거나 노래를 멈추어 영유아가 직접 산출할 기회를 제공한다.
- 영유아가 스스로 산출하지 못하면 입 모양을 보여 주거나 해당 말소리를 작게 들려 주어 말소리 산출을 촉진한다.
- 영유아가 말소리나 음절구조를 산출하면 약간 과장되게 반응해 주어 말소리 산출을 강화한다. 이때 목표 말소리나 음절구조를 정확하게 산출하지 못하더라도 산출 시도 자체를 강화해 주는 것이 좋다.
- 이상과 같은 절차를 장난감 놀이나 몸 놀이, 책 보기 활동에 응용하여 적용한다.

(2) 첫 낱말 표현하기

영유아가 몇 개의 말소리나 음절구조를 구분할 수 있을 정도로 산출하면 특정 대상을 지칭하는 한두 개의 낱말을 표현하도록 중재한다. 첫 낱말은 영유아가 산출하는 말소리나 음절구조 형태가 포함된 낱말 중에서 결정한다. 또한 영유아가 이미 이해하고 있는 낱말을 선택하는 것이 좋다. 절차는 낱말 이해를 유도하는 절차와 비슷하다.

- 먼저, 영유아에게 중재할 목표낱말을 선택한다. 낱말 이해에서와 마찬가지로 영유아가 자주 접하는 대상(예: 엄마, 아빠)이나 사물(예: 맘마)이 적절하다. 이 낱말들은 대체로 영유아가 발음하기에 큰 어려움이 없지만, 발음 능력이 제한되어 정확하게 발음하지 못하는 경우에는 부정확하게라도 일관되게 표현할 수 있는 형태를 목표로 한다.
- 중재자가 해당 대상을 가리키며 목표낱말 표현을 모델링한다. 영유아가 따라할 수 있도록 2회 정도 모델링하며 지나치게 표현을 유도하지 않는다.
- 영유아가 모방을 시도하면 부정확하더라도 바로 반응해 주어 즉각적으로 강화해 주고 정확한 표현을 다시 들려 준다.
- 모델링하기 전에 시간지연법을 활용하여 영유아가 먼저 표현을 시도하도록 유도하거나 혹은 요구-모델 기법을 사용하여 표현 기회를 제공할 수도 있다.
- 자연스런 놀이나 매일 발생하는 다양한 일과 중에서 절차를 응용하여 실시함으로써 목표낱말 표현 기회를 자연스럽게 제공한다.

(3) 의성어와 의태어 표현하기

영유아가 산출하는 말소리와 음절구조가 다양해지면 이를 의미 있는 낱말 중에서 유도할 수 있다. 그러나 앞의 절차와 반드시 순차적으로 진행할 필요는 없다. 예를 들어, 이해하는 낱말이 어느 정도 되는 영유아들에게는 이 목표를 바로 진행할 수도 있고, 혹은 앞에서 제시한 목표들과 이 목표를 동시에 중재할 수도 있다. 그러나 영유아들은 낱말에서보다 놀이 중에 산출하는 다양한 감탄사나 의성어, 의태어를 의미 있는 낱말을 산출하는 것보다 쉽게 생각하므로 언어나 언어 산출에 자신이 없는 영유아들에게는 앞에서 제시한 목표들을 통해서 말소리 산출 능력을 향상시키는 것이 적합할 수 있다.

의성어와 의태어 표현을 위한 활동도 앞에서 제시한 활동과 크게 다르지 않게 노래하기, 여러 가지 몸 놀이, 책 보기, 장난감 놀이 등과 같은 활동들을 활용한다. 놀이 중에 여러 의성어나 의태어 등을 산출하도록 하는 것은 말소리 또는 음절구조의 다양성을 촉진할 뿐 아니라 유아어 형태의 초기 낱말 산출을 자연스럽게 유도할 수 있다. 다음과 같은 절차로 중재를 실시할 수 있다.

- 영유아와 몸 놀이나 장난감 놀이, 혹은 책 보기 활동 중에 특정 대상 또는 활동을 의성어나 의태어로 모델링한다.
- 반복적 활동을 통해 영유아가 어느 정도 놀이에 대한 루틴을 갖게 되면 활동을 잠시 멈추어 영유아가 해당 활동이나 대상을 의성어나 의태어로 산출하도록 유도한다.
- 시간지연법을 활용하여 영유아의 산출을 유도하였으나 영유아가 산출을 망설이면 입 모양을 보여 주거나 첫소리를 들려 주어 말 산출을 촉진한다.
- 영유아가 해당 의성어나 의태어를 산출하면 과장해서 반응해 주며 활동을 지속한다.
- 시각적 또는 음성적 도움을 제공하였음에도 산출을 하지 못하면 중재자가 완전한 형태를 다시 모델링하며 활동을 진행한다.
- 이상과 같은 절차를 장난감 놀이나 몸 놀이, 책 보기 활동에 응용하여 적용한다.

(4) 표현 낱말 증가시키기

영유아가 몇 개의 낱말을 일관되게 표현하기 시작하면 이제는 표현하는 낱말 목록을 증가시키는 것을 주된 목표로 한다. 이때 어떠한 낱말을 우선적으로 중재할 것인지 목표낱말을 결정하는 것이 중요하다. 목표낱말을 결정할 때에는 낱말 이해에서와 마찬가지로, 영유아가 자주 접하며 관심을 갖는 대상을 우선적으로 선택한다. 낱말 이해에서는 영유아가 기억하기 쉽도록 단순한 구조를 우선적인 목표낱말로 고려하였다면, 표현 낱말에서는 영유아의 말소리 산출 능력을 고려하여 가급적 1, 2음절의 단순한 음절구조와 영유아가 초기에 산출하는 양순, 치조, 연구개 비음이나 파열음이 포함된 낱말을 선정하는 것이 좋다. 영유아마다 수행 수준이 다르므

〈표 13-5〉 초기 낱말 표현을 위한 목표낱말 선정 시 고려 사항

- 영유아가 매일 일상생활에서 많이, 다양하게 사용할 수 있는 낱말
- 영유아가 관심을 갖는 대상이나 활동을 표현하는 낱말
- 영유아가 자주 보이는 의사소통의도와 관련된 표현
- 중요한 사람의 이름이나 좋아하는 음식, 장난감 이름
- 발음하기 쉽게 음운적으로 짧고 단순한 낱말
- 상대적으로 발음이 용이한 의성어나 의태어
- 현재 영유아가 관심을 보이는 사물이나 대상을 표현하는 낱말

로 각 영유아에게 맞게 어휘를 선정하면 된다. 〈표 13-5〉에는 초기 낱말 표현을 위한 목표 낱말 선정 시 고려할 사항을 제시하였다. 실제 목표낱말의 예는 〈표 13-4〉에 제시한 낱말을 참조한다.

목표낱말이 선정되면 각 낱말을 표현하도록 순차적으로 중재한다. 수직적 방법에 기초하여 새로운 낱말을 한두 개 정도 중재한 후 어느 정도 목표 수준에 도달하면 새로운 낱말을 추가하여 중재할 수 있으며, 주기적 방법에 따라 몇 개의 낱말을 주기적으로 반복하여 중재할 수도 있다. 다음은 중재 절차의 예이다.

- 영유아와 몸 놀이나 장난감 놀이를 하는 중에 목표낱말 표현을 모델링한다. 목표낱말을 모델링할 때에는 엄마 말(motherese)이나 부모 말(parenthese)에서 확인되는 것처럼 과장된 억양을 사용하는 것이 좋다. 목표낱말 이외의 표현을 할 경우에는 목표언어와는 구분되는 말투를 쓰도록 하며, 가급적 언어 수준을 단순하고 짧게 하도록 한다.
- 반복적 활동을 통해 영유아가 어느 정도 놀이에 대한 루틴을 갖게 되면 활동을 잠시 멈추어 목표낱말을 표현하도록 유도한다. 영유아가 스스로 표현하기 어려워하는 경우에는 첫소리를 길게 끌어 주어 청각적(음운적) 도움을 제공한다. 영유아가 산출하지 못하는 낱말을 계속 표현하도록 유도하는 경우에는 영유아가 부담감을 느껴 오히려 표현을 회피할 수 있다. 2회 정도 유도해 보았음에도 불구하고 자발적 표현이나 모방이 어려운 경우에는 자연스럽게 목표낱말을 들려 주고 다음 절차로 넘어간다.

- 영유아가 불완전한 형태로라도 산출을 시도하면 즐거운 표정과 목소리로 확인해 주어 시도를 강화해 주고 정확히 모델링한다.
- 처음부터 그림카드를 이용하여 지도하는 것보다는 자연스런 놀이나 매일 발생하는 다양한 일과 중에서 먼저 중재한 후, 점차 그림카드나 책에 그려진 그림 자료를 대상으로도 표현할 수 있도록 일반화한다.

5. 언어적 의사소통 단계

영유아들이 표현하는 낱말이 50개 전후가 되면 표현하는 낱말을 결합하여 표현하는 낱말조합이 가능해진다. 이즈음부터 언어발달은 가속화되어 발달 속도는 더욱 빨라지고, 몸짓이나 발성과 같은 비언어적 수단보다는 언어적 수단을 통해 의사소통 의도를 전달하는 본격적인 언어적 의사소통 단계로 접어든다.

이 시기의 의사소통 목적은 언어적 상징에 대한 이해와 표현이 중심이 된다. 이전 단계에서 습득한 언어 능력을 기반으로 더욱 복잡한 언어 형태를 이해하고 표현하는 것을 목표로 한다. 그러나 단지 언어적 복잡성만 늘리는 것이 궁극의 목표가 아니며, 습득한 언어 형태를 의사소통을 목적으로 사용하게 하는 것이 무엇보다 중요함을 잊지 말아야 한다.

이 단계에서는 먼저 수용언어와 표현언어로 나누어 언어적 상징체계를 이해하고 표현하도록 하는 절차를 소개하고, 그다음 의사소통을 목적으로 습득된 언어적 상징체계를 활용하도록 하는 절차를 다루도록 하겠다.

1) 수용언어 향상시키기

(1) 지시 따르기

일상적 지시 이해는 아직 언어적 구조보다는 반복적으로 수행하는 활동 안에서 맥락에 의존하여 몇 개의 지시를 이해하도록 유도하는 것이다. 지시 따르기는 지시에 포함된 내용에 따라 지시 수준을 달리할 수 있다. 이 단계에서는 첫 번째 수준의 지시를 이해하고 수행하는 것에 목표를 둔다. 목표언어는 〈표 13-6〉과 같이 결정

〈표 13-6〉 지시 수준에 따라 수용언어 목표 결정하기

- 하나의 행동에 대한 지시 따르기(예: "앉아." "줘.")
- 하나의 사물과 하나의 행동에 대한 지시 따르기(예: "○○ 주세요.")
- 두 개의 사물에 대한 지시 따르기(예: "○○랑 △△ 주세요.")
- 두 가지 행동이 포함된 지시 따르기(예: "○○하고 ○○해.")
- 하나의 사물과 두 가지 행동이 포함된 지시 따르기(예: "○○를 △△하고 □□해.")
- 두 개의 사물과 두 가지 행동이 포함된 지시 따르기(예: "○○를 △△하고 □□를 ☆☆해.")

할 수 있다.

- 영유아가 반복적으로 수행할 수 있는 지시문을 결정한다. 가급적이면 활동 중에 반복적으로 사용될 수 있는 언어로 결정한다. 예를 들어, 과자를 먹을 때마다 "앉아."라고 하든지 장난감 놀이를 하는 동안에 "○○ 주세요."라는 표현은 자주 반복적으로 사용될 수 있다.
- 동일한 상황에서 동일한 지시문을 반복하여 해당 지시문에 대한 루틴을 만든다. 활동 중에 "○○ 어딨어?" "○○ 주세요."와 같은 지시를 반복한다. 처음에는 영유아가 지시문을 이해하지 못하므로 지시문을 제공한 후에는 영유아가 수행하도록 신체적 도움을 제공한다. 중재자의 도움으로 지시 따르기를 수행하면 원하는 물건을 주거나 칭찬해 준다.
- 앞의 절차를 통해 영유아가 지시문을 이해하고 수행하면 다른 활동 안에서도 지시를 따르게 하거나 지시문에 포함된 대상을 바꾸어도 이해할 수 있도록 하여 일반화를 촉진한다.

(2) 의미관계에 기초하여 이해하기

지시 따르기를 통해 어느 정도 반복적으로 제공되는 문맥 안에서 자주 반복되는 지시문을 이해하게 되었다면 이제는 언어적 정보에 기초하여 제시된 언어를 이해하도록 목표를 수립한다. 영유아들은 문법적 정보에 기초하여 언어를 이해하기 전에 언어의 의미적 정보에 기초하여 구나 문장을 이해하고 산출한다. 따라서 수용언어에서도 문법적 정보 이전에 제시된 구나 문장의 의미관계에 기초하여 이해하는 것

〈표 13-7〉 의미관계에 기초하여 수용언어 목표 결정하기

- 한 낱말의 의미적 단위 이해하기(예: 행위자, 행위, 대상, 장소, 서술 등)
- 하나의 낱말을 주축으로 하고 다른 낱말을 변화시켜 두 낱말조합 이해하기
- 다양한 두 낱말조합 이해하기
- 두 낱말조합에 하나의 의미단위가 추가된 세 낱말 의미관계 표현 이해하기
- 다양한 세 낱말 의미관계 표현 이해하기

을 우선적인 목표로 고려할 수 있다. 목표언어는 〈표 13-7〉과 같이 설정할 수 있다.

이 장의 서두에서도 밝혔듯이, 중재 활동과 절차는 어떠한 방법으로 중재할 것인가에 따라 달라진다. 예를 들어, 반응적 중재 접근법(아동 중심법)을 활용하는 경우 자연스러운 일상이나 놀이 활동 중에 해당되는 목표언어 형태를 반복적으로 모델링하거나 혹은 영유아가 산출한 형태를 확장 또는 확대해 주어 중재할 수 있을 것이다. 반면, 직접적 중재 접근법(중재자 중심법)을 활용하는 경우에는 목표언어를 유도하기 위한 상황을 구조화한 후 목표언어를 반복시키고 연습시키는 방법으로 중재할 것이다. 이 책에서는 특정 중재 접근법에 국한하지 않고 자연스러운 맥락을 이용하여 목표행동을 유도하고 중재하는 절차로 소개할 것이며, 중재자의 원칙이나 영유아의 반응에 따라 중재 접근법은 변경시킬 수 있다.

다음은 '행위자-행위'관계를 목표로 하여 두 낱말 의미관계 이해를 중재하는 절차를 소개하였다.

- 의미관계를 구성하는 '행위자' '행위' 의미단위에 대한 이해를 확인한다. 인형이나 사진 또는 그림 등을 통해 확인할 수 있다.
- 주축이 되는 의미단위에 다른 의미단위를 조합하여 반복적으로 들려 준다. 앞의 예에서 '행위'단위를 주축으로 하는 경우 '행위자'를 바꾸어 주어 '행위자-행위' 조합을 모델링한다. 예를 들어, '먹다'라는 행위어에 엄마, 아빠, 아가라는 행위자를 조합하여 '엄마 먹어' '아빠 먹어' '아가 먹어' 등으로 모델링한다. 하나의 낱말을 통해서 목표 의미관계를 이해하면 중재 낱말을 변화시킨다. 예를 들어, '먹다'라는 행위어 대신에 '자'라는 행위어로 변화시켜 같은 절차로 중재한다.
- 주축이 되는 의미단위를 '행위'에서 '행위자'로 변경한다. 예를 들어, '엄마'라는

〈표 13-8〉 의미관계에 기초한 수용언어 유도 활동

의미관계	예	유도 활동
행위자-행위	'아빠 먹어' '엄마 자'	• 가족 인형 놀이, 동화책 보기(예: 꾸러기 곰돌이)
대상-행위	'맘마 먹어' '모자 써'	• 소꿉놀이, 탈 것 놀이, 만들기
행위자-대상	'아빠 밥' '아가 똥'	• 가족 인형 놀이와 소꿉놀이의 결합, 병원 놀이 등 • 동화책 보기
장소-행위	'차 타' '의자 앉아'	• 탈 것 놀이
행위자-장소	'아빠 학교' '아야 차'	• 시장 놀이, 마트 놀이
실체-장소	'책 학교' '이거 여기'	• 시장 놀이, 마트 놀이
소유자-소유	'아빠 책' '엄마 옷'	• 가족 인형 옷 입히기
실체-수식/ 수식-실체	'아가 이뻐'	• 다양한 얼굴 표정의 사진 또는 인형 • 다양한 모양의 사물, 그림
지시하기-실체	'이거 뭐' '요거 불'	• 모든 활동

행위자를 고정하고 '엄마 자' '엄마 먹어' 등과 같이 그에 결합되는 '행위'를 변경
하여 반복적으로 들려 준다. 마찬가지로 목표 의미관계를 이해하면 '엄마' 대신
에 '아빠'로 낱말을 변화시킨다.

• 처음에는 구조화된 상황에서 중재할 수 있으나 영유아가 어느 정도 해당 의미관
계에 대해 이해하는 것으로 판단되면 이를 놀이나 책 보기와 같은 자연스러운
활동 안에서 수행하도록 중재한다. 영유아가 목표 의미관계를 이해하였는지는
행동을 수행하게 하거나 해당되는 그림을 찾게 하는 방법으로 확인할 수 있다.
• 목표 의미관계가 너무 기계적인 활동에서 반복되지 않도록 자연스런 놀이나
일과 중에서 적용한다.
• 같은 방식으로 다양한 형태의 의미관계를 중재할 수 있다. 중재에 활용할 수
있는 절차는 〈표 13-8〉에 제시하였다.

(3) 문법적 정보에 기초하여 이해하기

의미관계에 기초하여 언어를 이해하게 되면 영유아는 어렴풋이 다양한 낱말이
결합되어 새로운 의미를 창출할 수 있다는 규칙을 인식하게 된다. 그리고 이것은 추
후 문법에 기반한 언어이해의 기반이 된다.

〈표 13-9〉 문법적 정보에 기초하여 수용언어 목표 결정하기

- 특정 구문구조 이해하기
- 조사나 문장어미와 같은 세부 문법형태소 기능 이해하기
- 문장 안에서 특정 문법형태소의 기능을 이해하기
- 문장 유형(부정문, 의문문 등) 이해하기

문법에 기반한 언어이해 절차 역시 기본적으로 의미관계에 기초한 중재 절차와 크게 다르지 않다. 단지 영유아가 이해해야 하는 문장의 길이가 더 길어지고 복잡해지며, 문법형태소와 같은 기능적 요소의 쓰임에 대해 이해가 필요하다는 차이가 있을 뿐이다. 다음은 문법에 기초하여 이해를 중재할 때 고려할 수 있는 목표를 포괄적으로 제시하였다. 각각의 목표는 문장의 구조나 중재하고자 하는 문법형태소에 따라 세분화하여 수립할 수 있다. 세부 목표는 〈표 13-9〉에 제시하였다.

중재 절차 역시 의미관계에 기초한 이해 중재 절차와 크게 다르지 않다.

- 의미관계에서 중재한 낱말조합을 기초로 길이와 구조를 확장한다. 예를 들어, '행위자-행위'는 '행위자-대상-행위' '행위자-배경-행위' 등으로 확장할 수 있으며, 이는 구문구조를 기반으로 할 때 '주어-목적어-서술어' 혹은 '주어-부사어-서술어' 구조가 될 것이다. 확장을 할 때에는 영유아가 이미 습득한 두 낱말 의미관계를 기반으로 한다. 즉, 영유아가 이미 '행위자-행위'와 '배경-행위' 구조를 습득하였으면, 이 두 의미관계를 '주어-부사어-서술어(행위자-배경-행위)' 구조로 조합하여 확장한다.
- 이때 해당 구조의 개별 의미단위가 되는 어휘 지도가 선수되거나 병행하여야 한다. 즉, 행위자나 배경, 행위를 표현하는 어휘가 이미 영유아의 언어 목록에 있어야 이를 기반으로 구문 확장이 가능해진다.
- 기본 문장을 산출하기 시작하면서부터는 문법형태소에 대한 탐색이 활발해진다. 이전 두 낱말조합에서는 내용어 중심의 낱말조합에 중점을 두었다면 이 단계에서는 문법형태소 쓰임을 이해할 수 있도록 고려한다. 언어 모델을 들려 줄 때 문법형태소 부분을 강조하여 들려 주거나 분리 후 합성 방법을 이용하여 문법형태소에 대한 인식을 높여 주는 방식으로 중재할 수 있다. 또한 특정 의미

단위를 주축으로 하여 의미관계를 중재하였던 것과 같이 영유아가 이미 산출한 문장구조를 주축으로 하여 해당 형태소를 변화시키는 방법을 활용할 수도 있다.

- 처음에는 구조화된 상황에서 중재할 수 있으나 영유아가 어느 정도 해당 문법형태소 기능에 대해 이해하는 것으로 판단되면 이를 놀이나 책 보기와 같은 자연스러운 활동 안에서 수행하도록 중재한다. 영유아가 목표 구문이나 문법형태소의 기능을 이해하였는지는 행동을 수행하게 하거나 해당되는 그림을 찾게 하는 방법으로 확인할 수 있다.
- 문법형태소 중재 목표는 제4장의 〈표 4-22〉 문법형태소 발달에 기초하여 결정할 수 있으나 반드시 발달적 준거를 따를 필요는 없다.

이상을 통하여 수용언어 중재 목표와 절차를 살펴보았다. 앞에서 제시한 것 외에 수용언어목표를 결정할 때 참조할 수 있도록 언어이전 의사소통기부터 초기 언어적 의사소통기까지 수용언어 발달지표를 〈표 13-10〉에 제시하였다.

〈표 13-10〉 언어이전 의사소통기에서 초기 언어적 의사소통기까지 수용언어 발달지표

언어이전 의사소통기	**0~2개월** • 다양한 환경음에 반응한다. • 친숙한 소리에 반응한다(예: 칭얼거릴 때 엄마가 얼러 주면 멈춘다). • 새롭거나 낯선 소리에 관심을 갖는다(예: 새로운 장난감 소리를 들려 주면 행동이 달라진다). • 말하는 사람의 얼굴을 응시한다.
	3~6개월 • 소리가 나는 방향으로 머리를 돌려 바라본다. • 딸랑이와 같이 소리가 나는 장난감을 흔든다.
	6~9개월 • 음악에 주의를 기울인다. • 계속 반복되는 낱말을 이해하기 시작한다. • 자신의 이름에 일관된 반응을 보인다. • 일상 사물의 이름을 이해한다. • "안돼."라는 말에 활동을 멈춘다.

	10~12개월
언어적 의사소통으로의 전환기	• 몇몇 낱말을 이해한다. • 동요를 들으며 특정 가사에 반응한다. • 억양이나 문맥을 단서로 질문을 이해한다.
	12~15개월 • 일상적으로 반복되는 간단한 지시를 따른다. • 지시에 따라 몇 개의 신체 부위를 지적한다. • 이해하는 낱말이 증가하나 여전히 맥락적 도움이 필요하다.
	16~18개월 • 맥락적 도움 없이 낱말을 이해한다. • 더 길고 복잡한 지시를 따른다. • 두 낱말 이상의 조합을 이해한다.
언어적 의사소통기	19~24개월 • 일련의 지시를 따른다. • 사진 속의 사물과 실제 사물을 일치시킨다. • 5개 이상의 사물 중에서 하나의 사물을 구별한다. • 간단한 문장을 이해한다.
	25~27개월 • 움직임과 관련된 낱말을 이해한다. • 더 많은 신체 부위를 구별한다. • 범주 이름을 이해하기 시작한다.
	28~36개월 • 사물의 기능을 이해하기 시작한다. • 크기와 관련된 차이를 이해하기 시작한다. • 위치어에 대한 이해를 나타낸다. • 전보다 더 복잡하고 긴 명령을 따른다. • 문법적 정보에 기초하여 언어를 이해할 수 있다.

2) 표현언어 향상시키기

(1) 낱말조합 표현

두 낱말조합 표현하기는 두 낱말조합 이해하기의 목표에서 이해를 표현으로 바꾸면 된다. 중재는 먼저 이해가 어느 정도 가능해진 후 순차적으로 진행하는 것이 좋다. 수용언어와 마찬가지로 낱말조합 수준에서의 표현언어목표는 의미관계를 기

〈표 13-11〉 의미관계에 기초하여 표현언어목표 결정하기

- 한 낱말의 의미단위 표현하기(예: 행위자, 행위, 대상, 장소, 서술)
- 하나의 낱말을 주축으로 하고 다른 낱말을 변화시켜 두 낱말조합 표현하기
- 다양한 두 낱말조합 표현하기(〈표 13-12〉 참조)
- 두 낱말조합에 하나의 의미단위를 추가하여 세 낱말 의미관계 표현하기
- 다양한 세 낱말 의미관계 표현하기

초로 결정할 수 있다. 구체적 중재 목표는 〈표 13-11〉과 같다.

이해에서와 마찬가지로 자연스러운 맥락을 이용하여 중재하되 의미관계에 기초한 이해를 촉진하기 위한 활동을 선택하도록 고려한다. 〈표 13-14〉에 제시한 스크립트는 자연스러운 활동 안에서 낱말조합 수준의 언어표현을 유도할 때 참조할 수 있다. 다음은 '행위자-행위'관계를 중심으로 두 낱말 의미관계 표현을 유도하기 위한 절차이다.

- 의미관계를 구성하는 '행위자' '행위' 의미단위를 각각 표현할 수 있는지 확인한다. 만약 각각을 독립된 낱말로 표현하기 어려운 경우에는 해당 의미단위를 낱말 수준에서 먼저 표현하도록 중재한다.
- 중재자가 먼저 목표 의미관계를 반복적으로 들려 준다. 그리고 목표 낱말조합에서 주축이 되는 의미단위를 길게 끄는 형식으로 산출하여 영유아가 완성하여 산출하도록 유도한다. 예를 들어, '엄마 먹어'라는 목표 낱말조합에서 중재자가 '엄마~' 하고 첫 낱말을 길게 늘어뜨리듯 산출하면 그다음에 '먹어'를 영유아가 산출하도록 유도하는 것이다. 영유아가 잘하지 못하는 경우 계속 유도하지 말고 바로 두 낱말조합 형태를 모델링한다.
- 반복적인 절차를 통해 중재자가 개시한 두 낱말조합을 영유아가 완성하면 그다음에는 서서히 중재자가 개시하는 것을 감소시키고 영유아가 먼저 개시하여 두 낱말조합 표현을 완성하도록 유도한다. 중재 순서를 결정할 때 참고할 수 있도록 언어표현 초기에 우선적으로 관찰되는 의미관계 유형을 〈표 13-12〉에 제시하였다.
- 같은 방식으로 동일한 의미관계의 다양한 표현을 유도할 수 있으며, 주축이 되는

〈표 13-12〉 언어표현 초기에 관찰되는 의미관계 유형

Brown(1973)		이승복, 이희란(2012)	
행위자-행위	daddy sit	행위자-행위	아빠 어부바, 엄마 맴매
행위-대상	drive car	대상-행위	까까 줘, 쉬 해
행위자-대상	mommy sock	행위자-대상	아빠 밥, 아가 똥
행위-장소	sit chair	장소-행위	배 타, 여기 앉아
		행위자-장소	아빠 학교, 아야 차
실체-장소	toy floor	실체-장소	저기 새
소유자-소유물	my teddy	소유자-소유	아빠 책
실체-수식	crayon big	실체-수식/ 수식-실체	엄마 예뻐
지시하기-실체	this telephone	지시하기-실체	이거 까까

의미단위를 변경하거나 목표 의미관계를 달리하여 두 낱말 표현을 중재한다.
- 처음부터 놀이나 자연스러운 일과 중에서 중재할 수 있으며, 먼저 구조화된 상황에서 중재한 후 자연스러운 놀이나 책 보기 활동 등으로 일반화할 수도 있다.

3) 문장 표현 향상시키기

영유아가 다양한 의미관계의 두 낱말조합 표현이 가능해지고, 자발화에서 두 낱말 표현이 한 낱말 표현보다 많아지고 자연스러워지면 이를 세 낱말조합 형태로 확장하며, 나아가 문법적 지식을 기반으로 문장 표현을 목표로 한다.

- 의미관계에서 중재한 낱말조합을 기초로 길이와 구조를 확장하여 표현하도록 한다. 예를 들어, '행위자-행위'는 '행위자-대상-행위(주어-목적어-서술어)' '행위자-배경-행위(주어-부사어-서술어)' 등으로 확장해서 표현하도록 할 수 있다. 세 낱말 의미관계 표현으로 목표를 기술할 수 있으며, 문장구조를 기반으로 하여 목표를 기술할 수도 있다. 기본적인 문장구조를 표현할 수 있게 되면 여기에 꾸며 주는 말을 덧붙여 문장 길이를 증가시켜 간다.
- 기본 문장을 산출하기 시작하면서부터는 문법형태소에 대한 탐색이 활발해진

〈표 13-13〉 문법적 정보에 기초하여 표현언어 목표 결정하기

- 특정 구문구조 표현하기
- 특정 문법형태소 표현하기
- 문장 안에서 문법형태소 표현하기
- 다양한 문장 형태(부정문, 의문문 등) 표현하기

다. 문법형태소에 대한 인식이 증가하면 자연스럽게 언어표현에서도 해당 문법형태소를 포함하여 산출하도록 유도한다. 문법형태소 부분을 강조해서 모델링할 수 있으며, 문법형태소가 사용되어야 할 부분에서 앞의 낱말을 길게 끌며 기다려 주어 문장 완성 형태로 목표 형태소를 영유아가 완성하여 산출하도록 유도할 수 있다.
- 구문이나 문법형태소 중재 역시 구조화된 상황에서 중재할 수 있으나, 영유아가 유도 절차를 통해 목표 언어 형태를 안정되게 산출하기 시작하면 이를 놀이나 책 보기와 같은 자연스러운 활동 안에서 일반화하여 수행하도록 중재한다.

4) 언어로 의사소통 의도 표현하기

언어표현이 시작되면 자칫 문법이나 어휘와 같이 언어적 요소를 복잡하게 하거나 향상시키는 데 중재의 주안점을 두게 된다. 그러나 언어 상징에 대한 이해나 표현 중재가 영유아의 의사소통을 위한 것임을 잊지 말아야 한다.

영유아들이 새로 습득한 언어적 표현들을 실제 의사소통 상황에서 사용하도록 하기 위해서는 자연스러운 상황에서 중재를 실시하는 것이 좋지만 분리되거나 제한된 환경 내에서 언어치료를 진행하는 경우에도 새로 습득한 언어구조나 어휘를 활동에서 자연스럽게 활용하도록 하는 것이 궁극의 목적이어야 한다.

의도적 의사소통행동을 유도하고 그 기능을 다양화하기 위한 절차들을 이미 앞의 단계에서 소개하였다. 언어표현 단계에서는 이미 비언어적으로 표현하기 시작한 의사소통행동을 언어적 상징을 통한 표현으로 전환시키도록 고려한다. 한 낱말을 중재하는 영유아는 한 낱말을 통해, 두 낱말 이상의 구문을 중재하는 영유아는 두 낱말 이상의 구문을 통해서 해당 기능을 표현할 수 있다. 이 책에서는 각각의 목표와 중재 절차를 분리하여 서술하였지만 중재에서도 각각의 목표를 분리하여 실시할 필요가 없다. 언어는 의도와 형식, 의미가 각각 분리되어 있지 않고 통합적으로 사용되기 때문이다. 처음부터 통합된 형태로 중재를 할 수도 있지만, 각각의 목표를 개별적으로 중재한 후에도 개별 언어 목표들이 어느 정도 습득되면 하나의 활동 내에서 각각의 목표가 자연스럽게 통합하는 절차를 반드시 거치도록 한다.

〈표 13-14〉에는 스크립트를 기반으로 의사소통과 언어 형식을 통합적으로 중재하도록 하는 예시를 제시하였다. 언어 형식은 영유아의 언어발달 수준에 따라 더 복잡하게 설정할 수 있으며, 스크립트도 영유아의 수준을 고려하여 더 단순하거나 복잡하게 수정할 수 있다. 구조화된 상황에서 언어적 상징체계에 대한 중재를 실시하고 이후 스크립트 활동을 통해 습득한 언어적 상징을 의사소통 목적으로 활용하도록 중재를 실시할 수도 있으며, 처음부터 실제 의사소통 상황이나 치료실 내에서 스크립트 절차를 활용하여 의사소통 중심의 언어중재를 진행할 수 있다.

〈표 13-14〉 스크립트를 이용한 의사소통 및 언어 형식 중재

활동		의사소통행동 유도 상황	의사소통기능	언어 형식 예시	
				한 낱말	낱말조합 이상
비눗방울 불기	1	영유아의 이름을 부르면서 활동을 시작한다.	이름 반응하기	네, 응.	
	2	곰돌이 모양의 비눗방울을 꺼내 중재자가 "곰돌이네." 하면 곰돌이가 "○○야 안녕!" 하고 영유아에게 인사한다.	인사하기	안녕.	곰돌이 안녕.
	3	비눗방울을 2~3회 불고 중재자가 비눗방울을 가지고 있다.	사물 요구하기	줘(주세요), 비눗방울.	비눗방울 줘(주세요).
	4	사물 요구가 나타날 때 뚜껑을 꽉 닫은 후 영유아 앞에 놓고 딴 곳을 보며 영유아의 반응을 기다린다.	행동 요구, 부르기	선생님, 비눗방울.	선생님 비눗방울. 비눗방울 해(해 주세요). 선생님 비눗방울. 해(해 주세요).
	5	중재자는 비눗방울과 다른 사물을 들고 비눗방울을 내밀며 "이거 줄까?"라고 질문하고 반응을 기다린다.	예/아니요 반응하기	아니 싫어, 비눗방울.	아니(싫어), 비눗방울. 저거 비눗방울.
	6	영유아가 반응을 보이면 비눗방울이 아닌 다른 사물을 준다.	거부하기		아니, 비눗방울 주세요.

	7	영유아와 비눗방울을 가지고 영유아의 의도에 따르며 상호작용한다.	자발적 의도		
간식 먹기	1	중재자는 손인형을 꺼내 인형을 가지고 "○○야 안녕!" 하고 인사한다.	인사하기	안녕.	○○ 안녕.
	2	중재자는 영유아에게 인형을 주고 놀도록 하고, 중간에 영유아의 이름을 부르고 반응을 기다린다.	이름 반응하기	네, 응.	
	3	"인형이랑 간식 먹자."라고 얘기한 후 음식 모형이 담긴 통의 뚜껑을 꽉 닫아서 영유아 앞에 놓고 중재자는 다른 곳을 본다.	부르기, 행동 요구하기	선생님 과자.	선생님 과자. 과자 해 줘(해 주세요). 선생님 과자 해 줘(해 주세요).
	4	중재자는 통을 열어 영유아에게는 주지 않고 인형에게만 음식을 2~3회 먹여 준 후 영유아의 반응을 기다린다.	사물 요구하기	과자 나도 줘(주세요).	과자 줘(주세요). 나도 과자 줘(주세요).
	5	영유아가 요구하기 반응을 보일 때 원하는 사물을 주지 않고 다른 사물을 제공한다.	거부하기	아니 싫어, 과자.	아니(싫어), 과자. 아니, 과자 주세요. 이거 아니야. 이거 싫어.
	6	영유아가 원하는 것을 제시하며 "이거 줄까?"라고 질문한 후 반응을 기다린다.	예/아니요 반응하기	네, 응.	네, 이거(과자). 네, 이거 줘(주세요).
	7	손 인형과 음식 모형을 가지고 논다.	자발적 의도		
점토 놀이	1	중재자가 "○○야 안녕!" 하고 영유아에게 인사한다.	인사하기	안녕.	○○ 안녕.
	2	중재자가 점토를 가지고 영유아 앞에서 재미있게 놀면서 요구하기를 유도한다.	사물 요구하기	그거 줘(주세요).	그거 줘(주세요). 선생님 그거 줘(주세요).
	3	영유아가 요구하면 점토가 아닌 다른 사물을 영유아에게 제시한다.	거부하기	아니 저거.	그거 아니. 저거 줘(주세요). 아니 저거 줘(주세요).
	4	영유아에게 점토를 제시하며 "이거 줄까?"라고 질문한 후 영유아의 반응을 기다린다.	예/아니요 반응하기	네, 응.	네 그거 줘(주세요).
	5	영유아에게 점토를 주고 놀도록 한 후 중간에 영유아의 이름을 부르고 반응을 기다린다.	이름 반응하기	네, 응.	

	6	찍기 도형을 이용하여 중재자가 찍는 모습을 보여 주고 통에 담아 영유아 앞에 두고는 딴 곳을 쳐다본다.	부르기, 행동 요구하기	선생님 나도.	선생님 그거. 선생님 그거 줘(주세요). 나도 할래(할래요).
	7	영유아의 의도에 따라 점토 놀이를 한다.	자발적 의도		
케이크 만들기	1	중재자는 영유아에게 "○○야 안녕!" 하고 인사한다.	인사하기	안녕.	○○ 안녕.
	2	중재자는 케이크를 꺼내면서 "우와 케이크다."라고 말하며 케이크의 장식을 2~3개 끼운 후 영유아의 반응을 기다린다.	사물 요구하기	케이크 초 꽂아 (꽂아요)	초 꽂아(꽂아요). 케이크에 초 꽂아(꽂아요).
	3	영유아가 요구하면 장식이 아닌 다른 사물을 제공한다.	거부하기	아니 저거.	그거 아니. 저거 줘(주세요). 아니 저거 줘(주세요).
	4	영유아가 원하는 장식을 보여 주며 "이거 줘?"라고 질문하고 반응을 기다린다.	예/아니요 반응하기	네, 응.	네 그거 줘(주세요).
	5	장식을 끼울 수 없는 케이크 부분을 영유아에게 주고 장식을 끼우도록 하고는 다른 곳을 본다.	행동 요구, 부르기	선생님 나도.	선생님 그거. 선생님 그거 줘(주세요). 나도 할래(할래요).
	6	영유아의 의도에 따라 케이크 만들기 놀이를 한다.	자발적 의도		

출처: 김미삼, 전진아, 이윤경(2012)의 내용을 수정 보완함.

이 장을 공부한 후······

● 의사소통 중심 중재의 중요성과 중재 모형을 이해한다.

● 상호관계 수립 단계에서의 세부 중재 목표와 각 목표에 대한 중재 절차 및 활동을 이해한다.

● 의도적 의사소통 시작 단계에서의 세부 중재 목표와 각 목표에 대한 중재 절차 및 활동을 이해한다.

● 언어적 의사소통으로의 전환 단계에서의 세부 중재 목표와 각 목표에 대한 중재 절차 및 활동을 이해한다.

● 언어적 의사소통 단계의 세부 중재 목표와 각 목표에 대한 중재 절차 및 활동을 이해한다.

참고문헌

강영희, 홍경훈(2016). 6~7세 언어발달지체 아동의 이야기에 대한 '대화식 책 읽기' 효과. *Communication Sciences & Disorders*, *21*(1), 84-97.

고도흥(2017). **언어기관의 해부와 생리(2판)**. 서울: 학지사.

국민건강보험공단 '건강 iN' 홈페이지 http://www.hi.nhis.or.kr/.

김규리, 이희란(2017). 어머니의 언어적 입력 유형이 18~24개월 유아의 의사소통행동과 언어 능력에 미치는 영향. *Communication Sciences & Disorders*, *22*(1), 1-13.

김난실, 조혜진(2007). 영아의 기질적 특성과 기질에 따른 놀이행동 분석. **유아교육학논집**, *11*(1), 237-256.

김란영, 이효주, 이윤경(2015). 책 읽기와 놀이 조건이 말 늦은 영유아와 어머니의 의사소통 행동에 미치는 영향. **언어치료연구**, *24*(3), 15-27.

김미삼, 전진아, 이윤경(2012). 자폐범주성장애 아동과 지적장애 아동의 초기 의사소통행동 비교. **자폐성장애연구**, *12*, 1-20.

김민정, 배소영(2005). '아동용 조음검사'를 이용한 연령별 자음정확도와 우리말 자음의 습득연령. **음성과학**, *12*(2), 139-149.

김민정, 배소영, 박창일(2007). **아동용 조음음운검사**. 서울: 휴브알엔씨.

김영실, 신애선(2013). 영아의 기질 및 어머니의 양육행동에 따른 영아의 이해언어 및 표현언어 능력. **어린이미디어연구**, *12*(3), 157-176.

김영태(1994). **구어-언어진단검사**. 대구: 한국언어치료학회.

김영태(1996). 그림자음검사를 통한 2~6세 아동의 자음정확도 연구. **말-언어장애연구**, *2*, 5-26.

김영태(1997). 한국 2~4세 아동의 발화길이에 관한 기초연구. *Communication Sciences & Disorders*, *2*(1), 5-25.

김영태(1998). 한국 2~3세 아동 문장의 의미론적 분석: 의미단위수, 의미유형, 의미관계를 중심으로. **언어청각장애연구**, *3*, 20-34.

김영태(2002). **아동언어장애의 진단 및 치료**. 서울: 학지사.

김영태, 김경희, 윤혜련, 김화수(2003). **영유아 언어발달검사(SELSI)**. 서울: 도서출판 특수교육.

김영태, 신문자(2005). **우리말 조음음운검사 (U-TAP)**. 서울: 파라다이스 복지재단.

김은설, 최진, 조혜주, 김경미(2009). 육아지원기관 부모교육 참여 활성화 방안 연구. **육아정책연**

구소 기본연구보고서. 서울: 육아정책연구소.

김정미, 김효창, 조윤경(2013). **한국판 영유아 기질 및 비전형 행동 척도.** 서울: 학지사.

김정미, 신희선(2006). **아동발달검사(K-CDI).** 서울: 학지사.

김정미, 신희선(2006). **영유아 발달선별검사(K-CDR-R).** 서울: 학지사.

김정미, 이수향(2007). 『It Takes Two to Talk』 부모교육프로그램이 언어발달지체아동의 의사소통과 부모의 행동에 미치는 효과, *Communication Sciences & Disorders, 12*(4), 607-624.

김희진(2008). 유치원 일일교육계획안에 나타난 연령별 교육활동 분석: 교육주제와 집단활동을 중심으로. **교육과학연구, 39**(3), 195-215.

박성준(2010. 2. 23.). 한국 '다문화 국가' 급속 진행. 세계일보.

박윤정, 최지은, 이윤경(2017). 초등학생 아동의 대화 화제관리 능력의 발달. *Communication Sciences & Disorders, 22*, 25-34.

박은영, 김삼섭, 조광순(2005). 우리나라 단일대상연구의 내용과 방법에 관한 고찰. **특수교육학연구, 40**(1), 65-89.

박혜원, 조복희(2006). **한국 베일리 영유아발달검사 II(K-BSID-II).** 서울: 마인드프레스.

방희정, 남민, 이순행(2019). **한국형 베일리 영유아 발달검사 III(K-Bayley-III).** 서울: 인싸이트.

배소영(1995). 우리나라 아동의 언어발달. 한국언어병리학회 편저, **언어치료전문요원교육자료집.**

배소영, 곽금주(2011). **한국형 맥아더-베이츠 의사소통발달검사(K M-B CDI).** 서울: 마인드프레스.

배소영, 김민정(2005). 만 1세 유아의 음운 산출 특성. **16차 한국음성과학회 춘계학술대회 발표논문집.** 대구: 대구대학교.

배소영, 윤효진, 설아영(2017). **영유아 언어 및 의사소통발달선별검사(K-SNAP).** 서울: 인싸이트.

백경숙(1996). 영유아기 종일제 보육시설 적응에 영향을 미치는 관련변인 연구. 숙명여자대학교 대학원 박사학위논문.

신문자, 김재옥, 이수복, 이소연(2010). **조음기관 구조·기능 선별검사(SMST).** 서울: 학지사.

신희선, 한경자, 오가실, 오진주, 하미나(2002). **한국형 Denver 2 검사지침서.** 서울: 현문사.

양예원, 이윤경, 최지은, 윤지혜(2018). Development of conversational skills from late children to adolescent. *Communication Sciences & Disorders, 23*(2), 270-278.

오영신, 김정미, 이수향(2008). 대화식 책 읽기 부모교육 프로그램이 언어발달지체아동의 발화와 부모의 행동에 미치는 효과. **유아특수교육연구, 8**(3), 139-154.

은백린, 정희정(2014). **한국 영유아 건강검진 발달선별검사(K-DST).** 충북: 질병관리본부.

이금진, 송준만(2008). 소집단 부모참여프로그램이 어머니와 발달지체 영유아의 상호작용 행동 및 영유아의 언어 능력에 미치는 영향. **특수교육학연구, 42**(4), 1-25.

이소현(2003). **유아특수교육.** 서울: 학지사.

이소현, 박은혜, 김영태(2000). **교육 및 임상현장 적용을 위한 단일대상연구.** 서울: 학지사.

이승복, 이희란(2012). **아이와 함께하는 신기한 언어발달.** 서울: 학지사.

이윤경(2005). 0~3세 영유아 서비스 전달체계와 의사소통 평가 및 중재. **한국언어치료전문가협**

회 제43회 전문요원교육 자료집.

이윤경(2011). 언어발달지체 영유아의 언어 및 의사소통 능력과 인지, 운동 및 사회성 발달과의 관계. *Communication Sciences & Disorders, 16*, 1-12.

이윤경, 이지영(2017). 미숙아 출생 영아의 기질 특성과 언어 및 의사소통 발달과의 관계. *Communication Sciences & Disorders, 22*(3), 458-470.

이윤경, 이효주(2015). 언어발달지체 영아의 의사소통적 제스처 특성과 언어발달과의 관계. *Communication Sciences & Disorders, 20*(2), 255-265.

이윤경, 이효주(2016a). 미숙아 출생 영유아의 언어발달지체 출현율. *Communication Sciences & Disorders, 21*(1), 60-68.

이윤경, 이효주(2016b). 12~30개월 영유아의 의도적 의사소통행동 발달. *Communication Sciences & Disorders, 21*(4), 553-566.

이윤경, 이효주, 최지은(2018). 한국판 표준화를위한 'CSBS DP 행동샘플평가' 신뢰도 및 타당도 연구. *Communication Sciences & Disorders, 23*(2), 539-548.

이윤경, 이효주, 최지은(출판 중). **한국형 의사소통 및 상징행동 척도(K CSBS DP)**. 서울: 인싸이트.

이윤경, 전진아, 이지영(2014). 자폐범주성장애 위험 영아와 언어발달지체 영아의 의사소통적 제스처 사용 비교. **자폐성장애연구, 14**(3), 17-33.

이응백, 김원경, 김선풍 감수(1998). **국어국문학자료사전**. 서울: 한국사전연구사.

이철수(2009). **사회복지학 사전**. 서울: 블루피쉬.

이형민, 박혜원, 김말경, 장유경, 최유리(2008). 유아 기질의 안정성-단기종단분석. **대한가정학회지, 46**(7), 47-58.

이효주, 이윤경(2013). 미숙아 출생 영유아의 언어 및 의사소통 발달 연구 동향. **유아특수교육연구, 13**(3), 327-346.

이효주, 이윤경(2014). 미숙아 출생 영유아의 사회적 의사소통 행동 특성. **유아특수교육연구, 14**, 105-120.

원정완(2005). 미숙아로 출생한 영유아의 의사소통능력 증진 프로그램의 개발 및 효과. **한국아동간호학회 학술대회 논문집**, 49-50.

위영희(1994). 영유아 기질측정 척도(IBQ)의 타당화에 관한 일 연구. **아동학회지, 15**(1), 109-125.

장혜성, 서소정, 하지영(2008). **영아선별교육진단검사(DEP)**. 서울: 학지사.

전홍주, 최유경, 최항준(2013). 영아의 기질과 어머니의 양육태도 및 영아의 사회성발달 간의 관계: 의사소통의 매개효과. **유아교육학논집, 17**(3), 365-384.

조명한(1981). **한국아동의 언어 획득 연구**. 서울: 서울대학교 출판부.

조유나, 홍지은(2010). 영아의 수용언어 및 표현언어 발달에 대한 영아의 기질과 어머니 양육행동의 영향. **한국영유아보육학, 64**, 99-117.

최유리, 장유경, 이근영, 이순묵(2007). 어휘습득과 영아의 기질 간의 관계. **한국심리학회 학술대회 자료집**, 108-109.

최윤지, 이윤경(2011). 영유아의 상징놀이 발달과 초기 표현 어휘 발달과의 관계. *Communi-*

cation Sciences & Disorders, 16, 248-260.

최은희, 서상규, 배소영(2001). 1; 1~2; 6세 한국 아동의 표현어휘 연구. 언어청각장애연구, 6(1), 1-16.

최지은, 이윤경(2013). 학령기 고기능 자폐범주성장애 아동의 대화차례 주고받기 및 주제운용 능력. Communication Science & Disorder, 18(1), 12-23.

최진주, 이윤경(2018). 언어 이전 의사소통적 몸짓 사용이 초기 24개월 언어발달에 미치는 영향: 종단연구. Communication Sciences & Disorders, 23(1), 11-19.

통계청(2013). 2013년 출생 통계.

허계영, Squires, J., 이소영, 이준석(2006). 한국형 부모 작성형 유아모니터링 체계(K-ASQ). 서울: 서울장애인종합복지관.

허현숙, 이윤경(2012). 언어학습부진아동의 대화차례 주고받기 및 주제운용 특성. Communication Sciences & Disorders, 17(1), 66-78.

홍경훈, 김영태(2005). 종단연구를 통한 '말 늦은 아동(late-talker)'의 표현어휘발달 예측요인 분석. Communication Sciences & Disorders, 10(1), 1-24.

홍경훈, 심현섭(2002). 유아의 말소리 발달 특성: 18~24개월 종단연구. 언어청각장애연구, 7(2), 105-124.

Acredolo, L., & Goodwyn, S. (1988). Symbolic gesturing in normal infants. Child Development, 59, 450-466.

Adamson, L. (1995). Communication development during infancy. Madison, WI: Brown & Benchmark.

Ainsworth, M. D. (1983). Patterns of infant-mother attachment as related to maternal care. Human development: An interactional perspective (pp. 35-55). New York: Academic Press.

American Speech-Language-Hearing Association(ASHA). (2008). Roles and responsibilities of speech-language pathologists in early intervention: Guidelines. Retrieved from www.asha.org.

Arterberry, M. E. (1997). Perception of object properties over time. Advances in Infancy Research, 11, 219-268.

Austin, J. L. (1962). How to do things with words. MA: Harvard University Press.

Baddeley, A. D. (2000). The episodic buffer: A new component of working memory?. Trends in Cognitive Sciences, 4(11), 417-423.

Baddeley, A. D., & Hitch, G. (1974). Working memory. Psychology of Learning and Motivation, 8, 47-89.

Bagnato, S. J., & Yeh Ho, H. (2006). High-stakes testing of preschool children: Viola standards for professional and evidence-based practice. International Journal of Korean Educational

Policy, 3, 23-43.

Bahr, D. (2010). *Nobody ever told me (or my mother) that! Everything from bottles and breathing to healthy speech development*. Arlington, TX: Sensory World.

Bahrick, L. E., & Pickens, J. N. (1994). Amodal relations: The basis for intermodal perception and learning in infancy. In D. J. Lewkowicz & R. Lickliter (Eds.), *The development of intersensory perception: Comparative perspectives*. Hillsdale, NJ: Lawrence Erlbaum Associates.

Bailey, D. B., Jr., & Wolery, M. (1989). *Assessing infants and preschoolers with handicaps*. New York: Merrill and Macmillan Publishing Company.

Bandura, A. (1977). *Social learning theory*. Englewood Cliffs, NJ: Prentice Hall.

Bankson, N. W., & Bernthal, J. E. (2004). Phonological assessment procedure. In J. E. Bernthal & N. W. Bankson (Eds.), *Articulation and phonological disorders* (5th ed.). Boston, MA: Allyn and Bacon.

Barrera, I., & Corso, R. M. (2002). Cultural competency as skilled dialogue. *Topics in Early Childhood Special Education, 22*(2), 103-113.

Bates, E. (1976). *Language and context: The acquisition of pragmatics*. New York: Academic Press.

Bates, E., Bretherton, I., & Snyder, L. (1988). *From first words to grammar: Individual differences and dissociable mechanisms*. Cambridge, MA: C.U.P.

Bates, E., Camaioni, L., & Volterra, V. (1975). The acquisition of performatives prior to speech. *Merrill-Palmer Quarterly of Behavior and Development, 21*(3), 205-226.

Bates, E., Benigni, L., Bretherton, I., Camaioni, L., & Volterra, V. (1979). *The emergence of symbols: Cognition and communication in infancy*. New York: Academic Press.

Bayley, N. (2006). *Bayley scales of infant and toddler development* (3rd ed.). San Antonio, TX: Pearson Education.

Belsky, J. (1984). The determinants of parenting: A process model. *Child Development, 55*(1), 83-96.

Benedict, H. (1979). Early lexical development: Comprehension and production. *Journal of Child Language, 6*(2), 183-200.

Berk, L. (1996). *Infants and children: Prenatal through middle childhood*. Boston, MA: Allyn & Bacon.

Bhatt, R. S., & Waters, S. E. (1998). Perception of three-dimensional cues in early infancy. *Journal of Experimental Child Psychology, 70*(3), 207-224.

Billeaud, F. P. (2003). *Communication disorders in infants and toddlers: Assessment and intervention*. St. Louis, MO: Butterworth Heinemann.

Bloom, L & Lahey, M. (1978). *Language development and language disorders*. New York: John

Wiley & Sons.

Bloom, L. (1993). *The transition from infancy to language: Acquiring the power of expression.* New York: Cambridge University Press.

Boone, H., & Crais, E. R. (2001). Strategies for achieving: Family-driven assessment and intervention planning. *Young Exceptional Children, 3*(1), 2-11.

Bowlby, J. (1969). *Attachment and loss, Vol. 1: Attachment.* New York: Basic Books.

Brady, N. C., Marquis, J., Fleming, K., & McLean, L. (2004). Prelinguistic predictors of language growth in children with developmental disabilities. *Journal of Speech, Language, and Hearing Research, 47*(3), 663-677.

Braine, M. D. S. (1976). Children's first word combinations. *Monographs of the Society for Research in Child Development, 41*(1, Serial No. 164). doi:10.2307/1165959.

Bricker, D., & Cripe, J. J. W. (1992). *An activity-based approach to early intervention.* Baltimore, MD: Brookes.

Bricker, D., & Schiefelbusch, R. (1984). Infants at risk. In L. McCormick & R. Schiefelbusch (Eds.), *Early language intervention* (pp. 243-266). Columbus, OH: Charles E. Merrill Publishing.

Bridges, K. M. B. (1930). A genetic theory of emotions. *Journal of Genetic Psychology, 37,* 514-527.

Brown, R. (1973). *A first language: The early stages.* Cambridge, MA: Harvard University Press.

Bruner, J. (1981). The social context of language acquisition. *Language & Communication, 1,* 155-178.

Bruner, J. (1983). The acquisition of pragmatic commitments. In R. Golinkoff (Ed.), *The transition from prelinguistic to linguistic communication* (pp. 27-42). Hillsdale, NJ: Erlbaum.

Bushnell, I. W. R. (1998). The origins of face perception. In F. Simion & G. Butterworth (Eds.), *The development of sensory, motor and cognitive capacities in early infancy: From perception to cognition* (pp. 69-86). Hove, England: Psychology Press/Erlbaum (UK) Taylor & Francis.

Buss, A. H., & Plomin, R. (1975). *A temperament theory of personality development.* New York: Wiley.

Butterworth, G., & Morissette, P. (1996). Onset of pointing and the acquisition of language in infancy. *Journal of Reproductive and Infant Psychology, 14*(3), 219-231.

Bzoch K. R., & League, R. (1991). *The receptive-expressive emergent language scale test* (2nd ed.). Austin, TX: ProEd.

Calandrella, A. M., & Wilcox, M. J. (2000). Predicting language outcomes for young prelinguistic children with developmental delay. *Journal of Speech, Language, and Hearing*

Research, 43(5), 1061-1071.

Campbell, P. H. (2004). Participation-based services: Promoting children's participation in natural settings. *Young Exceptional Children, 8*(1), 20-29.

Capone, N. C., & McGregor, K. K. (2004). Gesture development: A review for clinical and research practices. *Journal of Speech, Language, and Hearing Research, 47*(1), 173-186.

Carey, S. (1978). The child as word learner. In M. Halle, J. Bresnan, & G. Miller, (Eds.), *Linguistic theory and psychological reality* (pp. 264-293). Cambridge, MA: MIT Press.

Carey, S. (1996). Perceptual classification and expertise. In R. Gelman & T. Au (Eds.), *Handbook of perception and cognition: Perceptual and cognitive development* (pp. 49-69). New York: Academic Press.

Carson, C. P., Klee, T., Carson, D. K., & Hime, L. K. (2003). Phonological profiles of 2-year-olds with delayed language development: Predicting clinical outcomes at age 3. *American Journal of Speech-Language Pathology, 12*(1), 28-39.

Casby, M. W. (1992). Symbolic play: Development and assessment considerations. *Infants & Young Children, 4*(3), 43-48.

Casby, M. W. (2003a). The development of play in infants, toddlers, and young children. *Communication Disorders Quarterly, 24*(4), 163-174.

Casby, M. W. (2003b). Developmental assessment of play. *Communication Disorders Quarterly, 24(4)*, 175-218.

Chapman, R. S. (1978). Comprehension strategies in children. In J. F. Kavanaugh & W. Strange (Eds.), *Speech and language in the laboratory, school and clinic* (pp. 308-327). Cambridge, MA: MIT Press.

Chapman, R. S. (2000). Children's language learning: An interactionist perspective. *The Journal of Child Psychology and Psychiatry and Allied Disciplines, 41*(1), 33-54.

Chess, S., & Thomas, A. (1984). *Origins and evolution of behavior disorders.* Cambridge, MA: Harvard University Press.

Clark, E. V. (1995). Later lexical development and word formation. In P. Fletcher & B. MacWhinney (Eds.), *The handbook of child language* (pp. 393-412). Oxford: Blackwell.

Cole, K. N., Maddox, M., & Lim, Y. S. (2006). Language is the key: Constructive interactions around books and play. In R. J. McCauley & M. E. Fey (Eds.), *Treatment of language disorders in children* (pp. 149-174). Baltimore, MD: Brookes.

Colombo, J. (1993). *Infant cognition: Predicting later intellectual functioning.* Newbury Park, CA: Sage.

Crais, E. (2011). Testing and beyond: Strategies and tools for evaluating and assessing infants and toddlers. *Language, Speech, and Hearing Services in Schools, 42*, 341-364.

Crais, E. R., Douglas, D. D., & Campbell, C. C. (2004). The intersection of the development of gestures and intentionality. *Journal of Speech, Language, and Hearing Research, 47*(3), 678-694.

Crais, E. R., Roy, V. P., & Free, K. (2006). Parents' and professionals' perceptions of the implementation of family-centered practices in child assessments. *American Journal of Speech-Language Pathology, 15*, 365-377.

Crais, E. R., Watson, L. R., & Baranek, G. T. (2009). Use of gesture development in profiling children's prelinguistic communication skills. *American Journal of Speech-Language Pathology, 18*(1), 95-108.

Dale, P. S. (1991). The validity of a parent report measure of vocabulary and syntax at 24 months. *Journal of Speech, Language, and Hearing Research, 34*(3), 565-571.

Dale, P. S. Bates, E., Reznick, S., & Morisset, C. (1989). The validity of a report instrument of child language at twenty months. *Journal of Child Language, 16*, 239-250.

Da Nobrega, L., Boiron, M., Henrot, A., & Saliba, E. (2004). Acoustic study of swallowing behaviour in premature infants during tube-bottle feeding and bottle feeding period. *Early Human Development, 78*(1), 53-60.

Davis, J. M., & Rovee-Collier, C. K. (1983). Alleviated forgetting of a learned contingency in 8-week-old infants. *Developmental Psychology, 19*(3), 353-365.

DeGangi, G. A., & Greenspan, S. I. (1989). The development of sensory functions in infants. *Physical & Occupational Therapy in Pediatrics, 8*(4), 21-33.

Delaney, E. M., & Kaiser, A. P. (2001). The effects of teaching parents blended communication and behavior support strategies. *Behavioral Disorders, 26*(2), 93-116.

Desrochers, S., Morissette, P., & Ricard, M. (1995). Two perspectives on pointing in infancy. In C. Moore & P. Dunham (Eds.), *Joint attention: Its origins and role in development* (pp. 85-101). Hillsdale, NJ: Lawrence Erlbaum Associates.

Dobbing, J. (1976). Vulnerable periods in brain growth and somatic growth. In D. F. Roberts & A. M. Thomson (Eds.), *The biology of human fetal growth* (pp. 137-147). London: Taylor and Frances.

Dore, J. (1975). Holophrases, speech acts and language universals. *Journal of Child Language, 2*(1), 21-40.

Dore, J. (1986). The development of conversational competence. In R. Schiefelbusch (Ed.), *Language competence: Assessment and intervention* (pp. 3-60). San Diego, CA: College-Hill.

Dixon, W. E., & Shore, C. (1997). Temperamental predictors of linguistic style during multiword acquisition. *Infant Behavior and Development, 20*(1), 99-103.

Dixon, W. E., & Smith, P. H. (2000). Links between early temperament and language acquisition. *Merrill-Palmer Quarterly, 46*(3), 417-440.

Dunst, P. J., Hawks, O., Shields, H., & Bennis, L. (2001). Mapping community-based natural learning opportunities. *Young Exceptional Children*, 4(4), 16-24.

Eimas, P. D., Siqueland, E. R., Jusczyk, P., & Vigorito, J. (1971). Speech perception in infants. *Science, 171*(968), 303-306.

Eliot, L. (1999). *What's going on in there? How the brain and mind develop in the first five years of life* (pp. 260-289). New York: Bantam Books.

Ellis-Weismer, S. (2007). Typical talkers, late talkers, and children with specific language impairment: A language endowment spectrum? In R. Paul (Ed.), *Language disorders and development from a developmental perspective: Essays in honor of Robin S. Chapman* (pp. 83-102). Mahwah, NJ: Lawrence Erlbaum.

Fensom, G., McCarthy, R., Rundquist, K., Sherman, D., & White, C. B. (2006). Navigating research waters: The research mentor program at the University of New Hampshire at Manchester. *College & Undergraduate Libraries*, 13(2), 49-74.

Fenson, L., Dale, P. S., Reznick, J. S., Bates, E., Thal, D. J., Pethick, S. J., ... & Stiles, J. (1994). Variability in early communicative development. *Monographs of the Society for Research in Child Development, 59*(5), 1-173.

Fenson, L., Marchman, V. A., Thal, D. J., Dale, P. S., Reznick, J. S., & Bates, E. (2007). *MacArthur-Bates communicative development inventories: User's guide and technical manual* (2nd ed.). Baltimore, MD: Brookes.

Fey, M. E. (1986). *Language intervention with young children*. Boston, MA: Allyn and Bacon.

Field, T. (1995). Massage therapy for infants and children. *Journal of Developmental & Behavioral Pediatrics*, 16(2), 105-111.

Frankenburg, W. K., & Dodds, J. B. (1967). The Denver developmental screening test. *The Journal of Pediatrics, 71*(2), 181-191.

Gardner, H. (1983). *Frames of mind: The theory of multiple intelligences*. New York: Basic Books.

Gathercole, S. E., & Baddeley, A. D. (1989). Evaluation of the role of phonological STM in the development of vocabulary in children: A longitudinal study. *Journal of Memory and Language, 28*(2), 200-213.

Gathercole, S. E., Willis, C. S., Emslie, H., & Baddeley, A. D. (1992). Phonological memory and vocabulary development during the early school years: A longitudinal study. *Developmental Psychology, 28*(5), 887-898.

Gibson, E. J., & Walk, R. D. (1960). The "visual cliff". *Scientific American, 202*(4), 64-71.

Gilkerson, J., Richards, J. A., Greenwood, C. R., & Montgomery, J. K. (2014). Language assessment in a snap: Monitoring progress up to 36 months. *Child Language Teaching and Therapy, 33*(2), 99-115.

Goodwyn, S. W., & Acredolo, L. P. (1993). Symbolic gesture versus word: Is there a modality advantage for onset of symbol use?. *Child Development, 64*(3), 688-701.

Goodwyn, S. W., Acredolo, L. P., & Brown, C. A. (2000). Impact of symbolic gesturing on early language development. *Journal of Nonverbal Behavior, 24*(2), 81-103.

Gopnik, A., & Meltzoff, A. N. (1984). Semantic and cognitive development in 15-to 21-month-old children. *Journal of Child Language, 11*(3), 495-513.

Gopnik, A., & Meltzoff, A. N. (1986). Relations between semantic and cognitive development in the one-word stage: The specificity hypothesis. *Child Development, 57*(4), 1040-1053.

Gratier, M., Devouche, E., Guellai, B., Infanti, R., Yilmaz, E., & Parlato-Oliveira, E. (2015). Early development of turn-taking in vocal interaction between mothers and infants. *Frontiers in Psychology, 6*, 236-245.

Grotberg, E. (1983). Integration of parent education into human service programs. *Parent Education and Public Policy*, 324-330.

Guralnick, M. J. (2005). Early intervention for children with intellectual disabilities: Current knowledge and future prospects. *Journal of Applied Research in Intellectual Disabilities, 18*(4), 313-324.

Hadley, P. A. (2006). Assessing the emergence of grammar in toddlers at-risk for specific language impairment. *Seminars in Speech and Language, 27*, 173-186.

Halliday, M. A. K. (1975). *Learning how to mean: Explorations in the development of language.* London: Edward Arnold.

Hancock, T. B., & Kaiser, A. P. (2006). Enhanced milieu teaching. In R. J. McCauley & M. E. Fey (Eds.), *Treatment of language disorders in children* (pp. 203-236). Baltimore, MD: Brooks.

Hanna, E., & Meltzoff, A. N. (1993). Peer imitation by toddlers in laboratory, home, and day-care contexts: Implications for social learning and memory. *Developmental Psychology, 29*(4), 701-710.

Harlow, H. F. (1959). The development of learning in the rhesus monkey. *American Scientist, 47*, 459-479.

Hart, B., & Risley, T. R. (1975). Incidental teaching of language in the preschool 1. *Journal of Applied Behavior Analysis, 8*(4), 411-420.

Hart, B., & Risley, T. R. (1995). *Meaningful differences in the everyday experience of young American children.* Baltimore, MD: Paul H. Brookes Publishing.

Hawdon, J. M., Beauregard, N., Slattery, J., & Kennedy, G. (2000). Identification of neonates at risk of developing feeding problems in infancy. *Developmental Medicine and Child Neurology, 42*(4), 235-239.

Hoff, E., & Naigles, L. (2002). How children use input to acquire a lexicon. *Child Development,*

73(2), 418-433.

Howlin, P., & Moore, A. (1997). Diagnosis in autism: A survey of over 1200 patients in the UK. *Autism, 1*(2), 135-162.

Huttenlocher, P. R. (1994). Synaptogenesis in human cerebral cortex. In G. Dawson & K. W. Fischer (Eds.), *Human behavior and the developing brain* (pp. 137-152). New York: Guilford Press.

Huttenlocher, J., Haight, W., Bryk, A., Seltzer, M., & Lyons, T. (1991). Early vocabulary growth: Relation to language input and gender. *Developmental Psychology, 27*(2), 236.

Hyams, N. (2011). Missing subjects in early child language. In Jill de Villiers & T. Roeper (Eds.), *Handbook of generative approaches to language auquisition* (pp. 13-52). Berlin: Springer Science & Business Media.

Iverson, J. M., & Thal D. J. (1998). Communicative transitions: There's more to the hand than meets the eye. In A. M. Wetherby, S. F. Warren, & J. Reichle (Eds.), *Transitions in prelinguistic communication* (pp. 59-86). Baltimore, MD: Paul H. Brookes.

Iverson, J. M., Thal, D., Wetherby, A., Warren, S., & Reichle, J. (1998). Communicative transitions: There's more to the hand than meets the eye. *Transitions in Prelinguistic Communication, 7*, 59-86.

Jacobson, J. L., & Wille, D. E. (1986). The influence of attachment pattern on developmental changes in peer interaction from the toddler to the preschool period. *Child Development, 57*(2), 338-347.

Johnson-Martin, N. M., Attermeier, S. M., & Hacker, B. J. (2004). *The Carolina curriculum for infants and toddlers with special needs*. Baltimore, MD: Paul H. Brookes.

Kagan, J. (1981). *The second year: The emergence of self-awareness*. Cambridge, MA: Harvard University Press.

Kaiser, A. P. (1993). Functional language. In M. E. Snell (Ed.), *Instruction of students with severe disabilities*. New York: Macmillan.

Kaiser, A. P., Hester, P. P., & Hancock, T. B. (1993). The primary and generalized effects of enhanced milieu teaching. Annual American Speech-Language-Hearing Association Conference, Anaheim, CA.

Kaiser, A. P., Yoder, P., & Keetz, A. (1992). Evaluating milieu teaching. In S. F. Warren & J. Reichle (Eds.), *Causes and effects in communication and language intervention* (Vol. 1., pp. 9-47). Baltimore, MD: Brookes.

Kent, R. D., & Forner, L. L. (1980). Speech segment duration in sentence recitations by children and adults. *Journal of Phonetics, 12,* 157-168.

Kelly, C. A., & Dale, P. S. (1989). Cognitive skills associated with the onset of multiword utterances. *Journal of Speech, Language, and Hearing Research, 32*(3), 645-656.

Klee, T. (1992). Developmental and diagnostic characteristics of quantitative measures of children's language production. *Topics in Language Disorders*, *12*(2), 28-41.

Klee, T., Schaffer, M., May, S., Membrino, I., & Mougey, K. (1989). A comparison of the age-MLU relation in normal and specifically language-impaired preschool children. *Journal of Speech and Hearing Disorders*, *54*(2), 226-233.

Klinger, L. G., & Dawson, G. (1992). Facilitating early social and communicative development in children with autism. In S. F. Warren & J. Reichle (Eds.), *Causes and effects in communication and language intervention* (pp. 157-186). Baltimore, MD: Brookes.

Koegel, R. L., & Koegel, L. K. (2006). *Pivotal response treatments for autism: Communication, social, and academic development.* Baltimore, MD: Paul H. Brookes Publishing.

Koegel, R. L., O'Dell, M. C., & Koegel, L. K. (1987). A natural language teaching paradigm for nonverbal autistic children. *Journal of Autism and Developmental Disorders*, *17*, 187-200.

Kolb, B. (1989). Brain development, plasticity, and behavior. *American Psychologist*, *44*(9), 1203-1212.

Kolb, B. (1999). Synaptic plasticity and the organization of behaviour after early and late brain injury. *Canadian Journal of Experimental Psychology/Revue Canadienne de Psychologie Expérimentale*, *53*(1), 62-76.

Lamb, M. E. & Bornstein, M. H. (1987). *Development in infancy: An introduction.* New York: Random House.

Lang, R., Machalicek, W., Rispoli, M., & Regester, A. (2009). Training parents to implement communication interventions for children with autism spectrum disorders(ASD): A systematic review. *Evidence-Based Communication Assessment and Intervention*, *3*(3), 174-190.

Lecanuet, J. P. (1998). Foetal responses to auditory and speech stimuli. In A. Slater (Ed.), *Perceptual development: Visual, auditory, and speech perception in infancy* (pp. 317-355). East Sussex, UK: Psychology Press.

Lewis, M., & Brooks-Gunn, J. (1979). *Social cognition and the acquisition of self.* New York: Plenum.

Linder, T. W. (1993). *Transdisciplinary play-based assessment: A functional approach to working with young children* (Revised ed.). Baltimore, MD: Paul H. Brookes Publishing.

Linder, T. W., Anthony, T. L., Bundy, A. C., Charlifue-Smith, R., Hafer, J. C., Rooke, C. C., & Hancock, F. (2008). *Transdisciplinary play-based assessment(TPBA-2).* Baltimore, MD: Paul H. Brooks.

Lynch, E., & Hanson, M. (2004). Family diversity, assessment, and cultural competence. In M. McLean, D. Bailey, & M. Wolery (Eds.), *Assessing infants and preschoolers with special needs* (4th ed., pp. 69-95). Columbus, OH: Merrill.

Lyytinen, P., Poikkeus, A. M., Laakso, M. L., Eklund, K., & Lyytinen, H. (2001). Language development and symbolic play in children with and without familial risk for dyslexia. *Journal of Speech, Language, and Hearing Research, 44*(4), 873-885.

MacLean, P. D. (1990). *The triune brain in evolution: Role in paleocerebral functions*. New York: Plenum Press.

Marans, W, D., Rubin, E., & Laurent, A. (2014). High-functioning autism and Asperger syndrome: Critical priorities in educational programming. In F. R. Volkmaar, R. Paul, A. Klin, & D. Cohen (Eds.), *Handbook of autism and pervasive developmental disorders* (pp. 977-1002). Hoboken, NJ: John & Wiley & Sons.

Marlow, N., Wolke, D., Bracewell, M. A., & Samara, M. (2005). Neurologic and developmental disability at six years of age after extremely preterm birth. *New England Journal of Medicine, 352*(1), 9-19.

McCathren, R. B., Warren, S. F., & Yoder, P. J, (1996). Prelinguistic predictors of later language development. In K. Cole, P. Dale, & D. Thal (Eds.), *Assessment of communication and language* (pp. 57-75). Baltimore, MD: Paul H. Brookes.

McCathren, R. B., Yoder, P. J., & Warren, S. F. (1999). Prelinguistic pragmatic functions as predictors of later expressive vocabulary. *Journal of Early Intervention, 22*(3), 205-216.

McCauley, R. J., Fey, M. E., & Gilliam, R. B. (2006). *Treatment of language disorders in children*. Baltimore, MD: Brookes.

McCune-Nicolich, L. (1977). Beyond sensorimotor intelligence: Assessment of symbolic maturity through analysis of pretend play. *Merrill-Palmer Quarterly of Behavior and Development, 23*(2), 89-101.

McCune-Nicolich, L. (1981). Toward symbolic functioning: Structure of early pretend games and potential parallels with language. *Child Development, 52*, 785-797.

McCune-Nicolich, L., & Bruskin, C. (1982). Combinatorial competency in symbolic play and language. *The play of children: Current theory and research* (Vol. 6., pp. 30-45). NJ: Karger Publishers.

McGregor, K. K., & Capone, N. (2001). Contributions of genetic, environmental, and health-related factors in the acquisition of early gestures and words: A longitudinal case study of quadruplets. Poster Presented at the Early Lexicon Acquisition Conference, Lyon, France.

McLean, M. E., Bailey, D. B., & Wolery, M. (1996). *Assessing infants and preschoolers with special need* (2nd ed.). Englewood Cliffs, NJ: Prentice Hall.

Mennella, J. A., & Beauchamp, G. K. (1993b). The effects of repeated exposure to garlic-flavored milk on the nursling's behavior. *Pediatric Research, 34*(6), 805-808.

Mervis, C. B., & Bertrand, J. (1994). Acquisition of the novel name-nameless category (N3C) principle. *Child Development, 65*(6), 1646-1662.

Miller, J. F. (1981). *Assessing language production in children: Experimental procedures*. Baltimore, MD: University Park Press.

Miller, J. F., Freiberg, C., Rolland, M. B., & Reeves, M. A. (1992). Implementing computerized language sample analysis in the public school. *Topics in Language Disorders, 12*(2), 69–82.

Mitchell, P. R. (1997). Prelinguistic vocal development: A clinical primer. *Contemporary Issues in Communication Science and Disorders, 24*, 87–92.

Moeller, M. P. (2000). Early intervention and language development in children who are deaf and hard of hearing. *Pediatrics, 106*(3), 43.

Morris, S. E. (1982). *Pre-speech assessment scale: A rating scale for the measurement of pre-speech behaviors from birth through two years* (Rev ed.). Clifton, NJ: J. A. Preston Corp.

Morris, R. (2001). Drama and authentic assessment in a social studies classroom. *The Social Studies, 92*(1), 41–44.

Mundy, P., Sigman, M., & Kasari, C. (1990). A longitudinal study of joint attention and language development in autistic children. *Journal of Autism and Developmental Disorders, 20*(1), 115–128.

Namy, L. L., Acredolo, L., & Goodwyn, S. (2000). Verbal labels and gestural routines in parental communication with young children. *Journal of Nonverbal Behavior, 24*(2), 63–79.

Nash, J. M. (1997). Fertile minds. *Time, 149*(5), 48–56.

Nathani, S., Ertmer, D. J., & Stark, R. E. (2006). Assessing vocal development in infants and toddlers. *Clinical Linguistics & Phonetics, 20*(5), 351–369.

Nelson, K. (1973). Structure and strategy in learning to talk. *Monographs of the Society for Research in Child Development, 38*(1/2), 1–135.

Nobrega, L. Da., Boiron, M., Henrot, A., & Saliba, E. (2004). Acoustic study of swallowing behaviour in premature infants during tube-bottle feeding and bottle feeding period. *Early Human Development, 78*(1), 53–60.

Oller, D. K. (1980). The emergence of the sounds of speech in infancy. *Child Phonology, 1*, 93–112.

Olson, G. M., & Strauss, M. S. (1984). The development of infant memory. In M. Moscovitch (Ed.), *Infant memory* (pp. 29–48). New York: Plenum Press.

Orelove, F., & Sobsey, D. (1996). *Educating children with multiple disabilities: A transdisciplinary approach* (3rd ed.). Baltimore, MD: Paul H. Brooks.

Owens, R. E. (2010). *Language disorders of functional approach to assessment and intervention* (5th ed.). Boston, MA: Allyn and Bacon.

Owens, R. E. (2014). *Language disorders: A functional approach to assessment and intervention* (6th ed.). Boston, MA: Allyn and Bacon.

Papalia, D. E., Olds, S. W., & Feldman, R. D. (2002). *A child's world: Infancy through adolescence* (9th ed.). New York: McGraw-Hill.

Paul, R. (1991). Profiles of toddlers with slow expressive language development. *Topics in Language Disorders*, *11*(4), 1-13.

Paul, R. (1993). Patterns of development in late talkers: Preschool years. *Journal of Childhood Communication Disorders, 15*(1), 7-14.

Paul, R. (2007). *Language disorders from infancy through adolescence: Assessment & intervention* (3rd ed.). St. Louise, MO: Mosby/Elsevier.

Paul, R. (2010). Eight simple rules for talking with preschoolers. *Teaching Young Children*, *4*(2), 13-15.

Paul, R. (2014). *Introduction to clinical methods in communication disorders.* (3rd ed.). Baltimore, MD: Paul H. Brookes Publishing.

Paul, R., & Jennings, P. (1992). Phonological behavior in toddlers with slow expressive language development. *Journal of Speech, Language, and Hearing Research, 35*(1), 99-107.

Paul, R., Murray, C., Clancy, K., & Andrews, D. (1997). Reading and metaphonological outcomes in late talkers. *Journal of Speech, Language, and Hearing Research, 40*(5), 1037-1047.

Paul, R., & Roth, F. P. (2011). Characterizing and predicting outcomes of communication delays in infants and toddlers: Implications for clinical practice. *Language, Speech, and Hearing Services in Schools, 42*(3), 331-340.

Paul, R., & Shiffer, M. E. (1991). Communicative initiations in normal and late-talking toddlers. *Applied Psycholinguistics, 12*(4), 419-431.

Pellegrino, L. (1997). Cerebral Palsy. In M. L. Bastshaw (Ed.), *Children with disabilities* (4th ed., pp. 499-528). Baltimore, MD: Paul H. Brookes.

Pepper, J., Weitzman, E., & McDade, A. (2004). *It takes two to talk: A practical guide for parents of children with language delays.* Toronto, Ontario: The Hanen Centre.

Pérez-Pereira, M., Fernández, P., Resches, M., & Gómez-Taibo, M. L. (2016). Does temperament influence language development? Evidence from preterm and full-term children. *Infant Behavior and Development, 42*, 11-21.

Ramey, C. T., & Ramey, S. L. (1999). *Right from birth: Building your child's foundation for life.* New York: Goddard Press.

Reich, P. A. (1986). *Language development.* Englewood Cliffs, NJ: Prentice Hall.

Rescorla, L. (1989). The language development survey: A screening tool for delayed language in toddlers. *Journal of Speech and Hearing Disorders, 54*(4), 587-599.

Rescorla, L. (2002). Language and reading outcomes to age 9 in late-talking toddlers. *Journal of Speech, Language, and Hearing Research, 45*(2), 360-371.

Rescorla, L. (2005). Age 13 language and reading outcomes in late-talking toddlers. *Journal of Speech, Language, and Hearing Research, 48*(2), 459-472.

Rescorla, L. (2009). Age 17 language and reading outcomes in late-talking toddlers: Support for a dimensional perspective on language delay. *Journal of Speech, Language, and Hearing Research, 52*(1), 16-30.

Rescorla L. (2013). Late-talking toddlers: A fifteen-year follow-up. In L. A. Rescorla & P. S. Dale (Eds.), *Late talkers: Language development, intervention, and outcomes* (pp. 219-240). Baltimore, MD: Brookes.

Rice, M. L., Taylor, C. L., & Zubrick, S. R. (2008). Language outcomes of 7-year-old children with or without a history of late language emergence at 24 months. *Journal of Speech, Language, and Hearing Research, 51*(2), 394-407.

Riley, A. M. (1984). *Evaluating acquired skills in communication(EASIC)*. Tucson, AZ: Communication Skill Builders.

Roberts, G., Howard, K., Spittle, A. J., Brown, N. C., Anderson, P. J., & Doyle, L. W. (2008). Rates of early intervention services in very preterm children with developmental disabilities at age 2 years. *Journal of Paediatrics and Child Health, 44*(5), 276-280.

Roberts, M. Y., & Kaiser, A. P. (2011). The effectiveness of parent-implemented language interventions: A meta-analysis. *American Journal of Speech-Language Pathology, 20*(3), 180-199.

Rogers S. J., Estes, A., Lord, C., Vismara, L., Winter, J., Fitzpatrick, A., Guo, M., & Dawson, G. (2012). Effects of a brief Early Start Denver model(ESDM)-based parent intervention on toddlers at risk for autism spectrum disorders: A randomized controlled trial. *Journal of the America Academy of Child and Adolescent Psychiatry, 51*(10), 1052-1065.

Rogers, S. J., Hepburn, S. L., Stackhouse, T., & Wehner, E. (2003). Imitation performance in toddlers with autism and those with other developmental disorders. *Journal of Child Psychology and Psychiatry, 44*(5), 763-781.

Rose, S. A. (1994). From hand to eye: Findings and issues in infant cross-modal transfer. In D. J. Lewkowicz & R. Lickliter (Eds.), *The development of intersensory perception: Comparative perspectives* (pp. 265-284). Hillsdale, NJ: Erlbaum.

Rossetti, L. M. (2001). *Communication intervention: Birth to three.* San Diego, CA: Cengage Learning.

Rothbart, M. K., & Derryberry, D. (1981). Development of individual differences in temperament. In M. E. Lamb & A. L. Brown (Eds.), *Advances in developmental psychology* (Vol. 1., pp. 37-86). Hillsdale, NJ: Erlbaum.

Rovee-Collier, C., & Shyi, C. W. G. (1992). A functional and cognitive analysis of infant long-term retention. In M. L. Howe, C. J. Brainerd, & V. F. Reyna (Eds.), *Development of long-*

term retention (pp. 3-55). New York: Springer-Verlag.

Scarborough, H., Wyckoff, J., & Davidson, R. (1986). A reconsideration of the relation between age and mean utterance length. *Journal of Speech, Language, and Hearing Research, 29*(3), 394-399.

Sears, C. J. (1994). Recognizing and coping with tactile defensiveness in young children. *Infants & Young Children, 6*(4), 46-53.

Selly, W. G., Parrott, L. B., Lethbridge, L. C., Flack, F. C., Ellis, R. E., Johnston, K. J., Foumeny, M. A., & Tripp, J. H. (2001). Objective measures of dysphagia complexity in children related to suckle feeding histories, gestational ages, and classification of their cerebral palsy. *Dysphagia, 16*(3), 200-207.

Scheffner, H., Bruce, J., Tomblin, X., Zhang, A., & Weiss, C. (2001). Relationship between parenting behaviours and specific language impairment in children. *International Journal of Language and Communication Disorders, 36*(2), 185-205.

Schneider, W., & Bjorklund, D. F. (1988). Memory. In W. Damon (Series Ed.), D. Kuhn & R. S. Siegler (Vol. Eds.), *Handbook of child psychology: Vol. 2. Congnition, perception, and language* (5th ed., pp. 467-521). New York: Wiley.

Sheppard, J. J. (1987). Assessment of oral motor behaviors in Cerebral Palsy. In E. Mysak (Ed.), *Current methods of assessing and treating communication disorders of the cerebral palsied* (pp. 57-70). New York: Theime-Stratton.

Sinclair, H. (1970). The transition from sensory-motor behaviour to symbolic activity. *Interchange, 1*(3), 119-126.

Slater, A., & Morison, V. (1985). Shape constancy and slant perception at birth. *Perception, 14*(3), 337-344.

Slater, A., Mattock, A., & Brown, E. (1990). Size constancy at birth: Newborn infants'responses to retinal and real size. *Journal of Experimental Child Psychology, 49*(2), 314-322.

Sleight, D., & Niman, C. (1984). *Gross motor and oral motor development in children with Down syndrome: Birth through three years.* St. Louis, MO: St. Louis Association for Retarded Citizens.

Smith, K. E., Landry, S. H., & Swank, P. R. (2000). The influence of early patterns of positive parenting on children's preschool outcomes. *Early Education and Development, 11*(2), 147-169.

Snow, C. E., Pan, B. A., Imbens-Bailey, A., & Herman, J. (1996). Learning how to say what one means: A longitudinal study of children's speech act use. *Social Development, 5*(1), 56-84.

Squires, J. K., Potter, L., Bricker, D. D., & Lamorey, S. (1998). Parent-completed developmental questionnaires: Effectiveness with low and middle income parents. *Early Childhood Research Quarterly, 13*(2), 345-354.

Stoel-Gammon, C. (2011). Relationships between lexical and phonological development in young children. *Journal of Child Language*, *38*(1), 1-34.

Swain, I. U., Zelazo, P. R., & Clifton, R. K. (1993). Newborn infants' memory for speech sounds retained over 24 hours. *Developmental Psychology*, *29*(2), 312-323.

Tamis-LeMonda, C. S., Bornstein, M. H., & Baumwell, L. (2001). Maternal responsiveness and children's achievement of language milestones. *Child Development*, *72*(3), 748-767.

Thal, D. J., & Bates, E. (1988). Language and gesture in late talkers. *Journal of Speech and Hearing Research*, *31*(1), 115-123.

Thal, D. J., Bates, E., Goodman, J., & Jahn-Samilo, J. (1997). Continuity of language abilities: An exploratory study of late-and early-talking toddlers. *Developmental Neuropsychology*, *13*(3), 239-273.

Thal, D. J., & Tobias, S. (1992). Communicative gestures in children with delayed onset of oral expressive vocabulary. *Journal of Speech, Language, and Hearing Research*, *35*(6), 1281-1289.

Thal, D. J., & Tobias, S. (1994). Relationships between language and gesture in normally developing and late-talking toddlers. *Journal of Speech, Language, and Hearing Research*, *37*(1), 157-170.

Thal, D. J., Tobias, S., & Morrison, D. (1991). Language and gesture in late talkers: A 1-year follow-up. *Journal of Speech, Language, and Hearing Research*, *34*(3), 604-612.

Thomas, A., & Chess, S. (1977). *Temperament and development*. New York: Brunner/Mazel.

Thomas, A., & Chess, S. (1985). The behavioral study of temperament. In J. Strelau, F. Farley, & A. Gale (Eds.), *The biological bases of personality and behavior* (Vol. 1., pp. 213-225). Washington, DC: Hemisphere.

Toth, K., Munson, J., Meltzoff, A. N., & Dawson, G. (2006). Early predictors of communication development in young children with autism spectrum disorder: Joint attention, imitation, and toy play. *Journal of Autism and Developmental Disorders*, *36*(8), 993-1005.

Uzgiris, I. C., & Hunt, J. M. V. (1975). *Assessment in infancy: Ordinal scales of psychological development*. Urbana, IL: University of Illinosis Press.

van Balkom, H., Verhoeven, L., van Weerdenburg, M., & Stoep, J. (2010). Effects of parent-based video home training in children with developmental language delay. *Child Language Teaching and Therapy*, *26*(3), 221-237.

Vandell, D. L., & Wilson, K. S. (1987). Infants' interactions with mother, sibling, and peer: Contrasts and relations between interaction systems. *Child Development*, *58*(1), 176-186.

Von Hofsten, C., & Rosander, K. (1997). Development of smooth pursuit tracking in young infants. *Vision Research*, *37*(13), 1799-1810.

Warren, S. F., Bredin-Oja, S. L., Fairchild, M. A. R. T. H. A., Finestack, L. H., Fey, M. E.,

Brady, N. C., & McCauley, R. J. (2006). Responsivity education/prelinguistic milieu teaching. *Treatment of Language Disorders in Children*, 47-75.

Warren, S. F., & Yoder, P. J. (1998). Facilitating the transition from preintentional to intentional communication. In A. M. Wetherby, S. Warren, & J. Reichle (Eds.), *Transitions in prelinguistic communication: Preintentional to intentional and presymbolic to symbolic* (pp. 365-384). Baltimore, MD: Brookes

Watson, M. W., & Fischer, K. W. (1977). A developmental sequence of agent use in late infancy. *Child Development, 48*, 828-836.

Wells, G. (1985). *Language development in the pre-school years*. Cambridge, CA: Cambridge University Press.

Werner, L. A., & VandenBos, G. R. (1993). Developmental psychoacoustics: What infants and children hear. *Psychiatric Services, 44*(7), 624-626.

Westby, C. E. (2000). A scale for assessing development of children's play. *Play Diagnosis and Assessment, 2*, 15-57.

Wetherby, A. M., Cain, D. H., Yonclas, D. G., & Walker, V. G. (1988). Analysis of intentional communication of normal children from the prelinguistic to the multiword stage. *Journal of Speech and Hearing Research, 31*(2), 240-252.

Wetherby, A. M., Goldstein, H., Cleary, J., Allen, L., & Kublin, K. (2003). Early identification of children with communication disorders: Concurrent and predictive validity of the CSBS Developmental Profile. *Infants and Young Children, 16*(2), 161-174.

Wetherby, A. M., & Prizant, B. M. (2002). *Communication and symbolic behavior scales: Developmental profile*. Baltimore, MD: Paul H. Brookes Publishing.

Whaley, K. K. (1990). The emergence of social play in infancy: A proposed developmental sequence of infant-adult play. *Early Childhood Research Quarterly, 5*(3), 347-358.

White, B. L. (1985) *The first three years of life*. Englewood Cliffs, NJ: Prentice Hall.

Whitehurst, G. J., Arnold, D. S., Epstein, J. N., Angell, A. L., Smith, M., & Fischel, J. E. (1994). A Picture book reading intervention in day care and home for children from low income families. *Developmental Psychology, 30*, 679-689.

Wilcox, M. J., & Shannon, M. S. (1996). Integrated early intervention practices in speech-language pathology. In R. A. McWilliam (Ed.), *Rethinking pull-out services in early intervention: A professional resource* (pp. 217-242). Baltimore, MD: Brookes.

Wilcox, M. J., & Shannon, M. S. (1998). Facilitating the transition from prelinguistic to linguistic communication. In A. M. Wetherby, S. F. Warren, & J. Reichle (Eds.), *Transitions in prelinguistic communication* (pp. 385-416). Baltimore, MD: Brookes.

Wolery, M. (2004). Assessing children's environments. In M. McLean, M. Wolery, & D. B. Bailey Jr. (Eds.), *Assessing infants and preschoolers with special needs* (pp. 204-235).

Upper Saddle River, NJ: Merrill.

Wolery, M., Bailey, D. B., & Sugai, G. M. (1988). *Effective teaching: Principles and procedures of applied behavior analysis with exceptional students*. Boston, MA: Pearson.

Wolery, M., & Sainato, D. M. (1996). General curriculum and intervention strategies. In S. L. Odom & M. E. McLean (Eds.), *Early intervention/early childhood special education: Recommended practices* (pp. 125–158). Austin, TX: Pro-Ed.

Woodward, A. L., Markman, E. M., & Fitzsimmons, C. M. (1994). Rapid word learning in 13- and 18-month-olds. *Developmental Psychology, 30*(4), 553–566.

Wynn, K. (1992). Addition and subtraction by human infants. *Nature, 358*(6389), 749–750.

Yoder, P. J., & Warren, S. F. (1998). Maternal responsivity predicts the prelinguistic communication intervention that facilitates generalized intentional communication. *Journal of Speech, Language, and Hearing Research, 41*, 1207–1219.

Yoder, P. J., & Warren, S. F. (2001). Intentional communication elicits language–facilitating maternal responses in dyads with children who have developmental disabilities. *American Journal on Mental Retardation, 106*, 327–335.

Yoder, P. J., & Warren, S. F. (2002). Effects of prelinguistic milieu teaching and parent responsivity education on dyads involving children with intellectual disabilities. *Journal of Speech, Language, and Hearing Research, 45*, 1158–1174.

Yoder, P. J., Warren, S. F., & McCathren, R. B. (1998). Determining spoken language prognosis in children with developmental disabilities. *American Journal of Speech–Language Pathology, 7*(4), 77–87.

Zevenbergen, A. A., & Whitehurst, G. J. (2003). Dialogic reading: A shared picture book reading intervention for preschoolers. In A. van Kleeck, S. A. Stahl, & E. B. Bauer (Eds.), *Center for Improvement of Early Reading Achievement, CIERA. On reading books to children: Parents and teachers* (pp. 177–200). Mahwah, NJ: Lawrence Erlbaum Associates Publishers.

Zwaigenbaum, L., Bryson, S., Rogers, T., Roberts, W., Brian, J., & Szatmari, P. (2005). Behavioral manifestations of autism in the first year of life. *International Journal of Developmental Neuroscience, 23*(2-3), 143–152.

찾아보기

인명

ㄱ

ㄴ

ㅁ

ㅂ

ㅅ

ㅇ

내용

공간관계 176
공동주의 102, 296
공동주의 기능 107
공동주의 행동에 반응하는 행동 391
공동주의를 유도하는 행동 391
공명 94, 147
공식평가 239, 254
과제분석 339
관습적 299
관습적 몸짓 109
관심 끌기 402
관심 요구 296
구강구조 302
구개열 75
구문론 93
구체적 조작기 171
규준참조검사 232, 254
균형 170
극소저체중아 80
극소조산아 80
근거기반 실제 위계 320
근거기반의 실제 228
근접발달영역 189, 289
긍정적 행동지원 359
기관중심 237
기관중심 서비스전달모형 328
기능적 접근 336
기능적 행동 평가 354
기본주파수 146
기질 213
긴장성 목반사 141

ㄴ
낯가림 199
낯선상황실험 202

낱말 96
낱말조합 124, 307
낱말조합기 96, 99
내용 93
놀이기반 평가 232, 285
놀이중심 중재 369
뇌 부피 163
뇌 신경계 164
뇌 신경세포 164
뇌간 167
뇌성마비 74
뇌전증 74
눈맞춤 102

ㄷ
다문화 환경 83
다운증후군 70
다중지능이론 190
다학문적 팀 접근 248
다학문적 팀 접근법 347
단기기억 184
단기목표 339
단서 355
단일대상연구방법론 344
담화 96
대근육 운동 141
대근육 운동발달 57
대뇌피질 166
대상영속성 175
대상일반화 338
대화 주제관리 112
대화차례 112
대화차례 주고받기 112
덴버조기중재모델 377
듣기 308
등가연령 241

등간기록법 282, 343
도식 170
동화 170

ㅁ
말 94
말 늦은 영유아 23
말명료도 119
말초신경계 73
머리둘레 162
모로반사 141
모방 102, 176, 199
모음 147
목표행동 339
몸짓 298, 299
몸짓 동반 발성 298
몸짓 동반 언어 298
묘성증후군 71
문장 96
문장표현기 100
물리치료사 346
미각 158
미각발달 158
미숙아 79

ㅂ
바빈스키 반사 140, 141
반복적 옹알이 단계 115
반사적 행동기 173
반사행동 140
반응성 언어이전기 환경중심 언어중재 363
반응적 접근법 341
발달 48
발달연령 241
발달적 접근 336

저자 소개

이윤경(Yoonkyoung, Lee)

[학력]

이화여자대학교 교육심리학과(현 심리학과, 학사)

이화여자대학교 특수교육학과(석사)

이화여자대학교 언어병리학협동과정(박사)

[경력]

전 한국자폐학회, 한국유아특수교육학회, 한국보완대체의사소통학회 이사 및 편집위원

　　국립특수교육원, 이화여자대학교 특수교육연구소 학술지 편집위원

　　『Communication Sciences & Disorders』 편집위원장

　　아주대학교 의료원 정신과 언어치료실, 서대문장애인복지관 언어치료실 언어치료사

현 한림대학교 언어청각학부 언어병리학전공 교수

　　한국언어청각임상학회 회장

[주요 검사 도구, 저 · 역서 및 논문]

〈검사 도구〉

한국형 의사소통 및 상징행동 척도(K CSBS DP, 공동개발, 2019)

학령기 아동 언어검사(LSSC, 공동개발, 2015)

취학전 아동의 수용언어 및 표현언어검사(PRES, 공동개발, 2007)

〈저서 및 역서〉

의사소통장애의 진단과 평가(2판, 공저, 2019, 학지사)

언어장애: 기능적 평가 및 중재(6판, 공역, 2016, 시그마프레스)

언어와 읽기장애(3판, 공역, 2014, 시그마프레스)

언어장애: 기능적 평가 및 중재(5판, 공역, 2012, 시그마프레스)

의사소통장애의 진단과 평가(1판, 공저, 2012, 학지사)

의사소통장애(공역, 2011, 학지사)

언어치료 임상실습: 이론과 실제(공저, 2010, 학지사)

언어와 읽기장애(2판, 공역, 2008, 시그마프레스)

〈논문〉

말 늦은 영유아의 사회적 의사소통 프로파일[2019, *Communication Sciences & Disorders*, 22(2)]

상호작용 맥락이 영아의 초기 의도적 의사소통행동에 미치는 영향: 책읽기와 놀이를 중심으로 [2018, *Communication Sciences & Disorders*, *23*(3), 560-569]

언어이전 시기의 의사소통적 몸짓 사용이 24개월 언어발달에 미치는 영향에 관한 종단연구 [2018, *Communication Sciences & Disorders*, *23*(1), 11-19]

영유아 시기의 미디어 기기 노출이 이후 언어발달에 미치는 영향: 코호트 연구[2018, *Communication Sciences & Disorders*, *23*(3), 549-559]

12~30개월 영유아의 의도적 의사소통행동 발달[2016, *Communication Sciences & Disorders*, *21*(4), 553-566]

영유아 의사소통장애
발달, 평가, 중재
Communication Disorders in Infants and Toddlers

2019년 6월 10일 1판 1쇄 발행
2023년 6월 20일 1판 3쇄 발행

지은이 • 이 윤 경
펴낸이 • 김 진 환
펴낸곳 • ㈜ **학지사**

04031 서울특별시 마포구 양화로 15길 20 마인드월드빌딩 5층

대표전화 • 02) 330-5114   팩스 • 02) 324-2345

등록번호 • 제313-2006-000265호

홈페이지 • http://www.hakjisa.co.kr
페이스북 • https://www.facebook.com/hakjisabook

ISBN 978-89-997-1824-3 93370

정가 23,000원

┃ 출판미디어기업 **학지사**

간호보건의학출판 **학지사메디컬** www.hakjisamd.co.kr
심리검사연구소 **인싸이트** www.inpsyt.co.kr
학술논문서비스 **뉴논문** www.newnonmun.com
원격교육연수원 **카운피아** www.counpia.com